始原のヴィーナス
―旧石器時代の女性象徴―
Paleolithic Female Images

春成秀爾
HARUNARI Hideji

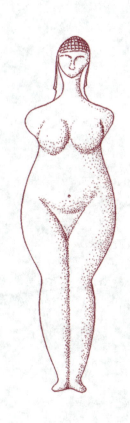

同成社

1 ヨーロッパ最古の女性小像
ホーレ=フェルス洞窟（ドイツ），マンモス牙製, 40,000－36,000 年前, 高さ 5.9 cm

2 ユーラシア最古の女性小像頭部
コスチョンキⅩⅣ（マルキナ=ガラー）遺跡（ロシア），
マンモス牙製, 43,000 年前, 現高 4 cm

3 「カプーシュ夫人」の頭部
ブラッサムプーイ=パブ洞窟（フランス）
マンモス牙製, 約 33,000 年前, 現高 3.65 cm

4　グラヴェット期の代表的な女性小像（レプリカ）
（中央）ヴィレンドルフ（オーストリア），魚卵状石灰岩製，30,000 年前，高さ 10.7 cm，
（左・右）グリマルディ，バルジ＝ロッシ洞窟，（イタリア），凍石製，29,000 年前，高さ（左）6.0 cm

5　臨月の女性小像
コスチョンキⅠ遺跡 2 号居住域（ロシア），泥灰岩製，28,500 年前，高さ 13.5 cm

6 「黒のヴィーナス」
ドルニ=ヴェストニッツェⅠ遺跡（チェコ），粘土製，31,000-29,000年前，高さ11.5 cm

7 表面が磨滅している女性小像
モラヴァニー（スロヴァキア），マンモス牙製，
約28,000年前，高さ8.1 cm

8 世界で最初に発見された女性小像
ロージュリ=バース岩陰（フランス），
マンモス牙製，高さ7.7 cm，約18,000年前

9 ドルニ゠ヴェストニッツェⅠ遺跡（チェコ）の景観
左はパブロフ山。遺跡は正面の段丘の緩斜面, 31,000 – 29,000 年前, 木村英明撮影

10 マリタ遺跡（シベリア）の景観と女性小像
遺跡はベラヤ川の段丘上, 24,000 年前（マンモス牙製, 高さ 9.7 cm）

11　上空からみた上黒岩岩陰遺跡（愛媛県）の立地　標高 400m

12　上黒岩岩陰遺跡の第 4 次調査（1969 年）

13　上黒岩石偶の拡大写真
（右下の図が実物大）　緑色片岩製, 14,500 年前, 高さ 4.7 cm, 中園聡撮影

14 乳房と性的三角形を線刻した上黒岩石偶
緑色片岩製, 14,500年前, 高さ4.5 cm

15 長い髪と鋸歯文を線刻した上黒岩石偶
緑色片岩製, 14,500年前, 高さ5.9 cm

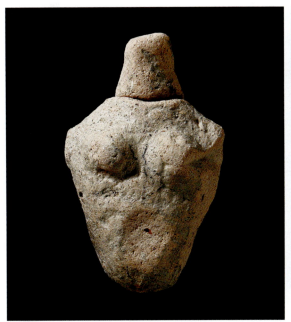

16 日本最古の土偶
粥見井尻遺跡（三重県松阪市）, 約13,000年前, 高さ6.8 cm

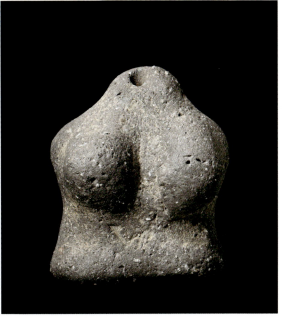

17 縄文草創期の頸部に小穴をもつ土偶
滋賀県東近江市相谷熊原遺跡, 約13,000年前, 高さ3.1 cm

18 乳房をあらわしただけの土偶
神並遺跡（大阪府東大阪市），縄文早期前半，約 11,000 年前，高さ 2.7 cm

19 縄文早期最小の土偶
小室上台遺跡（千葉県船橋市），
11,500 年前，高さ 2.0 cm

20 組み合わせ式土偶の部分品
木の根遺跡（千葉県成田市），縄文早期前半（約 11,500 年前），
高さ（左上）3.2 cm

21 製作者の指先の跡を残す土偶
花輪台貝塚（茨城県利根町），縄文早期
中頃（約 10,500 年前），高さ 4.9 cm
グロート コレクション

始原のヴィーナス
―― 旧石器時代の女性象徴 ――

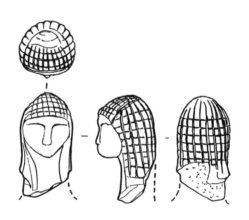

ブラッサムプーイの「カプーシュ婦人」

序

　ユーラシアの後期旧石器時代，地球史でいうと後期更新世の最終氷期，約 45,000 – 11,700 年前の間に，酷寒の地に住む新人ホモ・サピエンスは，マンモスの牙や泥灰岩などを素材にして女性をかたどった小像を創り使った。旧石器時代の人が女性小像を作っていたことは，1864 年にフランスのロージュリ＝バース岩陰での発見品によって初めてわかった。以来 160 年を経過し，報告された女性小像の数は，小破片を含めると 320 点を超えている。

　日本列島で確実に女性小像といえる最古の例は，1962 年に愛媛県久万高原町の上黒岩岩陰の発掘で見つかった石偶である。年代は約 14,500 年前の後期更新世末であって，ユーラシアの後期旧石器時代末に対比される。しかし，隆起線文土器とともに出土したので，日本の考古学では「縄文時代草創期」に含め「旧石器時代」の女性小像と認めていない。その後，三重県粥見井尻遺跡から出土した土偶も，13,000 年前より古いものであったけれども，同じ扱いをうけている。

　本書では，「縄文時代草創期」の女性小像は，世界的にみると後期旧石器時代末に位置することを確認する。そのうえで，これまでに報告されたユーラシアおよび日本列島の旧石器時代の女性小像の集成図を作成する。旧石器時代には，岩陰や洞窟，石塊や板石などに女性像を描いた絵画も存在する。これらも女性を対象にしている以上，小像と無関係ではありえない。さらに，女性器またはその象徴を象牙や礫石に線描した遺物があるので，それらも集成する。その作業を通して旧石器時代の人たちの女性観の一端を追究する。

　ユーラシアの旧石器時代の女性小像を含む女性象徴を扱った書物は，20 世紀後半以降では H. デルポルト（1979 年），フランスの人類博物館・国立古代博物館編（1984 年）や J. – P. デュアール（1993 年）の集成的な著作があり，Z. A. アブラーモヴァ（1995 年），C. コーエン（2003 年），J. クック（2013 年），J. – P. デュアールほか（2014 年）などの概説書も世にでている。さらに，個別の資料を扱った報告・論文となると，その数は厖大である。

　しかし，縄文・弥生時代のあれこれの実物資料を追いかけて研究をつづけてきた私の眼には，正確でしっかり実測した三面図をもつ全点集成図を拵えたうえで系統分類・編年・比較を十分におこなわずに議論が展開されているように映る。日本で考古学を専攻する私が，このテーマに取り組んだ理由は，「日本考古学」の研究者の姿勢と，ヨーロッパ・ロシアの学者の研究の進め方に対して飽きたりないものを感じたこと，旧石器時代の女性象徴について 1 冊で概観できる図書が日本はもちろん世界にもなかったことによる。

　本書の内容は，基礎的で未熟なものである。それでも，旧石器時代の女性小像・絵画や旧石器／縄文時代に関する研究を前進させるうえで貢献するところがあるならば幸いと思う。

凡　例

（1）本文中の付図および巻末の集成図の作成にあたっては，筆者が実測図を作成したのは少数にすぎないが，製図は自らおこなうことにした。本文中の付図と集成図の図と同じ資料を掲出するばあいは，本文中ではできるだけ報告者または著者によるその資料のもっともよい図を使用し，集成図のほうは筆者がすべて描き直した図を使用した。集成図は，写真があるばあいは，それをも参考にしながら描き直した。図がないばあいは，写真から図をおこすことにした。集成図の作成にあたっては，初出の報告文，報告書ならびに諸研究書を利用した。とくに役立てたのは，以下の文献である。記して深甚の謝意をあらわす。

Abramova, Z. A. 1967 Palaeolithic art in the USSR, *Arctic Anthropology*, Vol. Ⅳ, No. 1, pp. 1-179, University of Wisconsin Press.

Abramova, Z. A. 1995 *L'art paleolithique d'Europe orientale et de Sibérie*, Jérôme Million.

Bosinski G. 1982 *Die Kunst der Eiszeit in Deutschland und in der Schweiz*, Dr. Rudolf Habelt GMBH.

Bosinski, G., D'errico, F. und Schiller, P. 2001 *Die Gravierten Frauendarstellungen von Gönnersdorf*, Gönnersdorf Band 8, Franz Steiner Verlag GMBH.

Breuil, H. 1924 Notes de Voyage Paléolithique Europe Centrale, Ⅱ, *L'Anthropologie*, Tom 34, pp. 515-552.

Cook, J. 2013 *Ice Age Art, the arrival of the modern mind*, British Museum Press.

Gvozdover, M. 1995 *Art of the Mammoth Hunters: The Finds from Avdeevo*, Oxbow Monograph 49.

Jelinek J. 1975 *The Pictrial Encyclopedia of The Evolution of Man*, Hamlyn.

Leroi-Gourhan, A. 1968 *The Art of Prehistoric Man in Western Europe*, Thames and Hudson.

Müller-Beck H. und G. Albrecht（Hrsg.）1987 *Die Anfänge der Kunst vor 30000 Jahren*, Konrad Theiss Verlag.

Müller-Karpe, H. 1966 *Handbuch der Vorgeschichte*, Band Ⅰ, Altsteinzeit, C.H. Beck.

（2）口絵のカラー写真のうち海外の一部は，J. Cook 2013 *Ice Age art the arrival of the modern mind*, British Museum Press. に収録の写真を引用した。ほかに，写真を提供された Nicolus Conard（テュービンゲン大学），木村英明，深澤太郎，中園聡，畑山智史，遠部慎，兵頭勲さん，久万高原町教育委員会，慶應義塾大学文学部民族考古学研究室，滋賀県埋蔵文化財センター，千葉県教育委員会，南山大学人類学博物館，船橋市飛ノ台史跡公園博物館，三重県埋蔵文化財センター，国立歴史民俗博物館の関係者，協力を得たサイモン・ケイナー（Simon Kuner）さん（イギリス・セインスベリー日本藝術研究所長），綿貫俊一さんたちに感謝する。

（3）海外の遺跡名のカタカナ表記にあたっては，フランスはロラン・ネスプルス（Laurent Nespoulous）さん，ドイツは小野昭さん，ロシアは木村英明さんから教示を得た。さらに，下記の蔵持不三也さん，山中一郎さんの表記も参考にした。

A. ルロワ゠グーラン（蔵持不三也訳）1985『先史時代の宗教と芸術』日本エディタースクール出版部。

M. ブレジョン（山中一郎訳）2015『先史学事典』真陽社。

G. ボジンスキー（小野昭訳）1991『ゲナスドルフ』六興出版。

目　　次

序

凡例

序　論　ヴィーナスの始原を求めて ……………………………………………1

    1　「ヴィーナス誕生」　3

    2　「ミロのヴィーナス」　5

    3　旧石器時代の女性小像　8

    4　上黒岩の石偶と私　10

第Ⅰ部　上黒岩の女性象徴

第1章　上黒岩岩陰遺跡 ………………………………………………………15

    1　上黒岩石陰の発見　15

    2　年代と岩陰の利用　21

    3　上黒岩集団の生業　24

    4　上黒岩式土器　28

    5　縄文草創期の位置づけ　31

    コラム1　気候変動と瀬戸内海の形成　38

第2章　石偶と線刻棒 …………………………………………………………39

    1　上黒岩石偶の発見　39

    2　石偶　40

    3　無線刻礫　44

    4　線刻棒　45

    5　上黒岩石偶と線刻棒の性格　47

    コラム2　縄文早・前期の男性器象徴　50

第3章　タカラガイと三角形垂飾り ……………………………………………51

    1　上黒岩の装身具　51

    2　タカラガイ　51

3　三角形垂飾り　51

　　　4　縄文時代のタカラガイの性格　53

　　　コラム3　縄文・弥生・古墳時代の三角形垂飾り　54

第4章　上黒岩の女性象徴の意義 ………………………………………………55

　　　1　比較の観点　55

　　　2　上黒岩石偶の性　55

　　　3　線刻の意味　61

　　　4　石偶から子安貝へ　69

　　　コラム4　出産をあらわす縄文土器　76

第Ⅱ部　旧石器時代の女性象徴

第1章　女性象徴の研究課題 ……………………………………………………79

　　　1　象徴行動の始まり　79

　　　2　旧石器時代の女性象徴の種類　82

　　　3　女性象徴の研究方法　84

第2章　後期旧石器時代前半の女性小像 ……………………………………93

　　　1　女性小像の誕生　93

　　　2　ヨーロッパの女性小像　96

　　　3　ロシア平原の女性小像　120

　　　4　シベリアの女性小像　138

　　　5　日本の女性小像　143

　　　6　後期旧石器時代前半の女性小像の型式変遷　143

第3章　後期旧石器時代末の女性小像 ………………………………………151

　　　1　女性小像の再誕　151

　　　2　ヨーロッパの女性小像　152

　　　3　ウクライナの女性小像　169

　　　4　シベリアの女性小像　180

　　　5　日本の女性小像　182

　　　6　レヴァントの女性小像　191

　　　7　後期旧石器時代末の女性小像の型式変遷　195

コラム5　ルーマニア初見の「ヴィーナス」　198

第4章　後期旧石器時代前半〜中頃の女性絵画 ……………………………199

1　女性絵画の種類　199

2　洞窟に描いた女性像　199

3　岩陰に浮彫りの女性像　200

4　象牙に線刻した女性像　206

5　肋骨製品に線刻した女性象徴　210

6　後期旧石器時代前半の女性絵画　211

第5章　後期旧石器時代末の女性絵画 ………………………………213

1　女性絵画の種類　213

2　岩壁に浮彫り・線刻した女性像　214

3　石塊に線刻した女性像　220

4　石板に線刻した女性像　221

5　器物に線刻した女性像　228

6　後期旧石器時代末の女性絵画と女性小像　232

コラム6　「ウルビーノのヴィーナス」と「西海岸の裸婦」　236

第6章　後期旧石器時代の女性器象徴 ………………………………237

1　女性器象徴の種類　237

2　女性器形の小像　237

3　岩壁・石塊に線刻した女性器　240

4　骨角器に線刻した女性器　242

5　スプーン形の牙製品に線刻した女性器　244

6　マス＝ダジルの彩礫　245

7　女性器象徴の意義　247

コラム7　「ミロのヴィーナス」以前　248

第7章　後期旧石器時代の男性象徴 …………………………………249

1　男性象徴の種類　249

2　男性小像　249

3　男根形の小像　250

　　　　4　女性器象徴を線刻した男根形小像　254

　　　　5　男性象徴の意義　255

第 8 章　後期旧石器時代の線刻棒 ………………………………………257

　　　　1　線刻棒の種類　257

　　　　2　上黒岩の線刻棒　257

　　　　3　線刻棒と「音楽」　258

　　　　コラム 8　後期旧石器時代の笛　262

後　論　旧石器時代の女性象徴とは何だったのか ………………………265

　　　　1　旧石器時代の女性小像の発生と伝播　267

　　　　2　旧石器時代女性小像の最期　274

　　　　3　女性小像の製作　281

　　　　4　女性小像を製作した人の性　285

　　　　5　女性像を描いた人の性　290

　　　　6　旧石器時代の出産と育児　293

　　　　7　旧石器時代の女性象徴の意義　299

集　成　旧石器時代の女性象徴 ……………………………………………307

　　　　後期旧石器時代前半の女性小像　308

　　　　後期旧石器時代末の女性小像　320

　　　　後期旧石器時代前半～中頃の女性絵画　331

　　　　後期旧石器時代末の女性絵画と女性器象徴　332

　　　　後期旧石器時代の男性象徴　352

集　成　旧石器時代の動物象徴ほか …………………………………………355

　　　　後期旧石器時代の動物小像　356

　　　　後期旧石器時代の住居絵画　369

参考文献　371

あとがき　387

英文要旨　389

索　引　393

序　論

ヴィーナスの始原を求めて

「ミロのヴィーナス」
大理石製，台座をのぞく高さ 204 cm

1 「ヴィーナス誕生」

ヴィーナス（Venus）の英語は，ローマ時代のラテン語ウェヌス・ゲネトゥリクス（Venus Genetricus, 豊饒のヴィーナス）に由来する。ウェヌスには「魅力」という意味があるという。英語の辞書を引くと，Venus は「愛と美の女神，絶世の美人，金星，ビノスガイ属」とあり，フランス語の辞書では vénus は「美人，恋の女神，金星，ビノスガイ」とある。そこで，ヴィーナスの語を「美人」の代名詞として使い，旧石器時代の女性像にも「ヴィレンドルフのヴィーナス」のような呼び名を与え，縄文時代の土偶にも「棚畑ヴィーナス」という表現を使ったりする。しかし，これはあくまでも俗称である。

「ヴィーナス」の用語が誕生したのはローマ時代である［木村 1982：2-32］。「ヴィーナス」は古代ギリシャのアフロディテ（Aphrodite, 再生と愛と豊饒の象徴であるアフロと水神としてのディテとが複合した名称）をローマ時代に呼びかえたもので，豊饒の女神，愛と美の女神，あるいは恋の女神であった。しかし，ローマ時代以後は，拡大解釈して時代を問わず，豊饒の象徴としての女性像をヴィーナスと呼び，さらには旧石器時代の女性像から現代の美しい女性までヴィーナスと呼ぶように変わったのである。

13-15世紀のルネサンス期，1486年頃にイタリアのサンドラ・ボッティチェリが描いた『ヴィーナス誕生』の絵は，大きな貝殻の上に長い髪のアフロディテが裸で立っている（図1）。左の空中から女と身を絡ませた西風の男神ゼヒュロスが息を吹きかけてアフロディテを岸に近づけようとし，右の岸からは季節の女神ホラが不死の衣をもって誕生したばかりのアフロディテを抱え込むようにしている。この絵はヘシオドスの『テオゴニア』（神統記）にでてくるアフロディテ誕生の物語にもとづいている。ウラノス（天）が息子のクロノス（時の神）に男根を切り落とされて精液が海にしたたり落ちたためにできた海の泡（アフロス）から生まれたアフロディテ

図1　ボッティチェリの『ヴィーナス誕生』　1486年頃

が，その後キュプロス島に漂着し，さらにオリンポスの神々のところに赴く一情景を描いたものである［岡田 2006］。貝殻は母親の子宮を象徴的にあらわし，貝殻の左に生えている植物は男性器を象徴するガマで，折った茎はウラノスの去勢を隠喩している。赤ん坊ではなく，いきなり成熟した若い女性が海の泡から誕生する。ギリシャ古典の神話あっての『ヴィーナス誕生』の絵であって，神話画，広くみれば物語画に相当する。

　『ヴィーナス誕生』に描いてある大きな貝殻は，マルコ・デンデの版画『天の去勢とヴィーナスの誕生』（1500 年代初め）にも登場する。この絵には，クロノスがウラノスを去勢する場面まで挿入している。ガマは，ボッティチェリの友人であったレオナルド・ダ・ヴィンチ（1452-1519年）のデッサン『レダと白鳥』（1515-18 年の間）にも描いてあるから，その意味について共通する認識があったのである。神話と絵画作品が相まって「ヴィーナス誕生」のテーマは，生き続けたのであった。

　このように，「ヴィーナス」の呼称を心おきなく使うことができるのはローマ時代からである。そして，ギリシャ時代は「アフロディテ」，それ以前の呼称は当然，不明であって，新石器時代さらに旧石器時代までさかのぼると，女性像には現代の研究者の先入観や思い込み，さらには「女神」「地母神」のような解釈を排除した，外見にもとづく呼称を与えるほかはない。

　現在，ヨーロッパの学術書では，旧石器時代の女性の立体像をさして female figurine あるいは female statuette と呼ぶのが一般的であるが，Vénus figurine を用いる研究者もいる。そのばあいも，Vénus とあらわす人もいれば，"Vénus" とあらわす人もいる。statuette を立像と訳すと，新石器時代に立体的な座像が存在するので，両者の区別が必要になり，立像も使い難い。本書では female figurine の訳である「女性小像」を使うことにしたい＊。さらに，粘板岩の板に女性像を線刻した例や，鹿角製の有孔棒（bâton percé）に女性像や女性器を線刻した例が存在する。旧石器時代の「ヴィーナス」と古代ローマやルネサンスのヴィーナス（春を象徴する女神）との共通性は女性の裸像という点だけであって，後世の人がヴィーナスに付与した「若く美しい女性」という芸術性を追求する目的を旧石器時代の女性裸像がもっていたとは思えない。「ヴィーナスとは所詮は旧石器時代からの長い系譜をもつ女神の仮の名称にすぎない」と『ヴィーナス以前』の著書をもつ木村重信（元・国立国際美術館長）は喝破している［木村 1982：212］。「ヴィーナス」を「仮の名称」と割り切って考えてしまえば，この名称も使えないこともないだろうが，ここでは女性小像（female figurine），女性象徴（female symbol）で通すことにしたい。そして，両者を合わせたばあいは女性象徴（female images）と呼ぶことにしたい＊＊。そして，男性象徴のばあいも，これらの呼称に準じることにする。

　　＊女性小像の呼称の変遷を以下に列記する。
female statuette［Leroi-Gourhan 1968］，Venus figurine［Jelinek 1975］，Vénus, statuette féminine［Delporte 1979］，female figurine［Bosinski 1991］，statuette feminine［Abramova 1995, Cohen 2003］，female figurine［Svoboda 2008］，female sculpture, female figure［Cook 2013］。
　　ただし，これらの呼称のほかに，La Vénus de Willendorf のように過去につけられた個体名称には Vénus の語がのこっていることが多い。しかし，最近，女性研究者のジル・クックはそれを the woman of Willendorf と呼びかえている［Cook 2013］。ヨーロッパでは全体の流れが，Vénus figurine か

ら female figurine や female statuette の方向に動いていることは確かである。日本語に訳せば，ヴィーナス像から女性小像への移行である。

　日本では，ビーナス，女性小像［芹沢 1974］，ヴィーナス像［木村重信 1979『世界考古学事典』平凡社］，ヴィーナス像，女性裸像［木村 1982］，女性小像［ルロワ＝グーラン（蔵持訳）1985a］，ヴィーナス［岡村道雄 2002『日本考古学事典』三省堂］，ヴィーナス像［加藤博文 2007『旧石器考古学辞典』三訂版，学生社］など，ヴィーナス像，女性小像の用語が一般的に使われている。

　＊＊にもかかわらず，本書の題に「ヴィーナス」を使っているのは，「女性象徴」ではピンとこないという人のことを考慮して「仮の名称」を借用したという苦しい言い訳を赦していただきたい。ヴィーナスを「愛と美の女神」ともいうけれども，本書で展開するのは，あくまでも「ヴィーナス以前」の考古学である。

　なお，「ヴィーナス」の呼称を考えるうえで，井上章一 2017『美人論』朝日文庫，朝日新聞出版は，「美人・不美人」をめぐる倫理について重要な問題を提起している，と思う。

2　「ミロのヴィーナス」

　2014 年の 4 月，私はパリのルーヴル美術館に「ミロのヴィーナス」を訪ねる機会があった。50 年前，1964 年 5 月に東京国立博物館の特別展で瞥見して以来のことである。ルーヴル美術館では「モナ・リザ」ほどの人だかりがなかったので，この美術館の人気ナンバー 2 のまわりを一周してゆっくり観察することができた。

　「ミロのヴィーナス」は，エーゲ海に浮かぶメロス（フランス語読みがミロ）島で 1820 年に自宅の壁を造る石材を得るために古いギムナジウム（スポーツ・学問・武術の教練場）の跡の近くを掘っていた一農夫が，フランス海軍の士官候補生 O. ヴーティエの指示で掘り出した高さ 204 cm，大理石製の彫像（図 2-1・2）で，紀元前 2 世紀の制作と推定されている。この「ヴィーナス」は，ギリシャ神話の「パリスの審判」に登場する黄金のリンゴを受け取ろうしている「美の女神アフロディテ」だとする説があることを，ヨーロッパと日本の古代学に通じた角田文衞（元・平安博物館長）は「考古解釈学」の論文のなかでふれている［角田 2005：77-78］。私はそのことを思い出しながら，この彫像の上腕部の中ほどから欠失した右腕と，肩の付け根で欠失した左腕の割れ口に目を向けていた。

　「パリスの審判」は，ホメロスの叙事詩『イリアス』（前 8 世紀）にでてくる物語である［ブルフィンチ（野上訳）1978：274-275］。神々が集うペレウスとテテュスの結婚の宴会に 1 人招かれなかった争いの女神エリスは，それを恨んで，「もっとも美しい女性に」と記した黄金のリンゴを宴席に投げいれた。ヘラ（ユノ），アテネ（ミネルヴァ），アフロディテの 3 女神は，それを受け取る権利は自分にあると主張して争いになった。イダ山にいた羊飼いの少年パリスを審判者にしたところ，彼はアフロディテにたぶらかされて彼女を選び，彼女の導きでギリシャに渡り，スパルタ王メネラオスに迎えられた。ところが，パリスはスパルタ王の妻ヘレネを誘惑してトロイアに連れていってしまった。パリスは実はトロイア王の息子であった。それが原因でトロイアとスパルタとの間に起ったのがトロイア戦争である，という。

　「ミロのヴィーナス」が「パリスの審判」のアフロディテであるとすれば，本来はパリスそし

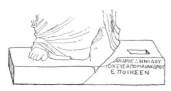

1 「ミロのヴィーナス」出土場所の
スケッチ［ドゥソルト 1821］

3 「ミロのヴィーナス」の台座［ドゥバイ 1821］
を濱田耕作が写生した図［濱田 1922］

2 発見当時の左腕と台座の状態
［ドゥバイ 1821］

図2　1820年に発見した時の「ミロのヴィーナス」

てヘラ，アテネなどの彫像といっしょにメロス島の神殿に安置してあったのではないか。メロス島のその発見地を広く発掘すれば見つかるのではないか，何も知らない私は「ミロのヴィーナス」の前で，こういうことを夢想していた。

　「ミロのヴィーナス」といっしょに「リンゴをもつ左手」も出土しているが，同一個体のものであるかどうか，疑問だという。「パリスの審判」の一場面をあらわしているのであれば，アフロディテは左手を前に差し出して黄金のリンゴを受け取ろうしていることになる。なぜ右手でなく左手で受け取るのか，不自然である。もっとも 15 世紀に描かれた『パリスの審判』（画家不詳，フィレンツェのバルジェッロ国立美術館蔵）の絵では，アフロディテは左手を差し出している。しかし，「ミロのヴィーナス」のばあいは，左肩につながる個所に筋肉の盛り上がりがあり，左手は上にあげた状態をあらわしているように見える。

　ルーヴル美術館に展示してある「ミロのヴィーナス」の台座は，向かって右側の端を欠失している。しかし，発見時には，ここに接合する銘文をもつ破片があったのだ（図2-3）。日本にヨーロッパ考古学の方法をもたらし日本の考古学を革新した濱田耕作（元・京都帝国大学考古学教授，のちに総長）は名著『通論考古学』のなかで，「学者が……一様の目的を以て真物を疑うが如きも戒む可し。彼の巴里(パリ)ルーヴル博物館がミロ発見のヴィナス台座の銘文を紛失せるが如きは，後者の場合たる嫌疑を免(まぬか)る可からず」と失われた台座の破片を図示し非難している［濱田 1922：138］。

　ギリシャ文字で書いた銘文は，ギリシャ考古学を専攻する松尾登史子さん（九州産業大学国際文

化学部講師）に教えを乞うたところ，「推定をまじえると」と断りながら，「マイアンドロス川のほとりのアンティオケイア人メニデスの息子……（ア）ンドロスが作った」と読むことができるという。碑文の冒頭が欠失しているので，息子の名はヨーロッパ美術史の澤柳大五郎に従って「アゲサンドロス」ということにしよう［澤柳 1964：251-256］。マイアンドロス川はトルコの西海岸を東から西に向かって流れ地中海に注ぐ川である。「アゲサンドロス」はどこの大理石を使って「ミロのヴィーナス」を制作したのであろうか。この「紛失」した部分の台座には方形の柄穴をあけてあった。本来は「ヴィーナス」に付属する部品が存在したのである。

その一方，古今東西の「ヴィーナス」に詳しい木村重信（美術史）は，「ミロのヴィーナス」は，左右の乳頭，および乳頭と臍の距離を1とすると，臍と陰阜（これを美術史では sexual triangle「性的三角形」と呼ぶ［木村 1982：53-61]）の下隅角の間の距離は2の割合で，ヘレニズム期（ギリシャ精神復興期）の様式をもっていることから，前4，5世紀頃の作品を前2世紀に模刻した「擬古作」であるという定説を紹介している［木村 1982：208］。そうであれば，「パリスの審判」から離れて，別の復元案もありうることになる。「ミロのヴィーナス」は，左肩上がりのポーズをとっているので，左手は上方に伸ばしており，右手は下げていると推定することができる。そこで両腕がのこっている「カプアのヴィーナス」（図3-2）などを参考にして，私は試しに両腕をつけて想像図を描いてみた（図3-3）。右手は腰に巻いた衣の一端をもち，左手は上腕を水平にして前腕を肘で曲げて上にあげているポーズにして，一応リンゴをもたせた*。

1 フルトヴェングラーの復元案（1895年），大理石製　　2 「カプアのヴィーナス」大理石製，高さ199 cm，前2世紀　　3 「ミロのヴィーナス」復元案（春成）

図3　「ミロのヴィーナス」の復元

＊その後，インターネットで，同じようなポーズをとった復元像を知った。なお，「カプアのヴィーナス」もローマ時代の擬古作で，「ミロのヴィーナス」と同じ原作をモデルにしているとする説がある。

ところが，以上の文章を書いた直後，松尾さんからレイチェル M. コウサー（ニューヨーク市立大学ブルックリン校芸術学部）が発表した「ミロのヴィーナス」に関する論文 [Kousser 2005] を教示された。コウサーは，アドルフ・フルトヴェングラー（元・ミュンヘン古代博物館長，交響楽団の指揮者ヴィルヘルム・フルトヴェングラーの父）らによる 19 世紀以来の研究を踏まえ，この「ヴィーナス」についてもっとも包括的に論じており，左手で黄金のリンゴをもち支持台に前腕部をおいたアフロディテを復元したフルトヴェングラーの復元（図3-1）を妥当なものとしている＊。そして，「ミロのヴィーナス」は「愛の喜びを具現」すべく制作してギムナジウムの祠堂に単独で安置してあったもので（図2-1），ギムナジウムで学問を学び競技・軍事の訓練をうける若者たちに向けての教育的な目的をもっていた，という。そのうえで，この「ヴィーナス」を，ヘレニズム期にギリシャの古典様式をモデルにして制作した「創造的であるが懐古的でもある芸術作品」と評価できるのは，ヘレニズム文化がギリシャの古典文化以来の伝統を継承していることを強調しようとする教育目的にかなっているからだ，と説明している。コウサーの研究は，現代的な美術鑑賞の目ではなく，元来の「文脈的環境」に位置づけて再考し，古代社会の有益な復元を試みている，と松尾さんは論評している [松尾 2015：122]。

＊「ミロのヴィーナス」が見つかった直後の 1821 年に A. ドゥバイが描いた図によると，水平に伸びる左上腕がのこっていた（図2-2）。左上腕を下に約 40 度下げているフルトヴェングラーによる 1895 年の復元図は違っている。この「ヴィーナス」は，右腕は上腕部の中ほどで，左腕は肩との関節部で，それぞれの腕と接合するように製作されている。フルトヴェングラーは，左上腕を接合部で回転させて下向きにして復元図を描いていることになる。

ルーヴル美術館には，「ミロのヴィーナス」を掘り出した時にでてきた彫像の破片があり，そのなかにはリンゴをもつ左手先，左腕の小破片などが含まれている。コウサーは，それらの石質が「ミロのヴィーナス」と一致すると判断して，接合はしないけれどもその一部とみなしている。それらのレプリカを使って「ミロのヴィーナス」の当初の姿を復元し，祠堂に安置した状態をメロス島に再現したいものである。

考古学が追究するのは，美の鑑賞をおこなったり本質を追究したりする前に，その物の本来の形姿，本来おいてあった状態を復元し，そのうえで，製作の目的，使用方法そしてその歴史を明らかにすることである。そのためには，資料の本来の存在状態と資料そのものの考古学的分析がいかに大切であるかを「ミロのヴィーナス」は示唆している。

3　旧石器時代の女性小像

旧石器時代の「ヴィーナス」とも称される女性小像は，ユーラシアの後期旧石器時代に存在する女性象徴を代表する遺物である。現在知られているヨーロッパ最古の女性小像は，ドイツのホーレ＝フェルス洞窟から 2008 年に発掘された 36,000〜40,000 年前，後期旧石器時代初めのものである（図4-1）[Conard 2010]。マンモスの牙製，高さわずか 5.9 cm の小型品で，ほぼ完形に復

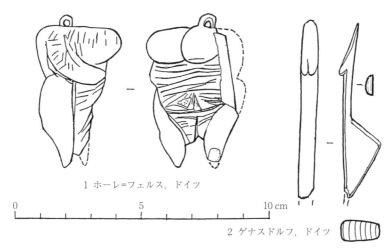

図4 ヨーロッパの旧石器時代最古と最新の女性小像（一部復元）
1 約4万年前，マンモスの牙製　2 約1.6万年前，マンモスの牙製

元されている。頭部の表現は本来なく，そこに紐孔をもつ小さな半環をつけている。短い胴の上端から突然突き出した巨大な乳房，幅広い腹部に横方向に帯状に彫ったたくさんの条線，ひどく短い両脚の間にできた広い陰阜の中央縦に走る深い陰裂，ホーレ＝フェルスの女性小像の怪異な姿のどこにも「ヴィーナス」らしさは見出せない。それまで偶像を知らなかった人々がまったく新たに創った女性裸像は，最初は頭をもたず，うら若い女性を連想させることのない「ヴィーナス」らしからぬ体形をもち，それは掌中に軽くおさまる本当に小さな女性小像であった。あまりにも小さいので，発掘者のニコラス・コナード（テュービンゲン大学）は自著に2倍に拡大した写真を掲載している。そうすると，いっそう見栄えがよくなり，見る者を圧倒する迫力が増大してくる。それにしても，この小さな身体が発する烈しいまでの力の源泉は何なのだろう。

ホーレ＝フェルス例をもって女性小像の発祥地域を中央ヨーロッパと限定できないことは後述するとおりであるが，女性小像はやがてヨーロッパ各地にひろがる。その一方，ヨーロッパよりも早く女性小像を生成したロシア平原では，コスチョンキI遺跡などでひじょうな発達をみせ，その習俗はシベリアまでひろまっている。女性小像を創造したのは，アフリカから寒冷地のヨーロッパ・ロシア平原に45,000-42,000年前の間に進出してまもない新人ホモ・サピエンスすなわち初期の「現代人」である。それまでヨーロッパ・ロシアを占拠していた旧人ネアンデルタール人にとってかわろうとしていたホモ・サピエンスは，いったい何の必要があってこのような女性を象徴する小さな像を生み出したのか。その後，この小像がユーラシアに広まっていった理由は何だったのか。

同じドイツのゲナスドルフ遺跡から発掘された約15,000年前，後期旧石器時代末の女性小像には，乳房の表現はあるけれども，頭部もなければ性的三角形の表現もない（図4-2）［Bosinski 1991］。これまた高さ7.1 cmにすぎない小品であるけれども，女性の形を思い切り単純化して乳房と大きな尻だけで表現しながら，きわめてすぐれた造形美を獲得しているといってよい。この遺跡からは，さらに乳房の表現すら省略した小像が見つかっている。しかし，大きな尻の形は，

乳房をもつ女性小像と変わるところはなく，性的三角形だけでなく乳房の表現がなくても女性小像と認めることに躊躇しない。

　乳房と性的三角形の表現を必須として出発した後期旧石器時代前半，約 36,000 年前ないしそれ以前の女性小像と，その比重が小さくなった後期旧石器時代末，約 15,000 年前のそれとは，どのような関係にあるのだろうか。両者はどこかで連続しており，文化変容の一現象として説明できるのであろうか。それとも製作者の側になんらかの変化が生じたのであろうか。さらに，ユーラシアの女性小像は，後期旧石器時代の終わり近くに，時を同じくして消滅する。いかなる事情があったのだろうか。いずれも難問である。

4　上黒岩の石偶と私

　私が旧石器時代の女性小像の研究に深入りするようになったのは，2004 年からである。1962-70 年に愛媛県上浮穴郡久万高原町（旧，美川村）上黒岩岩陰遺跡で発掘された石偶（旧称，線刻礫）について本格的に調べ，その報告を書くことを迫られたからである。石偶の発見を岡山に住んでいた大学 1 年生の私が知ったのは 1962 年 9 月 17 日の『朝日新聞』の記事（図 5）で，以来，関心はもっていたけれども，私はこの遺跡の調査にはまったくかかわりがなかったので，本格的にこの研究に取り組むことはありえなかった。

　ところが，調査が終わって 40 年後，国立歴史民俗博物館に勤めていた私を代表者にして報告書を作成する機会が訪れた。その理由は，上黒岩岩陰の発掘が終わったあと，1971 年に遺跡は国指定の史跡になったけれども，発掘関係者による調査報告書は世に出る可能性がなかったこと，1976 年に文化庁で国有化した出土品のごく一部が国立歴史民俗博物館に管理換えとなっており，同館の一員として私にもその報告をおこなう義務を少しではあるが感じていたところ，詳細な発掘報告書の刊行を熱望する研究者たちから背中を押されたことであった。報告書を作成するにあたって，私は石偶の記載と研究を担当しようと考えた。上黒岩出土品には，線刻のある石偶 13 点，線刻のある棒状の礫 3 点，線刻は認められないが石偶と同じ扱いをうけていた可能性のある円礫 4 点があった。

　上黒岩の石偶は高さ 3.6-6.0 cm，厚さ 3.4-7.5 mm の薄く扁平な緑色片岩の小礫に髪，乳房，下半部にスダレ文か鋸歯文を線刻している（図 6）。発掘に携わった江坂輝弥（元・慶応大学文学部）らは，スダレ文や鋸歯文は腰蓑をあらわし，乳房の線刻のないものは小児をあらわしていると解釈していた［江坂ほか 1967：232-233］。1950-70 年代に日本の旧石器・縄文時代の研究を牽引した芹沢長介（元・東北大学文学部）は，乳房の表現があるものを女性，ないものを男性と考えていた［芹沢 1986：174］。しかし，ともに資料操作の手続きを踏んだうえでの結論ではなく，新たに検討することが必要であった。

　さらに，日本の考古学研究者は，上黒岩岩陰遺跡では隆起線文土器に伴ったという理由から上黒岩の石偶を縄文時代草創期の枠にいれて，旧石器時代の小像として扱うことをしなかった。その結果，ヨーロッパやロシア平原の旧石器時代の女性小像と比較研究する道をふさいでしまい，日本の旧石器時代にはヨーロッパのような女性小像は存在しなかった，という認識になってい

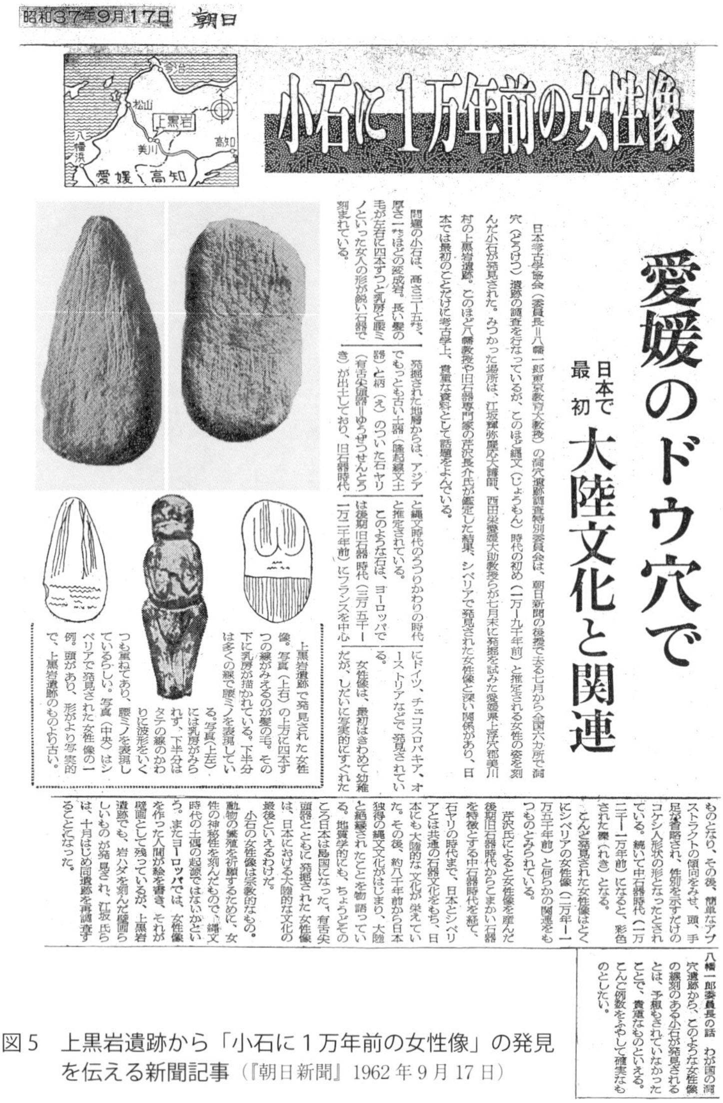

昭和37年9月17日 朝日

小石に1万年前の女性像

愛媛のドウ穴で

日本で最初 大陸文化と関連

日本考古学協会（委員長＝八幡一郎東京教育大教授）の洞穴遺跡調査特別委員会は、朝日新聞の後援で去る七月から全国六カ所で洞穴（どうけつ）遺跡の調査を行なっているが、このほど縄文（じょうもん）時代の初め（一万－九千年前）と推定される女性の姿を刻んだ小石が発見された。みつかった場所は、江坂輝弥慶応大講師、西田栄愛媛大助教授らが七月末に発掘を試みた愛媛県上浮穴郡美川村の上黒岩遺跡。このほど八幡教授や旧石器専門家の芹沢長介氏が鑑定した結果、シベリアで発見された女性像と深い関係があり、日本では最初のことだけに考古学上、貴重な資料として話題をよんでいる。

問題の小石は、高さ三・五㌢、厚さ一㌢ほどの変成岩。長い髪の毛が左右に四本ずつと乳房と腰ミノといった女人の形が鋭い石器で刻まれている。

発掘された地層からは、アジアでもっとも古い土器（隆起線文土器）と柄（え）のついた石ヤリ（有舌尖頭器＝ゆうぜつせんとうき）が出土しており、旧石器時代と縄文時代のうつりかわりの時代と推定されている。

このような石は、ヨーロッパでは後期旧石器時代（三万五千－一万二千年前）にフランスを中心にドイツ、チェコスロバキア、オーストリアなどで発見されている。

女性像は、最初はきわめて幼稚だが、しだいに写実的にすぐれたものとなり、その後、簡単なアブストラクトの傾向をみせ、頭、手足が省略され、性別を示すだけのコケシ人形状の形となったとされている。続いて中石器時代（一万二千－一万年前）になると、彩色された礫（れき）となる。

こんど発見された女性像はとくにシベリアの女性像（二万年－一万五千年前）と何らかの関連をもつものとみられている。

芹沢氏によると女性像を産んだ後期旧石器時代からこまかい石器を特徴とする中石器時代を経て、石ヤリの時代まで、日本とシベリアとは共通の石器文化をもち、日本にも大陸的な文化が栄えていた。その後、約八千年前から日本独得の縄文文化がはじまり、大陸と絶縁されたことを物語っている。地質学的にも、ちょうどそのころ日本は島国になった。有舌尖頭器とともに発掘された女性像は、日本における大陸的な文化の最後といえるわけだ。

小石の女性像は宗教的なもの。動物の繁殖を祈願するために、女性の神秘性を刻んだもので、縄文時代の土偶の起源ではないかという。またヨーロッパでは、女性像を作った人間が絵を書き、それが壁画として残っているが、上黒岩遺跡でも、岩ハダを刻んだ壁画らしいものが発見され、江坂氏らは、十月はじめ同遺跡を再調査することとなった。

上黒岩遺跡で発見された女性像。写真（上右）の上方に四本ずつの線がみえるのが髪の毛。その下に乳房が描かれている。下半分は多くの線で腰ミノを表現している。写真（上左）には乳房がみられず、下半分はタテの線のかわりに波形をいくつも重ねてあり、腰ミノを表現しているらしい。写真（中央）はシベリアで発見された女性像の一例。頭があり、形がより写実的で、上黒岩遺跡のものより古い。

八幡一郎委員長の話 わが国の洞穴遺跡から、このような女性像の線刻のある小石が発見されるとは、予想もされていなかったことで、貴重なものといえる。こんご例数をふやして確実なものとしたい。

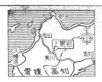

図5 上黒岩遺跡から「小石に1万年前の女性像」の発見を伝える新聞記事（『朝日新聞』1962年9月17日）

た。しかし，上黒岩の石偶の約14,500年前という年代は更新世末，気候史でいうと温暖なベーリング期を示し，ヨーロッパにもっていけば後期旧石器時代末に位置し，ゲナスドルフの女性小像の年代と少しも変わらない。上黒岩の石偶は縄文時代のものという枠を外して後期旧石器時代の1つとして扱えば，女性小像研究の新たな展開が可能になるのではないか。日本列島発見の女性小像を追究する道は，世界に通じるのでないか，と私は研究を進めるにつれて思うようになった。

本書では，上黒岩石偶を「旧石器時代の女性小像」と認識することから始め，あくまでも世界のなかで，考古学的脈絡のなかで，すなわちユーラシアの女性象徴の存在状況，形態・型式を把握したうえで，上黒岩石偶の意義について考察するように努める。そのために，ヨーロッパ，ロシア平原，レヴァントそして日本から見つかっている旧石器時代の女性小像300点余り（小破片

図6　愛媛県上黒岩遺跡の石偶　緑色片岩ほか，6の高さ4.4cm

を含む）と，洞窟や岩陰の壁そして板石やマンモスの牙などに線刻した女性絵画，および数は少ないけれども男性象徴の集成図を作成する。そのうえで，女性象徴にいくつかの系列が存在する事実を認識してそれぞれの編年をおこなったあとで，形態の推移，型式の変遷を追いかけながら前に進んでいくという日本の考古学の伝統的な手続きをとることを心掛けたい。後期旧石器時代のユーラシアで製作された女性小像の数は，数千点あるいはそれ以上に達したであろう。にもかかわらず，「始原のヴィーナス」の本質に迫りたいとする本書は，あくまでも私がおこなった基礎的な作業の1つにすぎない。

第Ⅰ部

上黒岩の女性象徴

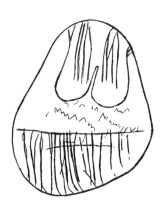

上黒岩の女性小像
緑色片岩製，高さ 4.7 cm

第Ⅰ部　上黒岩の女性象徴

　第1章　上黒岩岩陰遺跡
　第2章　石偶と線刻棒
　第3章　タカラガイと三角形垂飾り
　第4章　上黒岩の女性象徴の意義

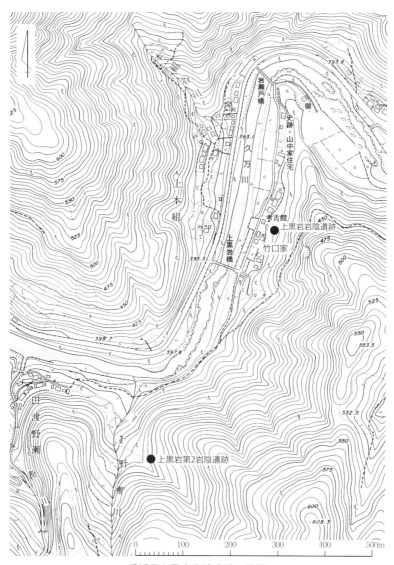

愛媛県上黒岩岩陰遺跡の位置

第1章　上黒岩岩陰遺跡

1　上黒岩石陰の発見

　上黒岩岩陰遺跡は，四国中西部の愛媛県上浮穴郡久万高原町に位置し（図7），町村合併する前，発掘調査していたころは美川村にあった。

　そこは，JR松山駅から自動車に乗って国道33号線を南に向かって走り，砥部町から三坂峠（標高720 m）（図8-1）のジグザグの急な坂道を登ること約50分，突然，幅はせまいけれども平坦な高原が伸び広がり，人家も並ぶ小さな高原町の町役場に到達する。標高約400 mで，夏はひんやりとして涼しい。けれども，冬になると積雪があり，途中の坂道はしばしば凍結する。松山平野からは直線距離で15 kmほどしか離れていないけれども，1年の平均気温は3-4度低いのである。高原を抜けると久万川に沿って幅狭い水田がどこまでも連なり，このようなところまで人里に変えた先人たちの苦労を想い，彼らの偉大さに感銘をうける。さらに車で15分ほど久万川沿いにくだっていくと，高さ20 m余りの白い石灰岩の断崖が見えてくる。しかし，現在では生い茂った草木によって隠れている部分のほうが多い。石灰岩は，面的に広がっているのではなく幅60 mほどの岩体がこの場所では川に向かって突出しているので，川沿いの道を車で走ると，遠くからもそれとわかる目印（ランドマーク）になっている（図8-2，図9-1）。この断崖の裾に，後期更新世の寒冷期に崖裾が崩落してわずかにできた岩陰が上黒岩岩陰である。付近の標高397 m，石灰岩頂420 m，久万川の河床からの比高は約10 mである。岩陰は，斜めに切り立った崖の南西裾に幅10 m，奥行き1.5-2.5 mほどが雨露をしのげるていどの空間として存在するにすぎない。久万川は上黒岩から石鎚山（標高1,921 m）の西南麓で面河川と合流，南下して仁淀

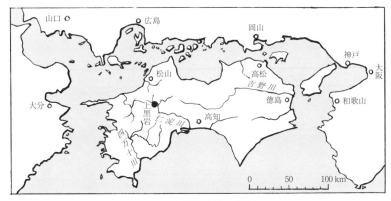

図7　上黒岩岩陰の位置

16 第Ⅰ部 上黒岩の女性象徴

1 三坂峠から望む松山平野（久万高原町教育委員会提供）

2 久万川と上黒岩岩陰［愛媛県歴史文化博物館 2005］

3 久万橋から見た上黒岩岩陰付近（矢印）

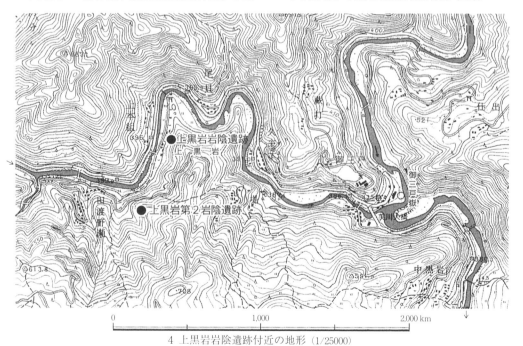

4 上黒岩岩陰遺跡付近の地形（1/25000）

図8 上黒岩岩陰への道のり

1 久万川の対岸からみた上黒岩岩陰　中央右下の保護屋根の下

2 発見当時の上黒岩岩陰　手前は水田，右の木材を置いている場所　1961年6月西田栄撮影

3 上黒岩岩陰を世に出した功労者たち　1962年
左上から右下へ西田栄，森岡俊一，竹口義照君

図9　上黒岩岩陰遺跡の発見

図10　上黒岩岩陰遺跡の発掘
北西から。左が岩陰，奥行きはもっとも深い所で2.5m。右が堆積層で厚さは6m以上。

川となって高知県に入り，土佐湾に流れ込んでいる。遺跡から仁淀川河口まで約50kmである。

　この岩陰のある場所の地主竹口渉さんは，隣接する家に住んでいた。1961年5月の下旬，岩陰の西端付近の物置に使っていた狭い空き地を水田に変えるために整地しようとして30cmほど掘り下げたところ，黒土層からカワニナなどの貝殻と土器片が出てきた（図9-2）。息子の中学1年生，竹口義照君は目ざとくその土器片を拾いあげ，社会科の授業で教わった石器時代の貝塚と判断して，美川中学校にもっていったところ，その重要性を認めた社会科教諭の森岡俊一さんは愛媛県教育委員会に通報，そこで愛媛県文化財委員の西田栄（当時，愛媛大学文理学部助教授）が6月4日に現場を訪れて，縄文時代の遺跡と断定した（図9-3）。西田は江坂輝弥（当時，慶応義塾大学文学部助教授）に呼びかけ，同年10月，稲刈りが終わってすぐに3日間発掘したところ，縄文早期，押型文土器とともに埋葬人骨を発見し，きわめて重要な遺跡であることが判明した。上黒岩岩陰遺跡はこうして学界に登場した。

　翌1962年7月に第2次発掘，さらに同年10月に第3次発掘がおこなわれた。第2次発掘で岩陰の地表から1.6m下で縄文早期よりも古い隆起線文土器を発見，さらに発掘に参加していた慶応大学2年生の天羽利夫（後年，徳島県立博物館長）が小礫に線刻した女性小像第1号を手にして参加者一同大興奮，それから目を皿のようにして発掘を進めたところ，このときの発掘だけで計5点も見つかった。

山内清男（当時，成城大学文学部教授）が縄文早期の前に草創期という時期を設定したのは1962年12月発行の『科学読売』誌上であって，第3次発掘のころはまだ隆起線文土器の時期を指す適当な呼称がなかった。「無土器文化から縄文文化への移り変わりの時代」「縄文時代の初め」「1万年前の文化」と表現したり，ヨーロッパから「中石器時代」の呼称を借用したりしていた。上黒岩岩陰で隆起線文土器，および無文土器に伴った炭化物の炭素14年代を測定したアメリカのC. チャード（ウィスコンシン大学）から測定結果の連絡があったのは1963年8月のことである。隆起線文土器・有茎尖頭器と石偶を出土した9層は12,165±600年前（1950年を起点にして），無文土器・石鏃を出土した6層は10,085±320年前までさかのぼった。その後，木越邦彦（学習院大学理学部）のところで測定された長崎県福井洞窟の細石刃を伴う隆起線文土器を出土した3層の年代は12,700±500年前，細石刃を伴う爪形文土器を出土した2層の年代は12,400±350年前を示し，上黒岩の測定結果との間に大きな矛盾はなかった。当時，更新世（旧称，洪積世）と完新世（旧称，沖積世）の境界は約10,000年前と定められており，また10,000年前をさかのぼると人類の歴史は旧石器時代に属するとみなされていたから，上黒岩の隆起線文土器や石偶は更新世，旧石器時代に属するものであった。

しかし，山内は炭素14年代をまったく信用せず，隆起線文土器に伴う大陸からの「渡来石器群」（丸ノミ形石斧，断面三角形の鑿，矢柄研磨器など）の年代を前3,500年前すなわち約5,500年前と考え，土器が存在することから，縄文早期の古い部分とみなし，「縄文草創期」を提案し，それ以前の磨製石斧を伴う時代を「無土器新石器時代」として扱った。その一方，炭素14年代を積極的に採用した芹沢長介（当時，東北大学文学部日本文化研究所助教授）は，「中石器時代または旧石器時代晩期」と呼んだ［芹沢1967：240］。隆起線文土器の時期を，いわば「有土器旧石器時代」と理解したわけである。

山内と芹沢の論争をうけて，すでに炭素14年代の恩恵をうけていた次世代の研究者の多くは，隆起線文土器の時期の数値年代は12,000年前を採り，時代呼称としては，縄文早期～晩期の5時期区分を提唱した山内に敬意を表して「縄文草創期」を採用した。こうして，上黒岩の土器や石偶の時期的な位置は縄文草創期と定められた。

それから約30年後，1998年に青森県大平山元I遺跡出土の無文土器の破片に付着していた炭化物の炭素14年代を測定したところ，約13,000年前という結果がでた［谷口2011］。当時，年代測定の専門家たちの間では炭素14年代は，厳密には実年代でないことが常識となっており，測定値を「国際較正曲線」（IntCal）プログラムを用いて暦年較正するように変わっていた。そこで，較正してみると，約16,000年前という，さらに古い年代となった。

2007年に再度，上黒岩9層出土の前回と同じ炭化物試料の炭素14年代測定をアメリカのベータ・アナリティック社でおこなったところ，12,530±40年前で，較正年代は13,050-12,450 calBC（確率92.6%）の結果が得られた。すなわち，約14,500年前頃というのが上黒岩石偶に与えられた年代である。2009年5月の国際地質科学連合の国際層序委員会（IUGS-ICS）は，更新世/完新世の境界年代を11,650年前（1950年から。2000年からだと11,700年前）と定めたので，上黒岩9層はもちろん6層も更新世末のうちに入る。

20 第Ⅰ部 上黒岩の女性象徴

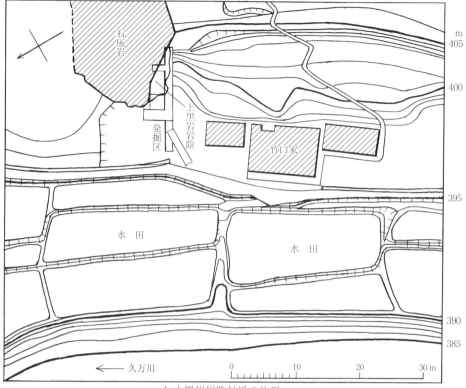

1 上黒岩岩陰付近の地形

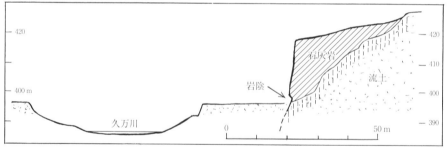

2 上黒岩岩陰付近の断面模式図

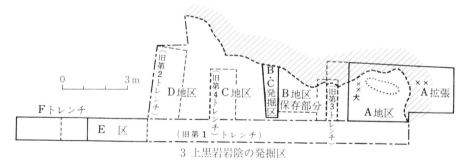

3 上黒岩岩陰の発掘区

図11 上黒岩岩陰の立地と発掘範囲

2　年代と岩陰の利用

　上黒岩岩陰遺跡の基本層序は，1962 年 7 月の第 2 次発掘のときに，C 区と D 区の境界の西北断面で設定されている（図12）。調査者によると，この岩陰の利用は，第 3 次調査時の最下層の 14 層の黄褐色粘土層の時期に始まる［江坂ほか 1967：229］。出土した遺物は，安山岩製の横長剝片 2 点であって，「瀬戸内技法」によるという。瀬戸内技法の年代は始良火山灰（AT）降下の前後であるから，約 30,000 年前になる。しかし，現在その資料は所在不明であって，上黒岩岩陰の利用がそこまでさかのぼるかどうかは確認できない。その次の利用は 9 層の隆起線文土器の時期，約 14,500 年前のことである。14 層と 9 層の間は粘土層と破砕礫層が交互に堆積しており，厚さ 1.3 m，同じ岩陰のなかで約 15,000 年間の堆積物としては単純で薄すぎる。後期旧石器時代の横長剝片としても，瀬戸内技法の時代よりははるかに新しいと私はみたい＊。

　　＊長崎県佐世保市福井洞窟でも，隆起線文土器と細石刃を含む 3 層の約 4.5 m 下位に横たわる 15 層は，安山岩製の大型楕円形スクレイパーを特徴とする石器群で，炭素 14 年代で 31,500 ± 100 年前より古いという数値を得たことから，長い間，3 万年前以前とされてきたが，近年の調査により，古い時代の亜炭の年代を測定していたことが判明し，黒曜岩の利用もおこなっていることから，13 層の細石刃の時期からそう遠くない時期のものと変更されている［柳田編 2016］。日本の洞穴遺跡で土器出現以前までさかのぼる例は稀である。

　上黒岩岩陰は以後，古墳時代まで断続的に利用されている。この遺跡の基本層序と人の利用との関係を示せば表 1 のとおりである。

　すなわち，上黒岩岩陰を利用したのは，6 層の無文土器の時期が寒冷期（新ドリアス期）であるのを除くと，最終氷期のなかでの温暖期である。上黒岩の地は 30 年前で松山平野よりも冬の気温は 3-4 度低く，久万川は凍結するのが常態であった。6 層の時期は遺物も少なく，石鏃が多いことから春から秋の間に利用したのであろう。おそらく他の時期も温暖期にあたるといっても，冬季の気温の低下は著しいものがあったろうから，通年利用したのではなく，季節的な利用であった可能性が高い。ただ，9 層と 4 層の時期の利用の仕方には少し問題がある。9 層の時期は，岩陰内で石器をさかんに作っており，有茎尖頭器の出土数は 63 点と中四国・近畿ではもっとも多く，縄文草創期では唯一の石偶が 13 点出土しているなど西日本屈指の遺跡である。また，4 層の時期は，埋葬人骨 28 体が見つかっており，人々のこの岩陰へのこだわりを明らかに看取できるからである。しかし，そのばあいでも，春から秋の季節にこの岩陰を利用し，冬は平地に下りていたとする考えを否定するものではないだろう。

　9 層の時期の有茎尖頭器の石材を分析した綿貫俊一（大分県立埋蔵文化財センター）は，遺跡付近で採取可能な赤色珪質岩とチャートが主体で，香川県産のサヌカイト（安山岩）が少ないことから，上黒岩岩陰や，高知県佐川町不動ガ岩屋，四万十市森駄馬遺跡などの不定形の押圧剝離技術で作った有茎尖頭器は，この地方でサヌカイトが流通する段階以前で，諸集団は近場で石材を獲得していた古い様相を示し，サヌカイト製の大型で斜行剝離が発達した新しい様相をもつ有茎尖頭器は，定住の傾向が強まりサヌカイトが流通するようになった「初源的交易・交換システ

22　第Ⅰ部　上黒岩の女性象徴

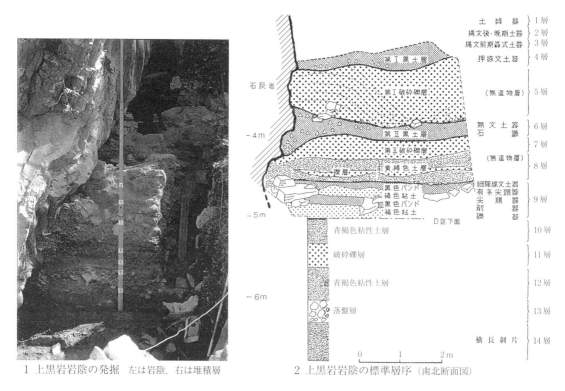

1　上黒岩岩陰の発掘　左は岩陰，右は堆積層
2　上黒岩岩陰の標準層序（南北断面図）

図12　上黒岩岩陰第2次・第3次発掘のB区西端の層序　手前はB・C発掘区

表1　上黒岩岩陰遺跡の層序と年代
（実年代は炭素14年代測定値の較正年代，植生区分はヨーロッパの基準を仮にあてたもの）

1層　古墳時代　土師器　約1,700年前

2層　縄文後・晩期　約4,000～3,000年前，サブアトランティック期　温暖期

3層　縄文前期初め　轟式土器，人・犬の埋葬　約6,000年前，アトランティック期　温暖期

4層　黒色土層　縄文早期中頃　押型文土器，人の埋葬　約10,000年前，ボレアル期　温暖期

5層　石灰岩角礫層　4層とほぼ同時期

6層　黒色土層　縄文草創期後半　無文土器，石鏃，線刻棒　約12,000年前，新ドリアス期　長期間（約1300年間）の寒冷期

7層　破砕礫層　9層とほぼ同時期

8層　黄褐色土層　9層とほぼ同時期

9層　褐色土層と黒色土層の互層　縄文草創期前半　隆起線文土器，有茎尖頭器，石偶　約14,500年前，ベーリング期　短期間（約300年間）の温暖期

10層　青褐色粘性土層

11層　破砕礫層

12層　青褐色粘性土層

13層　落盤層

14層　青褐色粘性土層　横長剝片　後期旧石器？

ム」が形成された段階と評価している［綿貫 2008：122］。

　現在までのところ，瀬戸内の平地から上黒岩と同型式の有茎尖頭器や石偶を出土する遺跡は見つかっていない。隆起線文土器については，上黒岩式を設定した小林謙一（中央大学文学部）はその広がりを四国から近畿・東海西部ととらえている［小林 2009：418］。上黒岩の9層と6層の時期の遺跡は，瀬戸内では十分に見つかっていない。近年，岡山県勝央町大河内遺跡，兵庫県丹波市春日町国領遺跡や高知県四万十市森駄馬遺跡が見つかったように，山間部に良好な遺跡がまだ多数埋もれていることはまちがいないだろう。その一方，瀬戸内沿岸部では有茎尖頭器は単独で見つかることが多く，明らかな遺跡を形成している例は稀である。その理由は，この頃の海水面は現在よりも約30m低い位置にあり，瀬戸内海はまだ森林～草原の状態であって，当時の低位段丘は現在の平野の下や海底に埋没し，あるいは現在の標高10m付近から−10m付近までの範囲はその後の瀬戸内海の形成過程で浸食され失われていることによるのであろう（コラム1）。

　上黒岩岩陰の各時期における利用期間を考えるうえでもっとも参考になるのは，各層ごとの遺物の量である。土器の破片（細かな破片まで含む）の数は，9層を中心とする隆起線文土器が約150点，6層を中心とする無文土器が240点，4層を中心とする押型文土器が450点である。土器破片の個体識別をおこなったところでは，隆起線文土器は10数個体であった。ただし，この時期は1遺跡から数個体分しか出土しない傾向がつよいから，上黒岩のばあいは，明らかに多いといえる。この点は有茎尖頭器の出土数が日本列島規模でみて傑出していることからも裏づけられる。無文土器は5個体を確認しえたので，おそらく10個体未満，押型文土器は4型式に細分できるので，多い時期でも20個体をこえるものではない。その点は，岡山県瀬戸内市（旧・牛窓町）黄島貝塚や大分県日出町早水台遺跡からの押型文土器の出土量の多さと比較してみると，上黒岩岩陰で土器を使用した生活を頻繁におくったものでないことが容易にわかる。上黒岩の出土遺物は量が多いといっても，それは相対的なものであるといわなければならない。

　利用期間や回数が長かったのは，上黒岩岩陰が通路としてもっとも確かな道筋を示す久万川に面しており，しかも石灰岩の白く高い岩肌が露出し特異な景観をつくりだしランドマークとしての意味をあわせもっていたことによるところが大きかったであろう。久万川が高知県の太平洋岸に注ぐ仁淀川の上流にあたること，上黒岩4層から出土したタカラガイ，イモガイ，アワビ，ハイガイ，ハマグリ，カキなど海産の貝殻は太平洋岸で採取できることを考慮すると，四国の太平洋岸まで生活圏は広がっていたのは確かであろう。

　それにしても，9層と6層との間に約2,500年間，6層と4層との間に2,000年間，4層の押型文土器は旧新の4つの型式からなり，4層と3層との間に4,000年間，3層と2層との間に2,000年間の人が利用していない時期をはさんでいる。それを思うと，この岩陰の利用の頻度はけっして高いものでなく，地球環境史のうえで温暖期のある季節にほとんど限られており，基本的に断続的なものであったと考えざるをえないだろう。

　上黒岩岩陰の居住可能な空間は，岩壁の上部が庇状に前にせり出し雨水が落ちてこない幅6m，奥行はもっとも深い所でも2mにすぎず，面積にして6m²ほどの幅狭い範囲であって，仮にその後に庇の前縁が崩落していたとしても10m²程度であったろう。そこから推定される上黒岩集団の人口は，もっとも多いときでも15人をこえることはなく，おそらく10人前後であっ

たことを推定させる。上黒岩岩陰を墓地としても利用したのは，4層の時期だけであったが，28体の埋葬のうち過半数は幼小児であった。狩人が狩猟だけを目的に深山にはいったのではなく，幼小児をかかえた老若男女の集団が一定期間ここで生活していたのである。

3　上黒岩集団の生業

　上黒岩岩陰の9層から出土した動物遺存体のなかで主要なものは，ニホンジカ，イノシシ，アナグマ，ツキノワグマ，ニホンザルで，他にカモシカ，ニホンオオカミ，オオヤマネコ，ヒキガエルの遺骨があった［姉崎ほか 2009］。6層から出土したカワウソ，ムササビ，4層から出土したテン，タヌキ，ノウサギ，オコジョ，ネズミなども，捕獲の対象であったろう。これらはすべて中小動物であった。

　上黒岩岩陰は更新世末までさかのぼるけれども，更新世を特徴づけるナウマンゾウやヤベオオツノジカの遺骨は皆無であった。ナウマンゾウのばあいは，遺跡の立地からしてもその存在を考えることはできない。瀬戸内海ではナウマンゾウはこの時期までくだる例は見つかっていない。現在でも，瀬戸内海産のナウマンゾウの骨の年代測定例は乏しい。信頼してよいかと考えられる唯一の例は，諸島沖（広島・松山沖）産の骨化石の測定結果であって，38,278±260 年前である［北川ほか 2008］。上黒岩では9層の時期も，すでに完新世と同じ中小型獣の時代になっていた。したがって，有茎尖頭器と石鏃とは一部重複する時期があるとしても，有茎尖頭器→石鏃の推移を促す自然的要因は上黒岩付近には存在しないので，それは他律的な変化でなければ説明がつかない。すなわち，他地方での変化の影響をうけて上黒岩の集団でも投槍器や弓矢を用いるように変わったということである。

　ヤベオオツノジカについては，広島県庄原市帝釈馬渡岩陰（標高 450 m）の5層から安山岩製の小型横長剥片石器を伴って上顎骨片が出土している。無文土器，柳葉形尖頭器，石鏃を伴う4層（炭素14年代：12,080±100 BP）よりも下位の層であって，石器は後期旧石器時代末の可能性が高い。また，愛媛県城川町穴神洞（標高約 300 m）から隆起線文土器に伴ってオオツノジカの歯牙が出土しており［長井 2004：64-67］，これが縄文草創期の唯一の例となっている。したがって，同じ四国に住んでいた上黒岩の住人たちがオオツノジカと遭遇する機会がなかったとはいえない。

　上黒岩岩陰出土の動物骨は，姉崎智子（群馬県立自然史博物館）らによる最新の調査でもニホンジカとイノシシが主であった［金子 1967：442-448，姉崎ほか 2009：337］。第2次調査時にA区4層の埋葬人骨に伴出したとされる2頭の埋葬イヌ［江坂ほか 1967：226，231］は，佐藤孝雄（慶応義塾大学文学部）らが炭素14年代を測定した結果，押型文土器の時期のものではなく，3層の縄文時代前期初めの轟式の時期までくだることが明らかになった［Sato et al. 2015］。さらに，9層から隆起線文土器とともに見つかったイヌの骨の破片は他の動物の骨と訂正された［澤田・吉永 2020：24］。その結果，神奈川県横須賀市夏島貝塚の夏島式土器の貝層から発掘された縄文早期初めのイヌの下顎骨片［直良 1973：283］と，最近，佐賀県佐賀市金立町東名貝塚発掘の縄文早期末のイヌの頭蓋骨ほか［佐藤 2016］が，日本列島発見の最古のイヌの遺骨ということになっ

た。日本列島でオオカミからイヌへの進化は認められないので，この頃に大陸から人が連れてきて，猟犬・番犬として使役していたことになろう。縄文早期における大陸系の文化要素のうちもっとも確かな証拠であるが，日本列島への渡来ルートは明らかでない。

　さて，上黒岩岩陰では9層出土の木葉形尖頭器が突槍，有茎尖頭器が投槍，6層出土の石鏃が弓矢の存在を示しており，槍から弓矢へ発展したとする鈴木道之助（元・千葉県教育委員会）の示した図式［鈴木 1972］は明快であった。佐原真（当時，奈良国立文化財研究所）は突槍，投槍から弓矢へ発展したとする鈴木説を採用しつつも，日本列島では弓矢が出現する前後の動物相に大きな変化がないので，弓矢は大陸で発明され完成した形で日本列島にもたらされたと考えた［佐原 1975：35-37］。

　しかし，今回，綿貫俊一が全石器に目を通したところ，鈴木のいう木葉形尖頭器の認定には大きな疑問が生じることになった。すなわち，その大多数は石篦または一種の石斧とそれらの未完成品・失敗品であり，さらに有茎尖頭器の未完成品・失敗品などであることが判明し，有茎尖頭器が60点をこす一方，「木葉形尖頭器」は10点に満たない少数になってしまった。さらに，9層から石鏃が2点出土していることも明らかになった。

　綿貫は統計を十分にとることができなかったと断りながら，石器のほうから層の統合をはかって，上黒岩岩陰の各時期の石器組成を明らかにしようとしている（図13・14）。それによると，9層を主体とする7-11層の隆起線文土器の時期は，有茎尖頭器62点，小型木葉形尖頭器8点，石鏃7点，刃部磨製小型石斧1点，小型石斧2点，石篦75点，掻器15点，削器12点，矢柄研磨器1点，有溝砥石1点，凹石2点，敲石13点，石匙1点としている（以上，未完成品を除く）。6層の無文土器の時期は，石鏃17点で石鏃が著しく増加する一方，有茎尖頭器は消滅する。凹石・磨石16点，敲石14点が目立って多い。4層を主体とする4-5層の押型文土器の時期は，凹石・敲石1点に加えて石鏃32点，削器6点，凹石・敲石1点，敲石・磨石3点，石錘5点が増加する傾向にある。そして，6層と4層に多い凹石と敲石については，植物質食材の加工用と考えがちであるが，凹みの形状が通常の椀形ではなく，細長い谷状を呈していること，上黒岩岩陰では動物の骨髄をさかんに食べた痕跡があることから，骨を割る道具として用いた可能性を考慮する必要があると論じている［綿貫 2009：434］。骨髄食が他の遺跡や時期よりもさかんであったとすれば，それは嗜好の問題なのか，それとも押型文土器の時期に食料の供給が十分でなかったことを意味しているのか。

　4層出土の人骨の調査にあたった中橋孝博（当時，九州大学大学院）と岡崎健治（同前院生）は，この遺跡では男女とも四肢骨は華奢であるが，大腿骨は付柱の発達が顕著で，縄文後・晩期の瀬戸内沿岸部の人骨の上半身が発達している形質とは対照的であって，縄文早期の上黒岩の人々は主として山間部で生活しており，女性には採集活動を活発におこなっていた結果があらわれている，と推測している［中橋・岡崎 2009：380-381］。この時期＊に上黒岩岩陰を利用した人々は「山の人」のイメージがつよいものであった。

　　＊上黒岩人骨のうち4体はその後，炭素14年代の測定がおこなわれ，3体は9,500-8,500年前の押型文期，1体は6,700年前の轟B式期という結果が得られた［米田ほか 2020］。現在では，埋葬人骨28体（うち完存していたのは5体のみ）のうち縄文早期に属するものが多いが縄文前期初めのものも一定数

26　第Ⅰ部　上黒岩の女性象徴

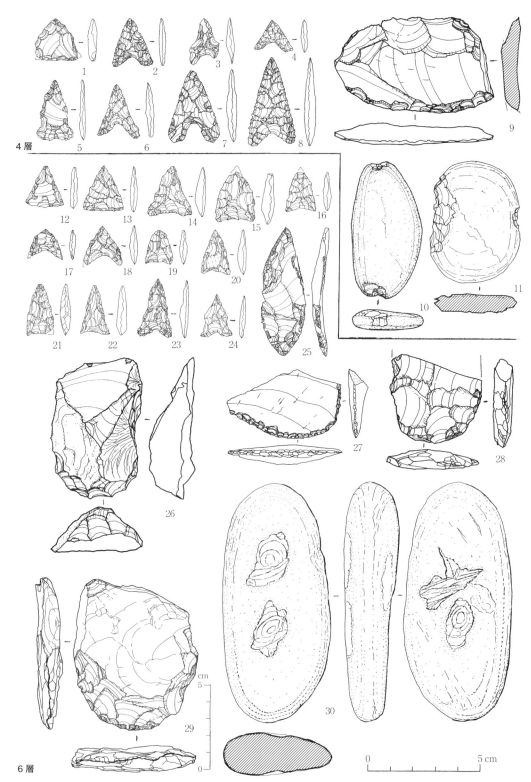

図13　上黒岩岩陰4層および6層の石器　[綿貫 2009] から作成
1-8・12-24 石鏃，9・27 削器，10・11 石錘，25 木葉形尖頭器，26 搔器，28・29 石匙，30 凹石

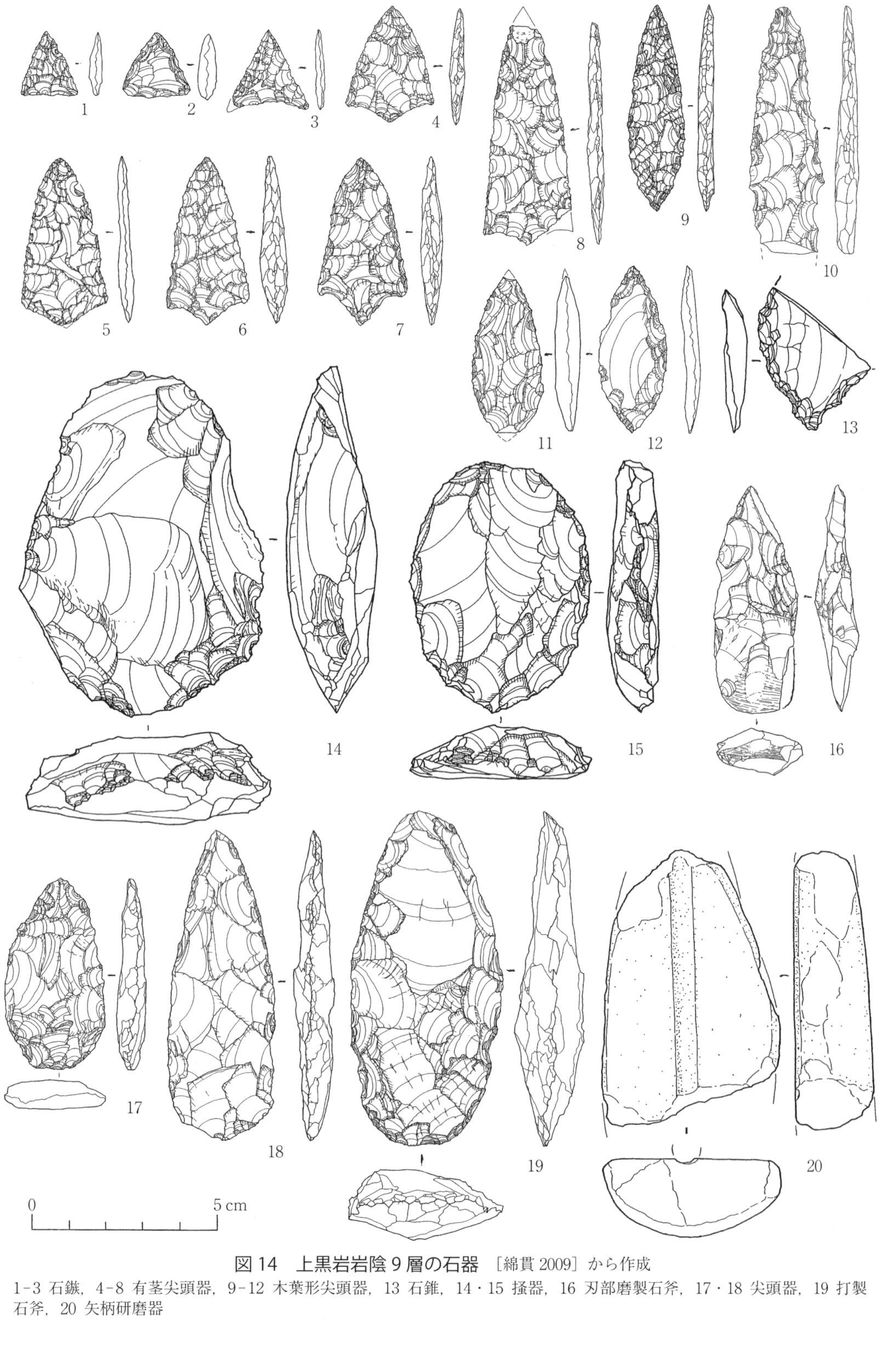

図14　上黒岩岩陰9層の石器　［綿貫2009］から作成

1-3 石鏃，4-8 有茎尖頭器，9-12 木葉形尖頭器，13 石錐，14・15 掻器，16 刃部磨製石斧，17・18 尖頭器，19 打製石斧，20 矢柄研磨器

存在すると考えられている。したがって，人骨の形質から推定された所見は，厳密にいうと，縄文早期
中頃～前期初めの人々の生活形態の反映とみなすべきことになる。いずれにせよ，出土人骨すべてにつ
いて年代測定や食性，核ゲノム等の科学的分析が必要である。

　以上，9層の時期に有茎尖頭器に少量の石鏃が伴う事実を認めたうえで，全体の流れとしては
有茎尖頭器から石鏃へと推移していくことは，日本列島各地での事例から考えてよいだろう。し
かしそのことは，石鏃が有茎尖頭器から生まれたことをただちに意味するわけではない。上黒岩
岩陰9層の石鏃はおそらく弓矢の鏃として完成した形ではいってきたのであって，その数の少な
さは有茎尖頭器がその形態をのこしながら小型化して実際には石鏃として使用されたものを含ん
でいることを暗示している。

　上黒岩岩陰に住んだ人々は，9層の時期以来，投槍や弓矢の狩猟具を使って，ニホンジカ，イ
ノシシを主に中小動物を捕獲し，おそらくクリ，クルミ，各種の草木の芽や根茎などの植物質食
料の採集を主な生業として生きていたのであろう。しかし，9層，6層，4層の間にはそれぞれ
長い空白期間が存在するから，その期間は別の場所，あるいは別の地域に居を構えていたのであ
った。

4　上黒岩式土器

　上黒岩岩陰9層から発掘の隆起線文土器にたいして「上黒岩式土器」の型式名を与えることを
小林謙一（中央大学文学部）は提案している［小林 2009：412-414］。その内容は，口縁部から縦
位・斜位隆起線の文様帯の構成，口唇内側に沿った隆起線，瘤状添付文を型式の指標とする
（図15）。

　この型式に含まれる資料は，これまで高知県十和村駄馬崎遺跡で見つかっているにすぎない。
併行する時期の土器型式は中四国・近畿では知られていないので，分布範囲を明確に示すことは
できない。隆起線文土器を3時期に細分すると，上黒岩式は関東地方よりは1型式新しい花見山
2式＊と併行する。

　　　　＊横浜市港北区花見山遺跡出土の土器にもとづいて坂本彰が設定した型式である［坂本 1995］。

　同じ四国の高知県佐川町不動ガ岩屋洞窟や愛媛県西予市穴神洞洞窟は，最後の隆起線文土器で
ある花見山3式と併行する。上黒岩式土器の炭素14年代の較正年代は14,500年前頃である。隆
起線文土器の存続幅は15,500-13,800年前頃で，その期間は1,200ないし1,700年間と見積もら
れ，きわめて長期にわたっている。上黒岩岩陰の最初の調査から40年以上を経過し，縄文草創
期の遺跡は多数見つかっているようにみえるけれども，資料はまだきわめて乏しいことがよく理
解できるだろう。

　さて，縄文草創期には1遺跡から出土する土器の量は極端に少ない。上黒岩で隆起線文土器
10数個体を確認できたのは，むしろ例外である。有茎尖頭器の出土数も例外的に多いことから
判断すると，この岩陰を利用する機会が多かったことを意味しているだけであって，ある一時点
での土器の保有量は1，2個体ていどにすぎなかったと考えるべきであろう。

第1章 上黒岩岩陰遺跡 29

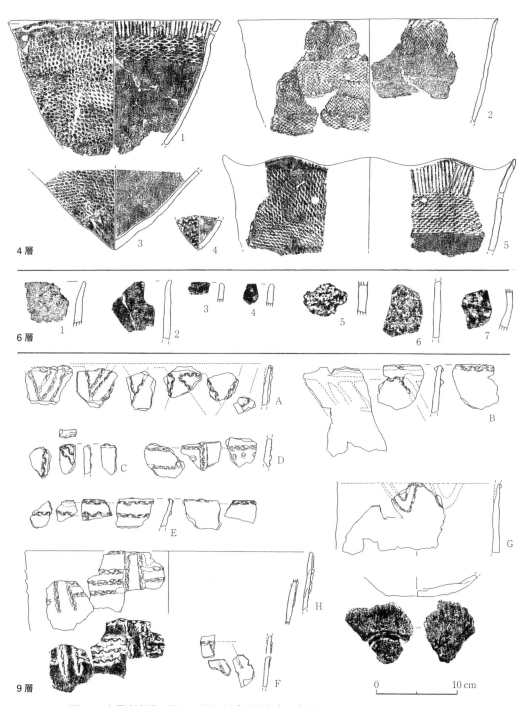

図15 上黒岩岩陰4層，6層および9層出土の土器 ［春成・小林編 2009］から作成
4層 押型文土器，6層 無文土器，9層 隆起線文土器（上黒岩式）

かつては土器の出現は，磨製石斧・弓矢の出現とあわせ後氷期の温暖化した環境への人類の適応現象で，大量に貝類を煮沸処理する道具と理解された［近藤 1965］。当時は関東地方の撚糸文土器を最古の土器とするのが定説ではあったけれども，それに先行する長崎県佐世保市福井洞窟や上黒岩岩陰遺跡の隆起線文土器の存在と，その年代は 12,400 年前つまり最終氷期末であるという炭素 14 年代の測定結果はすでに知られていた。

しかし，土器の出現が最終氷期の最古ドリアス期をさかのぼるようになり，しかも草創期の土器の保有量の少なさからすると，土器は出現したときと普及したときとでは，その用途は同じでなかったこと，すなわち出現と普及の契機は区別して考察しなければならなくなった。

日本列島と同じく土器の出現が更新世末，15,000-14,000 前までさかのぼっているのが，シベリア・極東（ザバイカリエ，アムール川中・下流域，ウスリ川流域から沿海州沿海部）である。ここでは，植物質の食料はまだ期待できないことから，土器の用途についてツングース族の例を参考にして，内陸の河川・湖沼の魚類に多くを依存する集団が魚類からニカワ，調味料，灯油に使うための魚油の製造用に土器を使ったという V. E. メドヴェージェフの説［メドヴェージェフ 1994］がよく取りあげられてきた［梶原 1998：302，小畑編 2004：62］。しかし，この地方でも，出現期の土器の量は少ない。日本列島と同様，土器はまず特殊な用途をもつ道具として出現し，よりのちに用途が拡大し，魚油製造を含めて多目的のために多量に製作するようになったと考えたほうがよさそうである。谷口康浩（國學院大學文学部）は，日本とロシア極東地域は土器の出現年代が近似していること，当時の石器文化に共通要素があること＊から，「北方寒冷地に共通する何らかの土器使用法があった」ことを予想している［谷口 2005：48］。

　　＊新潟県津南市壬遺跡出土の円孔文土器は，アムール川中流のグロマトゥーハ遺跡出土の土器と尖底の深鉢形，表面に施した縦走する「自縄自巻」の縄を原体とする条痕，口縁部の円孔列が共通しており，本州と沿海州との交流または人の移動は否定できないようである［谷口 2011：58-60・112］。

現在最古の土器の位置を占める青森県大平山元 I 遺跡の無文土器や，隆起線文土器の最古段階ともみなしうる神奈川県上野遺跡の土器，そして上黒岩岩陰遺跡の土器にも，煮沸に用いた証拠に炭化物の付着が認められる。したがって，出現期の土器がなんらかのものを煮沸するのに用いられたことは確かである。

土器が，それ以前の獣皮袋や編籠・樹皮籠などの形状を忠実に引き継いでいることは，小林達雄や谷口康浩が論じているように確かであろう［小林 1994：54-59，谷口 2011：119-121］。しかし，それらに粘土を貼りつけ焼成し，あるいは粘土で模倣して焼成することによって煮沸可能な容器を生みだしたとしても，土器の使途は一般的な煮沸の需要にこたえるためであったわけではない。やはり土器の量の少なさが問題になる。煮た食べ物を用意するために稀に使うというのであれば，その行為は日常的な調理ではない。最終氷期のうちに出現し，ごく少量を使用していたことが判明したいま，初期の土器の用途については，乳幼児用あるいは出産前後の妊婦や病人用の食べ物をつくるとか，薬草（ドクダミ，ヨモギ，ユキノシタ，フキ，キハダ，ミズノキなど）を煮てケガ人や病人のための薬をつくるなど，健常な成人用の日常の食べ物ではなく，特定の人を対象にした食べ物や薬を調理する限定的な用途を追究したほうがよいと私は思う。

このようなことを考えていたところ，宮崎県都城市王子山遺跡および鹿児島県種子島の中種子

町三角山Ⅰ遺跡から出土した隆起線文土器の内面に付着していた炭化物の分析がおこなわれた。その結果は，工藤雄一郎（学習院女子大学国際文化交流学部）によると，陸上の動物性の食料資源や淡水魚類，植物質食料資源などを煮炊きするのに土器を用いていたという［工藤 2014：84-90］。鹿児島県志布志市 東 黒土田遺跡ではコナラ属（ドングリ）の実が詰まった隆起線文土器の時期の貯蔵穴が見つかっている。炭素 14 年代を較正すると 13,000 年前を少しさかのぼる古さである［工藤 2012：184-193］。南九州のばあいは，堅果類や動物質海産物を煮沸するのに土器を用いている，という。南九州の隆起線文土器は，北部九州から本州・四国よりも 1000 年あまり後の時期までのこっている。この時期の南九州の遺跡では，出土する土器の量は多いし，南さつま市志風 頭 遺跡出土例のように，口径が 42 cm，復元高 26 cm に達する大型品もある。木の実を磨りつぶして粉にする石皿（石臼）・磨石も存在するから，工藤の説は説得力をもつ。温暖化が早く始まった南九州では，土器の用途がすでに拡大し，日常食を作るのにも土器を使用していたと考えることができるだろう。南九州でも最古の無文土器は，鹿児島市横井竹ノ山遺跡などで見つかっているけれども，出土量はやはり極端に少ない。

　最近，國木田大（北海道大学大学院）は，日本列島およびアムール地方各地の最古の土器に付着している炭化物の炭素・窒素同位体比を整理して，C_3 植物・草食動物・海産貝類・サケ・海産魚類・海棲哺乳類を煮炊きしていたことを指摘している［國木田 2019：98-101］。

　縄文草創期という時期は，有茎尖頭器・石鏃，土器，磨製石斧，石偶の出現など，中・四国ではのちの押型文土器の時期にくらべるとかえって文化内容は充実しているところがあり，その文化つまりは生活の活力の源を探る必要がある。

5　縄文草創期の位置づけ

　最古の土器が 1 万年前をさかのぼることが判明してきたときから，当時の指導的な研究者を悩ませてきたのは，この時期の扱いであった。縄文土器編年の大綱を作りあげた山内清男は「縄紋草創期」と呼称したが，その実年代を前 3,000 年前（のちに前 2,500 年前に修正）と考えたので，新石器時代のうちに含めて済ませることができた＊［山内・佐藤 1962，山内 1964］。しかし，炭素 14 年代を採用した研究者は，古く古くさかのぼっていくその時期の扱いに苦慮することになった。旧石器時代と新石器時代＝縄文時代とをつなぐ中石器時代を採用するには，この時期の炭素 14 年代の測定値がヨーロッパの中石器時代よりもはるかに古い更新世末の 12,400 年前を示していたことから，違和感があった。

　　＊山内は，新潟県小瀬ヶ沢洞窟や本ノ木遺跡から出土した石器のうち「植 刃」に着目し，シベリアのイサコヴォ文化のそれに対比し，縄文草創期の年代を前 3,000 年前と考えた。しかし，イサコヴォ文化の年代の根拠は不問に付した。縄文文化の年代は炭素 14 年代で決めるべきでなく，実年代が判明している大陸から渡来した文物を見出して求めるのが考古学の方法であると山内は説き，その後，岐阜県椛ノ湖遺跡などから出土した矢柄研磨器を切札に使って，縄文草創期の始まりを前 2,500 年前まで下げた［山内 1968，1969］。その根拠は，トルコのトロヤ 2 層（青銅器時代，前 2,500-2,200 年と推定）出土の矢柄研磨器をはじめ，ヨーロッパでもアジアでも，出現の上限は前 2,500 年前であるとの認識にも

とづいていた。しかし，山内の歿後のことになるが，加藤晋平はヨーロッパでは晩期旧石器時代～中石器時代の諸文化に矢柄研磨器が存在することを指摘した［加藤 1980：849-852］。本書第Ⅱ部で取りあげるドイツのニーダービーバー遺跡例も，中石器時代（フェーダーメッサー期）に属する。なお，イサコヴォ文化の炭素年代を較正した年代は前 4,000-3,000 年前である。山内が参考にした頃のシベリア（バイカル）の新石器時代編年は，ヒン文化→イサコヴォ文化→セロヴォ文化→キトイ文化の順であったが，現在ではキトイ文化→スィアラフスカ文化→セロヴォ文化→イサコヴォ文化の順と大きく修正されている（木村英明教示）。

　そこで芹沢長介は，縄文時代に編入することを断念し，福井洞窟 3 層から上黒岩岩陰 6 層までの隆線文土器群～無文土器群？（短縄文土器群？）の「約 10,000-13,000 年 B.P.」の間を「中石器時代（晩期旧石器時代）」と呼んだ［芹沢 1967：241-242］。そして，後になると「晩期旧石器時代」と呼び変えた［芹沢 1974］。こうして，隆線文土器，有茎尖頭器，線刻礫は，芹沢の考えでは晩期旧石器時代に位置づけられることになった。

　その一方，1966 年に縄文文化以前の石器文化を「先土器時代」と提唱していた杉原荘介（元・明治大学文学部）は，先土器時代，縄文（土器）時代の呼称と整合させるために，この時期を「原土器時代」と呼んだ［杉原 1967］。しかし，芹沢の案も杉原の新称も学界では賛同者を得ることができなかった。彼ら以外の研究者は，山内の「縄紋草創期」概念の提唱から実年代案を落として受け容れた。山内説を換骨脱胎した縄文草創期の呼称だけは，今日広く使われている＊。山内案や芹沢案に真剣に向き合わずに済ませることができたのは，日本の研究者の大多数はヨーロッパと対比する機会をもとうとしなかったために，深刻な矛盾に直面しなかったからであった。

　　＊ただし，山内は小瀬ヶ沢洞窟などの土器が発見されるまで最古の土器と認められてきた井草・大丸式，稲荷台式，花輪台式などの撚糸文系土器を草創期後半に位置づけ，押型文土器から縄文早期とすることを提唱している。それは，1937 年に前期から早期を分立したときに，押型文土器を早期の始まりとしていたことによる。しかし，1977 年に小林達雄（元・國學院大學文学部）が撚糸文系土器から縄文早期として扱うのが妥当であると提言して以来［小林 1977・1989，1994：88］，縄文草創期の用語を採用した研究者は例外なく，井草・大丸式から縄文早期としている。その点も山内の規定に従っていないわけである。

　縄文草創期を暗黙のうちに新石器時代に含めた結果，ユーラシアの旧石器時代の概説や考古資料の比較からは，上黒岩の石偶は，ウクライナのメジンやメジリチのマンモス牙製の女性小像とほぼ同時期の女性小像であるにもかかわらず，旧石器時代＊の日本列島には女性小像は存在しないことになってしまった。1992 年に発行された図書であるが，後期旧石器時代のアジアの呪具の分布図［木村 1992：47］では，シベリアのマイニンスカヤの土偶は図示しているが，上黒岩の石偶はなく，縄文時代の呪具の分布図［設楽 1992：100］のほうに上黒岩の石偶を図示しているという有様である。このことは，比較考古学という観点から望ましくないだけでなく，上黒岩の石偶の系譜や出自について考えるさいの障害にもなっている。

　　＊日本の考古学では，日本列島の後期旧石器時代の始まりを 37,000 年前頃におき，終わりを 16,000 年前頃におくことが多い。

　上黒岩の石偶は，かえって海外では炭素 14 年代測定値の 12,165±600 年前が重視され，P. バー

ン（イギリスのフリーランス考古学者）によって Pleistocene Images（更新世の象徴）の1つとして取りあげられるという結果を生じた［Bahn 1991：96-97］。しかし，その後も世界の旧石器時代芸術の性質を大量の図を添えて論じた R. D. ガスリー（アラスカ大学）の大著で，「おそらく旧石器の裸婦像」として類例の1つとして示しているにすぎず［Guthrie 2005：369］，上黒岩の石偶は，その価値の高さとは裏腹に，世界の学界では低い評価のまま現在にいたっている。それは，ひとえに正報告といえるものがなかったこと，世界のなかでの位置づけを日本の研究者が怠ってきたことが原因になっていた。

　「日本のことは日本で」とか，「東アジアのことは東アジアで」という考えでは，世界の先史時代における日本の旧石器時代〜縄文時代の位置づけも定まらない。ヨーロッパや西アジアと対比するばあいは，指標を土器の有無などにおかず実年代を最優先し，さらに気候変動との関連を示しつつ各地域での多様な歴史を見直していくことが，いまもっとも大切な時期にきている。

　1865年にジョン・ラボックが石器時代を旧新に二分したさいに新石器時代を旧石器時代から区別する指標は，磨製石器の有無，農耕の有無，絶滅動物の有無においていた。ところが，旧石器時代と新石器時代との間に断絶があることが認識されるようになり，両者をつなぐ文化の存在が明らかになり，沖積世（現，完新世）になっても農耕を始めていない時代を中石器時代と呼ぶようになり，1921年のジャック・ド・モルガンの著書で中石器時代の設定は決定的になった。

　しかし，新旧の石器時代の区分原理をユーラシア全域に広げる過程で磨製石器の出現が新石器時代の初めよりも遅れる例が見つかって不都合を生じるようになり，その後，新石器時代を特徴づける要素として農耕・牧畜や土器などが追加されたが，追加要素がふえるに従って地方間のズレが大きくなり，収拾がつかなくなってきた。そこで，V. G. チャイルド（元・ロンドン大学考古学研究所長）は小ムギと大ムギつまり穀物の栽培の意義を説いて，食物生産経済の採用を新石器時代の指標とする新案を提出した［チャイルド 1956：110-171］。そして，その意義を急激な人口増と理解し，イギリスの19世紀の「産業革命」になぞらえて「新石器革命」と呼んだ*。

　　*原著 Man Makes Himself は，1936年，ヒトラーのナチスがヨーロッパに猛威を振るい始めた頃に，「科学・文化文庫」シリーズの1冊として発行された。その目的には「人類がさまざまな要求をみたす方法を科学のなかに追求する仕方や，学問が新鮮な希望を刺戟し，進歩へむかう一層たかい行為を鼓舞し，人種の運命を克服する希望をよびさます方法を明らかにする」とうたっていた。世界と日本の現在に生きる者に対して，チャイルドの著書がいま繙読しても新鮮な輝きをもっているのは，彼が生きた時代背景を敏感に反映し，学者としての矜持をもっていたからである。

　ヨーロッパのその後の研究状況は，南ドイツを例にとってみると，つぎのようである［小野2000］。有畜農耕・土器・磨製石斧はセットとしてほとんど同時に出現するので，農耕の始まりを新石器時代の指標にしており，最古の線帯文土器が出現する7,150年前頃から早期新石器時代としていたが，最近ではそれよりも古い帯文土器（バンド・ケラミーク）の発見によって約7,700年前まで新石器時代の開始年代はさかのぼるという意見もある。そして，それ以前11,550年前までの約4,000年間が早期中石器と晩期中石器である。晩期中石器と早期新石器の境界は，古期アトランティック期と新期アトランティック期の境界に近い。そして，14,450年前から11,550年前の間が後期旧石器時代末，それ以前が後期旧石器時代前半〜後半となる。後期旧石器時代後半と後期旧石器末の境界

は最古ドリアス期とベーリング期にあり，後期旧石器時代末は植生区分のベーリング期の始まりから新ドリアス期の終わりまでの間である。中部ヨーロッパの後期旧石器時代末は，ベーリング期の始まりから新ドリアス期の終わりまで，すなわち最終氷期最後の寒冷期に相当するという考えが共通理解となっており，考古学的区分と植生史の区分とはほぼ一致している。

　しかし，後期旧石器時代末が始まる頃は，その前の後期旧石器時代後半とくらべて劇的な文化変化はまだ生じていない。そして，背付き尖頭器（日本の考古学では小型ナイフ形石器）から幾何形の細石器に移行するのが最古の中石器で，中石器時代の終わりまでの間に左右対称の三角形石鏃へと変化していく。フェーダーメッサー文化（フランスのアジル期併行）のニーダービーバー遺跡から矢柄研磨器が出土していることから，弓矢の出現は背付き尖頭器が小型化した後期旧石器時代末頃とされている。

　ヨーロッパとならんで旧石器／新石器概念とかかわりをもってきた西アジアの考古学でも，旧石器／新石器の境界をひくさいの基準は，農耕の開始においている。細石器石器群の確立をもって Epi-Palaeolithic（かつては続旧石器時代と訳していたが，実際は 20,000 年前ころから始まる時代であるので，最近では Final Palaeolithic と呼びかえ，日本では「終末期旧石器時代」と訳している。そうであれば，晩期旧石器時代と訳してもよいことになる）を定義しており，野生ムギ類を刈り取り石皿・磨石を使って脱穀・製粉していたナトゥーフ期（14,700-11,700 年前）は，「終末期旧石器時代」に含まれる。西アジアで定住が始まるのはこの時期からである。石偶はこの時期に現れる。そして，ムギを栽培し土器はもっていない Pre-Pottery Neolithic A 期（先土器新石器 A 期）すなわち PPNA 期から新石器時代としている［西秋 2008：23］。牧畜は先土器新石器 B 期すなわち PPNB 期に始まり，植物栽培と動物家畜化が定着した「本格的な新石器時代」が始まるのは 10,500 ないし 10,000 年前のことである。地母神をあらわすと推定されている女性土偶が出現するのは PPNA 期の 11,600 年前ころで，焼成したものが多い。土器が出現する Pottery Neolithic すなわち PN 期は，9,000 年前ころに始まる［Nishiaki et al. 2005］。

　このように，中部ヨーロッパでは弓矢→農耕・土器・磨製石斧の順に現れる一方，西アジアでは，農耕→牧畜→土器→磨製石斧の順に段階的に現れる。農耕が出現する時期はヨーロッパと西アジアでは約 4,000 年の開きがある。ここに日本列島をもってくると，「新石器時代」の始まりといっても，「どの地方で」「何年前」と限定しないかぎり，用語がまったく通じなくなる。

　日本列島と同様，農耕の開始が遅く狩猟・漁撈を生業にしていたシベリア東部の沿海州では，27,000 年前から 10,500 年前までを後期旧石器，そのあと 9,500 年前までの 1,000 年間を「移行期」，そのあと約 4,000 年前までを新石器としている［小畑編 2004：94］。「移行期」は中石器として扱うこともできるだろう。後期旧石器と移行期は細石刃を装着した槍の有無によって区別し，移行期と新石器は石鏃の有無によって区別しようとしているけれども，石鏃は後期旧石器の最後に現れる小型尖頭器との機能上の区別ができないという難点がある*。沿海州には現状では 11,700 年前頃に土器は出現するが，アムール川中・下流では約 15,000 年前の最古ドリアス期以前までさかのぼるので，将来さらに古くなる可能性が高い。いずれにせよ，土器の出現はシベリアでも後期旧石器末の出来事である。このような状況をふまえて，Y. V. クズミン（ロシア科学院極東支部）は，Early Neolithic（前期新石器）の前に，Initial Neolithic（初期新石器）の段階を設定

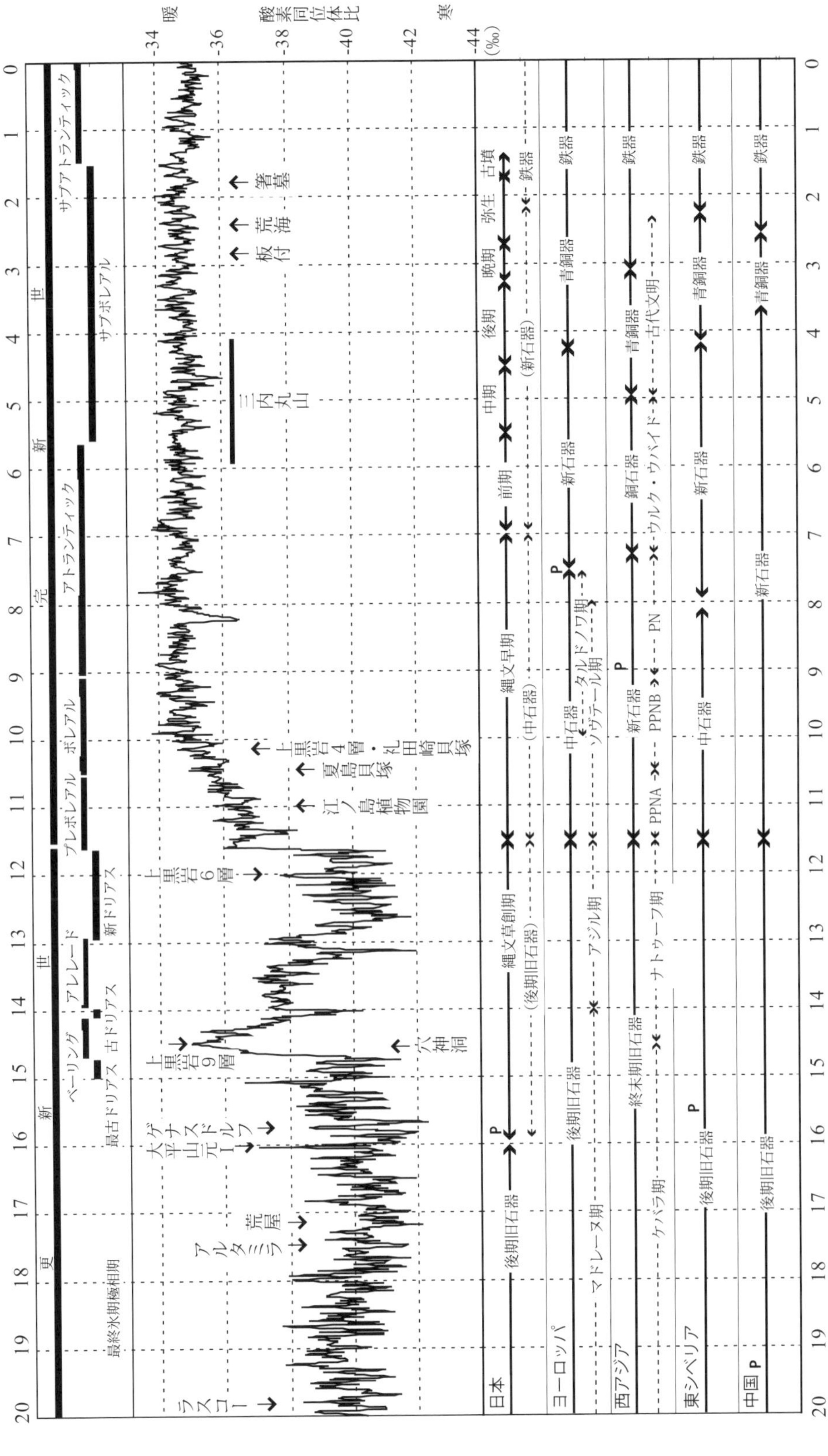

図16 更新世／完新世の酸素同位体比変動（気温変動）[Stuiver et al. 1997] と日本・ヨーロッパの遺跡の年代およびユーラシアの考古学的区分
P は土器の出現年代 [春成 2009] を修整

している [Kuzumin 2003：79]。旧石器・中石器・新石器の定義の難しさとそれを強調することが不毛の議論を導くおそれから，14,000‒10,000 年前の間の文化的な適応過程を「更新世／完新世移行期」という地質学的区分を借用した便宜的な文化段階として扱い，そのなかで細かな文化名や植生区分名を使って文化変化の実態を追究する立場もあろう。

　　＊近年，佐野勝宏（東北大学東北アジア研究センター）は，日本列島の後期旧石器時代初めの石器群を特徴づける台形様石器（私は台形石器と称してよいと思うが）の刃部にのこされた衝撃剥離痕を根拠にしてこの石器は石鏃として使われていたと主張している [佐野 2023]。そして，弓矢の発明が新人ホモ・サピエンスが出アフリカを果たしたあと，ユーラシアに拡散した原動力になったことを論じている。そうすると，弓矢は新人にとって必携の文化装置ということになるが，そこまで言えるかどうか，石鏃の候補になるような石器をもっていない新人の文化が多数存在するので，弓矢についても一元的発生か多元的発生かの問題を解明する必要に迫られる。
　　その一方，ロシア平原のコスチョンキⅠ（Ⅴ層），同Ⅵ，同Ⅱ（Ⅲ層、Ⅴ層），同Ⅻ（Ⅲ層）遺跡やスンギール遺跡で 28,000 年前頃に両面加工のストレリェーツク型尖頭器が存在する [木村 2023]。長さ2.5〜5 cm，幅 2〜5 cm で大型品が多い点をのぞくと，日本の縄文・弥生時代の凹基式石鏃とまったく同形態であって，この石器の使用法も頭を悩ませる問題である。

　にもかかわらず，「旧石器時代」「新石器時代」は世界共通の言語として重宝されていることは，確かな現実である。何か 1 つあるいは複数の文化要素で時代を区分しようとすれば，文化伝統も気候を含む自然環境もまったく異なる地域の間ではズレが生じて当然である。日本列島では磨製石斧はすでに約 35,000 年前に出現している一方，ヨーロッパではたかだか 7,000 年前にすぎないし，土器の出現も日本では 16,000 年前にたいしてヨーロッパでは 7,000 年前である。その一方，日本では農耕の始まりは，ヨーロッパよりもはるかに遅く，3,000 年前までさかのぼるのが精一杯のところであるから，彼我の開きは大きすぎる。

　しかし，植生史区分にも示されているように，地球規模での温暖期と寒冷期のくりかえしと文化変化の間に一定の相関関係が存在することは否定できない。西アジアのナトゥーフ期の始まりは，15,000 年前頃のベーリング期の気候の温暖化と湿潤化と関係があり，この時期に野生ムギが繁茂し，人類はその収穫を始める。日本の縄文草創期の始まりよりも約 1,000 年遅れるが，ナトゥーフ期の終わりは 11,600 年前の新ドリアス期の終わりとほぼ一致し，同時に縄文草創期の終わりとほぼ一致している。そして，ナトゥーフ期につづく PPNA 期にムギの栽培を始め農耕社会の成立をみる。

　最終氷期の最後に生じた温暖化現象は，単純ではなく，古ドリアス期の寒冷化，アレレード期の再温暖化，そして約 1,000 年間にわたる新ドリアス期の氷期なみの寒冷期に戻ったのちにようやく完新世の温暖期に突入した。ヨーロッパの後期旧石器時代末，西アジアの終末期旧石器時代，日本の縄文時代草創期は，14,800 年前ころの温暖化が進むなかでのそれぞれの文化的対応を示しているとみてよいだろう。その意味では，日本列島のばあいも世界共通用語の後期旧石器時代から最後の部分を切り捨てて縄文草創期と呼んで孤立させるよりも，後期旧石器時代の枠のなかにいれて，中緯度地方に位置し温暖化に起因する動植物相の変化が早く生じた日本列島的対応を世界の先史時代との比較において理解することの重要性を認識すべきであろう＊。

＊「縄文草創期」の扱いに苦慮する谷口康浩は，「旧石器−縄文移行期」ととらえる考えを提示し，
「区分の論理」から「移行の論理」への発想の転換を促している［谷口 2011：23-24］。趣旨は理解で
きるけれども，この考えでいくと，「移行期」は約 4,000 年間の長きにわたることになる。また，「縄文
−弥生移行期」，「弥生−古墳移行期」なども提案できるので，「時代区分」としての切れ味は悪くなり，
「時代区分」のそもそもの意味が不鮮明になってくるのは避けられない。

　さらに，「日本新石器時代初期」（縄文早期）について，早く八幡一郎（元・東京大学理学部）が
ヨーロッパの中石器時代と比較して，剝片石器が多いこと，それに礫核石器・礫塊石器が加わ
り，巻き上げ作りの尖底深鉢土器が出現し，貝塚の形成が始まることなど，「中石器時代的様相」
を認めたように［八幡 1936，1937］，その傾向をもっていることは否定できない。私は，1970-71
年に岡山県瀬戸内市（旧・牛窓町）に所在する押型文土器の時期の黒島貝塚を調査した経験を
もっている。出土した遺物は尖底土器，石鏃，スクレイパー（削器）で，下層はヤマトシジミ，
上層はヤマトシジミとハイガイ（いずれも稚貝）からなるきわめて小規模の貝塚からは獣骨・魚
骨の 1 片も見出すことができなかった。その様相は，まさに北ヨーロッパの中石器時代文化［ク
ラーク 1989：68-69］を想わせた。その一方，押型文土器の時期にも，九州には熊本市瀬田裏遺
跡や大分県日出町早水台遺跡のような，大規模な遺跡も存在し，前者には大規模な配石遺構を
伴っている。しかし，それらは例外的であって，本州・四国ではこの時期は，上黒岩岩陰の状況
が示しているように，基本的に小規模の，おそらく 10 人内外からなる集団が広大な領域内で遊
動生活をおくっていたと考えるべきであろう。以上のような状況をふまえ，ここでは，ヨーロッ
パ・西アジアと対比するさいの，とりあえずの互換案を示しておきたい（表2）。なお，弥生前・
中期は，水田稲作を本格的におこなうようになった時期である。しかし，前期に属する確実な鉄
器は例を見ず，中期初めになって中国東北地方から鋳造鉄斧の破片または完全品がもたらされ
て，破片のばあいはそれを再加工して使っているにすぎず，自前の鉄器生産・流通・使用の段階
にないので，新石器時代として扱う［春成 2006：166］。

　すなわち，上黒岩岩陰 9 層と 6 層の時期は，地球規模でいうと後期旧石器時代末に含まれるこ
とを認識したうえで，本論にはいっていくことにしたい。

表2　日本の旧石器・縄文時代各期と旧石器・新石器時代概念との対応関係

旧石器後期	（38,000-16,000 年前）	：後期旧石器時代前半〜後半
縄文草創期	（16,000-11,600 年前）	：後期旧石器時代末
縄文早期	（11,600-7,000 年前）	：中石器時代（早期新石器時代）
縄文前期	（7,000-5,500 年前）	：前期新石器時代
縄文中・後期	（5,500-4,000 年前）	：中期新石器時代
縄文後・晩期	（4,000-2,800 年前）	：後期新石器時代
弥生前・中期	（2,800-2,200 年前）	：晩期新石器時代

コラム 1　気候変動と瀬戸内海の形成

　岡山県瀬戸内市（旧邑久郡）牛窓町の沖合に浮かぶ黒島と黄島に縄文早期、押型文土器の時期、約8,600-8,400年前の貝塚がある。1930-40年代に発見され、戦後間もなく、日本列島最古の住民の探求が重要な課題となったとき、西日本で最古の縄文遺跡として大きな関心をよび、各地の研究会や個人が渡島して、発掘をくりかえしおこなった。

　黒島貝塚では下層からヤマトシジミ、上層からハイガイの殻が発掘された。黄島貝塚ではハイガイが主体であった。付近には、ヤマトシジミが生息するような汽水域は存在しない。その一方、瀬戸内海の海底からナウマンゾウやシカの化石が漁網で引き揚げられており、更新世には海域ではなく陸域であったことがわかっていた。そうすると、黒島貝塚と黄島貝塚の状況は、押型文土器の時期に付近が陸域から海域に転じたことを示す証拠である。

　黒島貝塚の規模は1辺が3mほどの平面三角形で、厚さ20cmらずの土混じりの貝層が2枚あった。ヤマトシジミもハイガイも稚貝だけ、魚骨や獣骨は皆無で、出土遺物は押型文土器と無文土器のほかは石鏃が少数、不定型の剥片石器が若干であった。遺構は、小さな穴が多数見つかり、簡単な小屋に10人未満の少人数からなる小集団が短期間の居留をふくむ遊動生活をおこなっていたのであろう。上黒岩岩陰4層は、装身具類を伴い少しばかり豊かな内容をもっていたけれども、本質において同じ時期の瀬戸内地方の貝塚が示す実態と変わるところはなかったであろう。

　2008-2012年、遠部慎を代表とする犬島貝塚発掘調査団によって、黄島貝塚の東8kmに位置する新発見の犬島貝塚の発掘がおこなわれた。その年代は約9,500年前、瀬戸内の貝塚のなかでは豊島の礼田崎貝塚はさらに古く、約9,800年前である。どちらもヤマトシジミの貝塚であって、黒島・黄島貝塚での所見と合わせ、瀬戸内海の形成は9,000年前頃、気候温暖化による海水面上昇の産物であったことを証明している。

1　岡山県黒島貝塚遠景
矢印の下、背後の森は前方後円墳、南から。1970年、春成撮影

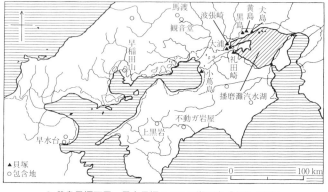

2　黄島貝塚下層・黒島貝塚のころの瀬戸内［春成 1999］

第2章　石偶と線刻棒

1　上黒岩石偶の発見

　愛媛県上浮穴郡美川村（現，久万高原町）にある上黒岩岩陰遺跡から縄文時代草創期の「線刻礫」，すなわち線刻表現の石偶（表3 資料番号1）が最初に見つかったのは1962年7月の第2次調査のときであった。その後1970年10月の第5次調査までの間にも出土し，最終的には13点に達した（図17・18）。しかし，そのうち正式に発表されたといえるのは4点にすぎなかった［江坂ほか 1967］。

　私は，上黒岩岩陰出土の線刻表現の石偶（以下，上黒岩石偶と呼ぶことにしよう）の記載と研究をおこなうにあたって，線刻のあるすべての資料に目を通した結果，毛髪，乳房，スダレ文，鋸歯文（スダレ文も鋸歯文もこれまで腰蓑とされてきたが，私はそのように考えないので，文様名で呼ぶことにする）など人をあらわす特徴的な表現から石偶とみなしてよい扁平な円礫13点，線刻はあるが何をあらわしているか容易に判断できない棒状の礫3点，線刻は認められないが石偶と同じ扱いをうけていた可能性のある扁平な円礫4点を抽出した。

　石偶を出土した場所は，第2次調査のD区，第4次調査のA～C区，第5次調査のA区などの記録があり，一部のものは出土状態の写真がのこっている。しかし，厳密な出土地点を図上におとすことはできないことが惜しまれる。

　石偶を出土した地層は，上黒岩9層が5点，7層が2点，6層が1点，他の5点は正確な出土層をつかめていない。9層～7層は縄文草創期前半，隆起線文土器の時期であるので，この時期が7点となる。6層は縄文草創期後半，無文土器の時期であるので，この1点（図18-12）は問題である。本来は9層に帰属する遺物と推定できる隆起線文土器の小破片が6層にも少数含まれているので，この石偶も9層から転移した可能性がある。ただし，他とくらべると素材の形状，線刻の崩れが認められるので，断定は避けて無文土器の時期まで残存した可能性ものこしておいたほうがよいかもしれない。

　大型棒状の礫すなわち線刻棒は，石偶とは大きさも線刻もまったく異なる鋸歯文をほぼ全面に線刻したもので，6層から出土した。6層からは小型棒状の線刻礫がもう1点見つかっている。より単純な線刻をもつ小型棒状の礫は，9層からも1点出土している。

　9層の炭素14年代値は12,420±60 BP，12,530±40 BP，較正すると今から約14,500年前で，明らかに更新世末に位置する。線刻のない同様の円礫4点は，7層からまとまって出土している。9層とほぼ同じ時期である。

　6層の炭素14年代値は10,085±320 BP，今からおおよそ12,500年前である。更新世／完新世

の境界年代は 11,650 年前（1950 年を起点として）と定められているので，6 層の線刻礫もまた更新世末までさかのぼる。

　なお，押型文土器を含む 4 層の年代は，同じ土器型式をもつ岡山県黄島貝塚の土器付着物の炭素 14 年代値が 8,480±60 BP であるので，おおよそ 9,500 年前であって，完新世の初期までくだる。

2　石偶

　上黒岩岩陰遺跡出土の石偶は，緑色片岩 11 点，または結晶片岩 1 点，蛇紋岩 1 点の薄く平らな円礫の上半部に髪，乳房，下半部に複数の縦線からなるスダレ状の文様（スダレ文と略称）または複数の鋸歯線からなる横帯状の文様（鋸歯文と略称）を正面観で線刻表現したもので*，素材の礫の形状にはいっさい手を加えないで作っているのが大きな特徴である（表 3，図 17・18）。

　　＊石偶の 1 と 5（ともに久万高原町蔵）の裏面下部にあった×字形の線刻を，これまで肛門の表現とみてきた［東京国立博物館（学芸部考古課）編 1970：171，岡本編 1982：86，春成・小林編 2009：301-306］。ところが，2019 年になって，中園聡らによる実体顕微鏡を用いた詳細な観察と，遠部慎による美川村の当時の関係者からの聞き取り調査によって，1970 年に東京国立博物館で開催された『日本考古展』に美川村から貸出する際に，美川村所蔵品であることを示すために関係者が千枚通しを使って美川村のミと×印を彫ったものであることが判明した［中園ほか 2020：39・41］。したがって，×については報告書の実測図と記述から削除しなければならない。

1 は，上半部に髪，乳房の表現がある。どちらも石の上端から始まり，髪の毛はそれぞれ 4 本

表3　上黒岩岩陰の石偶・無線刻礫一覧（厚さはもっとも厚い個所）

資料番号	調査区	層位	高さ(cm)	幅(cm)	厚さ(mm)	重さ(g)	石材	線刻	保管
1	2次D	9	4.70	3.82	6.5	20.47	緑色片岩	髪・乳房・スダレ文	久万高原町
2	2次D	9	4.5	2.46	5.5		緑色片岩	髪・乳房・スダレ文（表），鋸歯文（裏）	歴博
3	4次A3	7	4.16	2.4	6.8		緑色片岩	乳房・スダレ文	慶大
4	4次		4.5	3.7	6.6	21.2	緑色片岩	髪・スダレ文	別府大
5	2次D	9	5.96	3.00	5.5	18.2	緑色片岩	髪・鋸歯文	久万高原町
6			4.95	2.45	4.2	8.8	緑色片岩	髪・鋸歯文	久万高原町
7			4.15	2.04	7.0	8.0	緑色片岩	髪・鋸歯文	久万高原町
8	4次B・C	9	3.95	1.78	5.0	6.2	緑色片岩	髪・鋸歯文	久万高原町
9	2次D	9	4.40	1.90	6.0		緑色片岩	髪・鋸歯文	歴博
10	5次A	7	3.62	2.0	3.4		結晶片岩	髪・鋸歯文	慶大
11	2次D	9	6.30	2.50	5.0		緑色片岩	髪・スダレ文	歴博
12	4次A	6	4.00	1.35	7.5		緑色片岩	髪	慶大
13		6-9	3.60	1.90	6.0		蛇紋岩	髪	慶大
14	4次A3	7	5.45	3.70	11.0		緑色片岩	なし	慶大
15	4次A4	7	4.55	2.80	7.5		緑色片岩	なし	慶大
16	4次A3	7	4.15	1.80	6.5		緑色片岩	なし	慶大
17	4次A	7	2.95	1.85	3.5		緑色片岩	なし	慶大

の線からなる左右2つに分けて，U字形を2つ並べた乳房の途中までかかっている。髪の線はもっとも太く深く，乳房の線は細く浅く注意しないと気づかないほどである。下半部は最大幅の位置に2本の横線を描いたあと，18本の縦線からなるスダレ文で完全にうめている。上の横線は鮮明，下の横線は細く頼りない。おそらく下の線を彫ったあと，その位置が低すぎたので，上に移してもう1度彫ったのであろう。乳房とスダレ文との間に鋸歯文を斜め横方向に不規則に2-3本浅く彫っているが，刻線は細く浅い。楕円形の礫を下が膨らむようにして天地を決めているので，肥満した女性の感じがよくでている。上黒岩の石偶のなかで，もっとも整った形と線刻をもっている例である。線刻は，斜めになっている縁から始めて平坦な面に向けておこなっている。表面が少し水分を含んで風化し軟らかくなった礫を使っている。緑色片岩製。

　2は，表面（a面）の上半部に髪，乳房，下半部にスダレ文を線刻している。髪は左右に4本ずつ分けて両乳房の上に垂らしており，U字形の下端近くまでおよんでいる。中央やや下よりの横線の1本は鮮明，のこりの2，3本は不鮮明で，そのうえに20本の縦線からなるスダレ文を彫っている。上から2，3本目の横線は，決定線ではなかったのであろう。縦線の本数が多いのは，彫り直し的な意味を含んでいたからかもしれない。この石偶はさらに裏面（b面）の中央にも，横に直線1本をいれ，その下に鋸歯文を3本横方向に並行して彫っている。上から3本目の鋸歯文は，かなり下に寄っている。上半部にみえる1本の縦線は髪の一部かもしれない。裏面は表面とくらべるとやや凹面で全体が磨滅しており，線刻は不鮮明である。裏面は，使用しただけでここまで磨滅するとは考えにくいので，最初は現在の裏面を使用したあと，研磨して不十分ながら消したあと，裏返して表面に新しく線刻してまた使用したと推定する。緑色片岩製。

　3は，左側の乳房は観察できるが，右側は観察できない。線描がきわめて浅かったために，その後の風化によって消えてしまった可能性を考えたい。髪の毛もまったくみえない。中央より少し下に横線をいれて，約11本の縦線からなるスダレ文を彫っている。緑色片岩製。

　4は，ほぼ中央に横に1本の線をいれ，そこから9本内外の縦線からなるスダレ文を下半部に彫っている。上半部の上中央の縦線も，1本だけでは髪の毛かどうか判断できない。線刻はまばらで拙く，浅く細い。石の形は悪く，表面の状態もよいとはいえない。緑色片岩製。

　5は，4本からなる左右の髪の線刻は中央よりも下までおよび，太く深い。線刻は縁の斜面から始まり平たい面におよんでいる。下よりの最大幅の位置に鋸歯文2本を並行して彫っている。この線刻は細く不鮮明である。左下縁は古い欠損である。乳房をあらわさず，鋸歯文をもつ石偶のなかで，整った形と線刻をもっている例である。緑色片岩製。

　6は，それぞれ4本からなる2つに分けた髪の毛を中央より下まで長く伸ばしている。下半部の下よりの位置に鋸歯文を2本描いている。線刻はきわめて浅い。髪の毛の線刻は上端から始まっており，左側の線刻は左利きの人でないと施せない。上端裏面の打撃による欠損は古い。緑色片岩製。

　7は，左右それぞれ4本からなる2つに分けた髪の毛をほぼ中央まで下ろし，その下に2本の横方向の鋸歯文を彫っている。線刻は細く浅く，特に鋸歯文は著しい。上端は両面ともそれぞれ3回ほどの打撃による小剥離がある。表面が風化した礫である。緑色片岩製。

　8は，2つに分けたそれぞれ4本から成る髪の毛を下まで長く伸ばしている。線刻は深くしっ

42　第Ⅰ部　上黒岩の女性象徴

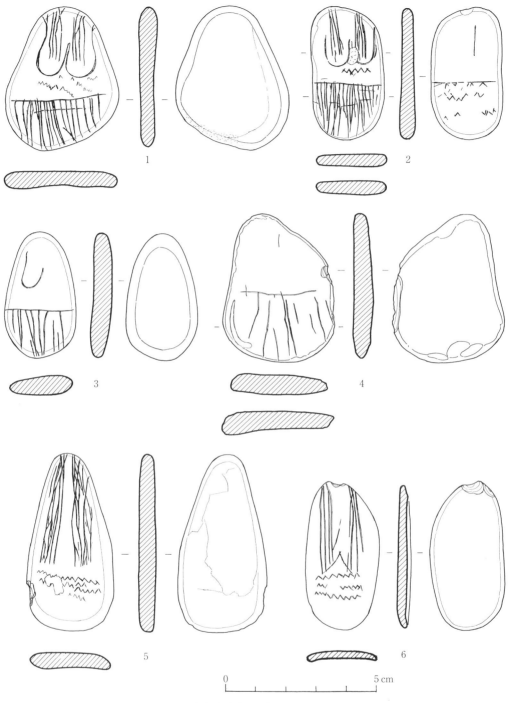

図17　上黒岩岩陰出土の石偶（1）　1-6 緑色片岩製

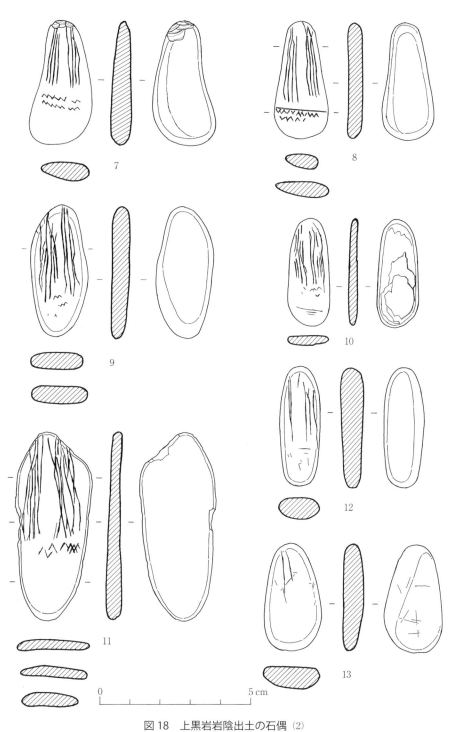

図18 上黒岩岩陰出土の石偶 (2)
7-9・11・12 緑色片岩製, 10 結晶片岩製, 13 蛇紋岩製

かりしている。腰に相当するところに横線1本をいれ，その下に鋸歯文を2本描いているが，これはきわめて繊細である。高さ3.9 cmの小型のわりに整っている例である。裏面の下部にわずかに赤色顔料の付着がある。緑色片岩製。

9は，髪の毛を左右に分けて上から2/3の位置まで線刻している。左側が7本，右側が4本，その下に横方向の短い鋸歯文が2本かすかにのこっている。左側の髪の毛は左利きの人でないと彫れない。高さ4.4 cm，幅1.90 cmで小さい。緑色片岩製。

10は，左右それぞれ4，5本からなる2つに分けたやや乱れた髪の毛を中央よりやや下まで彫っている。その下に横方向に2本の鋸歯文がかすかにのこっている。下端に近いところに水平に3本の不鮮明な線がみえる。うち下の2本の線は2-3 mmの長さで確かとは言いにくい。裏面の下部に赤色顔料がわずかばかり付着している。高さ3.62 cm，幅2.0 cmで，きわめて小さく薄い。緑色片岩製。

11は，左右に分けた髪の毛だけを線刻している。左右とも5本で，石が硬かったために，直線的に彫ることができず，何回も修正しながら彫り上げている。線刻は上端が太く中央になるにつれて細くなっており，上から下に向けて線刻したことが明らかである。下半部には線刻はない。石の幅が広いほうを上にしており，石の取り方が他とくらべると逆である。裏面はやや凹面である。高さ6.3 cm，幅2.5 cmで，裏面右縁は新しい欠損である。緑色片岩製。

12は，上下の幅があまり違わず，厚さも他とくらべると厚い棒状の結晶片岩で，やや軟質である。石の選び方は，上黒岩の石偶のなかでは趣を異にしている。線刻は表面に髪の毛を左右に分けそれぞれ2本と3本，直線もあるが乱れた線が多く，線刻も浅い。緑色片岩製。

13は，凹んだ面に髪の毛とおぼしい2本の垂線と，あと両面に傷とみてよい不規則な短い線がかすかにのこっているだけである。高さ3.60 cm，幅1.9 cmで，上黒岩の石偶のなかではもっとも小さく，線刻はもっとも不明瞭である。やや硬質の蛇紋岩製。

以上の石偶の線刻は，中園聡らが実体顕微鏡を使って精査したところ，石の刃物の先を石礫に当て手前に2〜3回動かして修正しながら彫り進めていることが判明した［中園ほか 2020：39-40］。そして，石偶1の写真から礫石上の傷を拾って図化したところ，明らかに意図して彫った線のほかに意味不明の傷が多数存在することがわかった（口絵写真13）。のこりの石偶についても，同様に精査をおこない，現状以上に意図的な線刻を見つけ出さなければならない。

3　無線刻礫

ここで取りあげる線刻のない礫は4点ある（図19，表3）。

14から17は，線刻のないすべて緑色片岩または結晶片岩の楕円形の扁平な礫（長さ5.5 cm×幅3.0 cm，厚さ0.3 cm〜長さ3.0 cm×幅1.8 cm，厚さ1.1 cm）である。これらには加工痕は認められないけれども，岩陰の外部から人が持ち込んだことは明らかである。すべてA4区7層からの出土であることも，1つの目的のもとに意図的に集めたことを示唆している。7層はこの遺跡の基本層序では無遺物層であって，この層に含まれている遺物は9層に由来すると考えてよい。

14は，整った楕円形のやや厚い礫で，質は硬い。

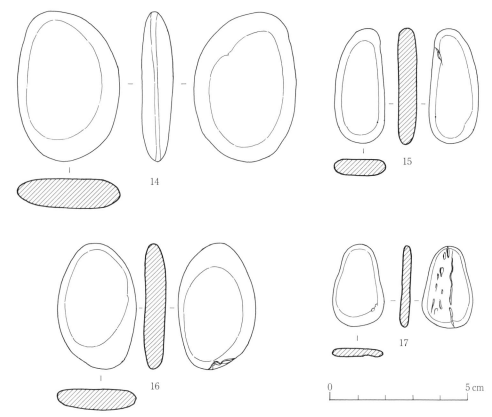

図19　上黒岩岩陰出土の無線刻礫

15は，やや軟質で，石偶の石材にもっとも近い。

16は，やや細長い楕円形の礫である。線刻がないだけで，形や石質は石偶5に似ている。

17は，下方がふくれた楕円形の小さく薄い礫である。裏面は不規則な凹んだ線が縦に走る。

石偶は利器ではないだけに，石偶4・12・13のようなものでも使用したとすれば，最後は線刻がなくても，あるいは石の表面に図像をのこすほど深く彫らなくても，石偶と信じることができれば，彼らはそれでよかったのではないだろうか。これらの線刻のない礫も，石偶の素材つまり未製品ではなく，石偶と同じように使用した可能性を考えておきたい。

4　線刻棒

線刻をもつ細長い棒状の礫は3点ある（表4，図20）。

1は，断面が楕円形の大型の棒状の自然礫（長さ25.1 cm，幅6.2 cm，厚さ2.6 cm，重さ860 g）の片面だけに連続羽状文または連続鋸歯文を線刻したものである。石材は，表面の風化が進んでいないひじょうに硬い緑色片岩である。一端の両面に敲打による顕著な剥離痕があり，もう一端にも軽微な敲打痕があるので，竪杵状に使った敲石のようにも見えるが，線刻礫を使用する直接的

な目的とかかわって対象物を敲いたさいについた使用痕である可能性があろう。以下，剥離痕をもつ端を下において説明する。石は，長い棒状で一端が斜めになっているので一見，大きな男根形に見えるが，外形は表面の研磨などの加工はいっさいおこなっていない。石の片方の面は平坦，もう片方の面は丸みをもっている。線刻は，平坦な側を選んで両端をのぞくほぼ全面に，長軸に直交するように多数の短線を連ねた帯状の列を縦に計7本並べて羽状文の帯を構成している。両端に線刻がないのは，平坦な面がそこで終わり斜面になっているので，やめたということであろう。

線刻の状況（図21）は，短線の1列目は右下がりないし水平，2列目は水平ないしわずかに左下がり，3列目は右下がり，4列目は水平，5列目はつよい右下がり，6列目は左下がり，7列目も左下がりになっている。列と列の境付近には，ところどころに長さが4-8cmほどの細い縦線がはいっている。短線を彫るときの目安の線にしたのであろう。しかし，この棒石には長軸方向に白い石英脈の線が幅1.5cm間隔で通っており，それも基準線として利用していながらも，その線からしばしば逸脱しており，そのために，この縦線が必要になったようである。それぞれの列は短線の左側のラインが揃っているので，原則として左側から右側へ彫る道具の先端を動かしたのであろう。しかし，5列目と6列目の中央付近は棒の長軸から左へかなり振れており，下付近で振れを修正している。振れの原因は，そこで線刻の方向を変えたことにあるらしい。おそらく，線刻をしやすいように石の位置を適当にかえながら作業したために，このような乱れが生じたのであろう。線刻は基本的に左側から右側に向かって1列ずつおこなったようであるが，斜面にかかっている1列目は，2列目よりも遅れて線刻した可能性が高い。

石材はひじょうに硬いように見えるにもかかわらず，1本1本の線はスッスッと彫ってあり，同じ線を2回，3回となぞるようなことはしていない。刻線の断面は楔形を呈しているので，この遺跡の打製石器の材料である鉄石英やチャートの剥片で彫ったのであろう。日本列島でも後期旧石器時代であれば，彫器（burin, graver）を使って加工したであろうが，それに代わる定型的な石器はこの時期の四国地方には存在しない。高知県西土佐村大宮遺跡では縄文後期の線刻礫は，先端が磨滅した水晶片を伴出したというから，彫る道具は水晶であった可能性がある。ただし，上黒岩岩陰から水晶片は見つかっていない。D区6層から無文土器と伴出した。

2は，断面が楕円形の棒状の石（長さ18.45cm，幅4.54cm）の両面に線刻したもの。線刻は，a面では長軸中央に縦に断続的に1本の線を彫ったあと，それと直交する長さ3cm前後の直線15本を交差させて木の枝状にしている。b面では，太いほうの基部付近にコ字形の線刻を施しているほか，不規則な線を数本彫っている。刻線はひじょうに細い。線刻後に両端に両面から打撃を1回ずつ加えて刃部のようになっており，両刃の礫器にも見える。その加工によって線刻の一部

表4　上黒岩岩陰の線刻棒一覧表

番号	調 査 区	層位	高さ (cm)	幅 (cm)	厚さ (mm)	重さ (g)	石 材	線　　刻	保 管
1	2次D区	6	25.1	6.2	2.6	860	緑色片岩	連続羽状文	久万高原町
2		7-6	18.45	4.54	2.95		緑色片岩	樹枝状，三角形	慶応大学
3	2次1トレンチC	9	12.5	3.75	1.6	141.3	緑色片岩	直線	慶応大学

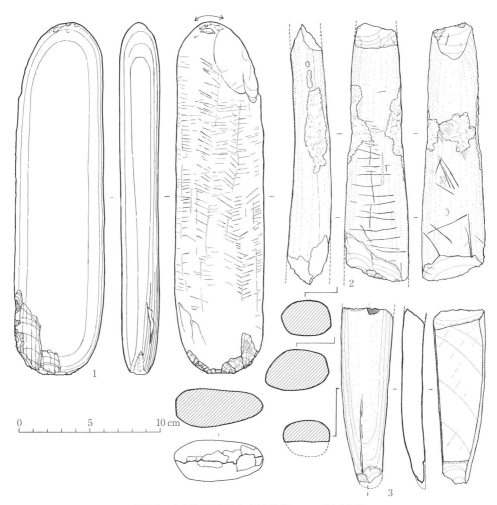

図20　上黒岩岩陰出土の線刻棒　1-3 緑色片岩製

は失われている。本来の長さはおそらく22cm前後あるひじょうに細長い棒状の礫を選んでいたのであろう。また，両側面および正面の中央付近を敲石として使ったために打痕をのこしており，特に両側面は大きく凹んでいる。緑色片岩製，7-6層からの出土である。

　3は，小型で蒲鉾状の石（長さ12.5cm, 幅3.75cm）の自然面に中軸線にあわせて細い線1本と，それに接して並行する1本の線を断続的に彫っている。線はひじょうに細い。線刻後に縦に半截し，長軸の片端に両面から計3回の打撃を加えて粗く剥離し，もう1端も1回の打撃を加えて折った状態になっており，両刃の礫器のような形を呈している。本来の長さは15cm以上あっただろう。緑色片岩製，9層からの出土である。

5　上黒岩石偶と線刻棒の性格

　以上のように，上黒岩の石偶は，上半部に髪の毛，乳房，下半部にスダレ文または鋸歯文を表

現しているものがある一方，髪の毛を線刻しただけのものもある。高さは 6.3 cm から 3.6 cm，幅は 3.8 cm から 1.3 cm，厚さは 7.5 mm から 3.4 mm のひじょうに薄いもので，本当に小さな石偶である。石偶と同じ緑色片岩や結晶片岩の円礫は，上黒岩岩陰の前を流れる久万川で採取することができる。しかし，それらの円礫は，円礫同士がたえず接触し動いているために，表面はつねに新鮮で硬く，カッターナイフを使っても細く浅い線を彫ることしかできない。また，上黒岩岩陰の石偶の礫は厚さが 5, 6 mm 前後で薄く平たいのが特徴であるが，このような円礫を久万川で見つけることは容易でない*。石偶に用いた礫を観察すると，表面が風化してやや軟質に変化している。上黒岩の石偶の髪の毛のような太く深い線を彫る工具は，水晶の先端やチャートの剥片などであろうから，表面が風化して泥質に変化した礫でなければ線刻は困難である。おそらく上黒岩の周辺に久万川が古い時期に形成した礫層の露頭があり，そこに出かけて適当な大きさ，厚さをもつ表面の軟らかい礫を意識的に選んで採取してきたのであろう。

　　　*もっとも，中園聡によると，久万川でも地点によっては，多少風化した礫を採集することは容易である，という。

　線刻するときは，楕円形の礫を縦に長くとって，幅がせまいほうを上に，広いほうを下にもってきて，上半部に髪の毛，下半部にスダレ文または鋸歯文を線刻するのが普通である。1 のように，楕円形の大きな膨らみを下にもっていき，線刻しただけで，豊満な女性をあらわすのに成功した例もあるが，多くの例はそこまでは石の選択にこだわっていない。

　線刻は，幅が広く深いものから，細く浅いものまである。後者のなかには，線刻か否か判定しにくいものまで含まれている。

　上黒岩の石偶の線刻には，髪，乳房，スダレ文または鋸歯文を彫った個体から，髪だけを彫った個体まである。これらを，線刻の複雑なものから単純なものまで配列してみると，単純な表現であるために，それだけでは何をあらわしているのか不明のものでも，髪や，「腰蓑」の表現であることを容易に判断することができる。さらに，髪の長さや「腰蓑」の位置など，線刻に時間的な変遷を想わせる変化を看取することが可能である。

　どの個体にも共通して存在する線刻は髪である。そして，髪は左右に 2 つに分けて垂れ下がるように直線的にあらわしてある。

　乳房の表現は，U 字形を 2 つ並べている。3 の片側の乳房は，本来表現していなかったのではなく，きわめて浅かったために表面の風化によって消滅してしまった可能性がある。しかし，乳房の表現があるのは 13 点のうち 3 点にすぎない。

　1・2 の石偶の下半部の縦方向のスダレ状の線刻は「腰蓑状の衣類を表現」していると解釈されてきた［江坂ほか 1967：232］。3 と 4 にも同様の線刻がある。のちに詳しく述べるように，横の 1 本線と下半部の輪郭線とによってできる半円形（あるいは逆三角形）は「性的三角形」sexual triangle を意味し，スダレ状の刻線は陰毛をあらわし，全体は女性器を表現している，と私は解釈する。

　また，5 の石偶の髪の毛の下の位置に横方向に彫ってある 2 本の鋸歯文も，下半部にあることから，スダレ状の線刻と同様に「腰蓑」とされてきた。本書では，2 の裏面と 5-10 がそれに相当し，2 と 8 の例では，1 本の横線をいれたあと 2, 3 本の鋸歯文を横方向に線刻している。スダ

図 21 上黒岩岩陰出土の線刻棒 1 の線刻状態　a 写真，b 石英脈の走向，c 羽状文を描くための基準線

レ状の刻線を「腰蓑」とするのであれば，2，3本の鋸歯文は横方向で幅がせまいので，丈が短い「腰巻」の可能性を考えたくもなる。しかし，スダレ状の刻線が陰毛ひいては女性器をあらわしているとすれば，鋸歯文もスダレ状線刻に代わる女性器の表現と解釈したほうがよいだろう。なお，2では横方向の鋸歯文を彫った裏面のほうが先で，スダレ状の線刻のある表面が後と考えるならば，少なくともこの個体では鋸歯文→スダレ文への流れを認めることができる。6層出土の石棒状の大型線刻礫の片面のほぼ全面をうめつくしている羽状文も，別の見方をすれば鋸歯文を連ねた文様であるから，鋸歯文の意味を解明していくことは重要である。

　石偶1，2，5，9，11の5点は，第2・3次調査時にD1，D2，D3，D4区の9層の同一平面から有茎尖頭器，礫器，「扁平な川原石」（無線刻礫のことか）とともに見つかったので，この付近が「当時の一つの住居跡」と調査者は想定している［江坂ほか 1967：229］。D区は上黒岩岩陰の

西端，すなわち岩陰では久万川にもっとも近い位置で，岩陰の壁面が前方に張り出し，庇を作っている場所の前庭部にあたる。さらに，石偶3，10，12，14，15，16，17の7点は，第4・5次調査時にA3，A4区の7層から見つかったが，ここの7層は破砕礫層でD区の9層とほぼ同時期である。A区は岩陰の東端の前庭部である。これらの石偶は遺構に伴ったものではないが，それを使った空間が，岩陰の西端と東端の付近にあったと推定することもできるだろう。

　線刻棒3点は，細い小型品2点のうち1点は9層から出土，もう1点は7-6層から出土した。7層ならば9層に近く，6層ならば線刻棒1と同じ時期になる。縦に線をひいたあと横線を彫るという線刻のあり方は，1に近いから，6層の可能性が高いかもしれない。ただし，9層の隆起線文土器の破片の一部が6層に転移していた事実があるので，石偶と線刻棒を一連のものとみたばあい，本来はすべて9層の時期に属し，6層に転移した可能性も否定できない。9層と6層の間には約2,500年の長い間隙が存在し，この地域においてのみ線刻棒の伝統がはたしてつづいたのか，疑問なしとしないからである。

コラム 2　縄文早・前期の男性器象徴

　男性器をかたどった石製品・石棒は，縄文早期以降も散見し，縄文中期は東日本を中心に巨大な石棒が多数作られている。群馬県陣馬遺跡例は，途中に2つの穴をあけている。女性器の象徴であろう。
　弥生時代以降は木製品に変わり，その伝統は現代までつづいている［春成 2007a］。

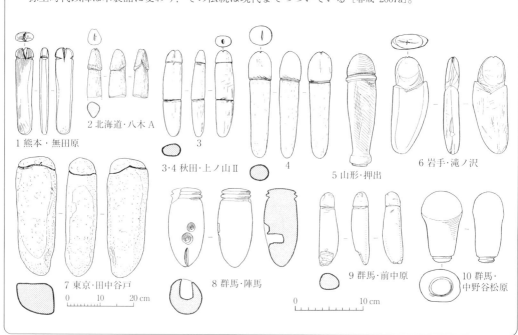

第3章　タカラガイと三角形垂飾り

1　上黒岩の装身具

　上黒岩岩陰では第1次調査以来，縄文時代草創期後半および早期中頃の鹿角・石・貝殻を素材にした装身具が出土しており，総数は26点ある。その内訳は，貝玉（マガキガイ製，イモガイ製）8点，骨玉（サメ脊椎骨製）1点，管玉（マルツノガイ，貝種不明）各1点，小玉（ツノガイ製）1点，垂飾り（猪牙製，ハイガイ製，石英製）各1点，耳飾り（鹿角製，未成品）2点，髪針（鹿角製）1点，三角形垂飾り3点，タカラガイ穿孔品4点である（図22）。

　出土した層は，4層が21点（一部推定），6層が5点である。4層は縄文早期の押型文土器の時期で，その年代は岡山県黄島貝塚の測定結果を借用するとおおよそ9,500年前で完新世前葉，6層は縄文草創期の無文土器の時期で，その年代はおおよそ12,500年前で更新世最末期に位置している。

　ここでは石偶，線刻棒と同じく，女性象徴と私が考えるタカラガイと三角形の垂飾りだけを取りあげる。

2　タカラガイ

　タカラガイの殻は，A区4層から4点出土している（図22-1〜4）。縄文早期の押型文土器の時期である。

　1-4は，タカラガイ（ハナマルユキ，カモンダカラ，メダカラ）の殻背面に大きな孔があいたもの。紐を通すための孔にはなっていないので，装身具というよりも呪具としたほうがよいだろう。

　1のように，孔の周縁を明らかに研磨しているもの，3のように孔の一部だけを研磨しているもの，2・4のように，殻背面が大きく破壊したあと研磨していないものがある。海浜に打ち上げられているタカラガイの死貝はしばしば自然状態であいた孔をもっている。

　上黒岩のばあいは，孔のあいた死貝を採取してそのまま利用したか，わずかばかり加工して使用した可能性が高いことを示している。

3　三角形垂飾り

　三角形の垂飾りは，D区6層から3点出土している（図22-5〜7）。縄文草創期の無文土器の時

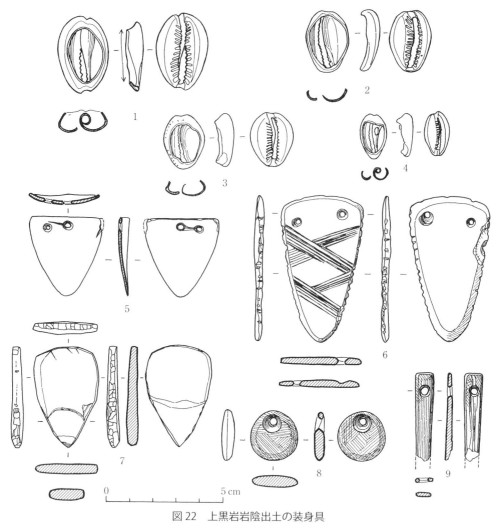

図22 上黒岩岩陰出土の装身具
1-4 タカラガイ穿孔品(4層出土), 5-7 三角形垂飾り(6層), 8 石英製玉(4層), 9 鹿角製髪針(4層)

期である。

5は,三角形の垂飾り。ハマグリ?のような二枚貝の殻で作ったもので,殻の縁を一部のこしている。上辺の中央に1孔,その左側にもう1孔を穿っている。

6は,黒灰色の結晶片岩製の長三角形の垂飾りで,斜格子文のある表面は平ら,もしくは少し凹面,裏面は甲高になっている。扁平な破片を研磨して三角形の薄い板を作り,上辺に2個所,左右の側辺に15個所前後の小さな刻みをいれている。上辺の左右の隅に両面から穿孔して紐を通すようにしている。表面には2段重ねに斜格子状の粗い擦痕をいれて文様効果をあげている。

7は,黒灰色の千枚岩製で,長三角形。垂飾りの孔をあけていない未製品であろう。

4 縄文時代のタカラガイの性格

　上黒岩岩陰の装身具の多くは、第3次調査時に、A区4層から集中的に出土している。A区は押型文土器の人骨29体分を含んでいた場所であるので、出土の状況は明らかでないけれども、装身具の多くは人骨に伴っていた可能性が高い。調査関係者が人骨との関連を指摘していないのは、29体のうち21体までが再葬または散乱骨で、埋葬する時点で遺体から装身具が遊離していたからであろう。上黒岩の装身具の材質をみると、貝製品15点、鹿角製品3点、猪牙製品1点、魚骨製品1点、石製品2点となっている。貝はすべて海産のものであって、マガキガイ、イモガイ、タカラガイの占める割合が大きいのが大きな特徴になっている。ツノガイ製の管玉や小玉が少ないのは、出土層の土を水洗して微細遺物を収集する方法を当時はとっていなかったという事情を反映しているのかもしれない。

　タカラガイの背面の孔の周囲は破損後、縁が不規則のまま磨滅しているので、すでに孔があいていた死貝を採集し、縁の形が整っていない個所だけを研磨している可能性が高い。マガキガイやイモガイのばあいも、自然状態で螺頂部だけになり孔があいた丸玉状のものを海岸で採取することができる、という［忍澤 2007：33］。さらに、上黒岩の貝類の同定をおこなった忍澤成視（市原市埋蔵文化財調査センター）によると、素材貝の搬入先は、現在の海ならば、タカラガイ・イモガイ類、マガキガイは四国西岸の岩礁性海岸、マルツノガイは土佐湾であって、温暖な水温を示唆しているという。

　上黒岩岩陰の調査後、縄文早期の同様の装身具を出土している代表的な遺跡は、四国では愛媛県西予市城川町穴神洞洞窟［長井編 2004］、中国地方では広島県神石高原町帝釈弘法滝洞窟［中越ほか 1998：38-48］、中部・関東地方では長野県北相木村栃原岩陰［西沢 1982、藤森編 2019］、埼玉県皆野町妙音寺洞穴［黒坂編 1999］をあげることができる（図35）。いずれも押型文土器の時期である。穴神洞洞窟では、タカラガイ、イモガイ、ヤドツノガイ、ツノガイ、アゲマキ、アワビ、タケノコガイなど海産貝の種類は豊富で、切断・研磨したり穿孔したりして装身具に加工している。帝釈弘法滝洞窟では、ツノガイの管玉・小玉、イボキサゴの丸玉、穿孔したタカラガイ、殻頂に穿孔したハイガイが出土している。栃原岩陰でも、ツノガイの管玉、イモガイの平玉、穿孔したタカラガイやハイガイなどが出土している。妙音寺洞穴ではツノガイの管玉・小玉、イモガイの螺頂部を加工した丸玉、殻頂に穿孔したハイガイなどが出土している。これらの遺跡で素材の種類、加工したあとの形態は共通しており、

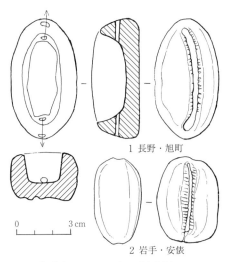

図23　縄文時代のタカラガイ形土製品　縄文中・後期

1　長野・旭町
2　岩手・安俵

海産貝の殻への共通するつよい嗜好とそれを海岸部から供給するシステムが存在したことは明らかである。ハイガイを親玉，ツノガイを管玉と小玉，マガキガイを大型の小玉として一連の頸飾りを構成していたのであろう。

また，南房総や三浦半島産の殻の背面を大きく除去した，あるいは殻背が破損したものを加工したタカラガイ（ホシキヌタ）は，縄文前期～後・晩期の関東から北海道の遺跡から検出されている［忍澤 2007：46］。その加工は紐通し用の小さな孔をあけるのではなく，縄文早期以来の殻背に大きな孔をあけたもので，装身具一般から区別される特別の機能をもっていたことを示している。富山市北代（縄文中期後半），長野市旭町（縄文中期末），岩手県和賀郡東和町安俵六区（縄文後期）など縄文中・後期の遺跡からはタカラガイを模した土製品が見つかっている［佐藤 1999：72-73］（図23）。これは，タカラガイを入手できなかったばあいは代用品を作っていたとすれば，タカラガイの入手に対する要求が切実なものであったかを想像することもできるだろう。

コラム 3　縄文・弥生・古墳時代の三角形垂飾り

上黒岩岩陰第4層から長三角形の装身具が発掘されている。三角形の装身具は，他に縄文中期から古墳時代中期までの東北地方から琉球諸島までの遺跡から魚骨，貝殻，土，木で作ったものが見つかっている［春成 2007a］。その用途が女性器を隠すためのものであったことを示すもっとも説得的な証拠は，長崎県五島列島の浜郷遺跡で発掘された小児人骨の股間からこの遺物が見つかったことである。性別不詳とのことであるが，女児であることは間違いないだろう。古墳時代では，滋賀県市三宅東遺跡例は幅1.4 cm，高さ2.7 cmのミニアチュアであるが，明瞭に陰裂と陰毛の線刻がある。魔除けの垂飾りとする説がある。横幅は5 cmほどの小型品が多く，紐孔は上にあるだけであるから，実用品ではなく性器を隠見させるような儀礼の際に女性が着装したのであろう。

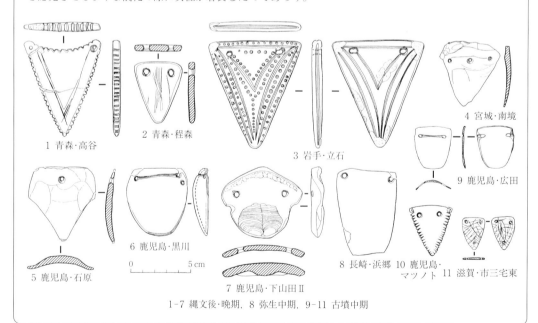

1 青森・高谷　2 青森・程森　3 岩手・立石　4 宮城・南境　5 鹿児島・石原　6 鹿児島・黒川　7 鹿児島・下山田Ⅱ　8 長崎・浜郷　9 鹿児島・広田　10 鹿児島・マツノト　11 滋賀・市三宅東

1-7 縄文後・晩期，8 弥生中期，9-11 古墳中期

第4章　上黒岩の女性象徴の意義

1　比較の観点

　上黒岩岩陰の石偶は，その発見以来，多くの研究者の目をひきつけてきた。伴出した隆起線文土器に伴う木炭の炭素14年代の測定値は12,400年B.P.を示していたから，当然，ヨーロッパの晩期旧石器時代に併行する時代の日本列島の「女性小像」であった。しかし，日本では，土器をもっていることから縄文時代に位置づけ，縄文時代は新石器時代にほぼ相当するという暗黙の了解があったために，上黒岩の石偶はその年代の古さにもかかわらず，海外では周知されるにいたっていない。後期更新世から完新世の年代測定の高精度化が世界規模で進み，比較考古学の基礎が整備されてきた現在，上黒岩の石偶は，その年代にもとづいて系譜を追究し，ユーラシアの旧石器時代女性像との比較を進めるなど，これからは正当な扱いをうけなければならない。

　上黒岩の石偶には，乳房の表現のあるものと，ないものがあり，その意味についてこれまで議論があった。その違いを，江坂輝弥は女性と小児と考え［江坂ほか1967：232-233］，芹沢長介は女性と男性と推定した［芹沢1986：174］。上黒岩の石偶で乳房の表現を欠いた例は，小児なのか，男性なのか，あるいは乳房の表現を省略したのか，これは上黒岩の石偶だけを眺めていても決まるものではない。別の方法，つまりヨーロッパ・ロシアの女性像との比較という観点をもって考察しないかぎりこの問題は解決しない。

　旧石器時代の女性小像は，ヨーロッパ，ロシア平原からシベリアの範囲に分布している。ユーラシアの旧石器時代の女性像のうち，上黒岩の石偶に近い時期のものを見ていきたい。

2　上黒岩石偶の性

　まず，シベリアのマリタ遺跡の例を取りあげる（図24-1～12）。グラヴェット－パヴロフ期（コスチョンキ期）の後半と併行するシベリアの24,000-22,000年前頃の女性小像である。マリタの女性小像を，乳房の表現があるものから，ないものへと型式学的に配列してみよう。

　1-7は，乳房，腕，そしてY字形に線刻した「性的三角形」の表現が明瞭であるが，乳房はすでに小さく膨らみもなくなり，その下の両腕の表現のほうが目立つ。8-11は，乳房と両腕が一体化して1つの塊状に変化している。そして，12になると，頭のついた棒状で，頭の表現は髪と顔の表現があるが，乳房と両腕の表現はなくなり下半身にY字形の沈線をいれて性器をあらわすだけに変わっている。

　その変化は漸移的であって，立体感が失われ，簡便化していく過程である。乳房の表現のある

なしは，女性を表現するときの決定的な要素ではないことがわかる。しかし，女性器だけは一貫して「性的三角形」として Y 字形にあらわしており，女性小像であることを明示している。

なお，2・7・8 の例は，足の部分に孔をあけてあり，護符のように身につけたのか，それとも使わないときにどこかにかけておいたのか，この時期以降の女性小像の使用法を考えさせる。

その一方，ウクライナのメジン遺跡は，ヨーロッパのマドレーヌ期に併行するメジン期の遺跡で，多数の女性小像が見つかっている（図 24-14〜21）［Abramova 1967：148］。

メジンの女性小像の上半身は著しく扁平で，いずれも膨らみをもつ乳房の表現はない。下半身は尻が後方に大きく三角形に突出している。腰の正面には，性器を表現した逆三角形の線刻表現が著しい。

14・15・18 には，逆三角形の両側に羽状文を線刻している。16-20 の正面上部に線刻した船の帆をかけたような表現は，顔をあらわしているのか，乳房の表現であるのか，あるいはそれ以外のものであるのか，14・15・21 の逆 V 字形を重ねた線刻が「船の帆形」（または開頁文）の簡略形であることは明らかである。しかし，これが何であるかを推定することは困難である。13・14・16 の背面の縦線または V 字形の表現は，髪を象徴的にあらわしているとすれば，上黒岩で髪を重視していることと共通する。

西・東ヨーロッパでは，オーリニャック期〜グラヴェット期（約 30,000-21,000 年前）の女性小像は，ソリュートレ期（約 22,000-18,000 年前）を迎えると，その歴史を閉じる。洞窟壁画を描くことも少なくなる。そしてその後，マドレーヌ期（約 18,000-12,000 年前）にもう一度女性小像が現れる。洞窟壁画もさかんになる。しかし，マドレーヌ期に再登場した女性小像は，グラヴェット期のものとまったく違う形である。

マドレーヌ期の代表的な女性小像はドイツのゲナスドルフとアンデルナハの両遺跡から発掘されている（図 25-1〜9）。大多数はマンモスの牙製品で，トナカイの角製品と粘板岩製がそれぞれ若干ある。頭部はほっそりと尖っており，人の頭の表現はまったくなく，正面からみると，細い棒状であって，人の形象品にはみえない。しかし，側面からみると腰を三角形にあらわして女性らしさを強調している。乳房を表現したものは少数，表現していないものが多い。乳房の表現は腰にくらべると小さく，石板や洞窟に線刻した女性像のばあいも，腰と女性器を表現するのはごく普通であるけれども，乳房の表現は必須ではなく，しばしば省略している。この様式の女性像を G. ボジンスキーは「ゲナスドルフ型ヴィーナス」と命名している［Bosinski 1991, Höck 1993］。約 16,000-15,000 年前の女性像である。ヨーロッパの同時期の洞窟壁画の女性像も，側面形が主になっているから，両者には通底する意味が込められているのであろう。

ゲナスドルフ系の女性小像は，西ヨーロッパからロシア平原，さらにはシベリアまで分布している（図 167）。しかし，グラヴェット−コスチョンキ期の女性小像からマドレーヌ期のゲナスドルフ型の女性小像への変遷を現状では説明することはできない。

西ヨーロッパのマドレーヌ期の女性小像を代表し，推定約 19,000-18,000 年前までさかのぼり，最古の位置を占めるのは，フランスのロージュリ＝バース出土品である（図 25-10）［Vibraye 1884, Breuil 1907］。細身で乳房の膨らみははっきりしないけれども，性的三角形と陰裂，尻の突出だけは強調するかのように鮮明である。頭部は本来存在しなかったとされるが，この像の最上

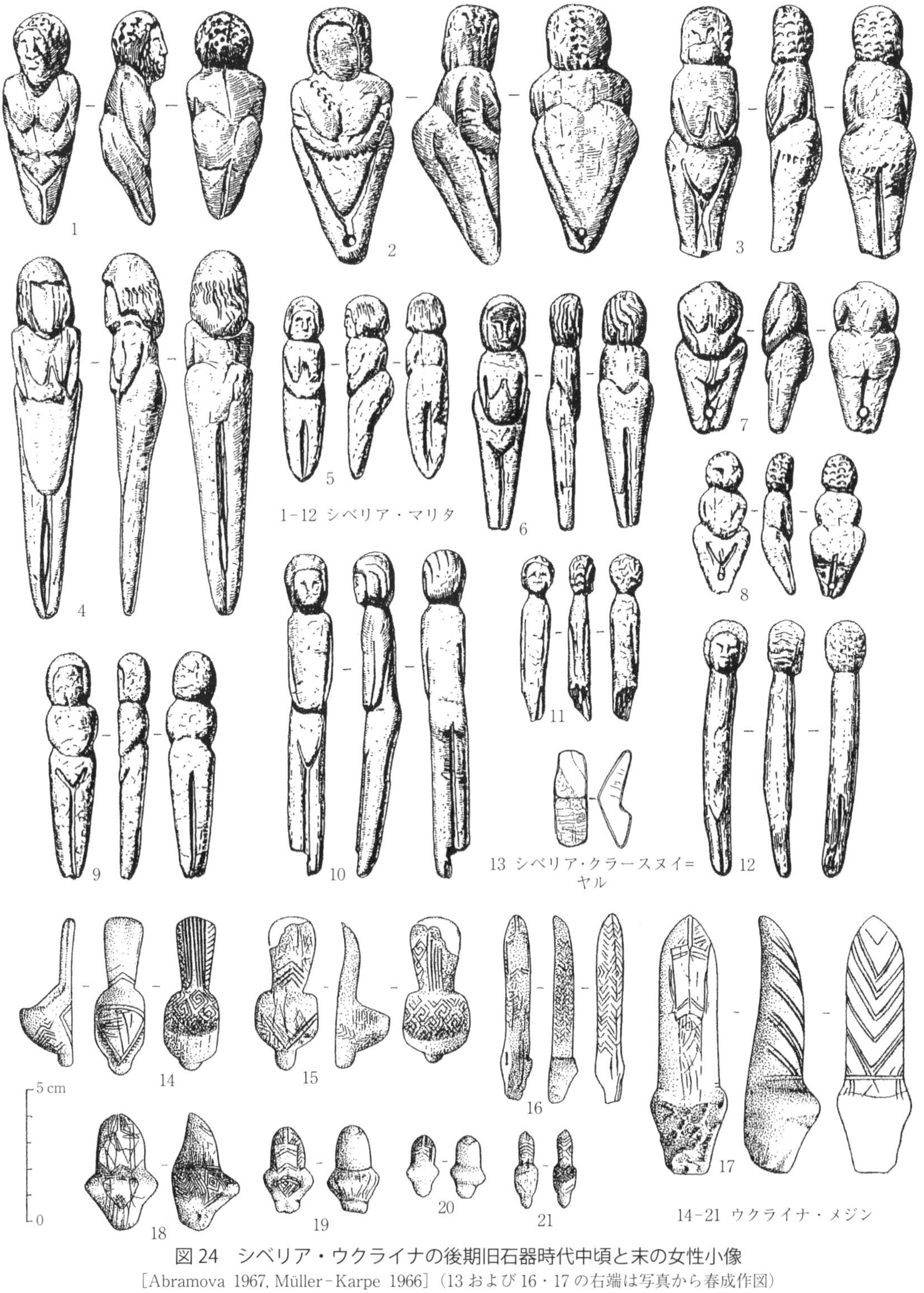

図 24　シベリア・ウクライナの後期旧石器時代中頃と末の女性小像
［Abramova 1967, Müller-Karpe 1966］（13 および 16・17 の右端は写真から春成作図）

58 第Ⅰ部 上黒岩の女性象徴

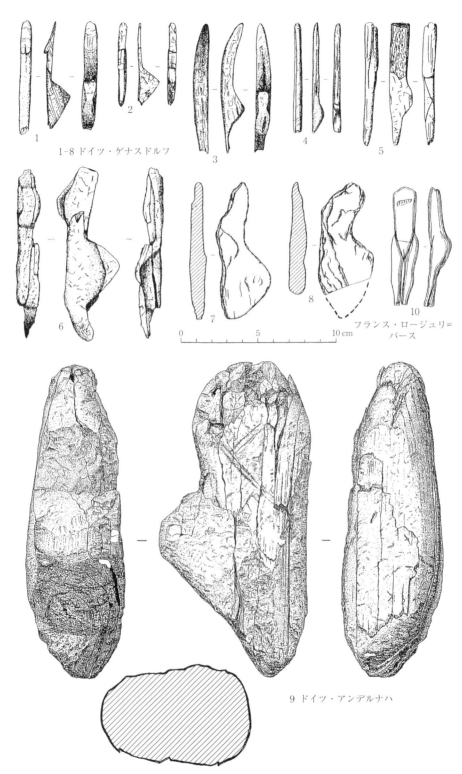

図 25 ヨーロッパの後期旧石器時代末の女性小像 [Höck 1993, 10 は春成 2009]
1・2・4・5・6・9・10 マンモス牙製, 3 トナカイ角製, 7・8 粘板岩製

部は研磨されていないので，頭部は欠失してしまったと考えたほうがよいだろう。復元すると高さは約9.5 cmにすぎない。発見は1864年で古いが，この型式に類する小像はその後は見つかっていない孤例である。

　グラヴェット期最後のドルニ＝ヴェストニッツェやマリタの女性小像の最終形態と，マドレーヌ期のゲナスドルフやメジンそしてロージュリ＝バースの女性小像とは，形態的にはつながりがないので，一度消滅したあと，マドレーヌ期にふたたび出現したと考えるほかない［春成 2008：61］。本書第Ⅱ部では，洞窟壁画や石板・石塊の線刻女性像と立体的な女性小像が時をほぼ同じくして再誕した可能性を追究したい。

　上黒岩の石偶では，乳房の表現の有無が男性または小児か，女性かの問題を引き起こした。ここで，上黒岩の石偶13点を乳房の表現のあるものから，ないものまで順番に配列してみよう。そのさい，石偶の高さを揃えて5段階の目盛のなかにいれて，髪，腰のスダレ文や鋸歯文の位置をそれぞれ比較してみることにしたい（図26）。

　最初に簡単に整理しておくと，乳房の表現があるのは3点，腰にスダレ文をもつのは4点，腰に鋸歯文をもつのは7-8点である。

　髪をあらわしているのは11点である。石は楕円形のものを選び，上が細く下が太くなるようにして上下を決めている。

　乳房を線刻した石偶は計3点，髪の長さは2，乳房は2-2.5，腰の横線は3の位置にある。うち1点は，裏面の3の位置に腰の鋸歯文を施している。裏面は表面よりも全体的に磨滅しているので，最初に裏面を用い，のちに表面に新たに線刻して再生したと考えておく。そう考えると，腰のスダレ文も鋸歯文もほとんど同時に存在したことになる。しかし，多用されたのは鋸歯文の

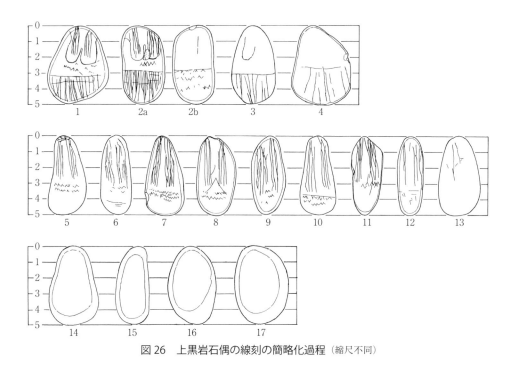

図26　上黒岩石偶の線刻の簡略化過程（縮尺不同）

ほうであった。

　乳房の線刻のない石偶のうち9点は、一括りすることができる。その特徴は髪の長さが2.5-4で長いこと、腰の鋸歯文が3-4の位置で低いことである。髪が2.5の例は鋸歯文の位置も3で高いのにたいして、髪が3.5の例は鋸歯文の位置は4で低い。そして、髪だけを線刻した例では、髪はほぼ3の位置にある。これを、髪が短く腰の鋸歯文の位置が高いものが古く、髪が長く腰の鋸歯文の位置が低いものが新しい傾向をもっている、と私は考える。髪の線刻の本数が少なく、腰の線が不明瞭あるいは省略したものは、もっとも新しく、この次に線刻をすべて省略したものがつづくことを予想させる。

　このように、上黒岩の石偶を相互に比較し、簡略化の傾向をうかがえること、この時期のユーラシアの女性小像にも同様の傾向を認めうることから、乳房の表現がないことを理由に大陸の女性小像および上黒岩の石偶が女性であることを否定することはできない。上黒岩の石偶のうち、髪だけをあらわしている例も、女性とみて間違いないというのが結論である。

　つぎに、下半部のスダレ文と鋸歯文について考えてみたい。スダレ文をもつ石偶は4点ある。礫の中央または若干下よりに、横に1本線を引くと、礫の下半部の輪郭と合わせてできた半円形の区画のなかに多数の線をスダレ状に垂下させてその空間を埋めていることになる。鋸歯文の線刻をもつ石偶は7点ある。中央（2b）またはかなり下より（10）に横に1本線を引いて半円形の区画をつくったあと、その下に2～3本の鋸歯文を横方向に描いたものと、横線をいれることなく2本の鋸歯文を描いたものがある。3本の鋸歯文を描いた2bのばあいは、半円形の区画内をほぼ埋めているとみることができる。その点では、スダレ文と同じような効果をあげているといえるだろう。

　後期旧石器時代末の女性小像の分布の東限は、ユーラシアではシベリアの約20,000年前にマイニンスカヤの土偶が知られている（図27）。乳房も女性器も表現しておらず、上黒岩石偶と共

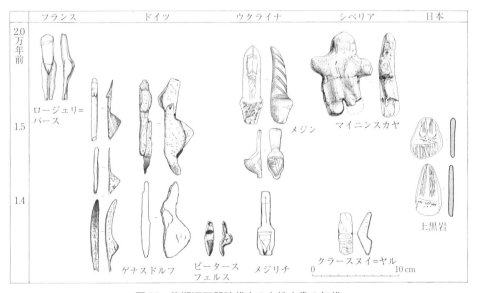

図27　後期旧石器時代末の女性小像の年代

通するのは正面型であるという点だけである。上黒岩より4000年ほど古いので，比較の対象にすることは難しい。上黒岩石偶の出現をユーラシアとの関係で理解しようとしても，現在知られている資料とは30,000 km以上離れている。その間になんらかの関係があるとすれば，もちろん直接的ではなく，隣同士が連鎖的に交流しながら，シベリアと日本列島がアムール地方を介してつながっているということになろう。しかし，そうであるならば，途中の地域で何らかの発見があってよいはずである。特に発掘調査の件数が多い日本列島においては……。

3　線刻の意味

　上黒岩岩陰の6層，約12,000年前の草創期末の無文土器の層から出土した線刻をもつ細長い棒状の石（長さ24.4 cm，幅6.3 cm，厚さ3.0-2.8 cm，重さ860 g）も，ほかに例がない興味深い資料である（図20-1，図21）。石は硬質でずっしりと重い緑色片岩の一種の円礫で，一見して男根を連想させる形状の石であるけれども，丸みは少し足りない。やや扁平な面の片面に細かな鋸歯状の線による文様（羽状文）を縦に3〜4列にわたって彫ってある。線刻は片面だけであるので，使用にあたっては表裏の区別が存在したのであろう。

　9層から小型の石偶が6点以上，6層からは小型の石偶が1点，大型の線刻棒が1点だけ出土している。6層の石偶は9層のものが転移したものと解釈し，6層の線刻棒はその時期のものとすれば，9層の時期が1人で1個の石偶を用いていたのに対して，6層の時期には何人もの人が1個の線刻棒を使っていたということであろうか。

　同じようなハ字形を連ねた羽状文をマンモスの骨に彫った例は，チェコの後期旧石器時代，プシェドモスチ（Předmosti）遺跡から見つかっている（図版36-559〜562・564〜568）[Breuil 1924：535，541，542]。そのうち肋骨の1例（図28-3）は現存長24 cm，径4.8 cmであるから，上黒岩例とくらべると，太さはほぼ同じで，長さはもっと長いらしい。羽状文は横方向の帯状にして，それを片面は39段以上重ねて施し，もう片面は半分を横方向に17段重ね，のこりの半分は縦方向に7列（以上）並べており，線刻はきわめて精緻である。他の2点も，基本的な構成は同じである。いずれも扁平ではあるが曲がった棒状であって，上黒岩例と同様，男根形を呈しているともいえる。プシェドモスチ遺跡はパヴロフ文化（約31,000-24,000年前），つまり東ヨーロッパのグラヴェット期後半の文化に属しているので，上黒岩岩陰とは年代がちがうし，チェコと日本では途方もなく距離が離れているから直接つながるということはありえない。

　プシェドモスチ遺跡からは女性像を線刻したマンモスの牙も出土している（図28-2）。牙の曲がった形は，やはり男根形である。女性像は幾何形に抽象化しているが，逆三角形の頭，縦長の楕円形の乳房，横に丸い胴，横長の楕円形の腰をあらわしている。腰のなかは横方向に羽状文でうめている。さらに楕円形の下部には短い羽状文をいれている。楕円形を腰とみれば，上の羽状文は陰裂，下の羽状文は肛門をあらわしているように見える。

　そうすると，同じような羽状文を全面に彫ったさきの骨製品は，陰裂の表現をくりかえすことによって女性器を強調表現したものであって，象徴化が極端にすすんだ女性像とみることが可能である。旧石器時代人が，女性像のもっとも重要な要素は性器であると考えていたことは，オー

62　第Ⅰ部　上黒岩の女性象徴

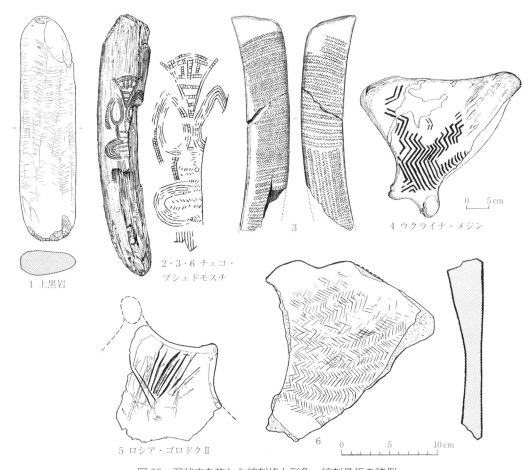

図28　羽状文を施した線刻棒と彩色・線刻骨板の諸例
1 緑色片岩，2 マンモス牙，3 マンモス肋骨，4・5 マンモス肩甲骨，6 マンモス寛骨
4のみ彩色．他は線刻

　リニャック期のフランスのラ・フェラシー洞窟やセリエ岩陰などから出土した石塊*に三角形や楕円形で性器だけを表現した例が少なくないこと（図版25-419～426）や，ロシア平原のコスチョンキⅠ遺跡の女性器をかたどったメダリオン（図版41-662～668）などの典型例によって明らかである．

　　*これも本来は洞窟や岩陰の壁の一部であったものが，岩壁の劣化によって剝落して土層に埋没していた可能性がある．

　羽状文（山形文あるいはジグザグ文）をいれた女性小像というと，旧石器時代ではウクライナのメジン遺跡にいくつかある．「性的三角形」を線刻し，その左右に羽状文を展開した例（図29-5）がそれである．この羽状文が一定の具象性をもつとすれば，陰毛でしかないだろう．
　世界の女性像の文様には羽状文をしばしば使っている．A. D. ストリャールはV形の刻線は女性のシンボルであるといい，I. ショフコプリヤスはメジン遺跡の女性小像にみる羽状文をV形文のコンビネーションであって，それは女性のシンボルの展開であると主張している［ビビコフ1985：139-140］．

同じくメジン遺跡からはマンモスの肩甲骨に羽状文を赤色顔料で描いた例が出土している（図28-4）。これには肩甲下窩に径 16 cm × 18 cm の敲いた痕跡がのこっており，マンモスの牙製の拍子木で連打したものと S. N. ビビコフは解釈し，打楽器として使ったと推定している［ビビコフ 1985：68-72］。

肩甲骨は，自然状態ですでに「性的三角形」と似たような形状を呈している。それに羽状文を加えて陰毛をあらわすことによって，この肩甲骨を女性器の象徴として完成したもので，これを用いて発する音は女性とのかかわりをもっていたと考えてよいだろう。

羽状文の意味がわかりやすい例は，地中海東端の新石器時代のキプロス島のキプリオット出土の土偶（後期キプリオットⅡ，前 1,450-1,200 年）である（図 29-6・7）。複数の沈線で逆三角形を描き，そのなかを羽状文でうめている。一見，パンツ風であるが，陰裂を凹んだ穴で表現しているので，このばあいの羽状文は陰毛を強調した表現とみるほかないだろう。時代や地域を超えて，陰毛を羽状文で表現する，あるいは陰毛を表現することによって女性器をあらわすという心理は共通している。

古代オリエントの地母神は豊饒のシンボルとして，母性の豊かさを示す乳房とともに，成熟した女性を示す陰毛をあらわしていたことを木村重信は指摘し，陰毛と陰裂とを組み合わせて「性的三角形」をつくることがあると述べている［木村 1994：92］。ここに図示したイラクの例（図 29-8・9）は，羽状文ではなく縦の短線を 2 段と 9 段重ねている。

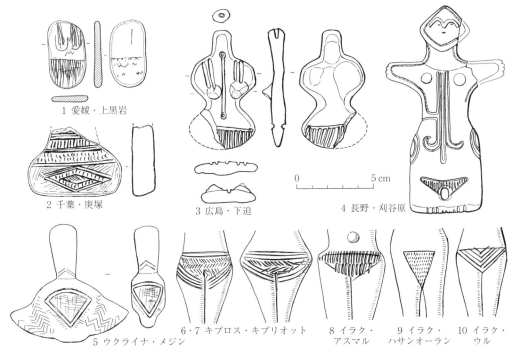

図 29　先史時代の女性器表現
1 緑色片岩，2-4・6-10 土偶，5 マンモス牙
1 縄文草創期，2 同 早期，3・4 同 後期，5 後期旧石器末，6-10 新石器

図30　20世紀前半にミクロネシアで使っていた腰蓑と腰巻［加藤編 1997］

　以上のようにユーラシアの女性小像を瞥見したあと上黒岩に戻ると，6層から出土した線刻棒の羽状文も，女性器の象徴的な表現のように思えてくる。その一方，この線刻棒はプシェドモスチ遺跡の諸例と同様に，男根の形を連想させる棒状の素材を選んでいる点にも注意の目を向けたい。縄文前期の群馬県富士見村陣馬(じんば)遺跡出土の女性器をあらわす小円穴をもつ石棒や，縄文中期の北陸地方で女性器を彫刻した石棒（図161）［春成 2007a：123］が発達した事実を私たちは知っているからである。上黒岩岩陰の線刻棒については，男根形に女性器の象徴を彫込むことによって男女の交合を象徴的に表現し人の生誕とかかわりをもつ遺物であった可能性を追究する必要があろう。

　上黒岩9層から出土した石偶の腰のスダレ文は，発見当初から「腰蓑状の衣類」の表現と解釈されてきた［江坂ほか 1967：232-233］。そこで，私は，同じ上黒岩から出土した石偶の腰の横鋸歯文については，丈が短いことから前者と区別するために「腰巻(こしみの)」の可能性を考えてみた［春成 2008：44］。そのうえで，ミクロネシアで昔使っていた腰巻と腰蓑（図30）［加藤編 1997］との比較もおこなってみた。しかし，旧石器時代の女性小像で腰蓑や腰巻を表現した例は皆無であるので，はたして上黒岩の石偶だけが例外といえるかどうか，問わなければならなかった。

　そこで，上黒岩の石偶1-4の「腰蓑」を見直すと，縦方向の線をたくさん描いている円礫の下半部全体を「性的三角形」の表現と解釈しうること，そして縦線を描く前に，横方向に1〜2，3本の直線を描いていることに気づく。特に，石偶2が，鋸歯文を描いている面を最初に使い，のちに裏返してスダレ文を描いたとみなしうることは重要で，横直線が「性的三角形」の上辺で，スダレ文と鋸歯文は表現の形は異なるけれども同じ意味をもっていると解釈できることを示唆している。

　上黒岩の石偶に「性的三角形」の表現を認めることができるならば，これまで「腰蓑」とされ

てきた下半部をうめる縦線は陰毛の表現でしかない。メジン遺跡や新石器時代の地中海沿岸の女性小像と同じように，上黒岩でも陰毛を描くことによって成熟した女性を象徴しようとしたと理解しておきたい。それは縄文後期の土偶でもいえることである。広島県福山市下迫貝塚や長野県中川村刈谷原遺跡出土の土偶（図29-3・4）は，性的三角形のなかを縦線でうめており，地中海沿岸の新石器時代の諸例と変わるところはない。

では，横方向の鋸歯文の意味は何か。やはり陰毛の表現と私はみる。たしかに陰裂を横長の菱形にあらわしたと推定しうる例は，縄文早期（三戸式）の千葉県山武町庚塚遺跡出土の土偶にみることができる（同-2）。陰裂が横方向というと不自然ではあるが，上の口が横であることから，抽象的な思考で下の口も横でもよいということもあるかもしれない。しかし，上黒岩石偶2bが鋸歯文を3段に重ね，下半部の大半をうめている事実は，やはり陰毛をあらわしているとみるのが自然であって，ユーラシアの羽状文と同じと認めるべきであろう。

参考までに，20世紀にアメデオ・モディリアニやパブロ・ピカソが描いた性的三角形の線画をみよう（図31）。モディリアニは，波状文を縦にしてそれを横に連ねて陰毛をあらわし，ピカソは連弧文を横にしてそれを縦に連ね，大きく描いた時には陰裂の上は横に3段重ね，左右には連弧文を縦に描いて表現している。縦と横のちがいはあるが，波状文も連弧文も鋸歯文あるいは羽状文の変異とみることができる。現代画家にとっては，陰毛をあらわす際に縦と横のちがいは大きな問題とはならない1例である。

さて，上黒岩の石偶はすべて石で作ってある。上黒岩岩陰を発掘したのは1961年から1970年まで，今から50年以上前のことになる。それ以降，上黒岩と同じ縄文草創期の遺跡は日本各地

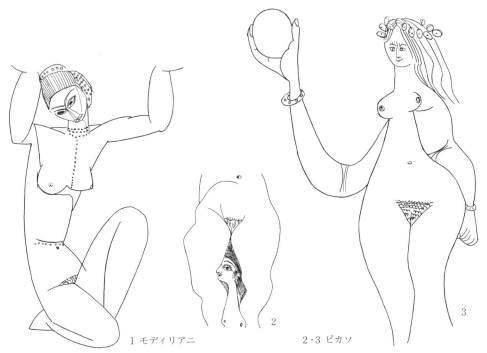

1 モディリアニ　　2・3 ピカソ
図31　20世紀の画家による女性器表現（春成模写）

66 第Ⅰ部 上黒岩の女性象徴

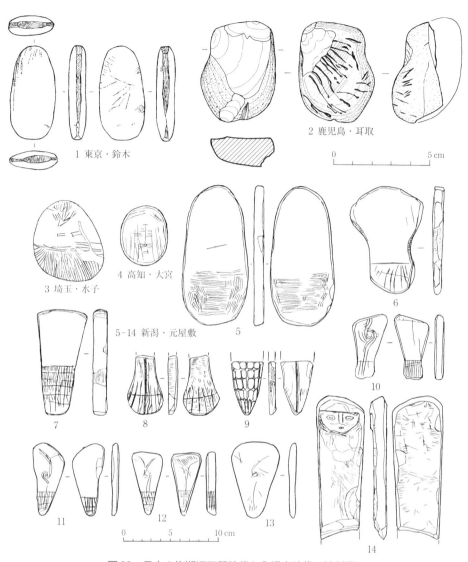

図32 日本の後期旧石器時代から縄文時代の線刻礫
1・2 後期旧石器時代, 3 縄文前期, 4 縄文後期, 5-14 縄文後・晩期

でたくさん発掘された。しかし，石偶は他のどこからも出土していない。上黒岩の石偶は日本のなかでは孤立している。なぜ，ここにのみ存在するのか。上黒岩岩陰に文化的にまったく孤立した集団が１年を通して定住していたとは考えにくく，おそらく冬の寒い時期は山の下に降りているとすれば，平地の瀬戸内や高知南部の遺跡でも同じような石偶が見つかってもおかしくはないが，実際には出土していない。

　石製品であるから，腐蝕して消滅することはない。骨牙製品が普通で，上黒岩の石偶は珍しくも石製品であったので，今日までのこったということであろうか。それにしても１点や２点は他の遺跡からも出土してもよいのではないかといいたくなるけれども，長崎県福井洞窟の有孔円板（石製の２点と土器片製の１点）も，類品は宮崎市上猪ノ原遺跡以外には出土していない。事情は十

分に説明できないけれども，上黒岩岩陰と厳密な意味での同時期の遺跡がまだ見つかっていないために，第2，第3の例が出土していないという事情もあるのだろうか。

なお，日本の女性像あるいは線刻礫と呼ばれる遺物は，後期旧石器時代の例として東京都小平市鈴木遺跡（推定ナイフ形石器の層），鹿児島県曽於市財部町耳取遺跡（剥片尖頭器に共伴），縄文時代の例として埼玉県富士見市水子貝塚（縄文前期），高知県西土佐村大宮遺跡（縄文後期）の出土品が知られている（図32-1〜4）。それぞれ1点ずつで，年代も離れており，上黒岩例も含めて，それぞれの間の関係は不明である。また，何を表現しているのか，判断は容易でない。

その一方，東北地方から北陸地方にかけて，縄文後・晩期の線刻礫や土製品が数多く出土している（図32-5〜14）。それらのなかには三角形に形づくったあと女陰を線刻したものがある［春成2007a：175］。新潟県朝日村元屋敷遺跡から発掘された例は，扁平な板状の礫を選び長三角形ないし楕円形に加工し，両面または片面の一端に線刻したものである［朝日村教育委員会編 2002］。土偶の形態・文様との間に共通性をもつものがあるので女性をあらわしている可能性は高い。線刻には下半部に格子文を施して性器をあらわしているような表現をもつものもある。年代的には上黒岩から1万年以上くだる例であるけれども，心的な共通性があれば，同じような呪物はいつでもどこでも生まれるという1つの例である。

ユーラシアでは，女性小像はマンモスの牙や石で作るのが普通である。上黒岩の石偶の形状を

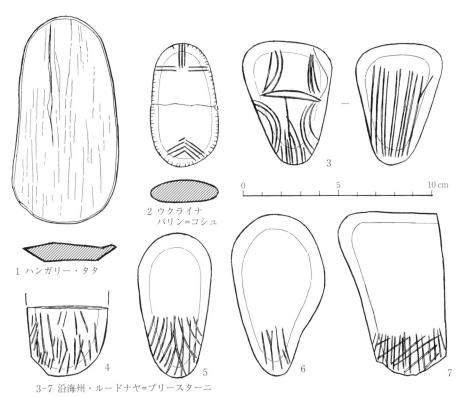

図33 ハンガリーの旧石器時代の楕円板とシベリア・沿海州の新石器時代の線刻礫
1 マンモス牙製，2-7 礫石製

参考にすると，日本では，動物の骨を割って平たい破片を楕円形に加工して女性小像を作ることがあったのだろうか。マンモスの牙を加工した楕円形の円板はハンガリーのタタ（Tata）遺跡から出土している（図33-1）。旧石器時代〜縄文草創期の日本列島に骨角牙製あるいは木製の女性小像は存在したけれども，土壌の酸性がひじょうに強いので，それらは溶けて消えてしまった。しかし，上黒岩では骨を石に置き換えて作ったので今日までのこった，というのであろうか。今後の発見をまって判断するほかない。

　線刻礫の類例は，大陸側では旧石器時代にはウクライナのバリン＝コシュ（Balin Kosh）遺跡から出土している（図33-2）[Abramova 1967：158]。天地を決めるのが難しいけれども，T字形は同じウクライナのメジン遺跡出土の女性小像の線刻表現（図24-17〜20）を参考にして，目と鼻をあらわしているとみれば，逆V字形の複線は陰部をあらわしていることになる。同じような女性器の表現は，ロシア平原のコスチョンキⅠ遺跡出土のマンモス牙の線刻（図版38-577）にも見ることができる。

　上黒岩よりも時期は少し新しいけれども，沿海州の早期新石器時代のルドーナヤ＝プリスターニ（Rudnaya-Pristani）遺跡から直径6-9cmの小さな円礫で作った「彫刻もしくは装飾品」が26点出土している（図33-3〜7）[Krpyanko et al. 1996：69]。自然の楕円形もしくは亜三角形の礫の形はそのままにして，縦の平行線，網状，アーチ状など単純な図像から複雑な図像まで線刻している。これらの線刻礫の天地は図像の解明ができていないので，線刻を上にもっていく案と，下にもっていく案がありうる。ここでは，上黒岩石偶を参考にして，線刻のあるほうを下にして，石が膨らみをもつ方を上において，線刻を女性器の象徴的表現とみることにしよう。

　3は，表裏に線刻したもっとも複雑な構成をもっている。表は，T字形の線で上下左右を区分し，上は1本の水平の直線の上に1本の弧線をのせ，左右にそれぞれ3本の内向する弧線を描いて倒アーチ形をつくっている。下は中央縦方向の中心線の下端左右に3本の短い線で逆V字形をつくる。そして左右にそれぞれ3本の弧線でハ字形を描いている。裏は，下よりに10本の長い線を垂下している。

　4は上半分を欠損している。下方に短い直線を下ろしていることはかわりないが，5や7が乱れたようになっている。

　5は，右上方から下に向かって3本の直線を垂下したあと左側は8本，右側は4本の弧線をそれぞれ左右下に下ろしており，一部重なっている。

　6は4〜5本の短い直線を下に向けて下ろしており，5を簡略化した表現のようである。

　7は上方から17本の直線を下ろし，右上方から左下に向かって6本の直線を下ろして，交錯させて，部分的に斜め格子状になっている。3を単純化した表現であろうか。

　これら一連の線刻を何とみるかが問題である。礫の大きさは上黒岩とほぼ同じで，楕円形の一端に長軸に並行に4-17本の線刻をもつ細長い礫は，上黒岩にかなり近いといってよいだろう。上黒岩では，女性の髪または陰毛であったけれども，この遺跡の縦線刻は何をあらわしているのであろうか。

　3の表現にやや類似する例がメジン遺跡出土の女性小像（図24-18・19）である。メジンの女性小像では，線刻の下部の逆三角形が女性器であることは明らかであるので，上半部の船の帆形は

頭の輪郭と眼・口の抽象的な表現の可能性がある。3の表面下部中央の縦線を陰裂とみれば，その左右の弧線は大小の陰唇，上部の帆の形は乳房ないしは腕をあらわしている可能性が高くなる。3の裏面の線刻は，陰毛の表現か，髪の表現か，判断しかねる。4-7は3の図像を参考にすれば，やはり陰毛つまりは女性器を表現している可能性が高いだろう。

このように，ルドナーヤ＝プリスターニ遺跡の線刻礫は，女性器または陰毛の表現だけになった女性小像とみなし，ユーラシアの旧石器時代女性小像の後裔であると私はみたい。線刻礫は地域と時期を問わなければロシアではアンガラ川の水源付近，ミヌシンスク盆地のカラスク文化の遺跡から見つかっている［Aseev 1998］。このような資料が大陸にはまだ多数埋もれており，時間的にも長期に及んでいる可能性を考えておくべきであろう。

隆起線文土器・部分磨製石斧・有茎尖頭器，矢柄研磨器のあり方からすると，上黒岩岩陰は隆起線文土器の時期の東日本系文化の西の端に位置する。すなわち，この時期の文化要素は東から西へと伝わっていったと理解するならば，上黒岩の石偶も東日本から伝わってきた要素である可能性も皆無とはいえないので，今後ともユーラシアとのつながりをもっていたかどうかの検討はつづけなければならない。

4　石偶から子安貝へ

旧石器時代の女性小像の用途については，「人間や動物の繁殖や生殖に関係のある偶像あるいは護符」（O. メンギーン，S. ギーディオン，木村重信，江上波夫），種族・血族の祖母神（P. P. エフィメンコ，F. ハンチャル），家あるいは家族の守護神（J. マーリンガー），炉の守護者（トーカリョフ）など，さまざまな説があり，すでに出尽くした感もある。しかし，どの説も積極的な根拠を提出していないので，説得力を欠く。

上黒岩の石偶は高さ4-6 cmとひじょうに小さいものである。また，石の輪郭はわかるけれども，刻んである線は細く浅いからほとんど見ることができない。丸い石を拾ってきて彫ったときだけは石の削りカスが粉となって線の中に残っているのでわかるけれども，水で洗ってしまい，長い間使っていると土で擦れ，さらに汚れて線刻がわからなくなる。線刻も最初のうちは髪，乳房，性的三角形の3点が揃っていたけれども，しばらくすると乳房の表現を省略するように変化した。最後には性的三角形さえも省略して長い髪だけに変わり，さらには無線刻の礫になっている。しかし，それでも女性小像であった。人間は，シンボリックなものを作るときはその時に生命を吹き込み，そして，いったんできあがってしまえば，そのように見える，見えないと関係なく，それを信じることができれば，それで十分であった。観賞することを意識して大きいものを作る必要はなく，役に立ちさえすれば小さなものでも構わなかったのである。それにしても上黒岩の石偶は小さすぎる。

しかし，ユーラシアの旧石器時代の女性小像もまた，高さが4 cmから15 cmくらいで，きわめて小さいのが特徴である。グラヴェット期の小型で丸彫りの女性小像は，「それを握る手にぴったりと合っていた」ことをS. ギーディオンは指摘している［ギーディオン 1968：437］。つまり，女性小像は握りしめるのに相応しい形・大きさになっているのである。旧石器時代の女性小

70 第Ⅰ部 上黒岩の女性象徴

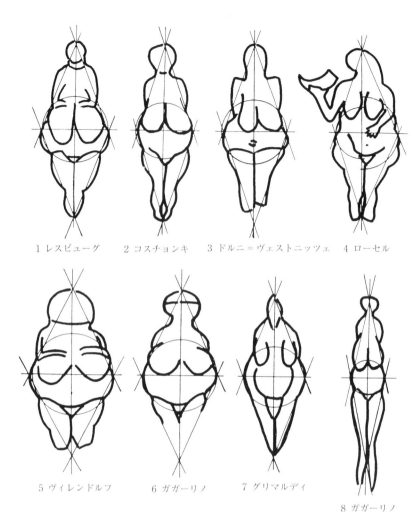

図34 グラヴェット期の女性小像・絵画の形態 [Leroi-Gourhan 1968]
この時期の女性小像の形態は，中央が円形で，上下対称のダイヤ形であることを示している。

像が上下対称形のダイヤ形の特徴をもち，それがヨーロッパからロシア平原にまで広域的にみられる「規範」となっていることをA.ルロワ＝グーランは論じている（図34）[Leroi-Gourhan 1968：92]。しかし，ギーディオンもルロワ＝グーランも，形の意味についてまでは追究していない。私は，以下のように，この「規範」は掌中で握りしめるという女性小像の普遍的な使用法と密接な関連をもって守られていたと考える。

　上黒岩石偶の後，土偶が出現する。その最古例は三重県粥見井尻から出土した土偶（図版17-314）で高さ6.8 cm，縄文草創期後半に属する。関東地方の縄文早期初めの土偶のなかには，千葉県小室上台から見つかった高さがわずか2.4 cmの例（図版18-341）がある*。茨城県花輪台貝塚の土偶（図版19-346～353）も高さは5 cmほどで，すべて小さいのが大きな特徴である。上黒岩石偶の使い方と共通しているのであろう。

＊小室上台例は2019年1月に精検したところ，頸部に剝離痕を認め，そこに小穴があいていることを確認できた。おそらく高さ3 mmほどの低三角形の頭部を小棒で上半身と接合して形づくったあと焼成したのであろう。

　上黒岩岩陰で石偶が存在するのは縄文草創期の隆起線文土器を含む9層〜6層であって，そのうち確かに6層といえるのは12の1点だけである。そして，その上の縄文草創期の無文土器を含む6層から石製の線刻棒，縄文早期の押型文土器を含む4層からタカラガイの殻が見つかっている（図22-1〜4）。押型文土器の時期のタカラガイは，内陸山間部の長野県北相木村の栃原岩陰から28点もの多数が出土している［藤森編 2019］。タカラガイが縄文早期から存在する意味は重要である。

　人類がタカラガイに注目した最古例は，アルシィ=シュール=キュールのイエンヌ洞窟（フランス）で見つかっている（図35-3）。後期旧石器時代のグラヴェット期で，タカラガイの殻を採集して，その殻頂を壊している。旧石器時代例は同じくグラヴェット期のグリマルディ洞窟（イタリア）やマドレーヌ期のロージュリ=バース岩陰（フランス）でも知られている＊。グラヴェット期のペール=ノン=ペール洞窟（フランス）からは，マンモスの牙でタカラガイを唇歯まで線刻して忠実に模作し，リングを作りつけた装身具が出土している＊＊（図35-1）。「ペンダント」とされているけれども，指輪かもしれない。ファデ岩陰（Fadets，フランス）出土品は，トナカイの角製で模倣は簡略化している（図35-2）。一端に小さな円孔をうがっており，これはペンダントとして使ったようである。

　　＊グリマルディのアンファン洞窟では，老年女性と若年男性の合葬墓の女性大腿部付近から出土，タカラガイは腰から膝頭までの間をおおっていた約1,000個の小さな貝殻の一部である。ロージュリ=バース岩陰では女性の前額から4点，上腕部から2点，膝・股から4点，足から4点出土している。
　　＊＊モデルになったタカラガイは，アキテーヌ地方で産出する第三紀の化石である。

　ルロワ=グーランは，旧石器時代人はタカラガイを女性器のシンボルと意味づけていたと考

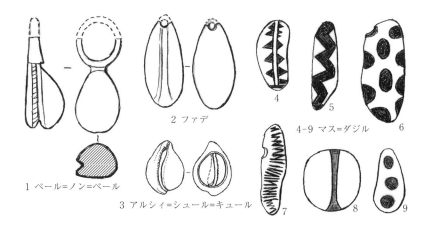

図35　フランスの後期旧石器時代のタカラガイとそれを模倣した装身具と彩礫
1 象牙製，2 トナカイ角製，3 タカラガイ，4-9 礫石製

え，洞窟壁画の女性表現と同一のシンボリズムの存在を指摘している［ルロワ=グーラン 1985a：72, 75］。アルシィ=シュール=キュールのタカラガイの殻頂の加工は，上黒岩以降の縄文時代や近世の沖縄の例，中国の新石器時代の例と変わるところはなく，世界的な普遍性をもっている（図36）。タカラガイの口は，ギザギザになっている。このギザギザの開口部が，陰裂（ヴァギナ）に似ていることからタカラガイを女性のシンボルとみなす信仰は世界で多元的に発生し，タカラガイの利用が広く普及したのであろう。タカラガイの日本での古名は，「子安貝」であって，「子安貝」は安産の護符として用いるところから生まれた呼称である。

　ヴィレンドルフ（オーストリア）出土の後期旧石器時代の女性小像では，女性器をタカラガイと同じ形に立体的に表現している（図59）*。

　　　*そのリアルさのゆえに，この女性像を正面からみた実測図は作成されず，長い間，斜めからみた図と写真だけが使われていた。それは，カソリックの神父であった H. ブルイユがロージュリ=バースのVénus impudique「淫らなヴィーナス」発見の報文［Breuil 1907：10］で，資料がいかに旧石器時代の遺物であっても，斜めと後ろからみた図だけで示したのと同じ慎み深さにもとづいていたのであろう（図97）。

　　　もっとも，陰裂をあからさまに見せないのは，「ミロのヴィーナス」（前2世紀末），ボッティチェリの「ヴィーナスの誕生」（1486年頃），ティツィアーノの「ウルビーノのヴィーナス」（1538年）ほか，大多数の「ヴィーナス」の彫刻・絵画に共通する作風であるので，H. ブルイユもその伝統にしたがっただけかもしれない。ウィリアム・ブグローの「ヴィーナスの誕生」（1879年頃）は，珍しくも一糸まとわぬ「ヴィーナス」の正面観を描いている傑作であるけれども陰裂は見えない。その伝統を打ち破ったのは，やはりピカソのミノタウロスをテーマにした一連の作品（1930年代）であった。

　　　ちなみに，日本では江戸時代の春画には女陰をどぎつく描くのが普通であったが，それはあくまでも「秘画」の世界のことであった。裸婦を描いた最初の洋画は，黒田清輝の「朝　妝」（1893年）で，フランス人女性をモデルにしていたが，もちろん陰裂の表現はない。

　J. G. アンダーソンは，名著 Children of the Yellow Earth（邦訳『黄土地帯』）のなかで，タカラガイ（子安貝）は女性器を表象し生殖崇拝の象徴物であるというエリオット・スミスの見解を引用しながら，次のように述べている［Andersson 1934：304-305，アンダーソン（松崎訳）1942：413-425］。

　「日本では，子安貝は子どもの生誕と結びつき，この貝に子安貝という特別な名称を与え，妊婦は陣痛中これを掌の中にもっている（図36-9）。その一方，子安貝は女性のシンボルで生殖の象徴物であるがゆえに，死者葬送儀礼のさいに，死者が新たな世界における生存を確実にしてやるために，生命を付与する子安貝を贈った」と。子安貝は，生と死の両方にかかわりをもつ重要なシンボルであった。

　アンダーソンは沖縄では，妊婦が出産の時にお守りとしてタカラガイを握りしめる習俗が，20世紀までのこっていたことを紹介している*。タカラガイが子安貝の別称をもっているのは，子どもが安んじて生まれるようにという安産への願いに由来しており，名称として子安貝のほうが古いことは確かである。古代中国ではタカラガイは南シナ海で産出する貴重な呪物として内陸部に運び，王が家臣に賜与するようになり財としての価値が生じた。やがて貨幣の意味をもつようになって，「寶貝」の呼称が生まれた。その呼称が日本にはいってきたのは，明治時代になって

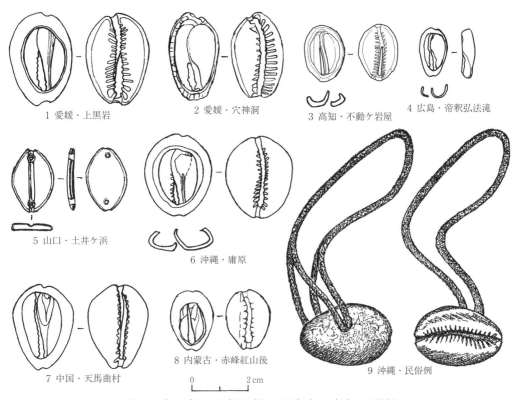

図36 東アジアの子安貝（タカラガイ）の考古・民俗例
1-4 縄文早期，5 弥生前期（シャコガイ製の模造品），6 沖縄・近世，
7 西周代，8 夏家店上層？，9 沖縄・近代（J.G. アンダーソンによる）

からのことである。

＊もっとも，木下尚子によると，沖縄で子安貝を安産のお守りに使う風習は，グスク時代の9世紀後半〜13世紀に本土から伝わった精神文化であって，南島のタカラガイ習俗（漁撈具，交易品）との関連は認められない。子安貝の呼称は，『竹取物語』（平安時代初め）に登場するツバメが運ぶという「燕の子安貝」の説話がもっとも古い，という［木下 2020］。本土で子安貝と呼ぶのは，千葉県・愛媛県であって，沖縄ではスビまたはシビと呼んでいる。貝種はハチジョウダカラである。

タカラガイにそのような呪性があると信じられていたのは，開口部の形が女性器の形に似ているからである［長田 1982：77］。そして，その殻頂を壊すことが普通であるのは，破損した側からみると，女性器の形状により近くなるからである，という。

奄美大島では，女性の陰部のことを貝（ミャー）と呼ぶ異名があり，ミャーは呪詛する力があるとされている。二枚貝が蓋をあけているところや，一枚貝の上向きの形が女性器に類似しているからである。また，三角形も陰部とみなされ同じく呪詛の機能をもっていると考えられている［同前：77］。上黒岩岩陰から出土している三角形の装身具3点は，そのような意味をもっていたのであろうか。

その一方，波照間島の近世の庸原遺跡第1墓では，タカラガイ1個を副葬した例の報告がある（図36-6）［西銘 2003：2-3］。和歌山県田辺市瀬戸遺跡では，縄文晩期の屈葬した壮年女性の大腿

74 第Ⅰ部 上黒岩の女性象徴

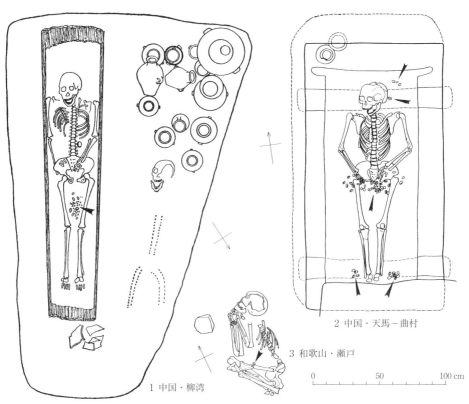

図37 タカラガイを副葬した女性の墓
1 斉家文化，2 西周，3 縄文晩期。矢印の先がタカラガイ

骨付近からタカラガイ1個が見つかった例がある（図37-3）[丹羽 1977：26-27]。

　タカラガイの副葬というと，中国では新石器時代以来しばしば認められる習俗である。ここでは青海省柳湾の斉家文化の例と，山西省天馬―曲村の西周墓地の例を図示するにとどめる（図36-7）。子安貝が貨幣としての価値をもって流通しタカラガイに転化するのは，商周代からであるけれども，一方では子安貝としての扱いを長くうけていた。

　韓国慶尚南道の勒島貝塚の墓地では，女性を埋葬した甕棺墓の3基にタカラガイをそれぞれ1点副葬してあった。いずれも完形品である。その一方，貝塚から出土したタカラガイ1点は，殻頂を除去してあった［慶南考古学研究所 2006a・b］。棺に使っている土器は，前4-3世紀頃の後期無文土器であるが，勒島からは弥生土器など北部九州産の遺物が出土し，上顎左右の犬歯を抜いた人骨も埋葬されていることから，「倭系遺物」つまり九州から伝わった貝殻とその風習と李昌熙（イ　チャンヒ）は考えている［李 2016]。

　九州では，五島列島の中通島浜郷遺跡で弥生前―中期の埋葬にタカラガイ（キイロダカラ）を伴った例がある。さらに，京都府舞鶴市志高（しだか）遺跡で弥生中期の壺形土器のなかに容れた状態でたくさんのタカラガイ（キイロダカラ）がのこっていた例が目をひく（図38）[高野・田代 2011]。環状の把手を2個所にもつ壺は播磨系であり，瀬戸内から加古川，由良川を経由して日本海側に持

ち込まれたのであろうという。壺が出土した地点は，集落の居住域の東端，由良川の河岸近くに位置し，船着き場と推定される堤防状遺構から約50mの距離である。土器の表面は磨滅しておらず，内部にタカラガイの殻多数を容れて口を上にして埋まっていたらしいことから，「集落の入口部にあたる場所に埋納されていた」と報告者は述べている。この例も，縄文時代早期以来の伝統的な子安貝として用いるために，それを産する太平洋岸のどこかで採集して，はるばる日本海側まで運んできたのであろう。タカラガイは，女性器を象徴し呪詛の目的をもって集落の入口に埋納されたのか，それとも貨幣以前の「威信財」として貯蔵されていたのか，別に検討を必要とする*。

　　*威信財は，財を生存財（農耕・採集・手工業の生産物）と威信財（貴重財：貝殻・ゴクラクチョウの羽・儀式用斧・ブタなど）とに分ける文化人類学の概念である。動産を生存財，奢侈財，貴重財に分類するM.ゴドリエの説明では，貴重財つまり威信財は，親族関係者の婚礼のとき，近隣集団と和平条約を結ぶとき，通過儀礼や宗教儀式のとき，贈物として流通して個人的に消費される。政治的な目的で配布・流通したり，入手したのち個人の権威や地位つまり威信と結びつく財物となるのは，産地が限られたり，稀少価値がある貴重品であるからで，それらはしばしば重要な交易品になり，その獲得に社会的な競合を伴う［ゴドリエ 1976］。日本の考古学では，威信財をもっぱら後者の意味で使っている。

三角形の装身具といい子安貝といい，それを身につけることによって，邪悪を斥け自らの身を護ろうとすることに変わりはない。

以上のような事例にもとづいて推定すれば，旧石器時代の女性小像が小さいのは握りしめる必

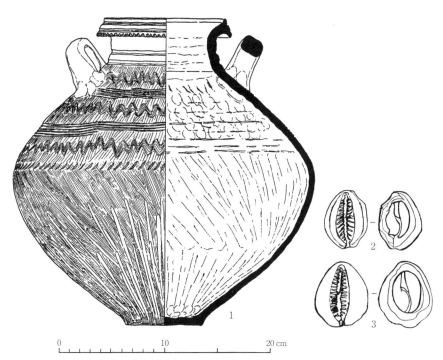

図38　京都・志高遺跡の弥生中期の把手付き壺に内蔵されていたタカラガイ
1［高野・田代 2011］，2・3 春成図

要から生じたことであって,それはあえていえば守り神というべきであろうか。そして,握りしめるとすれば,赤ん坊ではなく,母親であるから,それは赤ちゃんを産むときを除いてほかには考えられない[春成 2008:68-69]。上黒岩では石偶から子安貝へと安産の護符が変化していく*。三角形の装身具もまた性的三角形の象徴として,出産時に女性の身を護るために身につけたと考えておきたい。

　　　*フランスの後期旧石器時代最終末のアジル文化に特徴的な「彩礫」は,楕円形・扁平な小円礫に赤色顔料で記号風の文様を描いた遺物である。彩文・彩礫の意味は不明とされてきたが,そのモデルは明らかに子安貝である(図35-4〜9)。

　石偶や子安貝が出産と関係する呪物であるとすれば,上黒岩岩陰は縄文草創期・早期には産所としても使われており,そして早期には墓地としても使われた複合的な生活の場であった。そして,子安貝が四国の山間部では,高知県佐川町不動ガ岩屋洞穴,愛媛県城川町穴神洞穴からも出土している一方,石偶は上黒岩岩陰のみ出土している厳然とした事実は,上黒岩岩陰がいかに特別な場所であったかを如実に指し示している。すなわち,四国西部の山間部を舞台にして遊動生活をおくっている集団が共同で利用する産所であった可能性を示唆する。上黒岩岩陰は,太平洋に注ぐ仁淀川の上流の久万川に面する一方,津野を経て四万十川の源流の梼原川に出ることができる場所に位置している。さらには,三坂峠を越えると松山平野,瀬戸内側に出ることができるし,四国東部を東に向かって貫流し紀淡海峡付近に出る吉野川の源流にも近い。このように,山間部にありながら四国の中心に位置していることが,上黒岩岩陰遺跡に四国の中で特異な遺物を多数のこしている背景と考える[春成編 2020:4]。

コラム 4　出産をあらわす縄文土器

　縄文中期には,出産をあらわす土器がある。榎垣外例では,ヘビが女性器のなかにはいりこもうとしている。月見松例では身ごもり,津金御所前例では子どもが顔を出している。そして,上ノ入例では子どもが誕生している。長野県藤内遺跡の土偶は,とぐろを巻いたマムシを頭部にのせている。女性とヘビとの神話的関係を示す日本の例は,旧石器時代の動物象徴についても示唆的である。

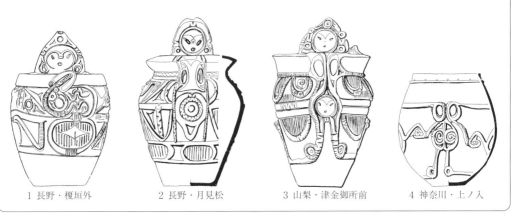

1　長野・榎垣外　　2　長野・月見松　　3　山梨・津金御所前　　4　神奈川・上ノ入

第Ⅱ部
旧石器時代の女性象徴

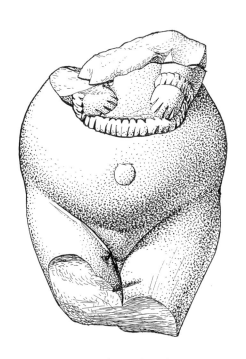

コスチョンキⅠ（ロシア）の女性小像
泥灰岩製，現高 13.7 cm　［Praslov 1993］

第Ⅱ部　旧石器時代の女性象徴

第1章　女性象徴の研究課題
第2章　後期旧石器時代前半の女性小像
第3章　後期旧石器時代末の女性小像
第4章　後期旧石器時代前半〜中頃の女性絵画
第5章　後期旧石器時代末の女性絵画
第6章　後期旧石器時代の女性器象徴
第7章　後期旧石器時代の男性象徴
第8章　後期旧石器時代の線刻棒

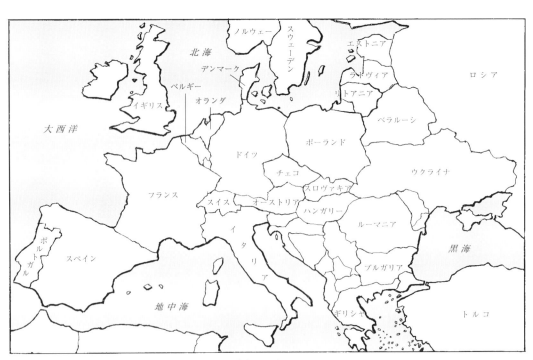

ヨーロッパ諸国の位置（本書関係）
後期旧石器時代の女性小像が見つかっているのは，この地図ではフランス，ベルギー，ドイツ，スイス，イタリア，ポーランド，チェコ，オーストリア，スロヴァキア，ウクライナ，ロシアである。

第1章　女性象徴の研究課題

1　象徴行動の始まり

　ヨーロッパ〜ロシア平原では，原オーリニャック期からオーリニャック期の間（45,000-33,000年前）に，新人ホモ・サピエンスは，アフリカからユーラシアに移住してまもなく「現代人的行動」の1つとして「象徴行動」を始めた*。その考古学的な証拠は，装身具，線刻品・小像，洞窟壁画としてのこされている。装身具はマンモスの牙製のビーズ，線刻品はルー洞窟（フランス）の交錯する並行線を彫った砂岩の破片（図39）**，小像はコスチョンキXIV（マルキナ=ガラー）（ロシア），ホーレ=フェルス（ドイツ），ブラッサムプーイ（フランス）などの女性小像（43,000-34,000年前），フォーゲルヘルトやホーレンシュタイン=シュターデル（ともにドイツ）などの各種の動物小像（40,000-35,000年前）（図40），壁画はショーヴェ洞窟（38,000，36,000年前）（フランス）に塗彩して描いた各種の躍動する動物像の諸例がある。これを美術史では，「芸術」の始まりと称している。

　　＊「現代人的行動」とは，旧人ネアンデルタール人の文化と新人ホモ・サピエンスの文化とを区別するために設定された概念で，旧人からホモ・サピエンスへの「交替劇」を解明するうえで重要視されている。日本では西秋良宏（東京大学総合研究博物館）を代表者として共同研究が積極的に進められている。その1人の門脇誠二（名古屋大学博物館）は，C. S. ヘンシルウッドとC. W. マレアンの意見［Henshilwood et al. 2003］を参考にして「現代人的行動」の指標を，生態的側面として新環境への拡散，技術的側面として石刃・細石器・骨角器，経済と社会構造に関して遠隔地の石材の利用，そして象徴行動として顔料・線刻品・ビーズ・絵画・ペンダントをあげている［門脇 2013：25-26］。ヘンシルウッドらは，そのなかでも「一番ふさわしいものは象徴行動である」と主張している。ここで女性小像などの女性象徴が強調されていないのは，「交替劇」が始まった約13万年前からほぼ終了した約4万年前までの間の象徴行動の「出現」の問題に焦点を絞っているという理由によるのであろうか。
　　＊＊フランスのコレーズ県ル・ルー（Le Loup）洞窟の線刻板は，シャテルペロン文化（原オーリ

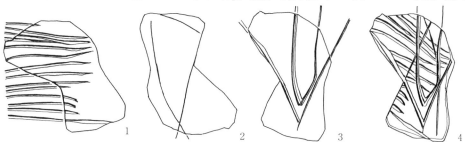

図39　ルー洞窟出土の線刻石板片
1→2→3の順に線刻して4になったと推定。

ニャック期，42,500-40,000年前）に属する。この線刻板の図像についての解釈はないに等しい。写真を図化して線刻した順序を推定すると，最初に①併行する浅い線13条をほぼ全面に彫っている。次に②Ｖ字形の浅い線を描き，上端に水平に浅い線を１本描いて長三角形の図像を形成している。そのあと，③上下を逆にして今度は深い線でＶ字形を彫り，さらに④上から棒状のものが垂れ下がっているように深い線を彫っている，と推定する。そこで①−④を重ね描きとみるならば，②は性的三角形，③も同じ，④は男根と解釈できる。最初に描いた①は②−④とは直接的な関係はもっていないだろう。さらに，③と④はともに深い線刻であるので，女陰と男根を組み合わせた図像と考えることが可能である。結局，ル・ルーの線刻板は女性と男性の象徴品の初源例ということになろう。

「芸術」とは，「一定の材料・技術・身体などを駆使して，鑑賞的価値を創出する人間の活動およびその所産」と説明されている（『広辞苑』第6版，2008年）。旧石器時代の装身具，女性小像，洞窟絵画などには視覚，鑑賞など人の目に訴え，人や自然あるいは超自然に働きかける行動の意味あいがつよく，現代人からみると結果としての芸術の始まりといえる。問題は，その創作・使用の目的であり，人と人が集まってつくり維持する社会という機構のなかでの位置づけ，つまりは存在意義である。

グラヴェット期（33,500-25,000年前）になると，女性小像はいっきょに例が増加し，レスピューグ（フランス），グリマルディ（イタリア），ヴィレンドルフ（オーストリア），ドルニ＝ヴェストニッツェ（チェコ），コスチョンキⅠ（ロシア平原），マリタ（シベリア）など，旧石器時代の女性小像で名高い例はほとんどがこの時期のものである。その一方，洞窟壁画にはペール＝ノン＝ペールやガルガス（ともにフランス）が知られているが，例は少ない。

ソリュートレ期（28,000-23,000年前）になると，女性小像は完全に消滅する。しかし，洞窟壁画にはラスコー（フランス）の傑作があり，テュク＝ドーデュベール（フランス）ではバイソンを粘土でかたどった例が知られている。岩陰の壁に浮彫りしたローセル（フランス）の女性像は，

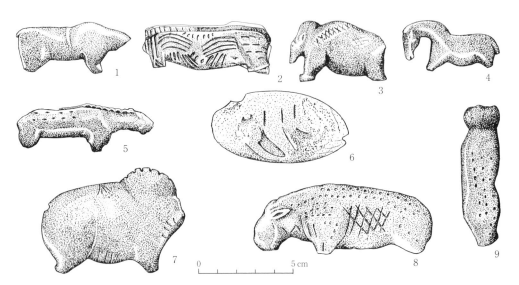

図40　フォーゲルヘルト洞窟出土の動物形牙製品［Riek 1934］
1・2・5 ホラアナライオン，3・6 マンモス，4 ウマ，7 バイソン，8 ヤマネコ？ ユキヒョウ？，9 ヒト形

この時期に属すると私は考えている。

　マドレーヌ期（19,000-15,000年前）になると，そのⅢ期頃（18,000年前頃）に女性小像が新たに登場するが，グラヴェット期のものとちがって著しく抽象的な表現をとっている。「ゲナスドルフ型」と呼ばれる女性小像はヨーロッパからシベリアまで分布しており，それを粘板岩の板石などに線刻したものもたくさん見つかっている。洞窟壁画ではアルタミラ（スペイン）の天井に多数のバイソンやイノシシの集合を立体と彩色によって表現した「大聖堂」，レ・トロワ＝フレール（フランス）のトナカイ頭の男などを彩色によって表現した「神殿」などをのこしている。

　旧石器時代最後のアジル期（14,500-11,600年前）になると女性小像は完全に消滅し，マス＝ダジル（フランス）の彩礫がよく知られている。小円礫にギザギザの線，直線，円列などの一見すると抽象的な表現にしかみえないけれども，女性小像の簡略形でないことは確かである。私は，子安貝または女性器の象徴的な表現とみて，女性器象徴品の最後の姿をそこにみようとしている。この時期には，洞窟壁画はフランスでは姿を消し，カスティーヨ洞窟（北スペイン）の線刻画は，弓矢をもって戦う男の集団同士や蜂蜜をとる女をあらわすなど現実の光景を描写しており，それまでの洞窟壁画とは主題を異にする。デル＝アッドーラ洞窟（イタリア・シシリー島）の線刻による「アクロバット」の図像も同様であって，この時期ないしさらに新石器時代までくだるのであろう。旧石器時代の「象徴行動」の歴史は，最終氷期とともに幕を閉じた。

　アンドレ・ルロワ＝グーラン（図41）は，民族学・古生物学・先史学を修め，先史学の体系化に取り組み「身振りと言葉」や「動作連鎖（シェーン・オペラトワール）」の概念を創り出し「世界の根源」の追究まで試み[ルロワ＝グーラン（荒木訳）1973，同（蔵持訳）1985]，今日の先史学に大きな影響を与えつづけている，まことにユニークなフランスの学者であった。その彼が生涯の研究テーマの１つであった「先史時代の宗教と芸術」について要約した著書のなかで，旧石器時代の女性小像の研究を次のように批評している。

　「今日まで女性小像については豊饒の女神（大地母神）との関連でいろいろ論じられてきた。だが，それらはきわめて通俗的な解釈にすぎず，実態を何一つ解き明かすものではない。豊饒・多産を望ましい現象とみなすことは，全てもしくはほとんどの宗教に共通しており，それを女性によって象徴するということも，とくに独創的な考えではない。……旧石器時代人たちが自分たちの「ヴィーナス」に仮託した深い意味については，実のところ何一つわかっていない」[Leroi-Gourhan 1964，ルロワ＝グーラン（蔵持訳）1985a：130-131]。

　今から60年前，1964年の文章であるけれども，ルロワ＝グーランのこの嘆息をわずかでも減らすべく，旧石器時代の女性象徴の本場からはるかに離れた日本の地で，この難解な課題について私は「和風」に考えてみることにしたい。

図41　アンドレ・ルロワ＝グーラン
　　　（1911-1986）

2　旧石器時代の女性象徴の種類

　第Ⅰ部では，愛媛県久万高原町上黒岩岩陰から見つかった縄文草創期に属する石偶（石製の女性小像）と線刻棒（棒状線刻礫，男根・女性象徴）について述べた。上黒岩の石偶 13 点のうち大多数は 9 層から隆起線文土器を伴って出土した。線刻棒は，9 層から 1 点，6 層から大型品が 1 点出土した。のこりの 1 点は 9 層から出土した可能性が高い。炭素 14 年代の較正年代は 9 層が約 14,500 年前，6 層が約 12,000 年前であるから，ともに後期更新世末，ヨーロッパの後期旧石器時代末のマドレーヌ期とアジル期（晩期旧石器時代）に対比できる。そこで，上黒岩の石偶と線刻棒をユーラシアの後期旧石器時代末の女性象徴と同等に扱って議論する必要があることを私は認めた。

　第Ⅱ部では，上黒岩の石偶と線刻棒についての理解をさらに深めるために，あらためてユーラシアおよび日本列島の後期旧石器時代の女性小像および女性象徴を取りあげる。ここでのユーラシアは，関係資料の分布上のまとまりからヨーロッパ，ロシア平原，シベリアの 3 つの地域に区分する。さらに，野生のムギを収穫していた西アジアのナトゥーフ期に出現する石偶は，「終末期旧石器時代」に位置し，ユーラシアの後期旧石器時代末の女性小像に対比できるので，レヴァント地方も加えておく。

　本書では，旧石器時代の「女性小像」（英語の female figurine，female statuette）の用語を使い，先に述べた理由から「ヴィーナス」（Vénus または Vénus figurine）の呼称を使わない。

　この分野の研究を始めたフランスでは，「女性小像」を art mobilier の範疇に含めている。mobilier は直訳すると「動産」（法律用語の不動産の対語），そこで「動産芸術」とか，持ち運びできるという意味で「可動美術」とも訳される立体品の一部を構成する。日本の考古学では，「芸術遺物」というとわかりやすいだろう。マンモスの牙や泥灰岩を削る，彫る，磨くなど加工して作った小像は彫像と呼びたいところであるが，打製石器のように打ち欠いて作った完全な打製品もヴィルチッツェ（ポーランド）から出土しているので，彫像の用語で総称するのも適切でない。

　さらに，女性像の一部分だけをあらわした製作物がある。女性器を単独であらわした石製品は円形浮彫り（medalion）と呼ばれ，乳房をかたどって装身具にしたマンモスの牙製品は首飾りとみなされている。これらを「女性器象徴品」，「乳房象徴品」と呼ぼう。

　かつて「指揮棒」（bâton de commandement）と呼ばれていたトナカイの角製品は「有孔棒」（bâton percé）と改称されているが，このような器物にも女性像や女性器を線刻したものがある。また，女性像（female figure）を線刻した粘板岩の石板がある。これを「女性線刻品」と呼ぼう。

　これらと密接に関連するものとして洞窟や岩陰の壁に線描，浮彫りの手法をとってあらわした「女性絵画」がある。持ち運びできないという意味で「不動産芸術」，「不可動美術」であるが，日本の考古学では「芸術遺構」である。線刻をもつ石塊のあるものは，本来は岩壁の一部を構成していたものが崩落し，遺物包含層に含まれるようになった経緯を想定できるものもある。いまはアキテーヌ博物館に展示してあるローセル（フランス）の「角杯をもつヴィーナス」の石塊も「芸術遺物」のようにみえるけれども，本来は「芸術遺構」の一部であった。

女性をあらわした芸術遺物と芸術遺構を一まとめにして「女性象徴」と呼び，仮に分類するならば，表5のような種類がある。

資料のなかには，分類に苦しむものがある。ラ・マルシュやマス＝ダジル（以上，フランス）の出土品に，ウマの切歯の舌面，切縁に接して三角形を線刻した製品がある。これが女性器の表現であることは明らかであるが，線刻は性器だけである。しかし，切歯全体を脚の表現を省略した女性像とみることも不可能ではない。製作・使用者にとっては同じであった可能性が高いけれども，考古学では女性器小像，女性小像のどちらに分類するか，悩ましい問題である。

さらに，女性小像あるいは女性器小像つまりは女性象徴とみるか否か，研究者の間で意見が分かれそうな遺物もある。たとえば，メジン（ウクライナ）出土の女性小像（図95-8〜10）は，当初，逆さにして鳥や男根をかたどった小像とする考えがあった。しかし，その後，小像に線刻してある性的三角形の存在に注意して，女性小像に変更された経緯がある。

メジリチ（ウクライナ）出土の鋤形の象牙製品（同-11・12）は，一端に彫ってある逆三角形を女性器の表現とみてロシアの研究者は女性小像としている。しかし，女性器をあらわしていると

表5　後期旧石器時代の女性象徴
（出土品や遺構は，それに含まれる一部を例示したもので，カッコ内は材質を示す）

全体像

1類）女性小像：（石灰岩）ヴィレンドルフ，（泥灰岩）コスチョンキⅠ，ホトィレーヴォ，（凍石）グリマルディ，（方解石）シルイエ，セリエ，（蛇紋岩）サヴィニャーノ，（粘板岩）ゲナスドルフ，アンデルナハ，（黒玉）ピータースフェルス，（フリント）ヴィルチッツェ，（砂岩の礫）エルクニッツ，（緑色片岩の礫）上黒岩，（マンモスの牙）ブラッサムプーイ，レスピューグ，コスチョンキⅠ，ガガーリノ，メジン，マリタ，ゲナスドルフなど多数，（トナカイの角）ゲナスドルフ，（ウマの切歯）マス＝ダジル，（粘土・非焼成）ドルニ＝ヴェストニッツェ，パヴロフ，（粘土・焼成）マイニンスカヤ，粥見井尻，相谷熊原など

2類）女性像線刻品：（マンモスの牙）プシェドモスチ，（トナカイの角）ル・ロン＝デュ＝バリー，（粘板岩の石板）ホーレンシュタイン，ラ・ロッシュ＝ラランド，ゲナスドルフ，アンデルナハ，（骨板）ロージュリ＝バース，イストゥリッツ

3類）女性線刻壁画：（石灰岩）レ・コムバレル，ガビユー，女性線描壁画：（粘土壁）ペック＝メルル

4類）女性浮彫り壁画：（石灰岩）ローセル，ル・ロック＝オー＝ソルシエ（アングル＝シュール＝ラングラン），ラ・マグドゥレーヌ，アブリ＝パトー

5類）女性塗彩壁画：（石灰岩）ショーヴェ

部分像

1類）女性器小像：（泥灰岩）コスチョンキⅠ（「メダリオン」），（マンモスの肩甲骨）メジン，（ウマの切歯）ラ・マルシュ，ル・ロック・オー＝ソルシエ，ロージュリ＝バース，ゴードリー，（粘板岩）ゲナスドルフ，（子安貝＝タカラガイ）アルシィ＝シュール＝キュール，グリマルディ，（マンモスの牙）ペール＝ノン＝ペール（子安貝形指輪？），（片岩の小礫）マス＝ダジル（彩礫）

2類）女性器線刻品：（マンモスの肋骨）プシェドモスチ，ラ・マルシュ

3類）女性器線刻壁画：（石灰岩）ラ・フェラシー，アブリ＝ドゥ＝ブランシャール，ローセルなど多数

4類）乳房象徴品（装身具）：（マンモスの牙）ドルニ＝ヴェストニッツェ，（粘土，非焼成）ドルニ＝ヴェストニッツェ（再加工品）

しても，それを女性小像の仲間にいれるかどうかは別問題である。さらに，連続羽状文を線刻したドルニ＝ヴェストニッツェ（チェコ）のスプーン形牙製品（図版39-584）やプシェドモスチ（チェコ）のマンモス肋骨（図版36-559），連続羽状文を塗彩したメジンのマンモスの肩甲骨や頭骨など（図159）も，女性象徴を表現した器具とみる研究者は稀だろう。しかし，私は，プシェドモスチのマンモスの牙に彫った女性像線刻画（図137）の性器を表現する羽状文との型式学的な比較にもとづいて，女性器線刻品あるいは女性器象徴をもつ器具とみなし（図139），その用途を追究しようとしている。

マリタ（シベリア）の1例（図版11-171）は，その形状と文様からヘビ形小像とみる説や「装飾棒」と説明する案がある。しかし，その文様を女性小像の毛髪に起源があると私はみて，女性小像に含めている。これも，旧石器時代の象徴体系の理解にかかわってくる問題であるから，簡単に結論がでるとは思えない。大事なことは類例を集め系統関係を明らかにし，さらに仮説を提示し，その後も本人も含めて思考を重ねることであろう。

女性器を線刻した壁画については，現在知られている資料の大多数は，ラ・フェラシー（フランス）のように小さな石塊に線刻があるような「芸術品」である（図版25-419・420）。しかし，線刻の端が欠損した例が少なくない。ローセル（フランス）の女性像浮彫り（図版22-402〜404）が岩壁画の崩落したものであるのと同じく，女性器を線刻した石塊も本来は岩壁画であったものが剝落したものであって，博物館に持ち帰ったあと展示するために，まわりを整形した「芸術遺構」が多いのではないか，と私は思っている。現物にあたって線刻してある面と石塊の側面・裏面を観察して古色や風化の度合いなどを確認すれば明らかになるはずである。

3　女性象徴の研究方法

狭義の女性小像を理解するには女性象徴全体についての認識が必要である。しかし，ここでは女性小像を主に他の女性象徴についても言及するという形をとることにして，以下の点を追究したい。

第一に女性小像については，

1) ユーラシアおよび日本列島の後期旧石器時代の女性小像に表現されている諸特徴を十分に把握し，その実態を型式として把握する。そのうえで女性小像の起源は一元か多元かの問題について考える。これまで出土した女性小像はガガーリノやホトィレーヴォ（ともにロシア平原）の例（図90-3）などをのぞくと大多数は完成品として扱われてきたけれども，明らかに未完成品と考えてよい例が少なからず存在するので，完成品と未完成品との区別をはっきりさせる。

2) 完成品にもとづいて認識した女性小像の形態にもとづいて，その型式と系列，そして時間的変遷との関係を明らかにする。特に，後期旧石器時代前半から後期旧石器時代末へと女性小像は連続しているのか，それとも不連続なのかは解明されていないので，型式変遷と年代はきわめて重要な問題である。

3) 女性小像の分布範囲について取りあげ，その特性を明らかにする。特に分布がユーラシア北部に集中しているので緯度と気温を問題にする。

表6　ヨーロッパの後・晩期旧石器時代各文化期の炭素14年代と較正年代
（^{14}C BP と cal BP は［イェリスほか 2009］から作成）

時代		文 化 期	炭素14年代 （^{14}C BP）	較正年代 （cal BP）	存続時間	備　考
旧 石 器	後 期	原オーリニャック期	39,000-35,000	42,500-40,000	2,500年間	ラシャンプ・エクスカーション，シャテルペロニアンなど（コスチョンキXIV）
		オーリニャック期	35,000-28,000	40,000-33,000	6,700年間	ホーレ＝フェルス，ブラッサムプーイなど
		グラヴェット期	29,000-21,000	33,500-25,000	8,500年間	レスピューグ，ヴィレンドルフなど
		ソリュートレ期	22,000-19,500	25,500-23,000	2,500年間	最終氷期最寒冷期，ローセル
		バドゥグール期*	20,000-17,500	23,500-21,000	2,500年間	マドレーヌ0期
		マドレーヌ期	17,500-12,500	21,000-14,000	7,000年間	マドレーヌⅠ-Ⅵ期 ロージュリ＝バース，ゲナスドルフ， 縄文草創期前半（15,500-13,200 cal BP） 上黒岩など
	晩 期	アジル期 （フェーダーメッサー期）	12,500-10,000	14,000-11,600	2,400年間	アーレンスブルク期　マス＝ダジル， 縄文草創期後半（13,200-11,600 cal BP） 粥見井尻，相谷熊原など
中石器			10,000- 6,500	11,600- 8,000	3,400年間	縄文早期（11,600-7,000 cal BP）
新石器			6,500- 4,000	8,000- 5,500	2,500年間	縄文前期（7,000-5,500 cal BP）

＊「バドゥグール期」の時期呼称の使用は一般的でない。マドレーヌ0期説とマドレーヌⅠ期説がある。なお，本書では，原オーリニャック期～グラヴェット期を後期旧石器時代前半，ソリュートレ期を後期旧石器時代中頃，バドゥグール期・マドレーヌ期～アジル期を後期旧石器時代後半・末として扱っている。

4）上黒岩岩陰遺跡と時期的に近い 15,000 年前を前後する後期旧石器時代末の女性小像の起源に関する仮説を提示する。

5）上黒岩岩陰をはじめとして，女性小像が遺跡のどこに残されていたかを検討して，女性小像を使用した場について考える。

6）上黒岩岩陰から出土した線刻棒の線刻と破損・敲打の痕跡に関して，ヨーロッパやロシアの旧石器時代の線刻や線描をもつマンモスの牙や骨と比較して，その用途について解釈するとともに，女性小像との関連を論じる。

7）女性小像の製作者は女性か男性か，これまで議論されたことがあまりないので，この点について検討する。

以上の課題を追究するには，第一に個々の女性小像の正確な年代を把握しておくことが前提である。しかし，実際には年代的位置づけが困難な資料が少なくない。その原因の1つは発掘または発見の年代が古く伴出遺物との関係が十分に明らかでない例が多いこと，もう1つは炭素14年代が示されているばあいでも女性小像そのものを測定したものでないことである。

今回は，女性小像を出土した遺跡の炭素14年代の測定結果を尊重し，クライヴ・ギャンブル［Gamble 1982：95］，フランスの人類博物館先史時代研究所・国立自然史博物館［Laboratoire de Préhistoire du Musée de L'Homme et Muséum des Antiquitiés National es d'Histoire Naturelle 1984］，オーリガ・ソーファー［Soffer 1987：342］およびゾーヤ・A. アブラーモヴァ［Abramova 1995］が整理した炭素14年代，クロディーヌ・コーエンが著書に示している女性小像の炭素14年代［Cohen 2003］，クリスティアーネ・ヘックが 1993 年に集めた後期旧石器時代末の女性小像の炭素14年代［Höck 1993：310］，さらにイジー・スヴォボダが整理して示した後期旧石器時代前半の女性

表7 後期旧石器時代前半～中頃の女性小像の年代

				^{14}C年代	較正年代	出土点数	備考
中央ヨーロッパ：前期グラヴェット期（約35,000-29,000 cal BP）							
1	Dolní Věstnice I ドルニ=ヴェストニッツェ	チェコ	パブロフ期	27-25 ky	約31,000-29,000 cal BP	15	
2	Pavlov I パヴロフ I	チェコ	パブロフ期	27-25 ky	約31,000-29,000 cal BP	10	
3	Předmostí I プシェドモスチ I	チェコ	パブロフ期	27-25 ky	約31,000-29,000 cal BP	5	絵画1を含む
4	Spytihněv スピティネフ	チェコ	パブロフ期	27-25 ky	約31,000-29,000 cal BP	1	
西ヨーロッパ：後期オーリニャック期 – 後期グラヴェット期（約35,000-24,000 cal BP）							
5	Grimaldi グリマルディ	イタリア	後期グラヴェット期？		約29,000-24,000 cal BP	13	
6	Brassempouy ブラッサムプーイ	フランス	後期オーリニャック期		約35,000-	10	ノアイユ型彫器を欠く
7	Lespugue レスピューグ	フランス	後期グラヴェット ペリゴール Vc期		約29,000-	1	ノアイユ型彫器を伴う
8	Sireuil シルイユ	フランス	前期グラヴェット期	27 ky	約31,500	1	
9	Cellier セリエ（テュルサック）	フランス	後期グラヴェット ペリゴール Vc期	23 ky	約27,300 cal BP	1	ノアイユ型彫器を伴う
10	Monpazier モンパジエ	フランス				1	
11	Wainberg (Mauern) ヴァインベルク（マウエルン）	ドイツ				1	
12	Mainz マインツ	ドイツ				2	
中央ヨーロッパ・シベリア：後期グラヴェット期（約29,000-24,000 cal BP）・コスチョンキ期（約28,000-25,000 cal BP）							
13	Petřkovice ペトルコヴィッツェ	チェコ	ヴィレンドルフ期	23-21 ky	約27,500-25,000 cal BP	2	
14	Willendorf II ヴィレンドルフ	オーストリア	ヴィレンドルフ期	25-23 ky	約29,000-27,300 cal BP	3	
15	Moravany モラヴァニー	スロヴァキア				1	
16	Kostenki I-1 コスチョンキ I-1	ロシア	コスチョンキ期	24-21 ky	約28,500-25,300 cal BP	63	
	Kostenki I-2 コスチョンキ I-2	ロシア	コスチョンキ期	24-19 ky	29,000-22,500 cal BP	7以上	
17	Kostenki XIV コスチョンキ XIV	ロシア	原オーリニャック期	約40 ky	約43,000 cal BP	1	
18	Kostenki VIII コスチョンキ VIII	ロシア	コスチョンキ期	24-21 ky	約28,000-25,300 cal BP	1	
19	Khotylevo II ホトィレーヴォ II	ロシア	コスチョンキ期	25-23.5 ky	約29,000-27,700 cal BP	2	
20	Avdeevo アヴジェーエヴォ	ロシア	コスチョンキ期	22.5-21 ky	約27,000-25,300 cal BP	12	
21	Gagarino ガガーリノ	ロシア	コスチョンキ期	約22 ky	約26,000 cal BP	7	
22	Zaraisk ザライスク	ロシア	コスチョンキ期	23-22 ky 17-15 ky	約27,300-26,000 cal 約20,500-18,200 cal BP	2	
23	Mal'ta マリタ	シベリア	シベリア上部旧石器	約21-22.5 ky	約25,300-24,000 cal BP	28	
24	Buret' ブレチ	シベリア	シベリア上部旧石器	約21 ky	約25,300 cal BP	5	
東ヨーロッパ・シベリア：続グラヴェット期（約24,000-15,500 cal BP）・メジン期（約22,000-16,000 cal BP）							
25	Molodova V モロドヴァ V	ロシア	続グラヴェット期	約15 ky	約16,300 cal BP	1	
26	Eliseevitchi エリセーエヴィッチ	ロシア	続グラヴェット期	約17 ky	約20,500 cal BP	1	形態は古い可能性あり
27	Maininskaja マイニンスカヤ	シベリア	シベリア上部旧石器	17-16 ky	約20,500-19,300 cal BP	1	

前半は [Svoboda 2008] がまとめた目録に追加し，修正を加え，較正年代は小林謙一が IntCal20 を使って算出した。ただし，測定年代は女性小像の出土遺跡の年代を示しているのであって，女性小像の実年代を示しているとは限らない。

小像の包含層等の炭素14年代の目録 [Svoboda 2008] などを利用して，それぞれの較正年代を計算して使用する（表7・8）。1遺跡でもいくつかの測定値がだされているばあいは，女性小像の型式学的特徴にもとづいて適当と判断する年代を採用する。ヨーロッパの後期旧石器時代の細分と各時期の年代については，オラフ・イェリスらが提示している較正年代［イェリスほか 2009］を用いる*。そのうえで，地域別に女性小像の編年的配列をおこない，最終的にユーラシアの女性小像の編年を試みる。なお，更新世と完新世の境界は 11,600 年前と国際的に決められており，ヨーロッパでは旧石器時代の終末をここにおいているので，日本の縄文草創期（約 15,500-約 11,500 年前）も後期旧石器時代末の地域的変異として扱うことにする。

第1章 女性象徴の研究課題 *87*

表8　後期旧石器時代末の女性小像の年代

		相対年代	^{14}C 年代	較正年代	出土点数	備考
	フランス					
1	Laugerie-Basse　ロージュリ=バース	マドレーヌⅢ－Ⅳ期		約 19,000-18,000 年前	1	年代は推定
2	Courbet　クールベ	マドレーヌⅤ－Ⅵ期	11.1 ky 11.7 ky	13,299-12,752 cal BP 14,556-13,084 cal BP	4	うち1点は形態的には古い
3	Gourdan　グールダン	マドレーヌⅥ期?		約 13,000 年前	1	年代は推定
4	Fontarès　フォンタレ	マドレーヌⅥ期			1	
5	Mégarnie　メガルニ	クレスウェル期			1	
	ドイツ					
6	Gönnersdorf　ゲナスドルフ	マドレーヌⅤ期	12.6 ky 12.9 ky	16,095-13,970 cal BP 15,809-15,197 cal BP	18	マンモス牙製 10, トナカイ角製 3, 石製打製 5
7	Andernach　アンデルナハ	マドレーヌⅤ期	12.8 ky 13.2 ky	15,722-14,945 cal BP 16,280-15,426 cal BP	20	マンモス牙製 19, 骨製 1
8	Hohlenstein　ホーレンシュタイン	マドレーヌⅤ期			1	
9	Nebra　ネブラ	マドレーヌⅤ期	12.9- 13.9 ky	17,856-14,831 cal BP	3	マンモス牙製
10	Oelknitz　エルクニッツ	マドレーヌⅤ期 （マドレーヌ後期）	12.3- 10.9 ky	15,971-11,970 cal BP	6	
11	Garsitz　ガルジッツ	マドレーヌ	13.7 ky 11.1 ky	17,781-15,558 cal BP 13,410-12,760 cal BP	1	
12	Petersfels　ピータースフェルス	マドレーヌ後期	11.7 ky 12.1 ky	13,769-13,401 cal BP 14,359-13,792 cal BP	21	黒玉製, マンモス牙製
	スイス					
13	Monruz　モンリュー	マドレーヌ後期	13 ky	15,852-15,254 cal BP	4	黒玉製
	ポーランド					
14	Wilczyce　ヴィルチッツェ	マドレーヌ	12.8 ky 13.1 ky	15,320-15,050 cal BP 15,780-15,410 cal BP	54	フリント・打製 51, マンモス牙製 2, 骨製 1
	チェコ					
15	Pekarna　ペカルナ	マドレーヌ	12.6 ky 12.9 ky	15,354-14,827 cal BP 16,285-14,798 cal BP	1	
16	Býcí scála　ビチ=スカラ	マドレーヌ前期			1	
	ウクライナ					
17	Mezin　メジン	メジン期	27.5 ky 18-14 ky 15.1 ky	33,853-30,248 cal BP 22,000-17,000 cal BP 18,825-18,021 cal BP	18	古く出すぎ [Svoboda 2007] マンモス牙製
18	Mežirič　メジリチ	メジリチ期	12.9 ky 14.4 ky	16,070-14,826 cal BP 18,225-16,988 cal BP	5	マンモス牙製
19	Dobraničevka　ドブラニチェフカ	メジリチ期	12.7 ky	15,705-14,245 cal BP	2	石製
	シベリア					
20	Maininskaya　マイニンスカヤ	シベリア上部旧石器		20,500-19,300 BP	1	土偶 [Svoboda 2007]
21	Krasnuj-Iar　クラースヌイ=ヤル	シベリア上部旧石器			1	マンモス牙製
	日本					
22	Kamikuroiwa　上黒岩	縄文草創期中頃		14,500 cal BP	16	石偶
23	Kayumi-Ijiri　粥見井尻	縄文草創期後半		14,000-13,000 cal BP	2	土偶, 未測定
24	Aidani-Kumahara　相谷熊原	縄文草創期末	11.0 ky 11.0 ky 11.0 ky	約 13,000 cal BP	1	土偶

　　＊この年代表で用いているバドゥグール期の呼称は一般的ではない。マドレーヌ０期と同じである。
　　G. ボジンスキーのようにマドレーヌⅠ期と同じとする研究者もいるので，厄介である。時期呼称は，
　　ドルドーニュ県バドゥグール（Badegoule）岩陰遺跡の最上層文化にもとづいている。

　　後期旧石器時代のユーラシアの資料を解析するさいの第二の前提は，綿密な観察にもとづく女性小像の正確な実測図が揃っていることであるが，現状はまったく不十分である。そこで，この機会にユーラシアおよび日本列島の女性小像および関連資料の集成図を作成し，研究の基礎を固めておくことにした。この作業によって，これまでに発見・報告された旧石器時代の女性小像の

88 第Ⅱ部 旧石器時代の女性象徴

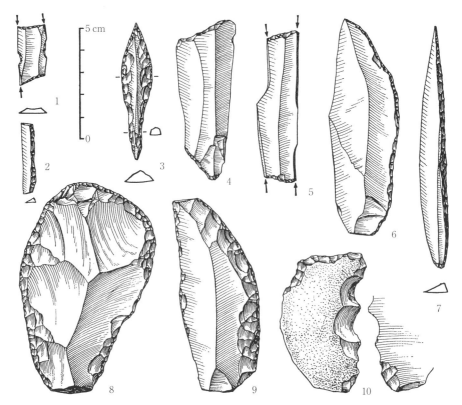

ペリゴール期 1・5 ノアイユ型彫器, 2 植刃, 3 尖頭器,
4 掻器, 6・7 尖頭器, 8・9 削器, 10 鋸歯縁掻削器

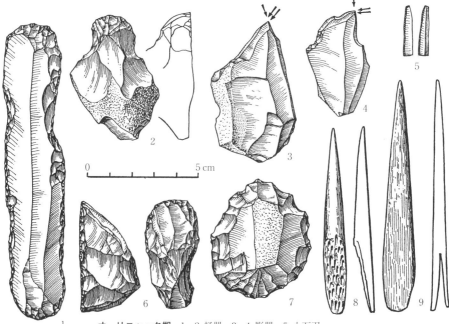

オーリニャック期 1・2 掻器, 3・4 彫器, 5 小石刃,
6 舟形掻器, 7 鋸歯縁掻器, 8 斜基式尖頭器, 9 二叉基式尖頭器

図42 ヨーロッパ後期旧石器時代前半の石器・骨角器組成
ペリゴール期はオーリニャック期前半に相当。

第1章 女性象徴の研究課題 89

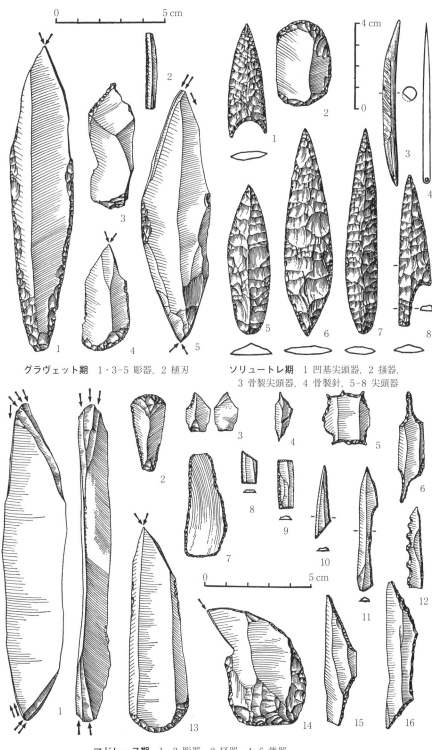

グラヴェット期 1・3-5 彫器，2 植刃
ソリュートレ期 1 凹基尖頭器，2 掻器，3 骨製尖頭器，4 骨製針，5-8 尖頭器
マドレーヌ期 1・3 彫器，2 掻器，4-6 錐器，7 削器，8-10 植刃，11・12・15・16 尖頭器，13・14 彫掻器

図 43 ヨーロッパ後期旧石器時代中頃〜後半の石器と骨角器組成

おそらく95%を超える資料の概形を把握できるようになったと思う。掲載した図は，公表時の原図が不正確であったばあいや，加工した形状を図にあいまいに表現してあったばあいは，写真にもとづいて修正を施した。写真はあるけれども図が作成されていないばあいは，写真から図をおこした（ホーレ=フェルス，ルナンクール，フラサッシ，グリマルディ=プランス洞窟，キオッツァ例など）。いずれのばあいも，造形的特徴を鮮明に示すことに努め，これまでほとんど意識してこなかった完成品と未完成品との区別にも注意を払った。また，一部のものについては，欠損部の復元案を点線で示しておいた。ただし，私が実物または複製品（ヴィレンドルフ例など）から直接描きおこすことができた図はごく少数であるので，それ以外は正面形，側面形，背面形との間に矛盾が存在するなど，精度には自ずと限界がある。

　また，日本列島に関しては，ユーラシアの中石器時代または初期新石器時代と年代的に併行する縄文時代早期（約11,500-約7,000年前）の土偶の図を加えて，その後の発達を展望できるようにした。

　第二に，女性絵画については，後期旧石器時代前半には例が少なく，後期旧石器時代末のフランス・ドイツに，石板に描いたゲナスドルフ型の線刻画が著しい発達を遂げている。そこで，以下の点を追究することにしたい。

　1）ゲナスドルフ型の線刻画の女性像には，型式差が存在するので，その順序を明らかにするとともに，最古型式に先行する型式を探る。

　2）女性小像と女性線刻画との間には形態的な共通性を認めうるので，両者の相互関係を明らかにする。

　3）女性器を岩壁や岩塊，骨角などに線刻した例は，ごく最近，J.-P. デュアールらが集成的研究を公けにしているので［Duhard *et al.* 2014］，ここでは代表的な一部を図示するにとどめ，その型式と意味について追究する。

　第三に，男性小像や男性絵画が同時期に少数ながら存在するので，集成図を作成し，概観しておく。

　なお，旧石器時代の「芸術遺物」には，マンモス，クマ，ライオン，ウマなどをかたどった動物の小像や投槍器のような器物があるので，不十分ながら集成図だけは作成して巻末の図版に加えておいた。しかし，動物までとなると，洞窟壁画そして石板上の線刻画と同様，筆者の手に余る大きな研究になるために，本文中では言及していない。

　本論にはいる前に，今から60年前の1つの到達点になるが，A. ルロワ=グーランが発表した後期旧石器時代の造形表現様式の変遷についての案を示しておく（図44）。これに代わる体系的な案がその後，提示されているのか，筆者は知らない。

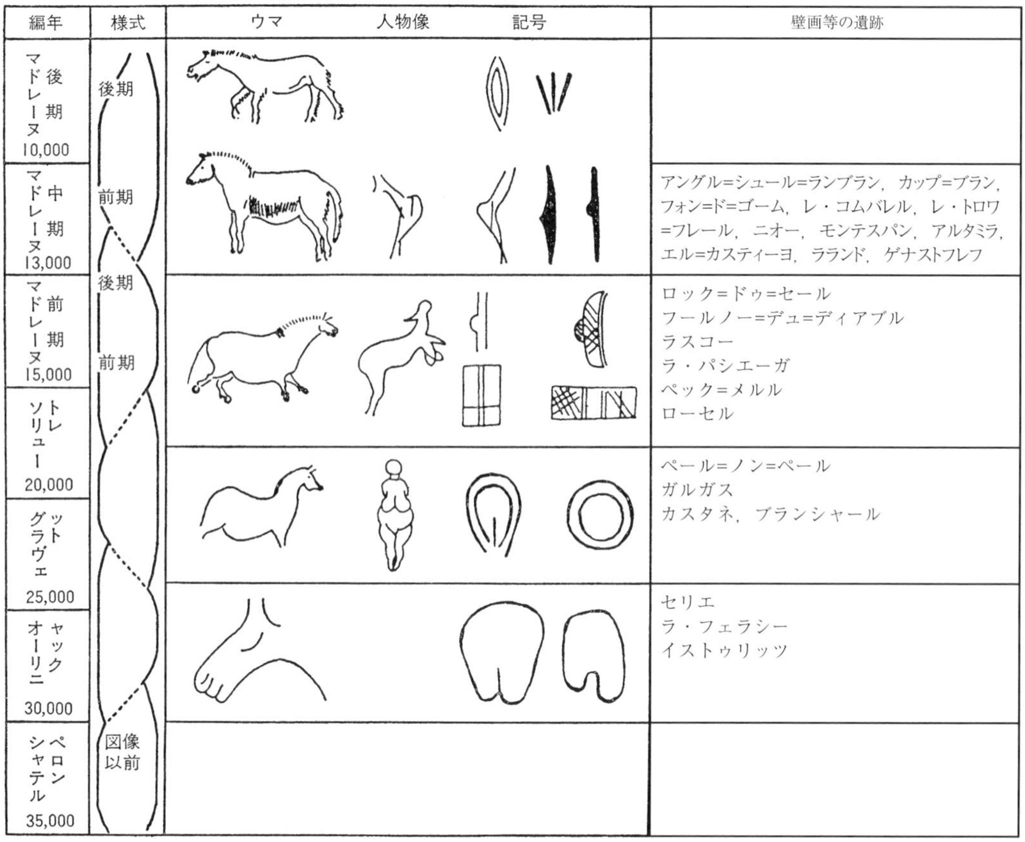

編年	様式	ウマ　　人物像　　記号	壁画等の遺跡
マドレーヌ 後期 10,000	後期		
マドレーヌ 中期 13,000	前期		アングル=シュール=ランブラン，カップ=ブラン，フォン=ド=ゴーム，レ・コムバレル，レ・トロワ=フレール，ニオー，モンテスパン，アルタミラ，エル=カスティーヨ，ラランド，ゲナストフレフ
マドレーヌ 前期 15,000	後期 前期		ロック=ドゥ=セール フールノー=デュ=ディアブル ラスコー ラ・バシエーガ ペック=メルル ローセル
ソリュートレ 20,000			ペール=ノン=ペール ガルガス カスタネ，ブランシャール
グラヴェット 25,000			
オーリニャック 30,000			セリエ ラ・フェラシー イストゥリッツ
シャテルペロン 35,000	図像以前		

図 44　後期旧石器時代における造形表現様式の変遷　([Leroi-Gourhan 1964]
年代は ^{14}C 年代で BC か，遺跡名は春成記入

92　第Ⅱ部　旧石器時代の女性象徴

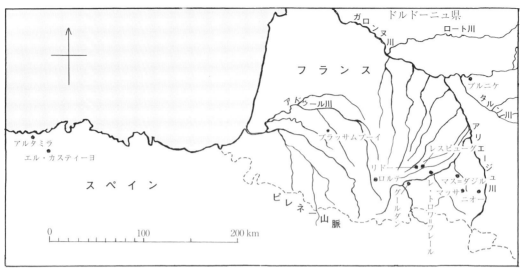

1　フランス南部・スペインの後期旧石器時代遺跡の分布　レスピューグの女性小像が出土したのはリドー。

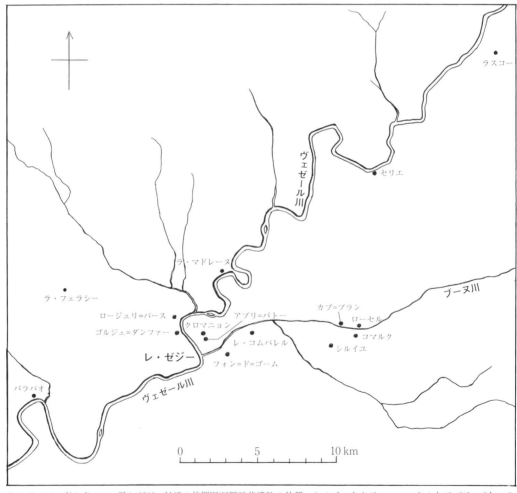

2　フランス・ドルドーニュ県レゼジー付近の後期旧石器時代遺跡の位置　シルイユとセリエ，ローセルとアブリ＝パトーの位置が近いことに注意。

図45　フランス・スペインの旧石器時代女性象徴関係遺跡の位置図〔ギーディオン 1968〕

第2章　後期旧石器時代前半の女性小像

1　女性小像の誕生

　ヨーロッパに新人ホモ・サピエンスが出現したのは，45,000-42,000年前の間である。アフリカ中東部を原郷土とする彼らはエジプトからスエズ地峡を通ってレヴァントに到達したあと，ヨーロッパの西へ，東へ，そしてロシア平原へと進出していった（図46）。エチオピア，ジブチから対岸のアラビア半島のイエメンに渡り，インド・東南アジアに移動するルートは，何らかの渡航手段を獲得して紅海を横切らなければならないので，実際に存在したかどうかはわからない。

　現在知られている世界最古の女性小像は，ロシア平原では後期旧石器時代初めの原オーリニャック期（45,000-42,000年前）に位置するコスチョンキⅩⅣ（マルキナ=ガラー）遺跡の象牙製品であって，新しくみても約42,000年前という年代は，ヨーロッパと比べると飛びぬけて古い。頭部の破片が見つかっただけであるので，女性と断定はできないけれども，その後の状況から判断すると，女性小像である可能性が高い。ヨーロッパではオーリニャック期（42,500-33,000年前）の初め，約36,000年前，あるいは約40,000年前までさかのぼるかもしれないとされているドイツのホーレ=フェルス洞窟の象牙製品がもっとも古い。高く突出した乳房と性的三角形・陰裂の表現によって明らかに女性をあらわしている。

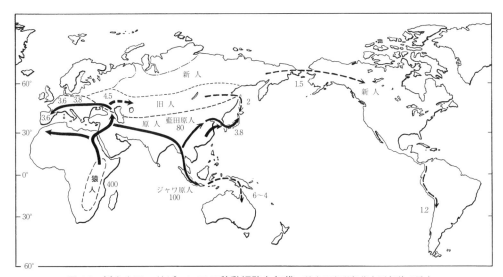

図46　新人ホモ・サピエンスの移動経路と年代　数字は出現年代を万年前で示す。

後期旧石器時代前半すなわちオーリニャック期後半のヨーロッパの女性小像は，35,000 年前のブラッサムプーイ=パブ洞窟例，34,000 年前のヴァインベルク（マウエルン）遺跡例がある。その後，ヨーロッパではグラヴェット期（33,500-25,000 年前）・パヴロフ期（東ヨーロッパのグラヴェット期）に，レスピューグ例，ヴィレンドルフ例など女性小像をさかんに作っている。ロシア平原ではコスチョンキ期（西ヨーロッパのグラヴェット期，東ヨーロッパのパヴロフ期と併行）にコスチョンキI例をはじめとして女性小像をたくさん作っている。シベリアには 28,000-24,000 年前にロシア平原の系譜をもつ女性小像が現れ，マリタ例を代表として多数の象牙製品をのこしている（図 48）。

後期旧石器時代中頃のソリュートレ期（25,500-23,000 年前）〜バドゥグール期（マドレーヌ 0 期またはI期，23,500-20,500 年前）の女性小像の実例は知られていない。最終氷期のうち酷寒の期間が長いのは 32,000-28,500 年前の間と，27,600-23,800 年前の間である（図 182）。ソリュートレ期は後者の間におさまっている。

まず，後期旧石器時代前半，オーリニャック期〜グラヴェット期／パヴロフ期／コスチョンキ期のヨーロッパとロシア平原の女性小像をみていくことにしよう。この時期の女性小像は，西はフランスから東はシベリアまで，距離にして 8,100 km 余りの間に分布している。そのほかは，日本列島からやや不確実な例が見つかっているにすぎない。

後期旧石器時代の女性小像は個体差が大きい。そして，出土点数が少ないために型式分類しようとすれば，数点で 1 型式のものから 1 点で 1 型式のものまである。ここでは，これまで女性小

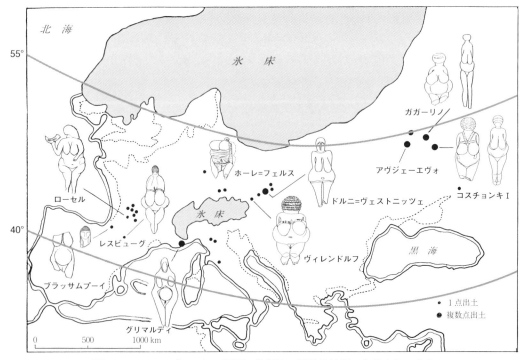

図 47　ヨーロッパ・ロシア平原の後期旧石器時代前半の女性小像の分布
　　　［Champion et. al. 1984］の女性小像の図をさしかえ，緯度の線を入れて作成

第 2 章　後期旧石器時代前半の女性小像　95

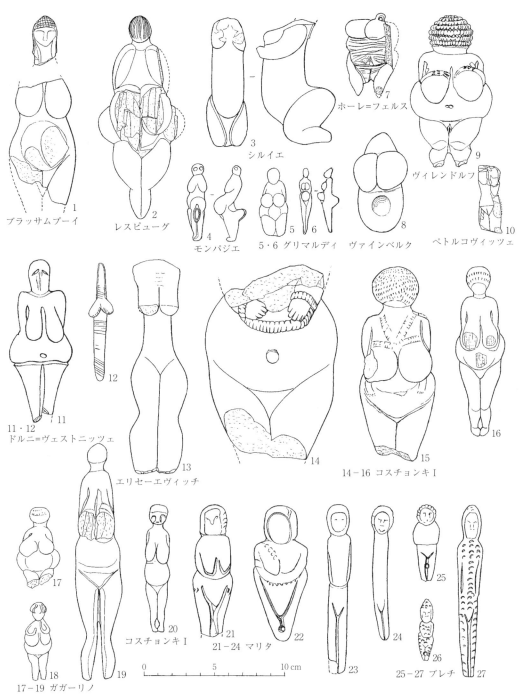

図 48　後期旧石器時代前半の代表的な女性小像

像が集中的に見つかっている地域を便宜的にフランス，イタリア，ドイツ・オーストリア・チェコ・スロヴァキア，ロシア平原（ウクライナ・ロシア），シベリアの5地域に分けて，この時期の女性小像とその型式変遷をみておきたい。

女性小像の大きさは高さで示し，ロシア平原のコスチョンキⅠ遺跡の出土品を主にして，それにアヴジェーエヴォ遺跡の出土品を加えて基準をつくった超大型品：40-25 cm，大型品：25-15 cm，中型品：15-10 cm，小型品：10-5 cm，超小型品5-1 cmに分類する。

2　ヨーロッパの女性小像

フランス

フランス中部のガロンヌ川とドルドーニュ川の流域を中心に女性小像が集中的に出土している。ブラッサムプーイ，レスピューグ，モンパジエなどの具象的な女性小像と，シルイユ，セリエなどの抽象的な女性小像の2系列を認めることができる。

Fr.1　ブラッサムプーイの女性小像

ブラッサムプーイ（Brassempouy）のパプ（Pape）洞窟（奥行5 m）は，フランス南西部ランド県に所在する。1894年と1897年にE. ピエットらが灰の集中している場所（炉付近ということであろう）から計8点，すべてマンモスの牙を研磨して作った女性小像9点を発掘している（図49・50）（図版1-1〜9）[Piet 1895]。伴出の石器はオーリニャック期中頃，C. コーエンは前28,000年と記している。較正年代で示せば33,500年前である。ただし，C. ギャンブルは伴出石器群を上部ペリゴール期すなわちグラヴェット期までさげる考えを示している。スヴォボダの目録ではノアイユ型彫器を欠いているので，グラヴェット後期－ペリゴールVc期とする。女性小像には，それぞれ適当な名称がつけられている。

A類　頭巾（capuche）をかぶった女性と解釈されて「カプーシュ婦人」（Dame à la capuche）の名をもつ頭部破片（図50-1）や，丸々とした乳房と尻が梨の形を連想させるところから「梨」

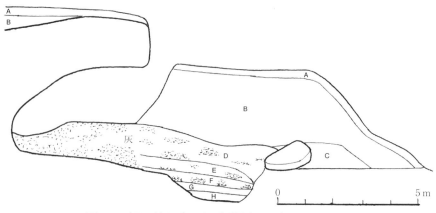

図49　ブラッサムプーイ=パプ洞窟の層序 [Piette 1895]
女性小像はD層とE層から出土。

第2章　後期旧石器時代前半の女性小像　97

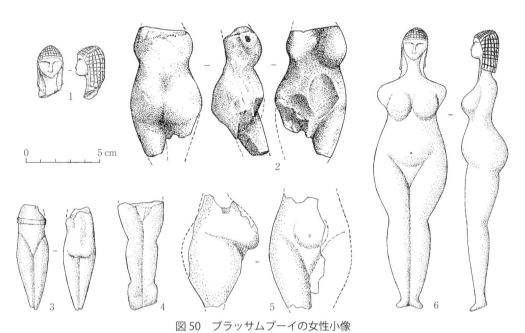

図50　ブラッサムプーイの女性小像
1「カプーシュ婦人」，2「トルソ」，3「腰帯をつけた小像」，4「未完成」，5「梨」，6 復元図（春成）

(*La poire*) の通称をもつ胴部破片（同-5）が著名である。

「カプーシュ婦人」の頭部の格子目の沈刻表現は「頭巾」とする見方もあるが，髪を数百本単位で束ねて途中に団子のような結び目をいくつもつくったドレッド・ロックス（dread locks，編み込み髪）の髪型の表現であろう（図51）。前髪は額の位置で終わり顔をおおうことなく，目・鼻を立体的に刻出しており，旧石器時代の女性小像のなかではもっとも写実的な顔面表現である。残存高3.5 cm の小破片である。

「胴部像」（*Torse*，「トルソ」）（図50-2）は，体形の表現は写実的であって，乳房の位置は高く，その形は丸く，腹部まで垂れ下がっておらず，尻の形・大きさも自然であって，旧石器時代の女性小像のなかではもっとも美しいプロポーションをもっている。

「梨」（同-5）は腹部の突出が著しいが，「胴部像」に近い。表面は著しく磨滅し，長期の使用を示唆する。

「短刀の柄」（*Manche de poignard*）（図版1-5）は，長く垂れ下がった乳房，横に大きく張った腰を強調する一方，腕を極端に小さく表現した結果，女性の身体的特徴を誇張する女性小像の抽象化を進めている。

脚部の破片のうち，「荒削り」（*Ébauche de poupée*）（同-3）と「腰帯をつけた小像」（*Figurine à la ceinture*）（同-7）は，ともに股間に膨らみの表現があるために，男性小像とされている。ただし，男根の表現とはいえないので，私はその判断に躊躇している。前者の脚先は未完成，後者は腹部と尻の突出が弱く男性的ではある。

「カプーシュ婦人」の復元高は21 cm の大型品である。腹部は，「梨」，「胴部像」，「短刀の柄」のいずれも丸く突出している。乳房の下に横帯をめぐらせた状態を表現した例がある（同-7）。

98　第Ⅱ部　旧石器時代の女性象徴

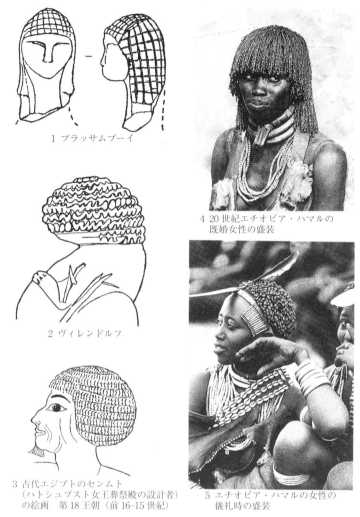

図51　先史時代〜現代の髪型

大型・中型品の一部（同-1・2・4・5）は妊婦をあらわしている可能性があろう。

「カプーシュ婦人」の髪型はその後，簡略化して，ヴィレンドルフやコスチョンキ・アヴジェーエヴォさらにはマリタの女性小像に継承されている可能性があり，頭髪が女性小像のなかで占める割合は大きい*。

　　*日本の上黒岩石偶に，長い髪だけを線刻した例があったことを想起したい。広島県福山市下迫貝塚出土の縄文後期の土偶（図29-3）も，2つに分けた長い髪を乳房の上に垂らしていた。平安時代の日本では，長く豊かな黒髪はそれだけで美しい女性の条件であったくらいで，頭髪を女性の象徴とする見方はユーラシアに早くから存在したと考えてよいだろう。

B類　高さ4.9cmの小型品（図版1-8）で，細身で乳房の表現はないが，性的三角形の表現だけはある。これだけでは妊婦をあらわしているとは言いがたい。ほぼ同大のもう1点（同-9）も，細身で簡略形である。B類がA類と厳密に同時期といえるかどうかはわからない。

Fr.2 レスピューグの女性小像

レスピューグ（Lespugue）のリドー（Rideaux）洞窟は，フランス南西部のオート=ガロンヌ県に所在し奥行は 18.3 m，1922 年に 1 点の女性小像が見つかっている（図52・53）（図版1-12）[Saint-Perier 1922]。ギャンブルによると上部ペリゴール期，コーエンは前 23,000 年としているので較正年代は 30,000 年前，グラヴェット期前半である。

マンモスの牙を研磨して仕上げた高さ 14.7 cm の大型品，全体の形はルロワ=グーランのいうダイヤ形の典型を示している。これを立体形としてみれば，少し扁平な紡錘体であって，側方に著しく張った丸く巨大な尻が全高の中央に位置し，紡錘体の中心をここにおいている。巨大な乳房は腹部を完全におおうまで垂れ下がり，その上に上半身の大きさに不均合なか細いきゃしゃな前腕をのせている。乳房が著しく下垂している結果，胸部はきわめて薄くなっている。

頭は小さく，髪は直毛状に細く表現し，頭の後だけでなく顔も完全におおっている。

背面には尻の下から始まり踵の上まで達する長い逆三角形の前垂れ状の浮彫りがある。その上縁は 2 本線で水平に区切り，三角形のなかを約 10 本の縦線で充填している。これについては，他には例がなく腰蓑説やエプロン説がある。しかし，この浮彫りは，後面だけにあり前面から側面にかけては存在しないので，エプロンとみることはできない。また，上縁が尻の上にないので腰紐をしめることはできない。性器は完全に露出し，尻をおおっているわけでないので，腰蓑説も無理がある*。

　　　*この位置に横帯をしめているとみることができる例は，ドルニ=ヴェストニッツェ（チェコ）やパヴロフ（チェコ）に存在する（図64-1，65-4）。しかし，横帯の表現は前から後ろまで全周しており，しかも帯 1 本を締めているだけであるので，レスピューグ例とはちがう。

この逆三角形の図像を理解するために，全体の形態についてみると，乳房が異常に垂れ下がっているために腹部の面積がせまくなり，その直下の性的三角形すなわち陰阜が占める面積もせまくなっていることに気づく。その一方，この女性小像は上下対称に加えて前後対称に近い特異な形態に仕上げてある。女性小像の前面の性的三角形を後面に移し，拡大し陰毛まで表現したのではないかと私は解釈してみたこともある。この逆三角形の意味について，私はこれまで試考を重ねてきたけれども，現在は次のように考えている。

この小像を側面から見ると，後頭部と脚端背面は同一面であり，脛部後面の細い線刻表現は後頭部の髪の線刻と類似している。尻の位置はこの小像の正しく中央に位置しており，この小像では，上下・前後を対称形に製作する意図が働いている。そこで，この小像は上半身の背面から作り始めた，と推定してみる。そして，製作の途中，尻の形を作るまでは現在とは上下逆であって，後頭部に髪を細い線刻であらわしたあと，少し太い線で背中いっぱいに三角形を線刻して長く垂らした髪を表現していた。ところが，材質が象牙であったために頭部の前半部を加工している最中にその個所が欠損してしまった。そこで当初の予定を変更して，上下を逆にして未完成であった頭部と胸部を脚部に，脚部を胸部と頭部に作り変えた。しかし，当初，背中に垂れていた髪の表現はそのままのこした。尻の膨らみが通常は下縁が上縁よりも丸みをもっているのに，この小像では逆になっているのは，尻の形ができたあとに，上下を逆転した結果である。正面側の脚先が異例の匙形になっているのは，頭部の欠損面を再加工した名残りであろう，と。

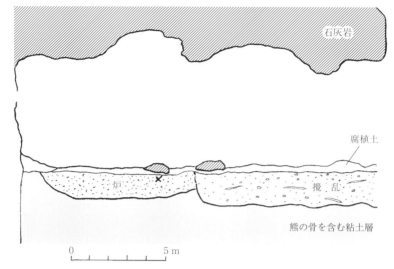

図52　レスピューグのリドー洞窟の断面図と女性小像の出土位置［Saint-Perier 1922］
炉（灰層）の×印から出土。この小像の表面が黒いのは，土中に埋没後の変化であるらしい。

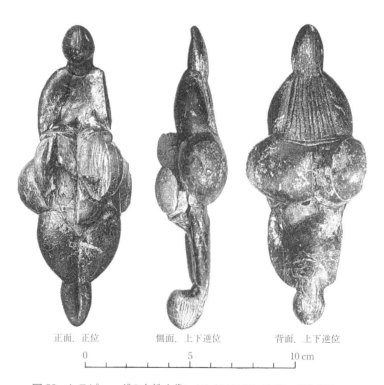

正面，正位　　　側面，上下逆位　　　背面，上下逆位

図53　レスピューグの女性小像　中と右は倒立して図示。高さ14.7 cm
（［Saint-Perier 1922］の写真を利用）
左は正位，中・右は逆位。頭と脚先が同形で，正位の下半身後面の縦条線は元々は長い毛髪をあらわしていたと推定する。

この小像が炉の灰層上部に埋まっていたのは，最後に火中に投ぜられたことを示しているのかもしれない。後述のドルニ＝ヴェストニッツェ（チェコ）の粘土製小像が焼けて，あたかも意図的な焼成品にみえることを連想させる。

Fr.3　ペシアレの女性小像

ペシアレ（Péchialet）洞窟は，フランス中南部のドルドーニュ県に所在し，女性小像が1点出土している（図版1-10）[Delporte 1979]。デルポルトはマドレーヌ期，ギャンブルは上部ペリゴール期すなわち後期グラヴェット期の可能性を考えている。マドレーヌ期の女性小像は，側面観を重視した型式であるので，この例も古いほうの年代を採用しておきたい。

象牙製，高さ6.0 cmの小型品で，細身で体形は自然である。乳房の表現はなく，尻は丸い。ブラッサムプーイB類と共通するところがある。

Fr.4　モンパジエの女性小像

モンパジエ（Monpazier）遺跡は，フランスのドルドーニュ県に所在し，1970年に女性小像が出土している（図版1-11）[Clottes et Cerou 1970]。J. クロッテらによると，上部ペリゴール期すなわちグラヴェット期という。

石灰岩（limonite）を研磨して作った高さ5.5 cmの小型品で，丸い腹部と丸い左右の尻を極度に突出させているので，側面形はく字形を呈する。乳房は垂れ下がっているが腹部ほど突出しない。両腕の表現はない。性的三角形の位置いっぱいに縦長の楕円形を大きく彫って外陰部をあらわしている。旧石器時代の女性小像で外陰部を露わに表現している例は，他にはヴィレンドルフ出土品があるだけで，他は縦の短沈線による陰裂の表現にとどまっているから，これだけ小さいのに明瞭にあらわしているのは女性器に対する執着を感じさせる。頭部の表現は球形に左右に2つの穴をあけて目を表現しただけの簡素なものである。クロッテらは，腹と尻の異常な突出からグリマルディ出土の1点と輪郭が類似していることを想起している。頭と乳房を省略するとセリエ（ファクトゥール）例にも似ている。

Fr.5　シルイユの女性小像

シルイユ（Sireuil）遺跡は，フランスのドルドーニュ県に所在する。1920年に女性小像が1点出土している（図版1-13）[Breuil et Peyrony 1930]。コーエンによると炭素14年代は前25,000年，較正年代は31,500万年前である。

不透明オレンジ色の方解石（calcite）を研磨して製作した中型品で，頭部を欠損した現高9.2 cmである。胸と腹を突き出し両腕は乳房の下を前に差し出し，膝の位置で両脚を曲げた女性小像としては異例の形状をもっている。一定の写実性をもっており乳房の表現もあり，髪の表現も少しのこっている。腹部はでているが強調はしていない。性的三角形も同様，表現はしているが，強調はしていない。この小像を寝た状態におくと，腕を上にあげ，両膝を立てていることになり，ロージュリ＝バース（フランス）出土の骨板に線刻した仰臥出産する妊婦の姿勢に近くなる。その一方，この小像を起こした状態にすると，座産の典型的な姿勢を示している。ここで

102 第Ⅱ部 旧石器時代の女性象徴

は，後者の見方をとることにしておく。

　他の多くの女性小像が立位をあらわしているのに対して，シルイユ型は寝位ないし座位をあらわしているところに決定的なちがいが生じていると考えたい。

Fr.6　セリエ（テュルサック）の女性小像

　セリエ（Cellier）岩陰は，フランスのドルドーニュ県テュルサック村に所在する。1927 年に女性小像 1 点が発見され，「テュルサックのヴィーナス」と呼ばれることも多い（図版 1-14）[Delporte 1959]。グラヴェット後期に属し，コーエンによると炭素 14 年代は前 21,200 年，較正すると約 29,000 年前である。スヴォボダの目録では，27,300 年前である。

　不透明オレンジ色の方解石を研磨して製作した高さ 8.1 cm の小型品である。セリエ例は，これまで，シルイユ例の側面形と重ねて上下を決め，頭部から上半身をつづけて形づくり両膝を曲げた状態をあらわした，シルイユ例の退化形態と解釈されている。頭部の細かな表現はなく，突出した腹部から延びる先端が丸く尖っているだけである。シルイユ例が坐った状態をあらわしているとすれば，セリエ例もそのように理解したほうがよいだろう。両脚の間に下に向かって突きだした棒状の造形については男根説もある。しかし，外陰部から出産する赤ん坊の姿を象徴的にあらわしている可能性を私は追求したい*。

　　　*出産の状況をあらわした新石器時代の造形品や絵画は，例は多いとはいえないけれどもヨーロッパ，南アメリカや日本で見つかっている。旧石器時代の例では，後でふれるコスチョンキⅧ，アヴジェーエヴォの小像，ローセルの絵画がそれに相当する。縄文時代中期の山梨県釈迦堂遺跡や，後期の群馬県藤岡神社遺跡出土例はその典型で，腰をおろした座産の姿勢をとり，股間から赤ん坊の頭がでた状態をあらわしている。前者は腕を後ろにまわし，後者は前で両手を合わせている。縄文後期の福島市上岡遺跡，青森県八戸市風張 1 遺跡などから出土した「祈りのポーズをとる土偶」とも呼ばれる土偶も，座産の姿をあらわしているのであろう [吉本 2000]。

イタリア

　フランスに隣接するバルセロナ付近からイタリア半島も発見例が多い。形態的にも共通するところが多いので，フランス・イタリアを 1 つの地域としてとらえることもできる。イタリアでもグリマルディ，サヴィニャーノなどの具象的な女性小像と，トラシメーノなどの抽象的な女性小像の 2 系統が認められる。

It.1　グリマルディの女性小像

　グリマルディ（Grimaldi）洞窟群はイタリア北西部，フランス国境に近い地中海に面するヴェンティミグリア県に所在する。バルジ＝ロッシ（Balzi Rossi，赤い岩）洞窟群とも呼ぶ 12 の洞窟があり，そのうちバルマ＝グランデ（Barma Grande）洞窟（図 54）から 1883 年に出土した女性小像群は，すべて鈍い光沢をもつ美麗な凍石や蛇紋岩を素材にして，最終的には研磨して仕上げた小型の石製品である（図版 2-16〜22）。昔からよく知られているのはこの 7 点である [Reinach 1898, Piette 1902]。それら以外にプランス（Prince）洞窟（図 55）から発掘した 6 点からなる L. A. ジュリアンの収集品が存在することが後に判明している [Pales 1972, Bisson and Bolduc 1994]

第2章　後期旧石器時代前半の女性小像　103

↑ バルマ=グランデ洞窟

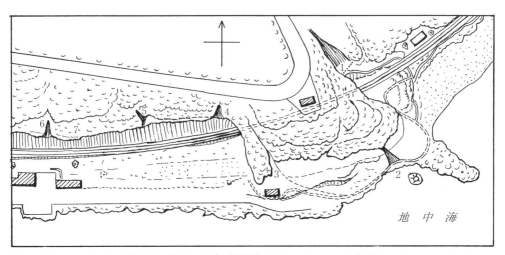

図54　グリマルディ洞窟群（Obermaier 原図から作成）
1 プランス洞窟　2 バルマ=ディ=バルマ　3 バルマ=グランデ
4 カヴィロン洞窟　5 フローレスタン洞窟　6 アンファン洞窟
7 ロレンジ洞窟　　女性小像は1と3から出土

（同-23〜28）。いずれも小型品で，高さは大きいもので6cm，小さいものは2cmにすぎない。コーエンが示している前22,000/17,000（？）年の炭素14年代の較正年代は29,000-23,000年前であるけれども，形態的な特徴は古い年代を暗示している。私はグラヴェット中期，約29,000-28,000年前頃と推定し，さらに，プランス洞窟はバルマ＝グランデ洞窟よりも古いと考える。

　乳房と尻が異常に突出した1例は，研究史のうえではE. ピエットにより旧石器時代の人類の身体的特徴すなわち脂肪鬱結症（steatopigous）を示す標本として扱われたことがある。

　A類（同-16・17・19・20・21）　正面観は細身であるけれども，腹部が半球形に大きく突出し，尻も半球形に突出した例と，尻の突出が著しくない扁平な例がある。乳房はさほど大きくなく，性的三角形の表現は自然で，16・17は陰裂を彫ってあらわしている。尖り気味の後頭部は，毛髪を上にまとめた形を反映しているのではないかと思う。目鼻の表現はない。この型式は5点ある。完形品でも高さは6.1cm，4.7cmで，小型品である。いずれも暗緑色の凍石（steatite）製である。19は，性器の表現が異常に強調されている。下腹部から陰阜の部分を縦に拡張し，下腹部にV字形の沈刻を入れ，その下に楕円形の陰門を彫り出している。

　B類（同-18・26・27）　18は，黄色の凍石製，高さ4.9cm。乳房の位置は低いが，頭部，乳房，腹部，尻とも自然な大きさであって，女性小像としては自然な形である。頭部が尖ることはなく，目鼻など細部の表現もない。

　26の「腕のない女性」（*Armless lady*）は，黄色の蛇紋岩（serpentine）製，高さ6.76cm，27の表面を赤色土でおおわれた「赤色の女性」（*Ocher lady*）は高さ7.5cm。これらもこの型式に含めておきたい。

　C類（同-22）　頭部だけの破片で，暗緑色の凍石製。目鼻をはっきり表現している。髪は格子目にあらわしており，ブラッサムプーイと共通する。しかし，髪は短い。

　D類（同-24・28）　装身具にした小型品である。

　24の「双頭の女性」（*Two-headed lady*）の名称をもつ例は，黄色の蛇紋岩製，高さ2.75cm，紐を通して垂下するために孔をあけた結果，頭が2つあるように見えるのであろう。使用による磨滅があるという。

　28の「一対」（*Couple*）の名称をもつ例は，黄色の蛇紋岩製，高さ4.7cm，身体を背中合わせにした形にして，頭部に紐孔をあけている。片方は女性で乳房，腹部ともに丸く突出し，臍の凹みもあらわしている。他方は人ではなく獣，オオヤマネコの可能性があるとされている。ペンダントとして使ったために磨滅しているという。

II.2　サヴィニャーノの女性小像

サヴィニャーノ（Savignano）遺跡は，イタリアのエミリア＝ロマーニャ州モデナ県に所在し，アドリア海の奥部，ポー川流域に位置する。1923年に1点の女性小像が出土している（図版2-30）［Graziosi 1923］。C. ギャンブルは，伴出石器群を不明としている。

　蛇紋岩（serpentine）製，高さ22cmの大型品である。頭部は尖った三角形に形づくっているが，乳房より下は写実的に作ってあり，はなはだ不釣り合いである。大きな乳房と膨らんだ腹部の位置は正常，性的三角形の表現も自然，尻の突出は少し強調しているが，頭部以下に不自然さ

図55 プランス洞窟の入口 東から，左は地中海［Osborn 1921］

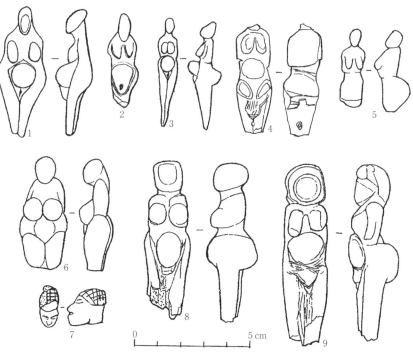

図56 グリマルディ洞窟出土の女性小像
1-7 バルマ=グランデ洞窟，8・9 プランス洞窟

は感じられない。腹部を正確に中位においたダイヤ形で，前後を入れ替えると乳房と尻が入れ替わる上下対称形になるように作っている。頭部は抽象的な表現ではなく，グリマルディA類と同様に，先が尖った頭巾状の被り物をかぶった状況をあらわしているが，結い上げた髪を強調している可能性もあろう。前腕の表現はあいまいで，左腕は乳房の上にのせているようにもみえるが，右腕ははっきりしない。

It.3　キオッツアの女性小像

キオッツァ（Chiozza）遺跡は，イタリアの半島基部，ポー川流域のエミリア＝ロマーニャ州レッジョ＝エミリア県に所在する。1940年に女性小像が1点出土している（図版3-37）[Degani 1940，Graziosi 1943，1960]。

石灰岩（limestone）製，高さ20.3cmの大型品である。頭部は球形，顔の表現はない。乳房は低く長く垂れ，尻から脚にかけてはくびれが弱く，全体に研磨加工が不足しているために，鈍重な印象を与える。しかし，これはこれで完成品なのであろう。

It.4　トラシメーノの女性小像

トラシメーノ（Trasimeno）遺跡は，イタリア中部のウンブリア州トラシメーノ湖畔の開地遺跡である。1935年に1点の凍石製の女性小像が出土している（図版2-29）[Graziosi 1939]。これまで女性とも男根とも，あるいは両性具有像ともされてきたものであるが，ヴァインベルク（ドイツ）例との比較から，私は女性小像として扱う。

方解石（calcite）製，高さ3.4cmの小型品である。ホーレ＝フェルス例やヴァインベルク例（ともにドイツ）を参考にして，上下・前後を逆にして，従来の脚を乳房，尻を腹，腹を尻とみて，細長い頭部と1本化した下半身をもつ女性小像と私は理解したい。頭部は最初からなく，2つ並んだ半球形の膨らみで乳房をあらわし，その右横の高まりを腹部にあてている。素材の形状に規制されて左右非対称の形状になったのであろう。

It.5　フラサッシの女性小像

フラサッシ洞窟（Grotte di Frasassi）は，イタリア中東部のマルケ州アンコーナ県フラサッシ渓谷に所在する。女性小像は，洞窟の入口付近の人工的な急坂から2007年に発掘され，両手を差し出している特徴をもつことから *Offering Venus*（お供えするヴィーナス）として報告された（図版1-15）[Coltorti *et al.* 2012]。3層に含まれていたと推定しているが，炭素14年代は18,000-20,000年前を示していた。小像の型式がグラヴェット期のものである事実に報告者は困惑しながらも，測定年代に合わせて解釈している。イタリアでは，グラヴェット期のあとは続グラヴェット期がきて，ソリュートレ期は存在しない。グラヴェット期の文化伝統が続グラヴェット期に継承されている可能性を追求すべきであろう。

鍾乳石（stalactite）製，高さ8.7cm，重さ66.5g，下細りの体形で，全体の形は鈍重，ルロワ＝グーランのいうダイヤ形ではない。乳房の位置は高く，その下に両腕を前に差し出している。腹部は丸く突出し，妊婦を思わせる。くぼんだ臍の表現がある。尻の突出はほとんどない。この体

形はシベリアのマリタ遺跡にやや近い例があること，フラサッシにはグラヴェット期の規模の大きな開地遺跡があることから，ここでは私は後期旧石器時代中頃，続グラヴェット期に位置づけておく。

ドイツ・オーストリア・チェコ

この地域はドナウ川流域で，オーリニャック期までさかのぼるホーレ＝フェルス例やガルケンベルク例が出土し，女性小像誕生の地の1つの可能性が高い。グラヴェット期では，ヴィレンドルフ例，ドルニ＝ヴェストニッツェ例などヨーロッパの代表的な資料を出土している。別にヴァインベルク例のような系統を異にする抽象的な女性小像も併存する。

Ger.1　ホーレ＝フェルスの女性小像

ホーレ＝フェルス（Hohle Fels）洞窟は，ドイツ南西部のバーデン＝ヴュルテンベルク州シェルクリンゲン町に所在する（図57）。2008年にN.コナードの発掘で，洞窟の入口から20m奥のVa－Vb層（オーリニャック期の最下部）から，女性小像が6点の破片になって見つかっている（図58-12）（図版2-35）［Conard 2009］。オーリニャック期の初めに属し，炭化材と動物骨の炭素14年代を較正した年代には，約36,000年前があるが，もっとも古い値をとると約40,000年前までさかのぼる［Conard and Bolus 2008：890］。破砕されていたが，現在では6点の破片を接合，あと左の肩と腕1，2点の破片があれば完形になろう。近くからシロエリハゲワシの橈骨製の笛（フルート），マンモスの牙製の笛破片が見つかっている（本書262頁）。最古の楽器であり，音楽が出現した証拠として注目されている。

マンモスの牙製，高さ6.1cmの小型品である。頭はなく，その位置に半環状の小さな吊り手（フック）をつくりだしているのは，垂飾りのように使ったか，使用の前後にどこかに掛けておくためであろう。前に突き出した大きな乳房をもち，両腕は乳房を下からもちあげるかのような位置にある。ただし，前腕部はひじょうに短い。尻は後ろに突き出していない。膨らんだ腹をもち，逆台形に近い性的三角形の表現は陰裂をもち，顕著である。腹，腕や乳房の側面には横または縦方向の多数の線刻がある。腹から尻の上をめぐる線刻があるので，単なる文様ではなく，身体を紐でぐるぐる巻きにした状態をあらわしている可能性があろう。

女性小像の形態としてはマッシーヴさを感じさせるこの例が，現在のところヨーロッパの女性小像の最古の位置を占める。シュヴァーベン・イヴ（Schwabian Eve），つまり，「シュヴァーベン（地方）の神が創造した最初の女性」の愛称を与えられている。

Ger.2　ヴァインベルク（マウエルン）の女性小像

ヴァインベルク（Weinberg）洞窟は，ドイツ南部のバイエルン州マウエルン（Mauern）村にあり，マウエルンの遺跡名で呼ばれることが多い。1948年に1点の女性小像が発見されている（図版2-36）［Zotz 1955］。オーリニャック期末で，L.ツォッツが報告した炭素14年代を較正すると34,000年前である。

石灰岩（limestone）製，高さ7.2cmで，オーカーで赤く塗ってある。これまで左右2つの半球

108　第Ⅱ部　旧石器時代の女性象徴

図57　ホーレ=フェルス洞窟の19世紀の景観　[Ulmer Museum 2013]
海抜高は534 m，手前はアッハ川，旧石器時代には渓谷は現在より10 m以上低かった。矢印の下はガイセンクレステレ洞窟。

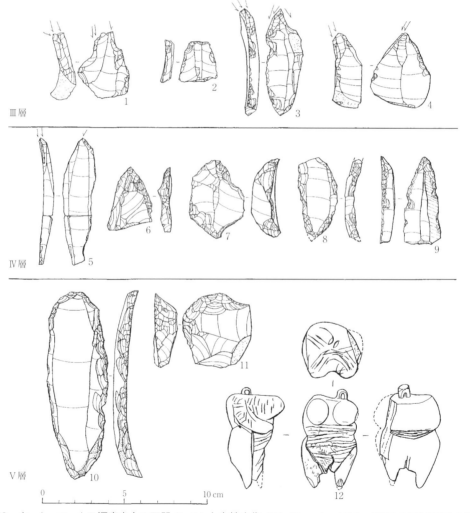

図58　ホーレ=フェルス洞窟出土の石器（1-11）と女性小像（12）[Conard and Bolus 2003] の図と写真から作成

形の高まりを尻とみなし，やや長く太い上半身とひじょうに短く薄い下半身をもつトルソとする見方が一般的であるが，「一端を上にすると女性のトルソになり，逆にすると男根になる」ので，「男女両性具有の小像」とする解釈［ギーディオン 1968：233・236］もある。

より古いホーレ=フェルス例を参考にして上下を逆さにすると，尻は乳房の表現になり，このほうが説得的である。腹部の浅い凹みは陰門の象徴，薄い「頭部」は吊り手の名残りであろう。底面の凹みは肛門の表現であろうか。

Aut.1　ガルケンベルクの女性小像

ガルケンベルク（Galgenberg）遺跡は，オーストリア東部のニーダーエスターライヒ州シュトラッツィンク村に所在し，ウィーンからドナウ川を西に約 60 km さかのぼったところにある。1988 年に発掘した人物像は，*Fanny*（19 世紀のオーストリアの人気バレリーナ名）あるいは「踊るヴィーナス」の愛称をもっている（図版 2-34）。オーリニャック期に属し，炭素年代は前 29,000-31,000 年，較正年代は約 34,000 年前である。

緑色の蛇紋岩（serpentine）製で，剥離性を利用して扁平な板を得たあと，周辺を打ち欠いて形を整えた板状の人物像で，高さ 7.0 cm。右側の 2 つの突出部を，上にあげた左手と乳房とみれば，これも女性小像である。右手先は腰においている。

Aut.2　ヴィレンドルフの女性小像

ヴィレンドルフ（Willendorf）遺跡は，オーストリア北東端のニーダーエスターライヒ州クレムス郡アグスバッハ村にあり，ウィーンの北西約 60 km，ドナウ川沿岸にあたる。1908 年に鉄道工事中にⅡ遺跡の 9 層からヴィエンナ自然史博物館のヨーゼフ・ソンバティの発掘で見つかった女性小像 1 点と 1927 年に見つかった 1 点，さらにその後追加された 1 点がある（図 59）（図版 3-40〜42）［Felgenhauer 1956-1959］。グラヴェット期に属し，コーエンによると，炭素 14 年代は前 24,000 年，較正年代は 30,500 年前，オッテが 1981 年に示したヴィレンドルフⅡ遺跡 8 層の炭素 14 年代の前 25,800 年を較正すると 35,000-28,000 年，スヴォボダの目録では，29,000-27,300

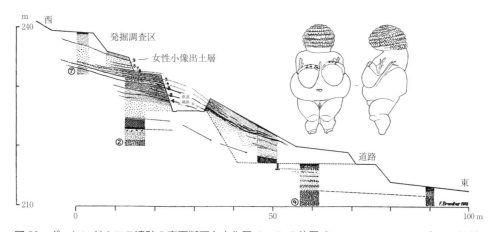

図 59　ヴィレンドルフⅡ遺跡の東西断面と文化層（1-9）の位置［Felgenhauer 1956-1959］に一部追加

年前である。私は，30,000年前頃と推定する。

A類　旧石器時代の女性小像のなかでは，レスピューグ例とならんでもっとも著名な1つである（図版3-42）。

魚卵状石灰岩（oolite，ウーライト）製で，表面に赤色土（ocher）を塗っている。高さ11.0cmの中型品。頭部は松毬状の球形で，髪型は楔形の小さな刻みを上下から斜交いにいれ，それを連ねて鋸歯形（ジグザグ）の突線にした同心円形の突線を正面では7段，後面では9段重ねて，頭の全面，顔にいたるまでおおいつくしている。目鼻の表現はない。腰の高さ近くまで垂下した巨大な乳房のうえに両肘の位置で曲げたか細い前腕をのせる。手先は2本の沈線をいれて指をあらわし，細い前腕の両手首には鋸歯形（ジグザグ形）を彫って腕輪をあらわしている。

胴は幅の割に短く，腹部の脂肪過多の表現は著しい。脚は太く短く，膝を軽く曲げている。

性的三角形をあらわしたうえで外陰部を木の葉形に立体的に表現している。女性器をここまで写実的にあらわそうとしているのは，旧石器時代ではこの例とモンパジエ例だけである。

原材のウーライトは，約730km西南西の北イタリアのガルダ湖付近に産地があり，そこから運んできたものだという［Weber *et al.* 2022］。ウーライトは多孔質で加工しやすいらしい。

もう1点は石灰岩（limestone）製，高さ8.0cmの小型品である（同-41）。円筒形の身体に頸部に抉りをいれただけの未完成品と推定する。完成したばあいは，上記ほど豊満なものではなかっただろう。

B類　マンモスの牙製，高さ19.0cmの大型品（同-40）。頭部は大きすぎ，上半身よりも幅が広い。両腕の表現も頭部，上半身，下半身とも彫刻が不十分であって，未完成品の可能性がつよい。A類のような肥満体でないことは確かである。

Cz.1　ペトルコヴィッツェ I の女性小像

ペトルコヴィッツェ（Petrkovice）I 遺跡は，チェコ東北端のオストラヴァ市に所在する開地遺跡である（図60-1）。1953年の発掘で，3号住居跡から女性小像が2点出土している（図60-3）（図版3-43）［Klima 1955, Svoboda 2008］。H. デルポルトやC. ギャンブルはグラヴェット期とする。スヴォボダの目録では，27,300-25,300年前である。ペトルコヴィッツェ遺跡から西南約170kmの間にプシェドモスチ，ドルニ＝ヴェストニッツェ，パヴロフ遺跡（いずれもチェコ）がほぼ一線上に並び，モラヴァニー遺跡（スロヴァキア）もパヴロフ遺跡の東南東約90kmに位置している。時期に多少のちがいはあるだろうが，出土品は相互に関連をもっている遺跡群である。

素材は，赤鉄鉱（hematite）であって（かつては石炭（coal）としていた），*Red Venus* の名で呼ばれる。1点は，頸部と脚端は，研磨して仕上げてあるので製作当初から頭と足は存在しない。その理由について，オーカーを取ったあとの残欠を利用して作ったからだとスヴォボダは説明している。頭部は必要とみなされていなかったことになる。高さ4.5cmの細身の小型品である。スマートな体形で，乳房は高い位置にあり，大きく垂れることはない。腹と尻の突出は控えめであって，均整のとれた女性小像である。性的三角形は沈線で表現し陰裂も1本の縦線であらわしている。表面には，彫器による縦方向の削り痕が著しい。右側面の胴部から臀部にかけては二次的に欠損している。これは強い火熱を受けた時に生じた剥離面のように見える。そうであれば，

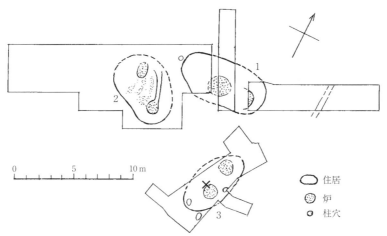

1 ペトルコヴィッツェ I 遺跡の住居跡の配置 [Klima 1956]
  × 女性小像の出土位置

2 ペトルコヴィッツェ I 遺跡の復元図　右はオデル川

3 ペトルコヴィッツェ I 遺跡の女性小像　高さ 4.5 cm

図60　ペトルコヴィッツェ I 遺跡の住居群の配列とその復元図，出土した女性像 [Klima 1956]

112　第Ⅱ部　旧石器時代の女性象徴

使用時ないし使用後に火中に投じたことになり，レスピューグの女性小像やドルニ＝ヴェスト
ニッツェの土偶と共通しており，この時期の女性小像の使用法について考察するうえで重要な手
掛かりになるだろう。

　年代はそれほど古いとは考えられていないが，形態的にはオーリニャック期のブラッサムプー
イ（フランス）やエリセーエヴィッチ（ロシア平原）の女性小像に似ている。

　もう1点は，縦に半分に割れ，右側の乳房と大腿部は剥落しており，遺存状態は悪い。しか
し，上記と同じく赤鉄鉱製で，ほぼ同じ形であったらしい。

Cz.2　ドルニ＝ヴェストニッツェの女性小像

　ドルニ＝ヴェストニッツェ（Dolni Věstonice）Ⅰ遺跡は，チェコの西南端，南モラヴィア州ブル
ノ市近くのドルニ＝ヴェストニッツェ村にあり，パヴロフ山の北東麓に位置する（図61・62）。
オーストリアのヴィレンドルフ遺跡からは東北に約90km距っているにすぎない。1924-38年
と1947年にK.アブソロンが発掘，800～900頭のマンモスの骨，住居跡4棟を検出（図63-1），
そのうち2号住居跡（15×9m）（図63-2）の中央，炉の周辺から粘土で造形したあと「窯」で焼
かれた動物形の土製品が大量に発掘された（図版51-99～165）[Absolon 1949, 1977, Pamela et al.
1989, Vandiver et al. 1990：1003-1008]。その数は，女性小像が少なくとも13点（A類），男根をあ
らわしていることから男性小像とされる1点があり，他にマンモスの牙製の乳房をつけた棒状品
1点（B類），二股のフォーク形1点（C類），乳房だけを単独に造形した装身具8点（D類），頭部
だけを写実的にあらわした1点（E類）が出土している。マンモス，サイ，クマ，ライオンなど
をかたどった動物小像は，ほぼ完形品77点，破片630点を数え，何をあらわしたか不明の破片
は3,000点以上に達する。

　土製品は以前には，珪土質の灰にマンモスの骨粉をまぜ，動物の脂肪で溶いたテラコッタ（焼
土）といわれていたが，再分析した結果，普通の粘土焼成品ということに落ち着いている[Van-
diver et al. 1990：1003-1008]。焼成温度は500-800度，よく焼けており，黒褐色を呈し，光沢を
もっている。しかし，これらの女性小像や動物小像が本来の焼成品であったのか，それとも二次
的に火中に投じた結果，焼成されたのかについて疑問をもった小野昭は，1976年9月にチェコ
科学アカデミー考古学研究所分室で実物を観察して大略次のように述べている。ほとんどのもの
は本来の面も割れた面も同じように焼けた状態を示していた。B.クリマとV.ゲバウアーの話を
総合すると，これらは破壊したあと火の中に投げ込んだもので，「火に投ずる前は単なる泥像で
あり，泥像として製作・完成されたものである」。「黒のヴィーナス」（後述）を見ることはでき
なかったが，別の女性小像は同じように一部分が打ち割られていた，という[小野 1976：11]。
広く信じられている「粘土焼成品」という認識は改めなければならないことになる。

　パヴロフ文化すなわち東ヨーロッパのグラヴェット期に属し，クリマが1957年に報告した炭
素14年代の26,000B.C.の較正年代は30,500年前，オッテが1981年に報告した3点の炭素14年
代を較正すると34,000年前，32,000年前，30,000年前である。コーエンは次に示すA類を
24,000B.C.，D類を23,000B.C.としているので，較正年代はそれぞれ31,000年前，29,500年前と
なる。スヴォボダの目録では，31,000-29,000年前である。

第2章　後期旧石器時代前半の女性小像　113

図61　ドルニ=ヴェストニッツェ遺跡の遠望［角田 1959］
正面がパヴロフ山で，遺跡は向って右のパヴロフ丘の斜面に位置している。手前はデジャ川。北から。

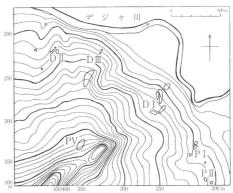

図62　ドルニ=ヴェストニッツェ遺跡群と
パヴロフ遺跡群の位置［Svoboda 2001］
D ドルニ=ヴェストニッツェ遺跡，P パヴロフ遺跡，
左下がパヴロフ山

2　ドルニ=ヴェストニッツェⅠ遺跡2号住居跡

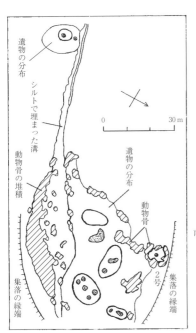

1　ドルニ=ヴェストニッツェⅠ遺跡の
　　全体図

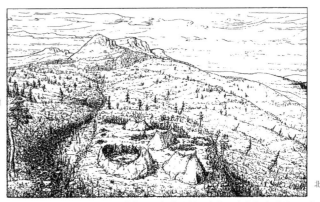

3　ドルニ=ヴェストニッツェⅠ集落の景観復元図　向うの高まりはパヴロフ山

図63　ドルニ=ヴェストニッツェⅠ遺跡の遺構［Klima 1954］

A類（図版4-47〜58）　粘土製品で，破片を含めると13点以上出土している。いずれも堅く焼き締り，黒褐色を呈する。1924年のK.アブソロンの発掘時に灰層の中から見つかった。高さ11.5 cm，欠損した脚先を除くと完存している中型の1例（図版64-1）は，「黒のヴィーナス」

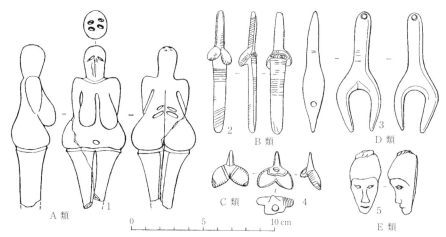

図64 ドルニ=ヴェストニッツェⅠ遺跡出土の女性象徴の種類

(*Vénus Noire*) の異名をもつ。頭部は突起状，両目をへ字形に沈刻，配置している。口の表現はなく，鼻の位置にあるかすかな細い3本の縦方向の沈線が鼻をあらわしているようである。頭頂部に田字形に4つ施している刺突点は，髪をあらわしているのであろうか。他の頭部だけの破片には，目の表現はなく4つの刺突点だけの例，それも省略した例まである（図版4-48・49）。頭部と目の表現は特異であって，抽象的にあらわしたとみるのが普通であるが，頭巾状のものをかぶっている状態をあらわしている可能性ものこしておいたほうがよいだろう。

乳房は大きく腹部近くまで垂れている。正面から見ると上腕を表現しているが，前腕の表現はない。背面には尻の上に2条1対でへ字形の沈刻がある。背面を正面として見ると，この沈刻は上腕を下げ前腕を乳房にのせているように見え，正面から見たレスピューグ例に驚くほど近い。この型式では，前腕を背面にまわして尻の上にのせている状態に表現していることになる*。背面に同様の沈刻をもつものは他に2例ある。

　　*腕を後ろで組んでいる例は日本の縄文時代後期の東日本にみられ，「後ろ手出産」の姿勢とする説がある。

腹部の臍の位置にある穴は臍であろう。正面では腹部のすぐ下，背面では尻のすぐ下の位置に水平に太く深い沈線を1本めぐらせている。その結果，正面には性的三角形の表現がまったく存在しない。同様の表現は他の3例にもある（同-51・57・58）。うち1例は2本の刺突文の帯で，同様の意味をもたせていたのであろう。この沈線は，膨んだ腹の下にめぐらせた帯紐の表現のようにも見えるけれども，先に述べたヴィレンドルフA類とくらべてみると，肥大化した腹・尻と大腿部との間にできた強いくびれを沈線におきかえて表現したようにも見える。象牙製の1例だけは，この沈線の下にⅤ字形の沈刻をいれて性的三角形をあらわしている（同-59）。

なお，両乳房だけで上端に水平に小溝をいれた例（同-50）は，同じような小像の破片を再利用して作った装身具で，後述のC類と関連があるのだろう。

B類（図版4-62）　両端が鈍く尖った棒の中ほどに左右の乳房だけをつけた象牙製，高さ8.7cmの中型品である（図64-2）。大きな乳房の表現は写実的といってもおかしくないが，頭から足の

先まで1本の棒であらわすという抽象的な表現は特異である。棒には，乳房の上方にも下方にも水平ないし傾斜した線を何本も彫り込んでいる。また，乳房の下縁には短線を並行に彫っている。この型式は，この1点が見つかっているだけである。

　C類（図版4-64～71）　左右の乳房だけを立体的にあらわし，背面に孔をあけた半環状の突起をつけた象牙製，小さな装身具である（図64-4）。左右の乳房の中間に上向きの短い突起をつけている。乳房の付け根に2本の沈線によるV字形，下縁に何本もの刻みの短線を彫っている例（図版4-65）は，性的三角形の表現であって，両乳房間の股状になっている位置に奥深くまで溝を彫りこんでいるのは，この個所を女性器にあてて陰裂をあらわしているのであろう。したがって，これも本質において女性小像である。高さ2.3-0.5 cm，幅2.8-0.7 cmの大・中・小あり，紐を通して一連の装身具のようにして使ったようである。乳房の形態はB類と変わらないから，B類の下半部を除き，上半部を短くすることによって，この型式は生まれたのであろう。この型式は，この遺跡の8点が知られているだけである*。

　　＊なお，左右の乳房を二つに分離して，片方だけの乳房形の垂飾りとしたフランスのラ・フェラシー（La Ferrassie）出土品はオーリニャック期という。そうであれば，グラヴェット期のドルニ＝ヴェストニッツェC類よりも古いので，ドルニ＝ヴェストニッツェB類→同C類→ラ・フェラシー例という型式学的な流れを想定することはできない。

　D類（図版4-63）　両脚を開いたフォーク状，または人字形であって，頭部や乳房の表現はなく，高度に抽象化した女性小像である（図64-3）。象牙製，高さ8.6 cmの中型品で，上端に穿孔して垂下できるようにしている。片面の股状の位置に縦に細い短線をいれているのは，陰裂の表現であろう。この型式はこの1点だけである。

　E類（図版4-60）　高さ4.7 cmの頭部だけであるが，本体から剥落した頭部である可能性も想定して，1つの型式として設定しておく（図64-5）。象牙製，面長の顔で，髪，目・鼻・口の表現は立体的かつ写実的であって，男性とみなされ，「先史時代のレオナルド＝ダ＝ヴィンチ」の愛称をもっているけれども，男性と断定できるほどの根拠は見出せない。

Cz.3　パヴロフの女性小像

　パヴロフ（Pavlov）I遺跡は，チェコの南モラヴィア州，ブルノ市のパヴロフ山の麓にあり，パヴロフ文化の標識遺跡になっている。ドルニ＝ヴェストニッツェI遺跡からは500 m離れているにすぎない（図62）。1952年以来の発掘で住居址内から粘土製の焼けた女性小像つまり女性土偶が10点出土している（図65）（図版4-72～78）[Klima 1957]。パヴロフ文化に属し，クリマが1957年に報告した炭素14年代の前22,000年を較正すると約30,000年前，オッテが1981年に報告したパヴロフII遺跡の2点の炭素年代を較正すると，どちらも約30,000年前である。スヴォボダの目録では，31,000-29,000年前である。

　A類（図65-1）　1点は完品でマンモスの牙製，高さ5.1 cmの小型品。頭部から上半身は一体化して作ってあり細部の表現はない。下半身は両脚をあらわす分割線はあるが，前か後ろかはっきりしない。

　B類（図65-2）　頭部の破片で粘土製，焼成品とされているが，ドルニ＝ヴェストニッツェ例を

116　第Ⅱ部　旧石器時代の女性象徴

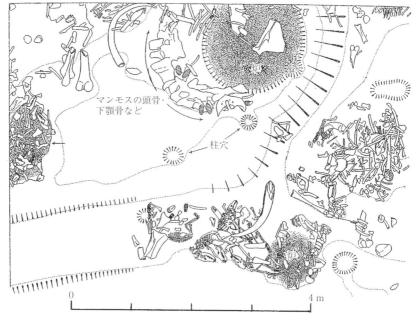

1　パヴロフⅠ遺跡の1952年発掘の住居跡［Klima 1954］

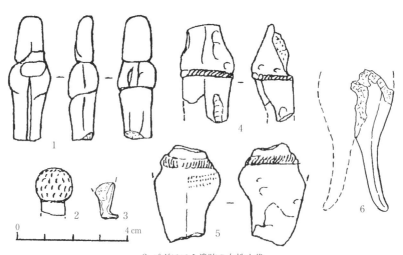

2　パヴロフⅠ遺跡の女性小像

図65　パヴロフⅠ遺跡の住居跡と出土の女性小像［Klima 1957, Bougard 2013写真］から作成
1　A類，2　B類，3　脚部，4・5　C類，6　D類脚部
1　マンモス牙製，2-6　土製

参考にすれば，次のC類も合わせ，二次的に焼けたものである可能性が高い。現存高2.0 cm。列点を同心円状に5段めぐらせて髪をあらわし，目鼻の表現はない。

　C類（図65-4・5）　下半身の破片で粘土製，現存高5.1 cm。性的三角形の表現や尻の突出はない。尻の下の位置に，斜めの連続刻みをもつ編んだ縄のような太い帯をめぐらせているのが大きな特徴である。

D 類（図65-6）　片脚だけの破片で粘土製，よく焼けている。左右の脚は完全に分かれている。現存高 5.0 cm，ドルニ＝ヴェストニッツェ遺跡の A 類に対比されるが，両脚が開いている点は異なる。

Sl.1　モラヴァニーの女性小像

　モラヴァニー（Moravany）遺跡は，スロヴァキア南西部のポドコヴィカ市にある開地遺跡で，1930 年に女性小像が 1 点出土している（図版 3-45）[Barta 1970]。コーエンが示している炭素 14 年代の 22,860±400 B.P. を較正すると約 28,000 年前である。

　象牙製，現存高 8.1 cm。頭部は欠損，体形は自然である。大きな乳房は上腹部まで垂下，腹部は垂れているが，尻の突出は普通である。腹部の臍より下の位置に横に沈線を脇までいれている。1 周していない点はキオッツア（イタリア）と類似する一方，ドルニ＝ヴェストニッツェの「黒のヴィーナス」の同じ位置を 1 周する帯状の沈線との関連も否定できない。陰阜の中央に縦に 1 本の深い線刻を入れて陰裂をくっきりとあらわしている。のちに取りあげるロシア平原のコスチョンキ C 類に近い。本例で注意すべき点は，上半身の表面にのこされている著しい磨滅痕である。これが手擦れによるものであるとすれば，使用が長期にわたるものであったことを意味し，女性小像の使用法の一端を示唆している。

ヨーロッパの女性小像の変遷

　以上，フランス，イタリア，ドイツ・オーストリア・チェコ・スロヴァキアに分けて記述したヨーロッパの女性小像を炭素 14 年代の較正年代と形態的な変化から 6 段階に分けて諸遺跡出土の女性小像の位置づけをしておくことにしたい（表 9）。年代はおおよそを示している。

　ここに例示した女性小像は，それぞれ個性がつよく，1 点だけで類例が他に知られていないとしても，1 型式と認めて相互の関係を追究していくのが賢明であろう。すなわち，ホーレ＝フェルス型，ブラッサムプーイ型，サヴィニャーノ型，……型，と型式名称を与えることにしたい。

　このように編年してみると，ヨーロッパでは次のような傾向を指摘することができる。

　オーリニャック期までさかのぼるホーレ＝フェルス系（図 66）は，Ⅰ 段階のホーレ＝フェルス型は頭部を作りださず乳房と膨らんだ腹部をもつ女性を象徴的に表現していたのが，Ⅱ 段階になると，より簡略化して乳房をもって女性を象徴的にあらわしたヴァインベルク型になり，そのあと Ⅲ 段階のトラシメーノ型となるが，以後この系列は途絶える。

　シルイユ系（図 67）は，Ⅲ 段階にシルイユ型が現れ，Ⅴ 段階のセリエ型まで辿ることはできるが数は少ない。その系列はグラヴェット期の終わり近くまで存続するのかもしれない。

　ヴァインベルク，シルイユ，セリエ，トラシメーノの女性小像はいずれもグラヴェット期のなかでも古い年代を示しており，この系列は古くから存在する。素材に共通して方解石を選んでいることとあわせ，ドイツ，フランス，イタリアには，写実的に表現した系列と共存していたと考えるほかない。

　ブラッサムプーイ系（図 67）は，ホーレ＝フェルス系に遅れて出現する。髪形をあらわした頭部，大きな乳房，大きくふくらんだ腹部，性的三角形の表現，突出した尻が著しい特徴であっ

表9 ヨーロッパの女性小像の変遷

	フランス	イタリア	ドイツ	オーストリア	チェコ	スロヴァキア
38,000年前						
Ⅰ			ホーレ=フェルス			
33,500年前						
Ⅱ	ブラッサムプーイ		ヴァインベルク		ペトルコヴィッツェ*	
32,000年前						
Ⅲ	シルイユ サヴィニャーノ	グリマルディ			ドルニ=ヴェストニッツェ	
30,000年前						
Ⅳ	レスピューグ			ヴィレンドルフ		
28,000年前						
Ⅴ	セリエ	トラシメーノ			パヴロフ	モラヴァニー
24,000年前						
Ⅵ		フラサッシ				

＊ペトルコヴィッツェの位置は不確実

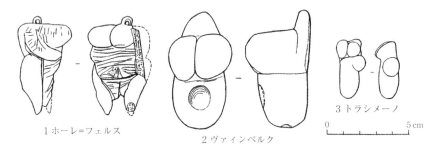

図66 ホーレ=フェルス系の女性小像

て，一定の写実性をもっている。Ⅱ段階のブラッサムプーイ型や，ペトルコヴィッツェ型では乳房は半球形に近く胸の位置にあって高く，垂れていない。しかし，Ⅳ段階のレスピューグ型になると巨大化した乳房は尻の位置まで下がってくる。そして，ドルニ=ヴェストニッツェB～C類がⅤ段階あたりにくるとすれば，棒状の胴部に乳房だけをつけたり，フォーク状にしたり，乳房だけにしたりして，完全な女性小像から遠ざかっている。腕の位置は，Ⅲ-Ⅳ段階には，上腕を下にさげ前腕を肘で曲げて乳房の上に両手をおくのが主流である。装身具の着装は，Ⅱ段階のブラッサムプーイ型に下腹部から尻の下にまいた腹帯の表現がある。女性小像の大きさは，Ⅱ-Ⅴ段階までは中型品が比較的多く，Ⅰ段階以来の小型品も併存している。

以上のように整理すると，ヨーロッパではグラヴェット期の女性小像はⅢ-Ⅳ段階をピークにして，グラヴェット期の中頃，28,000年前頃には衰退し，フラサッシ例をイタリアの続グラヴェット期のものとすれば24,000年前頃にその歴史を閉じたことになろう。

第 2 章　後期旧石器時代前半の女性小像　119

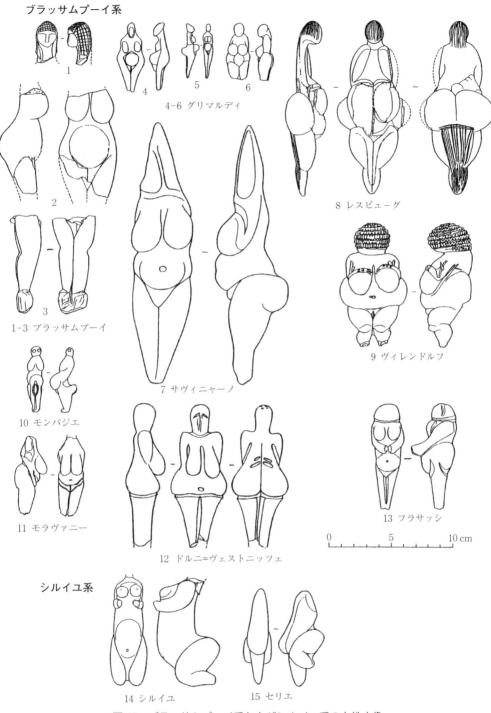

図 67　ブラッサムプーイ系およびシルイユ系の女性小像

3 ロシア平原の女性小像

ロシア平原は東ヨーロッパの女性小像分布の中心部から東に約1,200 km隔たっている。この地域はドン川，ドニエプル川とボルガ川にはさまれた平原で，コスチョンキ，ガガーリノ，アヴジェーエヴォ，エリセーエヴィッチ，ホトィレーヴォ，ザライスクなど，異なる時期，併行する時期の遺跡が多数のこされている（図68）。1遺跡あたりから出土した女性小像は豊富である。

コスチョンキ遺跡群の石器群は，Ⅰ遺跡5層・オーリニャック期→Ⅳ遺跡2層→Ⅰ遺跡1層→Ⅷ遺跡1層の順に編年され，Ⅳ遺跡2層〜Ⅰ遺跡1層・アヴジェーエヴォがグラヴェット期併行，Ⅷ遺跡1層・エリセーエヴィッチがソリュートレ期併行とG. ボジンスキーは考える［Bosinski 1990：6］。しかし，エリセーエヴィッチの女性小像の年代はコスチョンキⅠよりも古い，と私は推定している。ⅩⅣ（マルキナ=ガラー）遺跡は原オーリニャック期で，コスチョンキⅠ遺跡5層に先行し，ロシア平原の新人の遺跡としてはもっとも古く，出土した女性小像はロシア平原だけでなく，ユーラシアでもっとも古い位置を占めている。

Rus.1 コスチョンキⅠの女性小像

コスチョンキ（Kostenki）Ⅰ遺跡は，ポリャコフ（Poliakov）遺跡の別名をもち，ヴォロネー

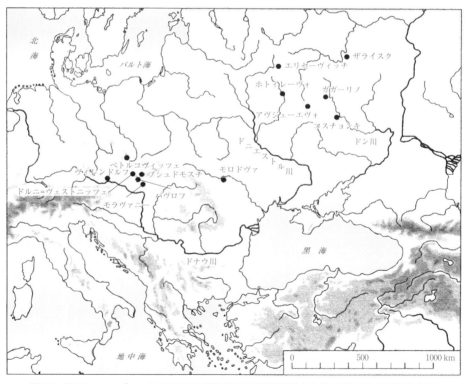

図68 東ヨーロッパ・ロシア平原の後期旧石器時代前半の女性小像の出土遺跡分布図

ジュ市から南へ約 30 km，コスチョンキ村にある。ドン川中流西岸の第 2 段丘上に立地し，同じ段丘上に 18 個所の遺跡が分布する（図 69・70）［Anikovich *et al.* 2007，木村 2023］。

I 遺跡は 1879 年の最初の発掘以来，S. N. ザミャートニン，P. P. エフィメンコらが発掘をつづけた［Efimenko 1958］。1 号「住居跡」（図 71・72）は長大家屋として著名であるが，その規模については諸説ある［Djindjian 2013：177］。発掘したエフィメンコは遺物が分布していた長さ 34 m，幅 15 m の範囲を住居と考える。A. N. ロガチェフは長さ 29 m，幅 8 m とする。最新の意見では，V. Ja. セルギンの長さ 18 m，幅 3 m と大幅に規模を小さくみる解釈がある。建築用の太く長い木材に欠く地域であり，マンモスの牙・骨を柱や壁に使っているくらいであるから，少なくともエフィメンコが想定するような超のつく長大な規模の住居を想定するのは困難であろう。最近，木村英明は N. D. プラスロフが使った「居住コンプレックス」の用語を「居住域」と理解している［木村 2023］。私は，外周が径 6-8 m の円形住居 6-8 棟の跡が，遺構・遺物の分布

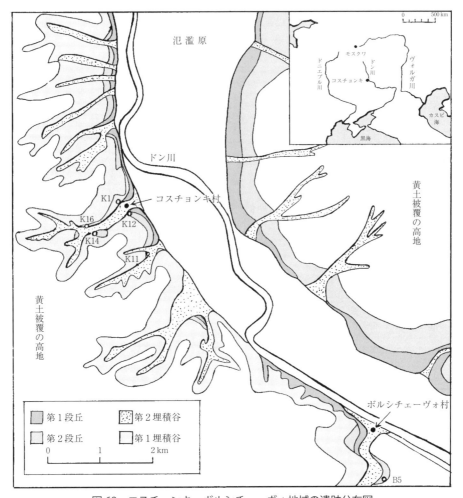

図 69　コスチョンキ・ボルシチェーヴォ地域の遺跡分布図
2001-2004 年に調査された後期旧石器遺跡の地点を示す。コスチョンキ村で 14 個所，ボルシチェーヴォ村で 5 個所の遺跡が発見されている。［Anikovich *et al.* 2007］から作成

122　第Ⅱ部　旧石器時代の女性象徴

図70　コスチョンキⅠ遺跡遠景［木村 1997］
谷のおよそ中央の段丘上，矢印の位置

図71　コスチョンキⅠ遺跡 1931-36 年の発掘［Efimenko 1958］

範囲（居住域）に，時期を異にして並んでおり，同時併存は数棟と考える。
　その後，1971-1988 年にプラスロフらが1号居住域の南西わずか6mのところから，長さ35 m，幅22 mのほぼ同じ規模の2号居住域を発掘した（図72）［Praslov 1993］。そうすると，2つの間の関係が問題である。1号居住域の文化層は5層からなり，約 33,000-20,000 年前の長期に及ぶものである，という。約 28,000 年前とされる1層から出土した完全品から小破片まで象牙製品と泥質石灰岩（泥灰岩，marae calcaire, marl limestone）製計 63 点の女性小像は 1958 年のエ

フィメンコの報告によって著名になった（図版5-82，同6-83・84・86・87・89-91・93・94，同7-97～106）[Efimenko 1958]。さらにマンモス，ホラアナグマ，ライオンをかたどった動物小像も30点余り見つかっている（図版54-213～249）。これらのなかでクマの小像が特に大きいのは，コスチョンキの人たちの動物観においてクマの占める位置が高かったことを示しているのであろう。これらを製作するために用いた掻器や彫器も多数出土している。

プラスロフが発掘した2号居住域からも大型精巧な泥灰岩製（5点以上），マンモス牙製（2点以上）の女性小像が見つかっている（図版5-79～81・88・92・95・96）[Praslov 1993]。小破片もすべて1点と数えると，この遺跡から出土した女性小像の数は70点以上に達し，ロシア平原だけでなくユーラシアで最多となっている。

P. I. ボリスコフスキーが1984年に報告したコスチョンキⅠ遺跡1層の炭素14年代の24,100±500 B.P.，21,300±460 B.P. を較正すると，約29,000年前，26,000年前などがあり，かなりの年代幅が存在する。2号居住域の炭素14年代の多くは23,000-21,000年前を示しているが，24,000年台や19,000年台もあるので較正年代は29,000-22,500年前の幅がある。C. コーエンは1号および2号居住域出土の女性小像の炭素14年代を前22,700年としているので，較正年代は30,000年前，スヴォボダの目録では，コスチョンキⅠは28,000-25,300年前で，少し新しい。後述するように，2号居住域出土の女性小像の多くは，型式学的には1号居住域出土のそれよりも古いけれども，新しいものもあるので居住域全体が2号→1号→2号の順に移動したのかどうかは，年代測定と出土遺物の詳細な分析結果を待たなければならない。もっとも，両者のそれぞれ一部は同時に共存していたとすれば，アヴジェーエヴォ遺跡でも同様に2つの「居住域」が並んでいるので，当時の社会組織を復元していくうえで手掛かりになるだろう。

＊ロシア平原の旧石器時代住居の復元図を示しておく。ヨーロッパの住居の構造については，洞窟壁画が参考になる。フランスのフォン＝ド＝ゴーム，スペインのアルタミラ，エル＝カスティーヨの洞窟壁画に，H. ブルイユが屋舎図形（tectiforme）と呼んだ図像がある（図73）。ブルイユはその名の通り屋舎とみていたが，その後，この図形とマンモスを重ね描きしたフォン＝ド＝ゴーム例を根拠にしてH. オーバーマイヤーやH. キューンが罠または陥穽説をだした。しかし，A. ルロワ＝グーランは女性象徴と主張し，S. ギーディオンも同意見であった［ルロワ＝グーラン 1985a：98，ギーディオン 1968：247-254］。しかし，女性器の抽象的・象徴的表現とする解釈には無理がある。フォン・ド・ゴーム例は，時間を異にして偶々同じ場所に図像を描いているにすぎない。私は，住居の側面形や上面観を具象的に描いた可能性を追求したい。すなわち，主柱と側柱をもち，しっかりした壁と屋根をもつ住居建築で，長方形プランが主流と考える。

女性小像のほとんどの例が破壊・欠損しているので，その出土位置は，あくまでも使用後に意図的に破壊したものが最終的にのこった場所と考えるべきであろう。

A類（図75-2，図版5-79）　2号居住域の南端付近の土坑から出土したもっとも写実的な1点は泥灰岩製で，頭部から乳房の個所は欠失している。穴に埋める前に故意に壊したものである。手首に腕輪をつけ，両手首を縄のように編んだ1本の帯でつないで捕縛している状態を忠実に彫刻している。胴は短い。腹部は大きく丸く張り，臍はとびだし，臨月の女性をもっとも写実的にあらわした女性小像といえる。性的三角形の表現も自然である。残存高13.7 cm，復元高35 cmの超のつく大型品である。

124　第Ⅱ部　旧石器時代の女性象徴

図72　コスチョンキⅠ遺跡の1・2号居住域と女性小像の大破片と小破片の出土位置
[Efimenko 1958, Praslov 1993] および木村英明教示にもとづいて作成。1号居住域の東南隅のような径6-8mの円形住居跡が一部重複しながら並んで「居住域」跡をのこしていると推定。

第 2 章　後期旧石器時代前半の女性小像　125

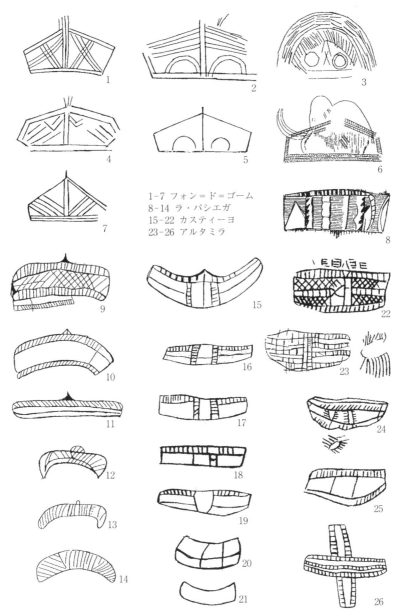

図 73　フランス（1-7）・スペイン（8-26）の洞窟壁画にみえる住居（「屋舎図形」）（春成集成）
上から下に向かって丁寧な表現から簡略化した表現へと推移していることを示す。1・2・4・5・7 は主柱と壁を明瞭に描いている。3 はウクライナのメジン遺跡のマンモスの牙と頭骨を建築材にした住居を連想させる。2 つの円形は，2・5 の半円形と同様に入口をあらわしているのであろう。6 はマンモスを描いた上に住居を重ね描きしたのを，罠に掛かったマンモスの図像と誤解されている。9-13・15 は 1・4 などと同様に屋根の上に突き出した主柱をあらわしている。15-20 の中央も入口の表現であろう。22・23 は上から見たところを描いているのであろうか。23・24 は付属する小舎も示しているとすれば，ウクライナのメジン遺跡の大小で 1 セットとなっている例を連想させる。

126　第Ⅱ部　旧石器時代の女性象徴

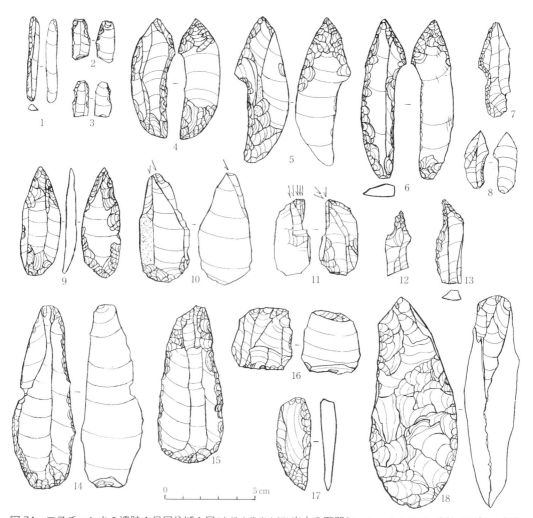

図74　コスチョンキⅠ遺跡1号居住域1層（女性小像出土層）出土の石器［Praslov et al. 1982, 木村 2019］から作成
1-3 細石刃，4-8 有肩尖頭器，9 尖頭器，10・11 彫器，12・13 石錐，
14・15 掻器，16 楔形石器，17 削器，18 石斧または細石刃核のブランク，すべてフリント製

　なお，泥灰岩製の頭部の高さだけで7.4 cmを測る破片がある（図75-1）。顔に相当する個所を一部だけ杏仁形にのこして，のこり全面に格子文をていねいに彫って髪を螺髪*のようにあらわしている。これを，他と同じ体形として復元すると，高さ40 cmに達する旧石器時代の女性小像としてはまことに巨大な超大型品である。旧石器時代の女性小像は小さいというイメージを一変させる例であって，高さが15-5 cmの中・小型品とは使い方がちがうのであろう。これも意識的に小破片になるまで壊したものである。

　＊螺は巻貝，仏像の髪の毛が丸まって巻貝のような形をして群生している髪型のこと。同じような表現はアヴジェーエヴォ例にもある。

　コスチョンキ2号居住域から出土した写実的な中型品は復元高16 cm，やはり泥灰岩製である（図75-3，図版5-81）。

第2章　後期旧石器時代前半の女性小像　127

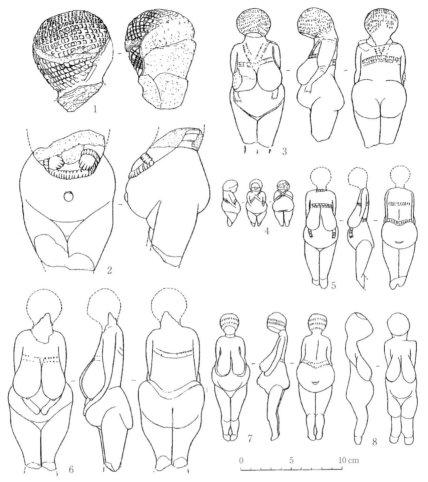

図75　コスチョンキⅠ遺跡出土の女性小像　1-3 A類，4 B類，5-7 C類，8 D類

　頭部は，前方に突き出した球形で，顔面から後頭部まで刺突文状の点列でおおっており，目・鼻・口・耳の表現はない。乳房の下に前腕から手をさげている。乳房の上の位置で2本の刻み目つきの突帯を背中までまわし，その帯を胸も背中も別の帯でV字形に吊っている。肘にも帯輪を付けている。帯は編んで作っているようである。胴は短い。腹部は大きく丸く張り，妊娠中の女性を写実的にあらわしている。性的三角形の表現は自然である。足先は欠失している。側面と背面には，縦方向に削った条痕をのこしており，仕上げ加工は十分でない。頸の位置で故意に壊していたけれども，発掘後に接合されている。
　1号居住域から出土した泥灰岩製，高さ17.6 cmの未完成大型品（図版5-82）もこの類に含まれるだろう。そうであれば，「2号住居跡」と「1号住居跡」から出土したそれぞれ一部の女性小像の年代差は，それほど大きくないことになる。
　B類（図75-4，図版5-80）　象牙製，高さ4.6 cmの小型品で，背中にX字形に襷（たすき）がけし，胸は不鮮明であるが，乳房の上の位置に水平に帯をしめ背中にまわす一方，頸からV字形に吊って

128 第Ⅱ部 旧石器時代の女性象徴

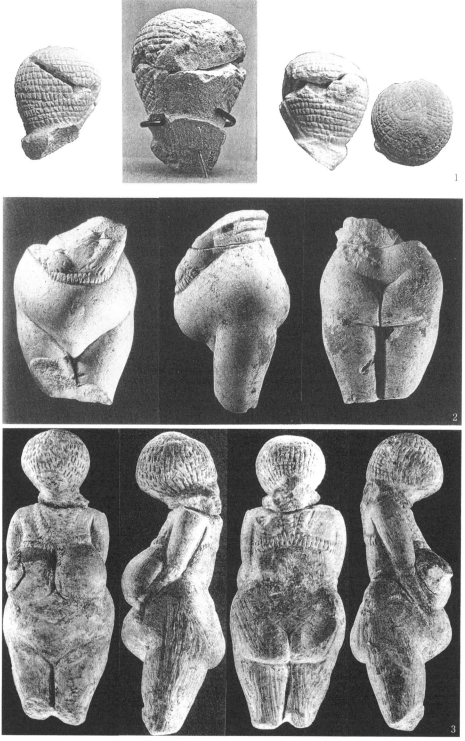

図76 コスチョンキⅠ遺跡-2号居住域出土の女性小像 [Praslov 1993]
泥灰岩製，高さ 1：9.6 cm, 2：13.7 cm, 3：10.7 cm

いるようである。頭部は，髪と顔の間に段をつけて目を彫った顔を表現している。

C類（図75-5〜7，図版6-83・84・86・87）　1号居住域から出土した一群で，数はもっとも多い。いずれも，象牙製品で，復元高で示すと18-12 cm の大型〜中型品である。B類にくらべると肩幅がせまく，胴は少し長くなり，乳房は著しく長く垂れている。

両手を乳房の下で合わせた例と，両手の先が不鮮明におわる例がある。手首に腕輪を表現しているのは1例だけである（図版6-84）。両手首を帯でつないだA類の表現があいまいになっていく過程を示しているのだろう。乳房の上の位置で水平にしめた帯を背中まで水平にまわした例（同-83・84），尻の上の位置で水平に帯をしめた例（同-86），頸から胸にV字形に帯をあらわし，その帯を後ろは頸にかける一方，尻の上の位置に水平に帯をしめた例（同-87）がある。垂れた乳房の下に水平にしめた帯は省略したと考えてよいだろう。帯には刻み目の表現があるから編んで作っているのであろう。腹部は大きく丸く張りだし，尻は幅広いが突出度は小さく，やや垂れ気味である。性的三角形は大きな腹部の下で目立たない。頭部は，前方に突き出した球形で，顔面から後頭部まで刺突文状の点列を2-3周めぐらせており，目・鼻・口の表現はない（同-86）。

D類（図75-8，図版6-92）　Ⅰ-2号居住域から出土した象牙製品で高さ13.0 cm の中型品である。頭は胴部と不均合に大きく，乳房の垂下はさらに著しくなり，全体として写実性を失っている。頭髪や，乳房―肩部をめぐらす帯の表現はなくなっている。C類よりも新しいのであろう。

E類（図版6-96）　Ⅰ-2号居住域から出土した象牙製品で，高さは17.8 cm で高いが幅がせまく，ひょろ長い。乳房の表現はない。D類と同じく時期がくだるのであろう。

これらの小像は立っているのではなく，仰向けに寝ている状態をあらわしている，とG.フロパーチェフは解釈している［フロパーチェフ（木村訳）2019：117］。膝が曲がっていること，尻が扁平であることは，この状態とすればうまく説明できる。

Rus.2　コスチョンキⅧの女性小像

コスチョンキⅧ遺跡は，コスチョンキⅠ遺跡の東南3.0 kmに位置し，旧称テリマンスカヤ遺跡である。コスチョンキⅧはソリュートレ期前半と併行し，炭素14年代は前18,000年，較正年代は23,000年前である。女性小像が1点出土している（図77）［Praslov *et al.* 1982］。ロシア平原では後期旧石器時代中頃に属する唯一の例である。

泥灰岩製，現存高7.6 cm の小型品である。頭部は欠損，乳房を胸の高い位置に小さく表現し，両腕を乳房の下，腹部の上位におき，腹部は大きく突出し，膝をつよく曲げている。座った状態または寝て膝を立てた状態をあらわしている点で，コスチョンキⅠ遺跡のすべての女性小像と大きく異なる。座産の姿勢をとっている可能性を私は考える。デュピュイは，膝をついて出産する女性を表現したものとみている［Dyupyuj 2014，フロパーチェフほか（木村訳 2019）：

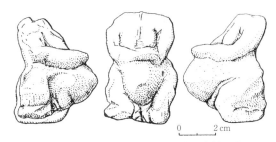

図77　コスチョンキⅧ遺跡出土の女性小像
［Plaslov *et al.* 1982］

122]。アヴジェーエヴォ遺跡からは，この小像を簡略化した例が出土している。

Rus.3　コスチョンキXIV（マルキナ=ガラー）の女性小像

　コスチョンキXIV遺跡は，旧称マルキナ=ガラー（マルキナ山）遺跡で，コスチョンキⅠ遺跡の南西700 mに位置する。ドン川中流の西岸の第2段丘上に立地し，2002年のM. V.アニコヴィッチらの発掘でヒトの小像の頭部破片が1点出土している（図78-7，図版7-107）［Anikovich et al. 2007, Cook 2013：56-57］。原オーリニャック文化の遺物を含んでいるⅣb層は，イタリア半島ナポリ近くのフレグライ平原（Phlegrean Fields）の火山噴火によるカンパニアン・イグニンブライトY5火山灰（Campanian Ignimbrite Y5 tephra）の下位にあることから，放射絶対年代（炭素14年代測定法以外）の39,395±51年前より古く，43,000-40,000年前のラシャンプ地磁気エクスカーションよりも下位にある。コスチョンキⅫ遺跡Ⅳ層の炭素14年代の較正年代には41,240±550年前があることから，コスチョンキXIV遺跡Ⅳb層の年代は45,000-42,000年前という。ロシア平原で見つかっているおそらく最古の新人の遺跡である。それに対して，イェリスらは，ヨーロッパの諸文化との比較により，42,500年前頃とみている［イェリスほか 2009：111］。いずれにせよ，コスチョンキXIVの小像はヨーロッパ最古のホーレ=フェルス例（約40,000-36,000年前）よりも確実に古いユーラシア最古例となる。注意すべきは，伴出の石器群に細石刃を想わせるような小石刃と小石刃核が含まれていることである。*

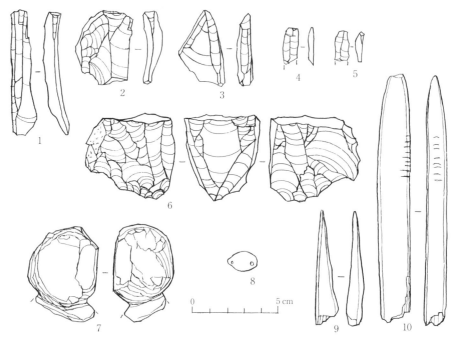

図78　コスチョンキXIV（マルキナ=ガラー）遺跡Ⅳb層出土の遺物　［Anikovich et al. 2007］から作成
1・4・5 小石刃，2・3 小石刃核=彫器，6 小石刃核，7 女性小像の頭部，8 貝殻製装身具，9 骨錐，10 骨製尖頭器

＊細石刃技術はアフリカで現生人類によって発明されたあと，ヨーロッパに持ち込まれ，ユーラシア全域に拡散したとする考えが2003年以来，ル・ブラン＝リカレンス（Le Brun-Ricalens）らによって提出され，梶原洋はその研究を紹介するだけでなく，自説を展開している［Kajiwara 2008，梶原2021］。すなわち，従来，キールド・スクレイパー（エンド・スクレイパー）や彫器としてのみ考えられていた器種の中に細石刃核が含まれ，それらから剝ぎとった剝片や削片は細石刃として使用されたとする。「細石刃核」はコスチョンキⅠ遺跡・同ⅩⅣ遺跡からも出土している。細石刃技術は，アフリカからヨーロッパへ，そしてロシア平原に伝来したとすると，コスチョンキⅩⅣ文化もヨーロッパから新人ホモ・サピエンスがもたらした可能性が多分に大きいことになる。

マンモスの牙製，現存高4.0cmの頭部から頸にかけての破片であって，頭部だけでも高さが3.6cmあるから，復元すると本来の高さは20cmくらいの大型品であったろう。顔面は平らで，顔の表現はまったくない。コスチョンキⅠの諸例と比較すると，鼻・顎に相当する前方への突出がないので，扁平な顔の印象をうける。表面には彫器による削り痕が認められるが，研磨していないので，作りは粗く，未完成品のようにみえる。精製品に仕上げる前に使用した後，破壊したのだろうか。胴部も脚部も欠いているが，女性小像とみておきたい。

Rus.4　ザライスクの女性小像

ザライスク（Zaraisk）遺跡は，モスクワの東南約160km，ボルガ川の支流アショポル川の流域に所在する開地遺跡で，女性小像が分布する最北に位置し，その北西には氷床が広がっている［Amirkhanov (ed) 2009］。2005年の発掘で2点の女性小像が出土している［Amirkhanov 2007］。伴出のバイソンの象牙製小像は，女性小像とは対称的に，写実的ですばらしい出来映えである（図180-2）。スヴォボダの目録から，その年代は27,300-26,000年前を採用する。

A類（図82-5，図版7-112）　象牙製，高さ17.3cmの大型品である。肩幅と腰の幅の差が小さく，肩幅の広いがっしりした女性の印象を与える。乳房の表現は微弱である。コスチョンキ例が脚を閉じているのに対して，この類では脛から下は完全に開いている。頭部はほぼ全面に4重に点列を施し，毛髪をあらわしている。アヴジェーエヴォB類（図81-4・5）と同じ簡略型式である。

B類（図版7-111）　高さ7.3cmの中型品。象牙の先端近くを利用して，頸の凹み，後頭部から肩への凹みと尻から大腿部への凹みをつくることによって女性をあらわしているけれども，おそらくマリタやアヴジェーエヴォから出土しているような女性小像を製作する初期の段階で廃棄した未完成品（図90-2-1）であるが，未完成のまま使用した可能性もあろう。

Rus.5　ガガーリノの女性小像

ガガーリノ（Gagarino）遺跡は，ビストラヤ＝ソスナ河口から5km上流，ドン川の東岸に位置し，コスチョンキ遺跡群から北に約100km離れている。1927-1929年の発掘で1棟の住居跡の内部の壁際から一定の間隔をあけて8点の象牙製の女性小像が出土している（図79，図版8-113-120）［Beregovaya 1960］。ボリスコフスキーが1984年に報告した炭素14年代は30,000±1,900 B.P.と21,800±300 B.P.であって，較正すると約35,000年前と約26,000年前である。女性小像の年代は，後者と考える。スヴォボダの目録では，26,000年前である。

132　第Ⅱ部　旧石器時代の女性象徴

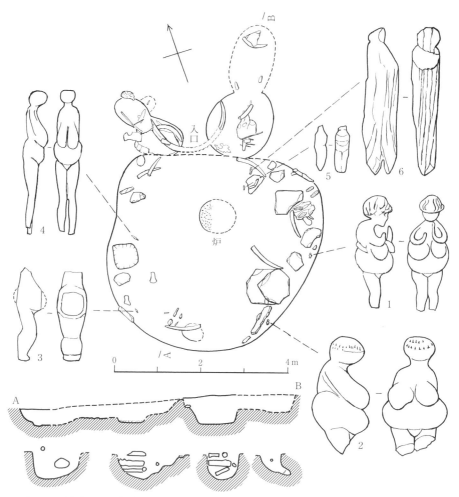

図79　ガガーリノ遺跡の竪穴住居跡と女性小像の出土位置［Zamiatnin 1935］から作成
　　1 A類，2-6 B類。3・6は未完成品。完成品と未完成品が1住跡内で共存している。
　　1の腕を乳房の上におく型式はオーストリアのヴィレンドルフ例につながる。

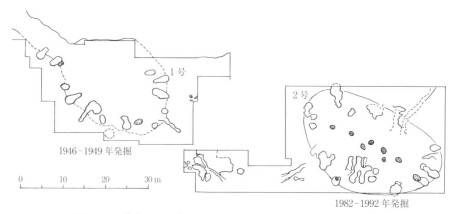

図80　アヴジェーエヴォ遺跡の住居跡［Gvozdover 1995］から作成
　　2つの居住域が隣接して所在するのは，コスチョンキⅠ遺跡と共通する。
　　同時共存か，前後差があるのかが問題。

A 類（図版 8-115）　腕を肘の位置でくるりと曲げて乳房の上にのせ，前腕は上に向けている。腕を乳房の上におくのは，ヴィレンドルフ例などヨーロッパとの関係を想定させる。1 例だけである。乳房は大きく，腹部と尻も大きく膨らんだ女性小像である。髪は自然にカールした状態に表現しており自然である。両脚は膝から下が開いている。高さ 5.5 cm の小型品。

B 類（同 - 114・118・120）　大きな乳房が垂れ下がり，両腕は前腕が乳房の下に隠れた状態である。肩幅は広く，腹部と尻も大きくふくらんでいる。両脚は膝から下を広げている。114 は復元高 9 cm の小型品，118 は高さ 17.0 cm の大型品である。

　1 本の円棒の素材から 2 点を製作中に放棄した 1 点（同 - 119）もこの類にいる。背の低いものと高いものとが脚を反対方向に向けて頭頂部でつながっている。ただし，背の高いほうは製作途中に，陰阜の位置で切断して低くするように変更したらしく，その位置に横方向の線を彫っている。女性小像の製作工程を示す貴重な遺物である。

C 類（同 - 113・116）　高さ 7.2 cm の小型品，B 類を細身にした型式である。長身でやや細身，乳房は大きく腹部にかかる位置まで垂れている。腹部と尻は十分に張っている。もう 1 点は高さ 2.0 cm の超小型品，未完成品であろう。

D 類（同 - 117）　復元高 6.4 cm の小型品。乳房と腹部が一体化し，それにやはり左右の脚が一体化した下半身がついている。未完成品の可能性がある。

Rus.6　アヴジェーエヴォの女性小像

　アヴジェーエヴォ（Avdeevo）遺跡は，クルスクの西 40 km，デスナ川とドン川にはさまれたセイム川の上流域にあり，コスチョンキ遺跡群の西北約 200 km に位置する。1946-1949 年の M. V. ヴォエヴォドフスキーと A. N. ロガチェフの発掘で 11 点の象牙製の女性小像が出土した（図 80，図版 8-121～125）[Abramova 1967]。その後，さらに 1972 年から M. D. グヴォズドヴェルと G. P. グリゴリエフの発掘で 51 点出土している（図版 8-126～133）[Gvozdover 1995]。P. I. ボリスコフスキーが 1984 年に報告した炭素 14 年代を較正すると 27,000 年前，25,000 年前，24,000 年前，23,000 年前，22,000 年前，20,000 年前などである。C. コーエンは炭素 14 年代を 22,400±500 B. P. としているので，較正年代はおおよそ 26,000 年前である。スヴォボダの目録では，27,000-25,300 年前である。コスチョンキ I 遺跡より新しいことは確かであって，ガガーリノ遺跡の年代にひじょうに近いと考える。

A 類（図 81-1～3）　2 は，頭部と脚部を欠失しており復元高は 15 cm，巨大な乳房に丸い腹部をもつ豊満な体形で，乳房の下に両手を添えている。1 は，細かい格子目で頭部を覆って髪をあらわした頭部の破片，コスチョンキ I-2 遺跡出土の 1 例と共通し，A 類よりも古いかもしれない。3 は，超小型で復元高 4.0 cm にもかかわらず，両手まであらわしており，精巧な作りである。

B 類（図 81-4・5，図 82-3）　珍しく頭部から足先まで遺存しているもっとも整った小型品である。頭部に 4 重ないし 3 重に列点をめぐらせて頭髪を表現し，乳房の上部に帯を締めている。3 は下半身の幅が他よりも広い。仕上げ加工は不十分である。高さは，9.8 cm，9.5 cm，8.0 cm であって，ほぼ等しい。

C 類（図 81-6）　尻の突出はほとんどなく，全体に扁平であり，高身長に見えるが，体形は崩れ

134　第Ⅱ部　旧石器時代の女性象徴

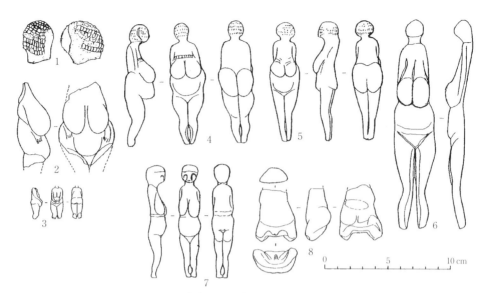

図81　アヴジェーエヴォ遺跡出土の女性小像
1-3 A類，4・5 B類，6・7 C類，8 E類

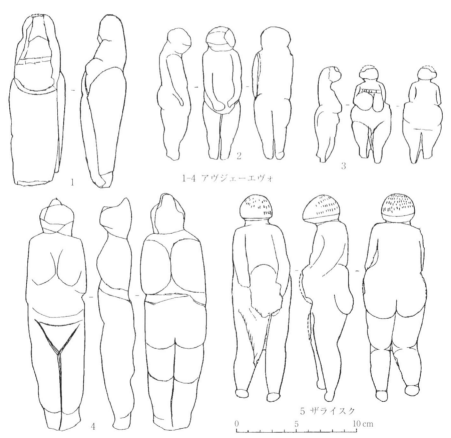

図82　アヴジェーエヴォ遺跡の女性小像の未完成品（1-4）とザライスク遺跡の完成品（5）
1 B類の未完成品，2・4 D類の未完成品，3 B類の変異形

ている。頭髪の表現はない。高さ17.0 cm の大型品である。7 も，体形が崩れ，B 類の規範から外れた新しい傾向をもっている。コスチョンキ D 類よりわずかに先行するのであろう。

D 類（図82-2・4）　2 は，完成が近いが，乳房の表現はない。4 は，頭頂部に切除していない突起をのこした未完成品で，高さ22.0 cm の大型品である。乳房の表現は微弱である。

E 類（図81-8）　脚を広げ膝を曲げた状態をあらわしている。現高4.2 cm の小型品であるが，外陰部をていねいに表現している。コスチョンキⅧ遺跡例と同じく，座産の姿勢をあらわしており，それよりも新しいのであろう*。泥灰岩製。

　　*新石器時代の類例に，テッサリアのアキレイオン出土品があり，M. ギンブタスは「出産の姿勢をとる女性小像」と解説している。腕の位置は乳房の上のようである。セスクロ文化（約8,000 年前）に属する。[ギンブタス（鶴岡訳）1989：164]。

Rus.7　ホトィレーヴォ I の女性小像

ホトィレーヴォ（Khotylevo）Ⅰ遺跡は，ブリヤンスクの北西18 km，デスナ川の右岸にあり，モスクワの南西約350 km に位置する。1969 年の発掘で2 点の女性小像が見つかっている[Soffer 1987]。O. ソファーが1985 年に示した炭素14 年代の24,960±400 B.P. と23,660±270 B.P. の較正年代はそれぞれ30,000 年前，28,000 年前である。

A 類（図版9-134）　象牙製，高さ6.8 cm の小型品。背中をひどく丸め，巨大な乳房と腹部が下に垂れ，著しく変形した体形をもっている（図91-7）。

B 類（図版9-135）　象牙製，復元高12.5 cm の中型品。頭部は極端に小さく，巨大な乳房は尻の位置とほぼ同じ高さまで下っており，これも形態的には異様である。フランスのレスピューグ例を想起させるけれども，ガガーリノ例そしてホトィレーヴォ A 例から引き出せる形態である（図91-8）。

Rus.8　ホトィレーヴォ Ⅱ の女性小像

ホトィレーヴォ Ⅱ遺跡は，同Ⅰ遺跡近くに所在，2009 年の発掘で7 点の女性小像が出土している（図版10-136～142）[Gavrilov 2012, Iakoleva 2013：257]。スヴォボダの目録では，29,000-27,700 年前である。マンモス牙製が3 点，泥灰岩製が4 点，すべて小型品である。136 は，乳房と腹部が一体化している。同Ⅰ遺跡の134 と同形態に至る前に製作を終了したもので，高さ6.1cm。137・138 は頭部破片，139・140 は脚部破片。141 は女性小像2 体を横に並べた状態で作り，切り離す前に壊れた未完成品である。乳房は沈線で長く垂れ下がった状態をあらわし，両脚は沈線で2 本に分け，性的三角形の表現はない。泥灰岩製，高さ6.2cm。142 は，棒状の素材から2 体を作りだす途中の未完成品で，119 のガガーリノ例と同類である。マンモス牙製。

Rus.9　エリセーエヴィッチの女性小像

エリセーエヴィッチ（Eliseevitchi）遺跡は，ブリャンスクの南東45 km，デスナー川の西岸に所在する。コスチョンキ遺跡の西北約400 km のところにある。ロシア平原で現在知られている遺跡では最北に位置し，当時の氷床にもっとも近い。K. M. ポリカールポヴィッチによる1935

年の発掘で１点の女性小像が出土している（図版 10-143）[Polikarpovich 1940]。Z. A. アブラーモヴァが 1967 年に記した炭素 14 年代の 33,000 年前を較正すると 38,000 年前である。マンモスの歯で測った炭素 14 年代が 17,340 ± 170 B.P. という値もある。C. ギャンブルは炭素 14 年代の 33,000 年前を採用している。スヴォボダの目録では，20,500 年前であって，新しい。なお，文化期として設定されているエリセーエヴィッチ期 [Bosinski 1990：79] はソリュートレ期後半に併行し，約 24,000 年前である。この女性小像の年代を 38,000 年前頃と私は考える。

　マンモスの牙製，現高 17.8 cm，復元すれば 21 cm の大型品である。全体形は頭部を欠失，上半身と下半身は４対５の割合で均整がとれている。上半身は細身であるが乳房は大きくその位置は高く，下半身は脚が太く，尻から大腿部は後ろに大きく突出，膨ら脛は幅広く後ろに大きく膨らみ，全体はどっしりとしている。胴部は細く腹部のふくらみはわずかで，横への張り出しはまったくない。性的三角形の表現は簡素である。この型式に属する例は他に知られていない。形態からは妊婦をあらわしているとはいえない。なお，胸に４本，腹に３本の短い横線を彫ってある。一種の入墨を表現しているのであろうか。

ロシア平原の女性小像の変遷

　以上に記述したロシア平原の女性小像を形態的な変化から８段階にわけて諸遺跡出土の女性小像の位置づけをしておくことにしよう（表 10）。

　ここでＩ段階としたコスチョンキ XIV 例は頭部だけの破片で，その特徴を十分に把握することはできないが，約 42,000 年前という点からロシア平原最古例と扱っておく。

　Ⅱ段階に位置づけたエリセーエヴィッチ例は，遺跡からの出土状況が問題である。この遺跡の遺物群を基準にして設定されたエリセーエヴィッチ期の年代は約 21,000 年前で，コスチョンキ Ⅷ 例のすぐあとで，ヨーロッパのソリュートレ期とほぼ併行する [Bosinski 1990：6]。しかし，エリセーエヴィッチ遺跡には 33,000 年前という炭素 14 年代の測定値がある。この型式がコスチョンキ I の後ろにくることも，メジンの諸例の前にくることも考えにくいので，ここではその型式学的特徴からコスチョンキ I 以前にもっていくことにする。同じく，チェコのペトルコヴィッツェ例もグラヴェット期とされるが，その形態的特徴はコスチョンキ I 以前にさかのぼる可能性があろう。

　こうしてみると，次のような変化の傾向を指摘することができる。Ⅱ段階は女性を概

表 10　ロシア平原の女性小像の年代と変遷の推定案

42,000 年前
Ｉ　コスチョンキ XIV
40,000 年前
Ⅱ　エリセーエヴィッチ
28,500 年前
Ⅲ　コスチョンキＡ類
Ⅳ　コスチョンキＢ類　ガガーリノＡ類
27,000 年前
Ⅴ　コスチョンキＣ類　ガガーリノＢ類　アヴジェーエヴォＡ類
Ⅵ　アヴジェーエヴォＢ類　ガガーリノＣ類　ホティレーヴォ
26,000 年前
Ⅶ　コスチョンキＤ類　アヴジェーエヴォＣ類　ザライスク
24,000 年前
Ⅷ　コスチョンキ Ⅷ　アヴジェーエヴォＥ類

念化して形式的に表現していたのが，Ⅲ-Ⅴ段階には写実的になり装身具の着装まであらわしている。Ⅱ段階のエリセーエヴィッチ例とⅢ・Ⅳ段階のコスチョンキ諸例との系統関係は認めることができない。Ⅲ段階の成立については，ロシア平原で独立した動きなのか，ヨーロッパとの交流にもとづくものであったのか問題である。コスチョンキⅠの両腕を縄でつないだ妊婦を写実的に表現した女性小像は，他所から伝わった型式ではなく，眼前にいる女性を写しとったオリジナルの作品の観がつよい。この型式はコスチョンキで誕生した可能性を私は考えたい。

Ⅴ段階を継承したⅥ段階になると乳房は扁平になり，尻の突出もなくなり，全体が扁平化する。そして，Ⅶ段階では身体の厚みは戻るけれども，乳房の表現を省略して，女性小像から遠ざかっている。腕の位置は，Ⅲ-Ⅵ段階を通して，乳房の下に両手を近づけるようにして下げるのが主流で，稀に乳房の上においているガガーリノ例がある。後者は東ヨーロッパの影響である可能性が高い。乳房と尻の位置が等しいホトィレーヴォの1例はガガーリノの1例が著しく変形したものであり，もう1例も同様にヴィレンドルフなど東ヨーロッパの影響を看取することができるだろう。大きさは，Ⅱ-Ⅳ段階までは比較的大型品が多く，Ⅳ段階に小型品が現れ，Ⅴ段階で中型品が主流になっている。Ⅴ段階のアヴジェーエヴォA類とコスチョンキC類は，互いに類似度のきわめて高いものを含んでいる。また，アヴジェーエヴォB類とガガーリノC類との間にも同じような例がある。女性小像の姿形がある集団から別の集団に伝わるさいに，ある集団の特定の人が製作した女性小像が他の集団に運ばれ，新たに製作するときのモデルになったことや，製作する人が動いて製作したことがあったのかもしれない。

以上のように整理すると，女性小像はロシア平原では原オーリニャック期に現れ，Ⅲ・Ⅳ段階のコスチョンキ期に発達するが，Ⅳ・Ⅴ段階をピークにしてその後は衰退すること，年代的には，コスチョンキⅧの年代を尊重するならば，イタリアのフラサッシと同じ頃，グラヴェット－コスチョンキ期末，25,000年前頃に終焉を迎えると考えることができる。

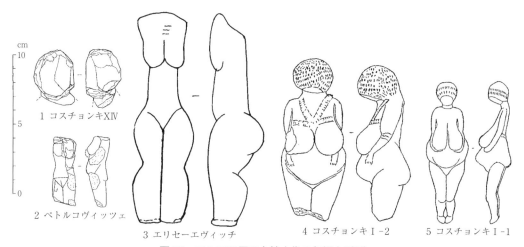

図83　ロシア平原の女性小像の起源と系列

4 シベリアの女性小像

この地域ではロシア平原から東に約5,300km, 北緯50-55度の間, バイカル湖西岸のマリタ遺跡とブレチ遺跡だけから女性小像の発見が知られている。しかし, マリタ遺跡の女性小像の資料は豊富であるので, シベリアでも女性小像が発達していたことを予想させる。

Sib.1 マリタの女性小像

マリタ (Mal'ta) 遺跡は, イルクーツクの西方約85km, アンガラ川の北岸にある (図84)。1928-57年にM. M. ゲラシモフが発掘したときに重複した住居跡を多数検出した (図85)。住居跡から出土した女性小像は28点に達している (図版10・11-144～171) [Gerasimov 1931, Abramova 1967, 木村 1997]。住居群は, 残りが悪い東群 (A群) が古く, 残りがよい西群 (B群) は新しいという。しかし, 女性小像の型式学的な流れは, その逆を示している。炭素14年代には14,750±120 B.P. と 23,000±500 B.P. (骨のイオニウム法) があり, 前者をとれば較正年代は約18,500年前, 後者をとれば約26,000年前であって, その間の開きが大きすぎる。スヴォボダの目録では, 25,300年前である。近年, 測定した炭素14年代の較正年代は24,000年前である。

女性小像は頭部だけのこっていた1例, 抽象化が進んだ2例が大型品で, のこりは小型品または極小型品である。これらを分類するとA類～E類までありA類→B類→C類の順に身体各部の簡略化が進んでおり, 型式変遷を認めることができる。この場所の利用はかなりの年代幅をもっており, 26,000年前という年代は, 断続的に形成されたマリタ遺跡の始まりの時期を示しているのであろうが, 終りの年代を絞りこむことはできない。したがって, 表11に示した年代は仮のものにすぎない。

A類 (図版10-145～148) 頭の表現がある。一見, 頭巾をかぶっているようにみえるが, コスチョンキ型の髪の表現が変化したものであって, 波状に縦の並行線であらわすか, 爪形文を縦に

図84 マリタ遺跡近景 [木村 1997]
遺跡は河岸段丘上の矢印付近に立地。手前は川面がのぞく早春のベラヤ川

第2章 後期旧石器時代前半の女性小像 *139*

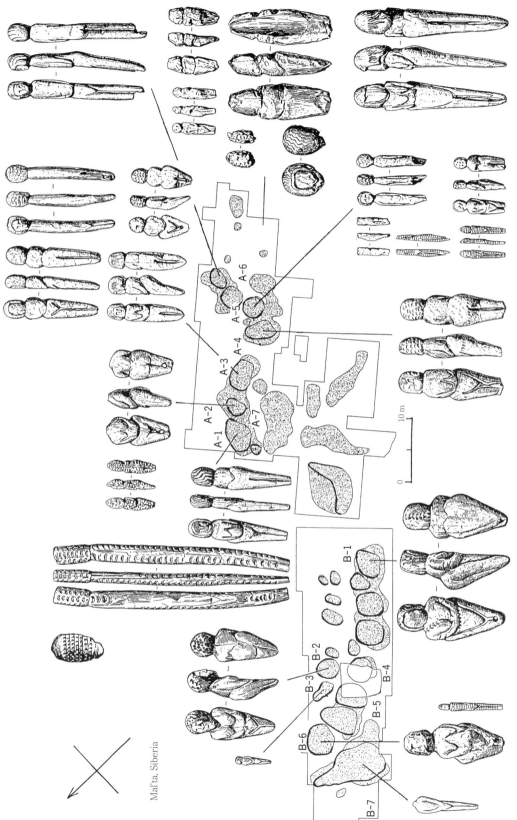

図85 マリタ遺跡の住居跡群と女性像の出土位置 [Abramova 1962, 木村 1997] を改変

連綴してあらわしている。乳房は扁平化している。両腕は乳房の下においている。

 B類（同-149～153） 乳房が沈線表現に変わっており，両腕は輪郭の下の線が段になってのこっている。性的三角形の沈線表現はある。

 C類（同-154・155，図版11-156～158） 髪をもつ頭の表現はある。乳房の表現はなくなるが両腕の表現は段になってのこっている。性的三角形の表現はある。

 D類（図版11-161） 髪をもつ頭の表現はある。しかし，乳房と両腕の表現はなくなり，こけし形になっている。性的三角形の表現だけはある。

 E類（同-167～171） 細身で前面，背面ともに顔面を除く全面に横方向の短い線を多数重ねている一群である。シベリアの寒い環境でのフードつきの上下つなぎの防寒服をきた姿をあらわしていると解釈されるのが普通である。しかし，性的三角形の表現はある。私はヨーロッパ・ロシア平原・シベリアの女性小像の流れを通観して，髪の表現が文様化し，それが拡大して一見着衣のようにみえるのであって，これらも服をつけていない裸体をあらわしていると考える。

 F類（同-171） 抽象化が進んだ長さ21.2 cm，幅1.6 cmの棒状を呈しているもので，これまでヘビをあらわしているともいわれてきた（同-12）。一端にくびれをつくって頭にしている。頭の全面と片面全面に下開きの爪形文を重ねて2列の文様帯をつくっている。反対面は頭の下に爪形文を3つ重ねてその下は無文，最下にまた爪形文を施している。こちらの側を正面と私はみる。爪形文は，マリタ遺跡の他の例とブレチ遺跡の例にある「着衣」，実は髪をあらわした女性小像が変化したものと解釈し，女性小像として扱うことにする。しかし，1例だけでもあり，ヘビの可能性ものこしておきたい。

 これらの女性小像には，動物小像も豊富に伴っている（図版55-274，図版56-275～292）。そのうち大多数は飛翔する白鳥をかたどっており，コスチョンキⅠ遺跡のようなクマやライオンを欠

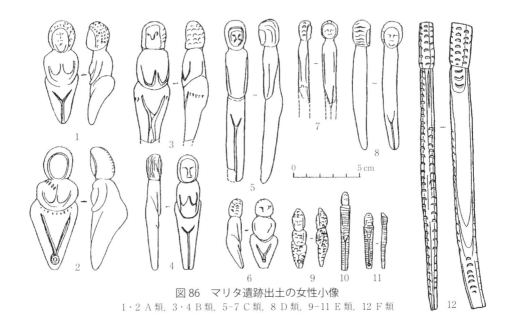

図86 マリタ遺跡出土の女性小像
1・2 A類，3・4 B類，5-7 C類，8 D類，9-11 E類，12 F類

いている。付近の動物相と人々の動物観をあらわしているのであろう。

Sib.2 ブレチの女性小像

ブレチ（Buret'）遺跡は，マリタ遺跡と同じくイルクーツク近くのアンガラ川の流域に所在する遺跡である（図87）。1936-40年のA.P. オクラドニコフが5棟（うち1棟は3号住居によって破壊されていた）の住居跡を発掘，うち3棟の内部の壁際から計5点の女性小像が出土している（図88，図版11-172～176）［Okladnikov 1941, 1960, Abramova 1967］。炭素14年代は21,190±100 B.P. で，較正年代は約25,000年前である。年代はマリタ遺跡よりも古いけれども，女性小像は簡略化が進んでおり，マリタ遺跡の新しい型式と重なるので，問題がある。スヴォボダの目録では，25,300年前である。

A類（図版11-172・175・176） 乳房の表現を欠き，その下の両腕のところに段をつけている。マリタB類に近い。性的三角形は中型品の1点になく，小型品の2点にある。小型品の1点は高さ4.3 cm，幅0.6 cmの細身である。2号住居跡から出土。のこり1点は，段はないが，この類にいる。4号住居跡から出土。

B類（同-174） 細身で顔面以外は全面にわたって下に開く爪形文を施している。乳房の表現はないが，性的三角形はあらわしている。両腕は身体の側に下げている。高さ12.3 cm。マリタE類に類似し，それを大型化した形態である。1号住居跡から出土。

シベリアの女性小像の変遷

以上に記述したシベリアの女性小像を形態的な変化からマリタ遺跡とブレチ遺跡の例を5段階にわけて位置づけをしておくことにしよう。

表11のように並べてみると，シベリアでは次のような変化の傾向を指摘することができる。I段階は頭部だけであるが，ロシア平原・ヨーロッパと共通するドレッドロックス型の髪をあらわしており，ロシア平原の影響下でシベリアの女性小像の製作が始まったことを示している。II-III段階の女性

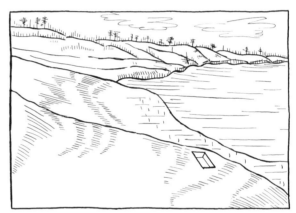

図87　ブレチ遺跡の景観と発掘地点　左が北，右はアンガラ川

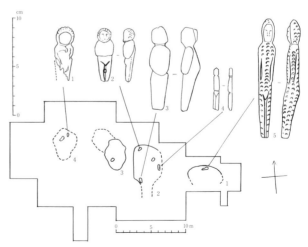

図88　ブレチ遺跡発掘の住居跡と女性小像の出土位置
1・2・3 A類，4・5 B類

小像は乳房と性的三角形を組み合わせて成人女性であることを強調している。しかし，乳房の膨らみは微弱である。Ⅱ段階には頸から腹部にかけて帯をつけている状態をあらわしている例があり，これもロシア平原との関係を示唆している。しかし，Ⅳ段階になると乳房は扁平になり，尻の突出もなくなり，全体が扁平化する。そして，Ⅵ段階では棒状になり，乳房の表現を省略して，女性小像から遠ざかっている。しかし，性的三角形だけは最後までＹ字形に彫ってあらわしてい

表11　シベリアの女性小像の年代と変遷

25,000年前
　Ⅰ　マリタＡ類
　Ⅱ　マリタＢ類
　Ⅲ　マリタＣ類　ブレチＡ類
　Ⅳ　マリタＤ類
　Ⅴ　マリタＥ類　ブレチＢ類
24,000年前

る。腕の位置は，Ⅱ–Ｖ段階を通して，乳房の下に両手を近づけるようにして下げている。ロシア平原の影響と考えてまちがいないだろう。大きさは，小型品が多い。

　マリタとブレチからの出土品のなかに，両脚の付け根付近に穿孔して垂下できるようにしたものがある。その位置からすると，ロシア平原のコスチョンキやアヴジェーエヴォから出土した女性小像の脛の間にあけたレンズ形の孔を円形の孔に変えたものであろうから，この点もロシア平原からシベリアへの女性小像の伝来を示す証拠となる（図91）。

　以上を整理すると，シベリアはロシア平原から女性小像に関する情報が伝わって，26,000年前頃に女性小像を作り始めるが，ロシア平原でも衰退期にはいりかけたⅣ段階のものであったために，乳房がかろうじて膨らみをもつが扁平化しており，そのあと沈線による表現に変わる。そして，まもなく乳房の表現はなくなり，乳房の下にあらわしていた両腕の表現が段になってのこる。最後には，両腕の表現もなくなるがＹ字形の性的三角形だけはのこる。しかし，頭と髪，目鼻口の表現だけは最後まである。シベリアでもマリタ―ブレチ期のうちに女性小像が衰退する傾向をはっきりと示している。終焉の年代は24,000年前頃で，ロシア平原よりは新しいと予想

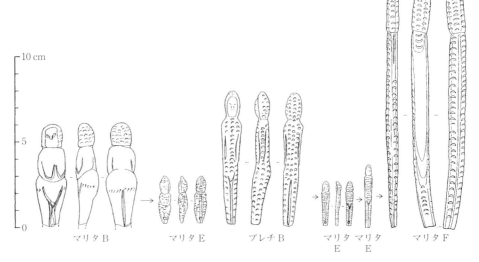

図89　マリタとブレチとの相補関係

する。

5 日本の女性小像

東アジアではこの時期の女性小像は日本からそれらしいものが1例見つかっている。

Jp.1 岩戸の女性小像

大分県清川村岩戸遺跡から1967年に芹沢長介が発掘したときに出土した石製品である（図版11-177・178）［芹沢 1974，芹沢編 1978］。30,000年前の姶良火山灰層の直上からの出土であり，角錐状尖頭器を伴う国府型ナイフ形石器の最終段階であるので，その年代は28,000年前頃であろう。

結晶片岩製，長さ9.6 cm の小型品である（同-178）。コケシ形で，頭部の目と鼻・口の位置を敲打して凹め，後頭部には髪を敲打して表現していると芹沢は観察し，シベリアのマリタ例などと比較して女性小像と主張している。しかし，目・口・髪の表現はそれほど明瞭なものではない。他に加工痕のある結晶片岩の破片（同-177）が2点出土しており，芹沢は女性小像の未完成品とみなしている。

完成品の1点には乳房や女性器の表現はないので，女性小像と断定するのを躊躇させる。他にありうる可能性は男根の表現である。日本列島の後期旧石器時代には明らかな男根形石製品が千葉県大網白里町升形遺跡と東京都練馬区武蔵関遺跡から出土している（図版45-914・915）。しかし，それらは亀頭の膨らみをあらわしておらず，コケシ形ではない。消去法によって岩戸例を女性小像とするならば，それに先行する具象的な女性小像が日本列島にも存在した可能性がある。石製品であればのこっているはずであるが，見つかっていない。この時期の東日本と九州では，彫器が発達しているので，女性小像を製作していたとすれば，それは骨角牙製品であっただろう。

6 後期旧石器時代前半の女性小像の型式変遷

女性小像の完成品と未完成品

後期旧石器時代前半の女性小像の多くは，もちろん完成品であるけれども未完成品も少なくない。しかし，これまでは両者の区別をほとんどしないまま研究を進めてきたのは，ある意味では驚くべきことである。それほどまでにこれまでの形態研究はこの問題に無頓着であった。女性小像のばあいも，石槍などと同じように製作途中で壊れてしまったら廃棄するし，なんらかの理由で製作を中止して廃棄することもあったのである。未完成品の実例のいくつかを示す。

コスチョンキＩの泥灰岩製の1例（図90-1）は，おそらく素材を得るときか，または製作の初期段階での加撃によって亀裂が生じていたにもかかわらず，それが目に見えないようなものであったために，製作を進めていたところ2つに割れて，製作を中止，廃棄したものであろう。表面は削ったさいの条痕がよくのこっており，他例のようなていねいな研磨仕上げをおこなっていない。

マリタのほぼ同じ大きさの例のいくつかを，加工の粗いものから明らかに完成品とみることが

できるものまで，その順に並べてみると，それは製作の諸過程を示しているにすぎないことに気づく（図90-2）。ザライスクの牙製の1例は，これを女性小像というと，あまりにも抽象化されているようにみえるので，異論がでそうであるけれども，これも前後に抉りをいれて，これから細部を彫りこむ予定であったが，中止したものであると説明すれば，容易に納得できるだろう。

アヴジェーエヴォのいくつかの例も，これから細部加工をおこなう予定であったのを中止したものであることは明らかである。

ガガーリノのマンモス牙製の1例（図90-3）は，2点を頭頂部でつないだ長い棒の状態で製作し，最後に近い段階で分割する予定であったようである。この例は，同時に長身・短身の2点を製作することがあったことを示している。身が短いほうは，下半身の表出は終わっているが，乳房の表出は終わっていない。身が長いほうは，下半身の表出を途中で止め，陰阜の下隅付近で切断して，身が短いほうに長さを揃えようとしているようであるが，切断のための線を彫ったところで作業を中止している。

その一方，ホトィレーヴォⅡの泥灰岩製の1例（図90-3）は，2点を並列した状態で加工中に4片に割れたものである。以上の例は，同時に同大のものを2点製作する予定であったことを示している。

もっとも，ここで未完成品としたものも，この状態で使った可能性もある。そこは石製の槍先のような実用の器具とちがうところである。同じことは女性小像の破片についてもいえることで，一部欠損していても使用は可能である。その効果は不明であるけれども……。近くから彫器や象牙・泥灰岩などの剥片・砕片が出土するのか，発見時の状況の検討や欠損部の磨滅の有無などの調査で解明すべき問題であろう。

女性小像の未完成品の存在を認識することは，女性小像の製作過程を復元するうえで意味をもつし，完成品の形態を正確に把握することにつながる。それは，諸例の比較や編年をおこなう前に済ませておくべき作業である。

女性小像の起源

ユーラシアの女性小像の起源について，その年代と型式から考えてみよう。

ロシア平原のコスチョンキⅩⅣの小像は原オーリニャック期に属し，約42,000-45,000年前という年代を採用するならば，ユーラシア最古である。小像は頭部破片だけで，しかもおそらく未完成品であって，型式学的特徴は十分につかめない。しかし，頭をもっているロシア平原の女性小像は，頭をもっていないドイツのホーレ=フェルス系とは明らかに系列を異にする。年代と型式からみてロシア平原の女性小像は，ユーラシア最古と考えるほかないだろう。

ヨーロッパで現在知られている女性小像のなかでは，オーリニャック期に属し35,000年前，40,000年前を上限とするホーレ=フェルス例が最古である。この女性小像には，もともと頭の表現がない。オーリニャック期，約37,000-35,000年前の年代をもつフォーゲルヘルト洞窟（ドイツ）でマンモス，ウマ，ライオン，そして「ライオン人」などの動物小像が発掘されているので，女性小像も含めてこれらはほぼ同時期にドイツのシュヴァーベン地方に出現したことになる。

ガイセンクレステレ（ドイツ）からはオーリニャック期，約35,000年前に属する人物を浮彫り

第 2 章 後期旧石器時代前半の女性小像 145

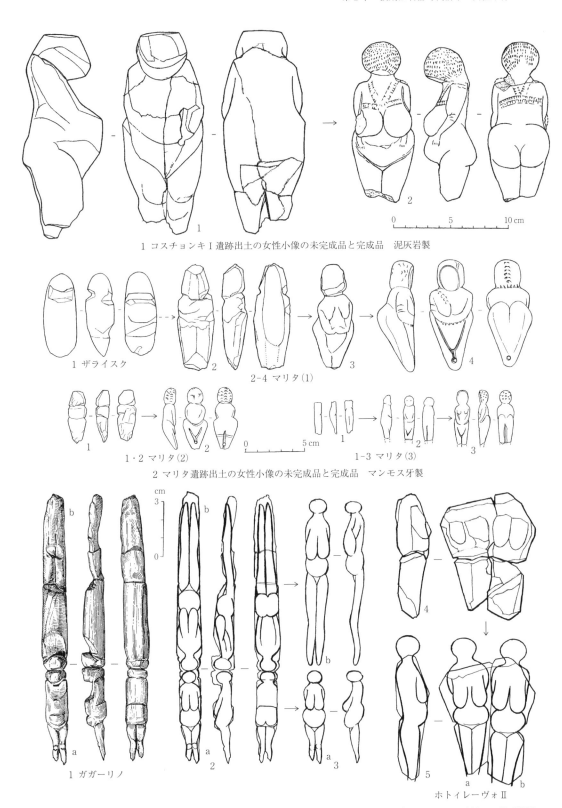

1 コスチョンキ I 遺跡出土の女性小像の未完成品と完成品 泥灰岩製

2 マリタ遺跡出土の女性小像の未完成品と完成品 マンモス牙製

3 分割技法で製作する途中でやめた女性小像の未完成品 (1, 4) と完成予想図 (2・3・5) 1 マンモス牙製, 4 泥灰岩製

図 90 女性小像の製作工程

にした高さ3.8 cmの小牙板（図版2-33）が出土している。両手をあげた人物の男女の区別はつかないけれども、女性小像が出現する前後の状況である。ガイセンクレステレの人物像を独立させると、ガルケンベルク（オーストリア）の「踊るヴィーナス」（同-34）が誕生する。やはりオーリニャック期、約35,000年前である。

　現在の資料で判断するかぎり、ヨーロッパにおける旧石器時代女性小像誕生の地の1つは中部ヨーロッパということになろう。ホーレ＝フェルス例を継承したのは、ヴァインベルク（マウエルン）の女性小像とみられる（同-36）。頭の表現を欠くトラシメーノ（イタリア）例も、同じ系列である（同-29）。この系列は、後期旧石器時代のある時期まで細々とではあるがつづいていたようである。

　その一方、ヴィレンドルフ（オーストリア）やレスピューグ（フランス）の女性小像は、ホーレ＝フェルス系の延長上に位置するとは考えにくいので、別の系列の存在を考えざるをえないだろう。そこでオーリニャック期に属し、年代的にもっとも古いブラッサムプーイ（フランス）に代表される女性小像の一群がホーレ＝フェルス系とは別系列の女性小像の出発点になっている、と私は推定する。「カプーシュ婦人」の高い写実性は、同じオーリニャック期、約37,000-35,000年前の年代をもつフォーゲルヘルト洞穴（ドイツ）の写実的な表現の動物小像（図40）や、ショーヴェ洞窟（フランス）の正確で躍動感あふれる動物を表現した壁画（図131）を想えば、驚くにあたらない。ブラッサムプーイ例をそのように位置づけるならば、西ヨーロッパにおける女性小像の誕生地は、現在知られている資料ではフランス西部が有力候補になるだろう。

　ロシア平原ではコスチョンキXIV例のあととコスチョンキI の諸例までの間が問題である。その間には10,000年以上の途方もない空白期間が存在するからである。コスチョンキXIV例は生まれてまもなく絶えてしまい、コスチョンキI の時期にヨーロッパからヴィレンドルフ型が伝来してコスチョンキ型は成立したのであろうか。そこで私が注目する女性小像は、ペトルコヴィッツェ（チェコ）例とエリセーエヴィッチ（ロシア）例である。

　ペトルコヴィッツェ例は、細身で体形は写実的である。乳房の位置も高く尻の位置とも釣り合いがとれている。年代は中部ヨーロッパのヴルムII／III亜間氷期とされるので、グラヴェット期の他の女性小像と並べて特別に古いとはいえない。

　しかし、ペトルコヴィッツェやエリセーエヴィッチの女性小像の形態がドルニ＝ヴェストニッツェ（チェコ）例やコスチョンキI（ロシア）例の後に現れることも、メジン（ウクライナ）の女性小像の前にくることも、型式学的に考えにくい。エリセーエヴィッチ例は、約33,000年前という遺跡の炭素14年代もある。私は、ペトルコヴィッツェとエリセーエヴィッチの女性小像をコスチョンキI 例の前に位置づける可能性を追求したい。

　そうすると、女性小像は、ロシア平原に原オーリニャック期、約45,000-43,000年前の間に誕生し、その後、オーリニャック期の初め、約40,000-35,000年前の間に、ドイツのシュヴァーベン地方にも現れ、さらに、やや遅れてフランス西部に、ホーレ＝フェルス系とは別系列の女性小像が出現していることになる。ただし、それぞれの地域のなかでの変遷は単純なものではない。ロシア平原のばあいは、コスチョンキXIVとコスチョンキI との間にエリセーエヴィッチを位置づけるとしても、コスチョンキI-2の女性小像はブラッサムプーイの「梨」（*La poire*）やヴィ

第 2 章　後期旧石器時代前半の女性小像　147

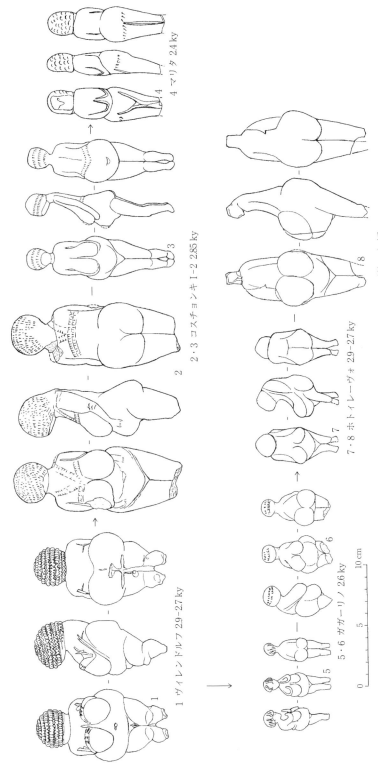

図 91　東ヨーロッパからロシア平原・シベリアへの形態の伝播
遺跡名の後ろの数字は約何万年前かを示しているが、これらの資料が伝播当初の形態と年代を示す最適例というわけではない。

148 第Ⅱ部 旧石器時代の女性象徴

レンドルフ例などからひいてくることも可能だからである。起源と発達とは分けて考えなければ
ならないのか，それとも将来，コスチョンキⅩⅣとコスチョンキⅠとの間をうめる良好な資料が
見つかるのか，これからの調査に待つほかない。

女性小像の変遷

　女性小像誕生後のヨーロッパ・ロシア平原・シベリアでの女性小像の変遷と地域的な変化につ
いてまとめておきたい。

　ヨーロッパでは，乳房の上に細い前腕をおいている例がレスピューグやヴィレンドルフの女性
小像に特徴的に認められる。他の女性小像では，上腕だけで前腕をあらわしていない。

　ロシア平原では，エリセーエヴィッチの女性小像を，コスチョンキⅠ以前に位置づけると，そ
の後のロシア平原の女性小像の変遷については，1遺跡から出土数が多いコスチョンキⅠ，ガ
ガーリノ，アヴジェーエヴォの資料を基準にすることができる。ガガーリノでは，A類（図
91-5）は両腕を乳房の上においているが，他は前腕をはっきりあらわしていない。アヴジェーエ
ヴォのばあいも同様に前腕の表現がない。

　その一方，コスチョンキⅠでは乳房の下に前腕をおくのが普通であって，シベリアのマリタに
も継承されている。前腕の位置によって，ヨーロッパの女性小像とロシア平原・シベリアの女性
小像とは明瞭に区別することができる。このように理解するならば，ガガーリノA類が両腕を
乳房の上においているのは，東ヨーロッパの影響とみてよいだろう。

　それに対して，ヴィレンドルフ（オーストリア）やコスチョンキⅠの女性小像の手首にはめた
腕輪の例（図166-6-8）は，後期旧石器時代末のロージュリ＝バース（フランス）やイストゥリッ
ツ（フランス）の骨板，ラ・マルシュ（フランス）の石礫に線刻した女性つまり妊娠した女性像に
も認められる（同-9～12）。イストゥリッツの女性像は，さらに頸輪や足輪をつけている。メジ
ン（ウクライナ）からは，象牙製の腕輪が発掘されている（同-1・2）。表面に線刻してある斜格子
文や羽状文は，同遺跡の女性小像の腰まわりの文様や，プシェドモスチ（チェコ）などの線刻棒
の文様と共通し，本来的に女性器と関連をもつ文様である。

　後期旧石器時代前半のフランスからオーストリアでは，ブラッサムプーイの写実的な女性小像
に始まり，ヴィレンドルフやレスピューグの女性小像のように肥満化を著しく進めながらも形態
的に整った女性小像へと発展したあと，モンパジエ（フランス）のような異常に変形した女性小
像を生み出している。

　その一方，後期旧石器時代前半の女性小像は，毛髪の表現では，ブラッサムプーイ→ヴィレン
ドルフからコスチョンキⅠのヨーロッパからロシア平原への流れを認めることができる（図
91）。そして，ロシア平原とシベリアとを結ぶと，コスチョンキA類，B類，C類からマリタA
類，B類を経てマリタC類への移行はスムーズであって，明らかに簡略化の道を歩んでいる。
マリタでは，両脚の間に円形の孔を穿って紐を通すのに使っている。この円孔は，コスチョンキ
Ⅰの両脚間のレンズ形の刳り抜きの意味が転じたものであって，これもロシア平原からシベリア
への女性小像の伝播を裏づける証拠になろう（図92）。ロシア平原のばあいも，コスチョンキⅧ
やホトィレーヴォⅠの女性小像は，コスチョンキⅠの女性小像とくらべると，写実性を喪失し退

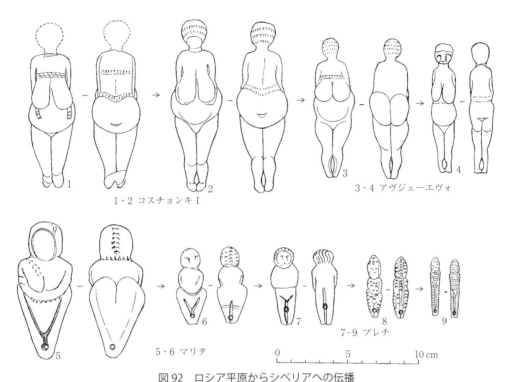

図 92 ロシア平原からシベリアへの伝播
胸帯・腹帯・両腕の表現からその省略へ、垂下した乳房から扁平な乳房へ、そして省略へ、X 形脚の表現から垂下用の円孔へ変化する。コスチョンキ系では前腕を乳房の下におくこと、頭髪を表現することが最後まで守られている。コスチョンキⅠとマリタの年代は約 4,000 年の開きがある。

嬰化していることは明らかである。ロシア平原でも後期旧石器時代前半のうちに女性小像が消滅していく運命にあったことは否定できないだろう。

ユーラシアの後期旧石器時代前半の女性小像を瞥見し、その年代を考慮しながら段階的な位置づけを試みた（図 93）。1 型式 1 点の場合が少なくないのは、この時代の女性小像が個性に富んでいることのほか、本来存在した数千点、あるいは数万点に達する多数の女性小像のうち、私たちが目にしている資料はそのごく一部にすぎないという事情がかかわっているのであろう。

150　第Ⅱ部　旧石器時代の女性象徴

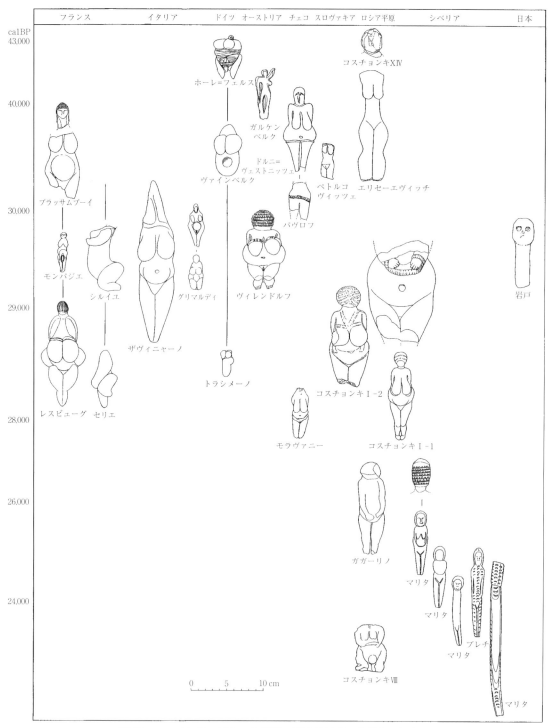

図93　ユーラシア・日本の後期旧石器時代前半の女性像の編年図

第3章　後期旧石器時代末の女性小像

1　女性小像の再誕

　女性小像はグラヴェット期末，約24,000年前を過ぎた頃に消滅した。そのあとソリュートレ期からマドレーヌⅠ・Ⅱ期まではなく，女性小像が再び現れるのは，後期旧石器時代末のヨーロッパのマドレーヌⅢ期（約19,000年前），ロシア平原のメジン期（約18,000年前），シベリア（約20,000年前），日本列島（縄文草創期，約14,500年前）である。再誕した女性小像は，ゲナスドルフ（ドイツ）やメジン（ウクライナ）の例のように，高さが5cmていどの小型品が普通である。そして，ロージュリ＝バースやクールベ（フランス），マイニンスカヤ（シベリア），上黒岩（日本）の諸例のような正面観をあらわす例もあるけれども，ゲナスドルフ例を典型とする正面観よりも側面観を重視し，立体感に乏しい簡便化した例が多い。ピータースフェルス（ドイツ）やモンリュー（スイス）の女性小像にいたっては高さ2-3cmほどの小さなもので，頭部に穿孔した装身具に変わっている（図95）。これを最後にユーラシアの旧石器時代の女性小像の歴史は約12,000年前に幕を閉じる。女性小像が新たに登場するのは，ヨーロッパではそれから約3,500年後の約8,500年前，新石器時代にはいってからのことである。

　日本列島では，約28,000年前の大分県岩戸で「こけし形の石偶」が出現した後，長い空白期間をおいて，縄文草創期中頃，約14,500年前に愛媛県上黒岩に扁平な円礫に乳房と性的三角形を線刻した女性小像が現れる。そして，縄文草創期後半（約13,000-11,000年前，後期旧石器時代末）に近畿地方に土偶すなわち土製の女性小像が出現したあと，縄文早期（11,000-7,000年前，中石器時代）には関東地方をはじめ列島各地に普及し，以後，弥生時代中・後期（2,300-1,800年前）までの1万年間以上にわたって大量に製作・使用をつづける特異な地域を形成した。更新世と完新世の境界は11,650年前（1950年から），ヨーロッパで確立した旧石器／中石器／新石器時代の区分と年代との関係では，更新世の終わりと旧石器時代の終わりは一致している。縄文草創期はヨーロッパの旧石器時代の年代幅のなかに完全におさまっている。比較考古学の立場にたって世界規模で女性小像を取りあげるさいは，縄文草創期の石偶や土偶は旧石器時代ないし旧石器時代併行期の所産として扱わなければならない。

　西アジアのレヴァント地方では，「終末期旧石器」時代のナトゥーフ期（約15,000年前）のエル＝ワド（イスラエル）に石灰岩製の女性小像が現れる。つづく「先土器新石器」時代（約13,000年前）になると，石製の女性小像が増加する一方，土製品も現われ，以後，普及する。

　以下，後期旧石器時代末の女性小像を，フランス，ベルギー，ドイツ，スイス，ポーランド，チェコ，ウクライナ，シベリア，日本，そしてレヴァントの地域に区分してみていくことにする。

2 ヨーロッパの女性小像

グラヴェット期とマドレーヌ期の間は，ソリュートレ期をはさんで約5000年の開きがある一方，グラヴェット期最後の女性小像とマドレーヌ期の女性小像との形態差は著しい。同じ地域の2つの時期の女性小像には関連があるのかどうか。この問題に解答を与えるには，マドレーヌ期の女性小像の起源を明らかにする必要がある。

マドレーヌ期の女性小像の研究は，ゲナスドルフ型を対象とした分析が進んでいる［Bosinski et al. 2001］。しかし，他は例数がわずかであるので，1つの型式として認められるにいたっていない。私は，この時期の女性小像を西のほうからフランスのロージュリ=バース系，ドイツを中心とするゲナスドルフ系，ピータースフェルス系，ポーランドのヴィルチッツェ系としてとらえ，それらの一部をさらに細分する。そのうえで，それぞれの型式の起源を追究する。

フランス
Fr.1　ロージュリ=バースの女性小像

ロージュリ=バース（Laugerie-Basse）岩陰は，フランス西南部のドルドーニュ県ヴェゼール川に面する高さ約40mの石灰岩の断崖の下寄りに位置する（図96）。1864年にエドアール・ラルテが発掘したときに出土した女性小像こそ旧石器時代の女性小像の最初の発見例であった（図97）。頭と乳房がないにもかかわらず，性的三角形と陰裂の表現が観る人に強い印象を与え，発見直後にシュヴェルニー城のヴィブレー侯は *Vénus impudique*（淫らなヴィーナス）の名称をつけて世界に紹介した［Vibraye 1864, Breuil 1907］。以後，この蔑称が通称となったのは遺憾なこと

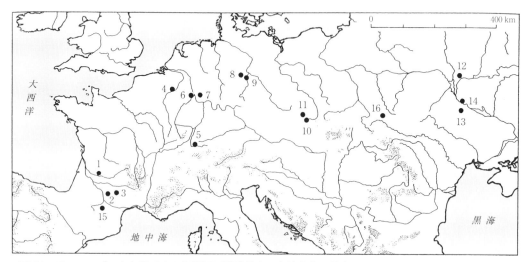

図94　ヨーロッパ・ウクライナの後期旧石器時代末の女性小像の分布［Bosinski 1991］に1・15・16を追加
1 ロージュリ=バース，2 クールベ，3 フォンタレ，4 メガルニ，5 ピータースフェルス，6 アンデルナハ，7 ゲナスドルフ，8 ネブラ，9 エルクニッツ，10 ペカルナ，11 ビチ=スカラ，12 メジン，13 メジリチ，14 ドブラニチェフカ，15 マス=ダジル，16 ヴィルチッツェ

第3章 後期旧石器時代末の女性小像　153

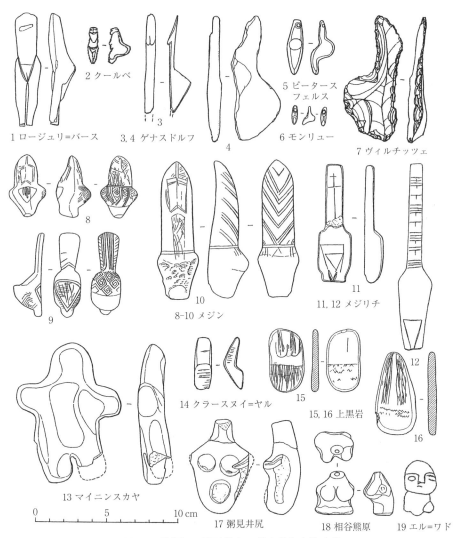

図95　後期旧石器時代末の代表的な女性小像
1・3・8-11・12・14 マンモス牙製, 2 砂岩製, 4 粘板岩製, 5・6 黒玉製, 7 フリント製,
13・17・18 粘土焼成, 15・16 緑色片岩製, 19 石灰岩製
3・4・14 ゲナスドルフ系, 5・6 ピータースフェルス系, 7 ヴィルチッツェ系, 8-10 メジン系,
11・12 メジリチ系, 13 マイニンスカヤ系, 15・16 上黒岩系

であったが, 有名にはなった. しかし, 類品がその後見つからなかったことから, 研究の対象として軽んじる傾向がつづいている. マドレーヌⅢ-Ⅵ期の層から出土, C.コーエンは前14,000年と記しているが根拠は明らかでない. 私はⅢ-Ⅳ期, 19,000-18,000年前と推定する. ヨーロッパの後期旧石器時代末の女性像では最古の位置を占める.

　マンモスの牙製で, 高さ8.0cm, 上半身に頭部と両腕はなく乳房や腹部の膨らみはない. ただし, 頸に相当する個所は他の面とちがって研磨されておらず折れた状態のように見えるので, 実物の精検が必要である. 頭がついていたとすれば, 復元高は約9.5cmの小型品である. 頭部の形状は, 推定すれば, ブルニケ（フランス）の女性線刻画（図97）に近いものであったろう.

1　高さ約40mの石灰岩の断崖の下，左寄りの建物の裏が岩陰となっている。［Roussot（dir.）2001］

2　岩陰の近景［Osborn 1915］

図96　ロージュリ゠バース岩陰の景観
岩陰は後世に物置小屋に利用されている。

胴部の上端よりに斜め横長の浅く細い抉りをいれており，乳房の下縁の線を意識した加工のようである。尻は，低三角形に突出しており，側面形はく字形を呈している。性的三角形つまり陰阜はV字形の深い切り込みの上辺を細い1条の横線で区切り，陰裂は縦に深い1線を彫っている。2本の長い脚は完全に分離して表現している。胸とウェストの幅が同じく細いので少女的といえば，そうも見えるような痩身である。明らかな乳房の表現を欠き簡略化した造形品であるけれども，正面観・側面観とも尊重した女性小像といえるだろう。

Fr.2 マス=ダジルの女性小像

マス=ダジル（Mas d'Azil）洞窟は，フランス南西部のアリエージュ県にある大洞窟（図98）で，内部をアリズ川が流れている。1889年にE. ピエットが発掘した女性小像1点（図99-1）[Piet 1895: 142-143, Pl.IV, Delporte 1979] は，マドレーヌ期という以上の年代のしぼりこみはないけれども，形態的にみると，マドレーヌⅢ期頃であろう。

旧石器時代で唯一のウマの切歯製で，高さ5.2 cmの小型品である*。歯根部分に上半身だけを彫り，歯冠部分に下半身を彫らず，切歯の原形をとどめており，未完成の状態である。しかし，頭部は正面からみると薄いけれども明瞭に作り出し，目鼻を立体的に表現している。乳房を長細く表現しているが，豊満さはない。表現は具象的であって，後に記述するゲナスドルフ系のように抽象化していないのは，時期がやや古いことを示唆している。

　　＊ウマの犬歯製は，同じアリエージュ県のベデラック洞窟出土例がある（図版12-185）。やはり頭部の目・鼻・口と毛髪を細かく浮彫りしている。なお，ラ・マルシュ洞窟からは，ウマの切歯の舌面切縁に性的三角形の下隅がくるように線刻した高さ6-4 cmの小型～超小型品が多数見つかっている（図99-2）。これらは女性器小像として扱い，女性小像からは外して後述することにしたが，女性小像と分類してもまちがいではない。さらに，この遺跡を有名にしている出土品に彩礫がある（同-3～6）。これはタカラガイを模倣した女性器象徴品と考えてよいだろう。

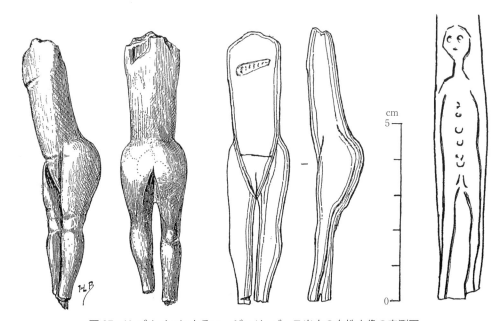

図97　H. ブルイユによるロージュリ=バース出土の女性小像の実測図
ブルイユは，この「ヴィーナス」の「淫らな」表現を回避して正面観を示さなかった（左）。頭部はもともと作っていなかったとされるが，頭部の状態からすると，欠損しているのであろう。頭部があったとすれば，ブルニケの細身の線刻女性（右）と同じような形であったと推定する。正面観と側面観（中）は春成作図。

156 第Ⅱ部　旧石器時代の女性象徴

図98　マス=ダジルの大洞窟の西入口 [Osborn 1915]
洞窟内をアリズ川が流れ，その両岸に旧石器時代の堆積層がある．手前の道路は，洞窟内を貫通している．

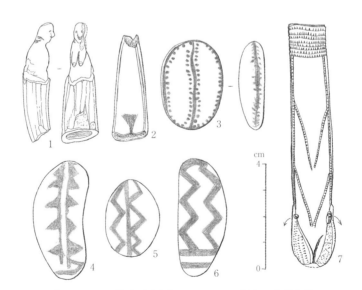

図99　マス=ダジル洞窟とラ・マルシュ洞窟の女性象徴
1 女性小像（馬歯製），2 女性器象徴（馬歯製，ラ・マルシュ出土），3-6 彩礫，
7 女性器の形を線刻した男根形骨製品

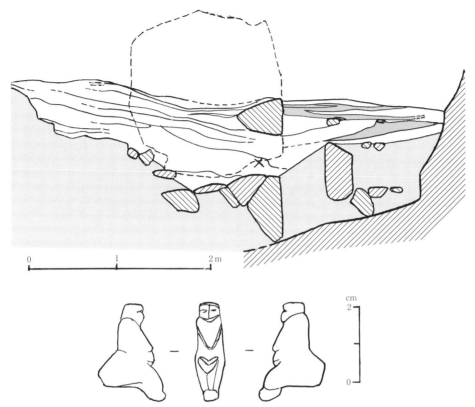

図 100　クールベ岩陰の断面図と「クールベのヴィーナス」[Ladier 1992]
×は出土位置，砂岩製

Fr.3　クールベの女性小像

　クールベ（Courbet）洞窟は，フランス南部のタルン県にあり，その入口（図100）付近から，1986年に女性小像が4点発掘されている [Ladier 1992]。

　A 類（図100）　淡赤色の砂岩製で，高さ2.5 cmの超小型品である。正面幅0.8 cm，側面幅1.8 cmの薄平であるけれども，頭，乳房，膨らんだ腹，性的三角形をしっかりとあらわし，尻は大きく台形に突出している。ただし，乳房は左右を合わせてV字形に1つにまとめている。平面上におくには，側面を上下にするしかない。炭素14年代は，11,100±160年前と11,750±300年前で，較正年代は13,299-12,752年前と14,556-13,084年前である。約14,000年前とすると，マドレーヌⅣ期であるが，形態的にはマドレーヌⅢ期18,000年前までさかのぼるようにみえる。

　B 類（図版12-187～189）　3点の石製品があり，187は扁平な礫の周囲を僅かに加工して女性の側面形をあらわしたもので，高さ6.0 cmの小型品。188は，く字形をした砂岩の自然礫にわずかに研磨を加えたていどで，現高8.0 cm，下端を欠損とみれば復元高8.5 cmの小型品である。189はおそらく粘板岩の縦に細長い角の丸い三角形をした自然礫をわずかに研磨したもので，高さ5.0 cmである。いずれも，かろうじて女性小像といえるような抽象的な造形品である。

158 第Ⅱ部 旧石器時代の女性象徴

Fr.4 パトーの女性小像

パトー岩陰（Abri Pataud）は，フランス南西部のドルドーニュ県にあり，女性小像が1点出土している（図版12-190）。

赤い石（rouge veinee）で作った高さ8.5 cm，幅1.7 cmの小型品である。角の丸い細長い三角形でやや扁平な棒状を呈し，長辺には彫器を使ってより大きな板状の石から溝を彫って切り離した痕跡をのこしている。片面は両端に長軸に並行する短線をそれぞれ1本彫っている。これをG.デュアールらは陰裂（vulva）の表現とみている［Duhard *et al.* 2014：76-77］。反対面には中央に3本の平行線を襷かけするように彫っている。グラヴェット前期（ペリゴールⅣ期）に属するという。この形態は，クールベ（フランス）出土品に類例があり，マドレーヌ期であれば，問題なく女性小像として扱うだろう。しかし，グラヴェット期とすれば異例である。マドレーヌ期と私は推定し，ここに掲出しておく。

Fr.5 グールダンの女性小像

ポリニャン（Polignan）洞窟は（図101），フランス南西部のオート＝ガロンヌ県グールダン（Gourdan）にあることから，グールダンと呼ぶのが普通である。1871年にE.ピエットが発掘をおこなったさいに女性小像が1点出土している（図版12-182）。ゲナスドルフ型に分類されているが，装身具になりきっているので，マドレーヌⅥ期，約13,000年前と私は推定する。

石製，長靴形で頭部に紐通しの孔を1つあけて装身具としている。頭，乳房の表現はなく，尻は丸い。脚を前に伸ばして座っている姿を抽象化しているようにもみえる。高さ4.1 cm，幅2.0 cmの超小型品である。

Fr.6 フォンタレの女性小像

フォンタレ（Fontalès）岩陰は，フランス南西部のタルヌ＝エ＝ガロンヌ県サン＝アントナン（Saint Antonin）にあり，女性小像が2点出土している（図版12-193・194）［Lorblanchet und Welte 1987，Welte et Lambert 1992］。

1点は，トナカイの肢骨製で，正面からみると棒状，側面形は関節部を利用して丸い頭を作り，尻を突出させている。高さ5.6 cmの小型品。もう1点は，トナカイの肢骨の両端を切断したままで，尻を丸く突出するように加工している。ゲナスドルフ型の未完成品であろう。高さ4.1 cmの超小型品である。

ベルギー・ドイツ・スイス・ポーランド・チェコ

この地域ではドイツのゲナスドルフ遺跡とアンデルナハ遺跡から出土した女性小像が量・質ともに豊富で基準資料としての位置を占め，ゲナスドルフ型としてとらえられている。他の遺跡からの出土品の多くは，ゲナスドルフ型との関係で説明が可能である。

Bel.1 メガルニの女性小像

メガルニ岩陰（Abri de Megarnie）は，ベルギー南部のリエージュ州に所在する。女性小像が1

図101　グールダンのポリニャン洞窟の入口（モルティエによる）

点出土している（図版12-191）[Dewez 1974-76]。

　マンモスの牙製，扁平な作りで，側面形で女性をあらわしているが，頭と乳房の作出はない。尻の側面形は丸い。上半身の側面幅が広いので，ゲナスドルフ型の未完成品と考えたい。高さ6.0 cmの小型品である。

Ger.1　ゲナスドルフの女性小像

　ゲナスドルフ（Gönnersdorf）遺跡は，ドイツ中西部のラインラント＝ファルツ州ノイヴィート市に所在する開地遺跡であって，ライン川の低位段丘上に立地する。1968年，1970-76年にゲルハルト・ボジンスキーが中心になって発掘調査をおこない，大型住居2棟，大型テント1，小型テント1の遺構を見出している（図102）[Bosinski 1991, Höck 1993, ボジンスキー（小野訳）1991]。ボジンスキーの解釈では，大型住居（径8 m×7 m）を冬に使い，夏には北方に移動，その一方，夏には西方から別の集団がやってきて小型テントを使ったという。大型住居付近から出土するフリントは北ドイツのバルト産，小型テント付近のフリントはマース産で，排他的な傾向が顕著であった。女性小像および女性像を線刻した粘板岩の板石は，発掘区の東南隅，1号大型住居付近に集中していた。女性小像は「ゲナスドルフ型」と呼称され，ドイツ，フランスの諸遺跡からの発掘例は多く，ロシア平原のメジン遺跡出土の女性小像のなかにも含まれている[Höck 1993]。

　マドレーヌⅤ期に属する。その年代は当初は動物骨の炭素14年代が12,380±230年，12,600±370年を得たことから，ベーリング亜氷期にあてられた。しかし，その後，炭素14年代の再測定をおこない，複数の年代の中央値をとって較正した年代は15,145年±155年前となり＊，最古ドリアス期に変更されている。

　　＊日本の上黒岩石偶の約600年前ということになる。

160 第Ⅱ部 旧石器時代の女性象徴

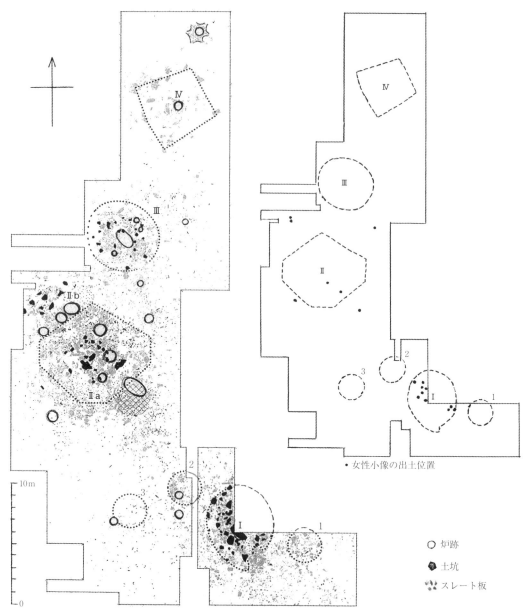

図 102　ゲナスドルフ遺跡の居住遺構の分布図［Bosinski *et al.* 2001］から作成
Ⅰ-Ⅳは冬の大型住居，1-3は夏の簡易小型テントと推定。

第3章　後期旧石器時代末の女性小像　161

図103　ゲナスドルフ遺跡の集落復元図［Valentin 2011］
ハンノキの幹を柱にしてウマの皮を張った住居からなる。

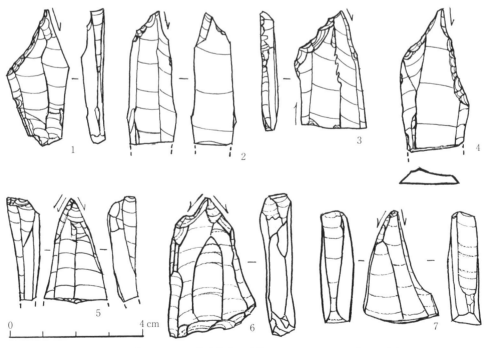

図104　ゲナスドルフ遺跡出土の彫器［ボジンスキー 1991］から作成
1-5 フリント，6・7 頁岩

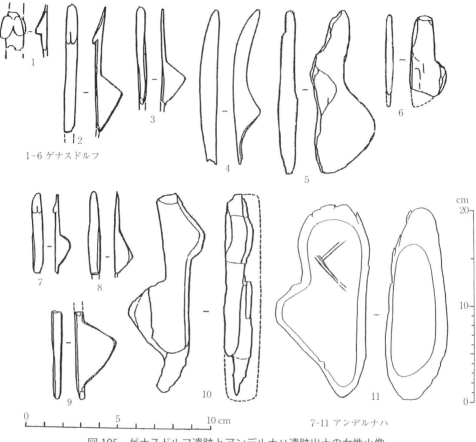

図105　ゲナスドルフ遺跡とアンデルナハ遺跡出土の女性小像
1・2・7 A類, 3・4・8 B類, 5・6・10 C類, 11 D類
1・2・3・7-11 マンモスの牙製, 4 トナカイの角製, 5・6 粘板岩製

　ゲナスドルフの女性小像は，マンモスの牙のほか，トナカイの角，粘板岩，黒玉を材料にしており，その数は15点以上，内容は多様で3つに細分できる（図版12-207-221）。
　もっとも多い象牙製品は，象牙の表面から薄片を取り出し，切断→研磨の工程を経て完成したもので，頭部の表現はなく，細い棒状の上半身に角の丸い三角形または角が尖った三角形に突出した尻と細く短い脚をもっている。乳房を立体的に小さく表現したものと省略したものがある。これは上半身がのこっているばあいにのみ区別できる。腹部の突出はまったくない。性的三角形の表現はない。正面側の幅は著しくせまい。
　A類　乳房を小さく細長く立体的に表現している（図105-1・2）。4点出土している（図版12-207・208・210）。尻は，角の尖った三角形を呈する。高さ5.0-9.5 cm，正面幅0.6-1.0 cm，側面（尻）幅1.2-1.5 cmの小型品である。
　B類　乳房の表現を欠いたもので，5点出土している（図105-3・4）。ゲナスドルフの大部分はこの類に含まれる（図版12・13-211〜215）。正面から見ると，単なる棒にしか見えないものがあり，明らかに側面観を重視した形態である。性的特徴を表現しようとする意識は微弱である。高

第3章　後期旧石器時代末の女性小像　163

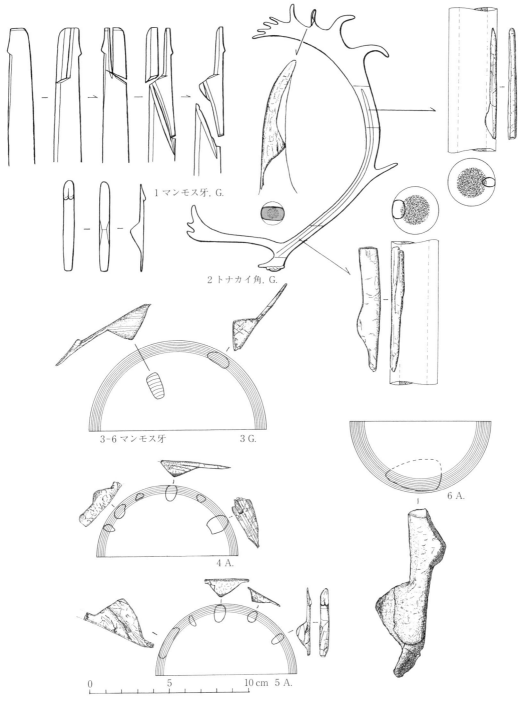

図106　ゲナスドルフ遺跡（G）とアンデルナハ遺跡（A）における女性小像の原材の取り方
［Höck 1993］から作成

さ 6.0-8.5 cm，幅 0.5-1.0 cm の小型品である。

C類　石製品は，粘板岩の薄い板を打ち欠いて尻の部分を突出させて，女性の側面形をつくっている（図 105-5・6）。乳房は，意識的にわずかに突出させたものがある。高さ 4.0-8.6 cm，正面幅 1.0-1.8 cm，側面（尻）3.6-6.5 cm の小・中型品である（図版 13-216～221）。正面から見ると，幅の狭い棒状である。うち 1 点（同-216）は，男性像の線刻画がある板石を再加工している。これを女性小像とみるのは筆者の推定である。

Ger.2　アンデルナハの女性小像

アンデルナハ（Andernach）遺跡は，ドイツ中西部のラインラント＝ファルツ州アンデルナハ市に所在する開地の遺跡であって，住居跡が見つかっている。ライン川を挟んでゲナスドルフ遺跡の対岸に位置し，両遺跡間の距離は 1.4 km を測るにすぎない（図 171）。マドレーヌ V 期で，炭素 14 年代は 12,820±130 B.P. と 13,200±140 B.P.，おおよそ 15,000 年前，16,000 年前の較正年代がある。大中小 10 点の女性小像が見つかっている ［Höck 1993］。

A類（図版 13-222）　乳房を小さく細長く立体的に表現している。尻は，角の丸い三角形を呈する。高さ 4.2 cm，幅 0.6 cm の超小型品である。

B類（同-223）　乳房の表現を欠くものである。尻は，角の尖った三角形を呈する。報告者のボジンスキーやヘックは，ゲナスドルフ型では尻の上斜辺の角度は緩やかで下斜辺の角度は急であるとの観察例にもとづいてこの例の上下を決定している。しかし，その案では上半身があまりにも細いので，私はその逆とみている。現高 4.2 cm，復元高約 5 cm の小型品である。

C類（同-227）　マンモスの牙から剝片を得て，女性小像の側面形を作ったものである。正面からみると同じ幅の単なる棒にしかみえない。

D類（図版 14-235）　マンモスの牙の先端近くを丸ごと利用し，段を設けて尻をあらわしただけの単純な形態で，高さ 21.0 cm，幅 6.0 cm の大型品 1 点である。側面に 2 本の浅い線で V 字形を彫っている。

Ger.3　ネブラの女性小像

ネブラ（Nebra）遺跡は，ドイツ中東部のサクソニ＝アンハルト州ネブラ町に所在する開地遺跡である。マドレーヌ V 期，炭素 14 年代は 12,950-13,950 B.P.，較正年代は約 16,000-17,000 年前である。象牙製 2 点，鹿角製 1 点，砂岩製 1 点が出土している（図版 12-201～204）［Feustel 1970］。

A類（図版 12-201・202）　マンモスの牙製。正面幅は狭いが，乳房を小さく細長く立体的に表現している。尻は，角の丸い三角形である。高さ 5.2 cm，側面幅 1.0 cm の小型品。もう 1 点は骨製。復元高 7.5 cm，側面幅 1.0 cm の小型品。2 点とも尻の角が尖った三角形を呈するゲナスドルフ例よりも古い型式であろう。

B類（同-203）　トナカイの角製。A 類と基本形は変わらないが，乳房の表現を欠いている。復元高 7.5 cm，側面幅 1.1 cm の小型品。

C類（同-204）　砂岩のく字形の細長い自然礫を利用している。先端は使用後の欠損か。高さ

9.6 cm。

Ger.4　エルクニッツの女性小像

エルクニッツ（Oelknitz）遺跡は，ドイツ中央部のテューリンゲン州ローテンシュタイン村にある開地遺跡であって，1956年以来の発掘で住居跡8棟から計6点の女性小像が出土している（図版12-196～200）[Feustel 1970]。マドレーヌⅤ期で，炭素14年代は12,350-10,940 B.P.，較正年代は約16,000-15,000年前である。

A類（図版12-195・196）　マンモスの牙製，高さ4.8 cmの超小型品である。乳房を小さく細長く立体的に表現している。下半身の前縁は後ろに曲がっており，女性の側面形をよくあらわしている。ゲナスドルフ系のなかでは古い傾向をもっているといえるだろう。もう1点は，尻が後ろに著しく突出した尻の部分だけが遺存している。腹部を凹めているのは，乳房から腹にかけての曲線をあらわしているのであろう。

B類（同-197～200）　砂岩製の高さ10.6-5.8 cmの小型品4点である。長円形の扁平な礫を選び，一側縁を打ち欠いて凹めることによって女性の側面形をあらわしている。199はその個所を研磨して仕上げている。

Ger.5　ホーレンシュタインの女性小像

ホーレンシュタイン（Hohlenstein）洞窟は，ドイツ東南部のバイエルン州エダーハイム村にあり，女性小像が1点見つかっている（図版12-206）[Wagner 1984]。

マンモスの牙製で，尻の突出によって女性小像とわかるていどであって，細部加工は進んでいない。長さ4.8 cmの超小型品で，形態からみると，マドレーヌⅤ期のゲナスドルフ型の未完成

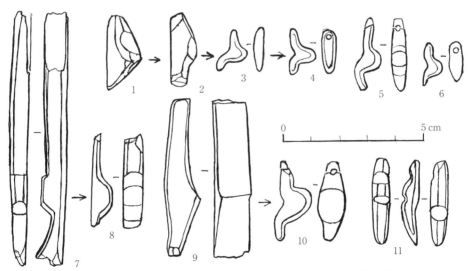

図107　ピータースフェルス遺跡出土の女性小像とその製作工程
1-3・7-9：未完成品，4-6・10・11：完成品

品である。

Ger.6　ガルジッツの女性小像

ガルジッツ（Garsitz）遺跡は，ドイツ中央部のテューリンゲン州ケーニヒゼー＝ロッテンバッハにあり，女性小像1点を出土している（図版12-205）[Feustel 1970]。マンモスの牙製，長い上半身に尻だけをつけ，脚の表現を省略したスプーン形の退化型で，頭と乳房の表現はない。高さ6.8 cmの小型品である。形態から年代を推定すると，マドレーヌV－VI期，約16,000-15,000年前ころであろう。

Ger.7　ピータースフェルスの女性小像

ピータースフェルス（Petersfels）遺跡は，ドイツ西南部のバーデン＝ヴュルテンベルク州エンゲン村に所在する。1970年代に未完成品を含む21点の女性小像が出土している。黒玉（jet, 水中で化石化した樹木のことで，亜炭と呼んでもよいか）に穿孔して装身具として作ったものと，装身具でないものがある（図107, 図版13-230～234, 14-236・237, 15-239～252）[Mauser 1970]。フェーダーメッサー期で，炭素14年代は11,700±90 B.P.，12,160±96 B.P.，較正年代は約14,000年前である。

　A類（図版15-239～250）　黒玉製で，側面形は腹をくぼめ尻を後ろに突き出したく字形で，高さ4.0-1.5 cm，幅1.1-0.5 cmの極小品である。頭や乳房の表現はなく，上端に正面と背面を貫く孔を穿っており，紐に通して身につけたようである。ゲナスドルフ型が装身具に変わった形態としてピータースフェルス型を設定することができる。

　B類（図版13-234）　前面の上部に抉りを作って頭をあらわし，腹部に抉りをいれて胸をあらわし，後ろにもくぼみをいれて尻をあらわしている。頭部の穿孔はない。

　C類（同-230～233）　断面方形の長い棒状で，前面は平坦面で乳房の表現はなく，背面は緩やかな山形に作って尻をあらわしたほぼ完成品（233）と，稜や段を作って尻をあらわしただけの明らかな未完成品もあり，この類はゲナスドルフ型であろう。

　D類（図版15-251・253）　側面形を三角形に加工しただけの石製品で，2点ある。A類のブランクの可能性が高い。

　E類（図版14-236）　扁平な骨片の周囲を打ち欠いて上から円形を3つ重ねる形で頭，胸，腰の形にしたあと，左右の乳房を円形に線刻して女性を正面形であらわした高さ15.4 cmの大型品である。この時期には他に例がない。

　F類（同-237）　扁平な石灰岩の板石の周囲を打ち欠いて，頭はなく尻を突出させることで女性の側面形をあらわしている。

Swit.1　モンリューの女性小像

モンリュー（Monruz）遺跡は，スイス北西部のヌーシャテル市にあり，1989年と2005年の発掘で，装身具になった女性小像4点が出土している（図版15-238・253～255）[Egloff 1990, Bullinger et al. 2006]。マドレーヌ後期，炭素14年代は13,000 B.P.，誤差を±100とすると，較正年代の15,852-15,254年前は古くですぎており，約14,000年前と推定する。

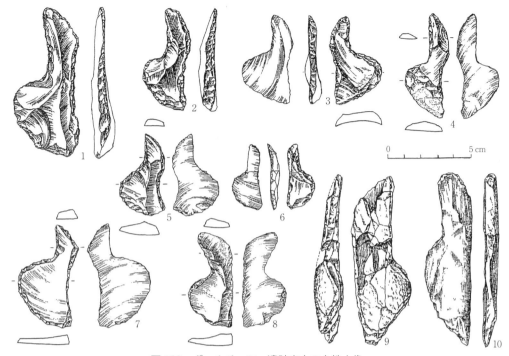

図 108　ヴィルチッツェ遺跡出土の女性小像
1-8 フリント製，9 マンモス牙製，10 鹿骨製 [Fiedorczuk et al. 2007]

　ピータースフェルス例と同じく，黒玉製で，側面形を重視し，頭部に穿孔して装身具として作ったものである。ピータースフェルス例とくらべると，1点は復元高4.0 cmで大きめであるが，のこりの3点はさらに小型化したもので，高さ1.2-1.5 cm，幅0.6-0.4 cmの極小型である。ヨーロッパの旧石器時代でもっとも新しい例であろう。

Pol.1　ヴィルチッツェの女性小像

　ヴィルチッツェ（Wilczyce）遺跡は，ポーランド南西部のヴィルチッツェ村に所在する。1994年，H. コワルウスカ－マルスザレックの発掘でフリント製の女性小像が51点，マンモスの牙製が1点，骨製が2点出土している（図108，図版15-256-273）[Fiedorczuk et al. 2007, Schild 2011]。遺跡の年代は，マドレーヌV期，炭素14年代は，12,870±60年前，13,180±60年前があり，それぞれの較正年代は15,320-15,050年前，15,780-15,410年前を示している。

　A類（図版15-256-270）　フリント製品は，主として縦長の剝片を利用し主剝離面側はそのままにして，背面側の縁辺に細かな剝離加工をおこなって女性の側面形をあらわした打製品で，一見，打製の剝片石器を思わせる。上前部をわずかながら突出するように形づくっているのは，乳房を意識してのことであろう。尻を三角形に大きく突出させることによって女性であることをあらわしている。正面からみると細部加工を施したサイド・スクレイパーの刃部をみるのと変わるところはない。主剝離面を下においたばあい，左向きが6点，右向きが7点ある。最大例は高さ8.5 cm，厚さ1.3 cm，最小例は高さ4.0 cm，厚さ0.5 cmの小型品〜超小型品である。

B類（同-271~273）　マンモスの牙とシカの骨の剥片を利用して周辺を打ち欠いて女性の側面形
をあらわしたもので，牙製品が1点，骨製品が2点ある。牙製品は高さ10 cm，厚さ1.6 cm，骨
製品は高さ10 cm，厚さ0.9 cmと，高さ7.7 cmの小型品で，いずれも胸部の突出はない。ゲナ
スドルフ系の未完成品であろう。

Cz.1　ペカルナの女性小像

ペカルナ（Pekarna）洞窟は，チェコ東南部のブルノ近くのモクラ＝ホラコフ自治体にあり，コ
ステリック洞窟（Kosterik）の別名をもつ。女性小像が1点出土している（図版15-275）［Delporte
1979：152］。マドレーヌV期，約16,000年前，約15,000年前の年代がある。

　マンモスの牙製で，側面形をく字形につよく屈折している。ヨーロッパの研究者は上下を逆に
して示すことが多いけれども，私は他の諸例と比較して上下を決めた。頭の表現はなく，く字形
の突出で乳房をあらわし，尻は丸く大きい。正面形は，縦に長い紡錘形であって，女性像らしさ
はない。復元高4.5 cmの小型品である。ゲナスドルフ系であるが，扁平なゲナスドルフ例とは
異なり，丸味をもっている。

Cz.2　ビチ＝スカラの女性小像

ビチ＝スカラ（Byči skára）洞窟は，チェコ東部のアダモフ町とクルティニ村の間のジョセフォ
フスカヤ渓谷にある。黒色を呈する石製の女性小像が1点出土している（図版15-274）［Valoch
1961］。高さ9.9 cmの棒状の小型品で，自然礫をわずかに研磨加工しているらしく，中ほどの下
よりが尻のように突出していることから女性小像とみられている。両面に連続鋸歯文を線刻し，
鋸歯内は複線でうめている。上端には斜めに弧を描き，そのなかに円形を細く線刻しており，亀
頭の表現のようにも見える。

ヨーロッパの女性小像の最後

ヨーロッパの後期旧石器時代後半のソリュートレ期には，女性小像の確実な例は存在しない。
後期旧石器時代末になっても，バドゥグール期～マドレーヌⅠ・Ⅱ期の報告例はない。女性小像
は，マドレーヌⅢ期またはⅣ期になって初めて現れる。しかし，この時期の例はきわめて少な
い。ロージュリ＝バース例は，これまで頭と乳房の表現を欠いており，性的三角形だけを強調し
ているとされてきた。しかし，今回の検討では，頭は欠損したものであり，乳房の表現も痕跡的
にのこしていると推定した。クールベ例は，測定年代は新しいけれども，ほぼ同じ時期の可能性
を考えると，超小型品であるが，頭と乳房の作出はロージュリ＝バース例よりも明らかであり，
尻の突出はより著しい。以上は，正面形も側面形も抽象化の程度はまだ著しくないけれども，尻
が後ろに突出する傾向はすでに現れている。側面形を重視するゲナスドルフ型が現れるのは，次
のマドレーヌV期である。

　マドレーヌV期には，ゲナスドルフやアンデルナハの象牙製品，粘板岩の板石製品，ヴィル
チッツェのフリント製の打製品など，材質や加工方法はさまざまであるけれども，最後には正面
形を無視して側面形だけになる。頭は作らず，乳房の作出は微弱か，またはないものが普通にな

第 3 章　後期旧石器時代末の女性小像　*169*

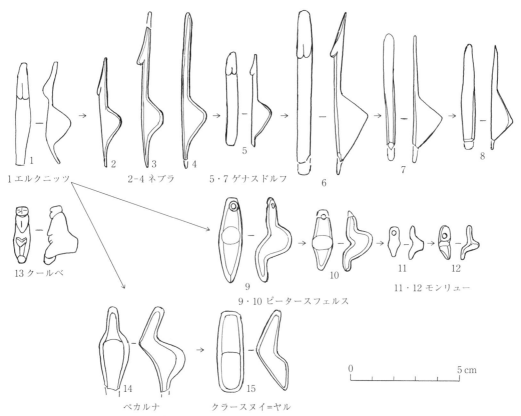

図 109　ゲナスドルフ系女性小像の型式変遷
クールベ例は形態的にはエルクニッツ例に先行するようにみえるが，炭素 14 年代は新しく出ており，正確な位置は不明。チェコのペカルナ例，シベリアのクラースヌイ＝ヤル例の存在によって，ゲナスドルフ系が中央ヨーロッパからはるかシベリアまで伝播した事実を知ることができる。

る。G. ボジンスキーはこれらをまとめてゲナスドルフ型と称したけれども，あくまで大別したときの呼称であってゲナスドルフ系として括ったほうがよいだろう。

　マドレーヌⅥ期になると，ピータースフェルス例，モンリュー例のように装身具になり，いっそう小型化が進む。

　そして，マドレーヌ期をすぎ，アジル－フェーダーメッサー期に僅少例や子安貝起源の女性器象徴である彩礫をのこしたあと，約 11,000 年前に旧石器時代の女性小像の歴史は幕を閉じる。ヨーロッパに三度(みたび)，女性小像があらわれるのは，新石器時代，約 6,500 年前の「古ヨーロッパ」すなわち南はエーゲ海地方から，北はスロヴァキア，ポーランド南部，ウクライナ西部まで及ぶ一帯においてである［ギンブタス（鶴岡訳）1989］。

3　ウクライナの女性小像

　ウクライナのメジン遺跡は，エリセーエヴィッチ遺跡のすぐ南に位置する一方，コスチョンキ遺跡群からは西へ約 410 km 離れている。遺跡の分布状態からみて，デスナ川流域からドン川流

170　第Ⅱ部　旧石器時代の女性象徴

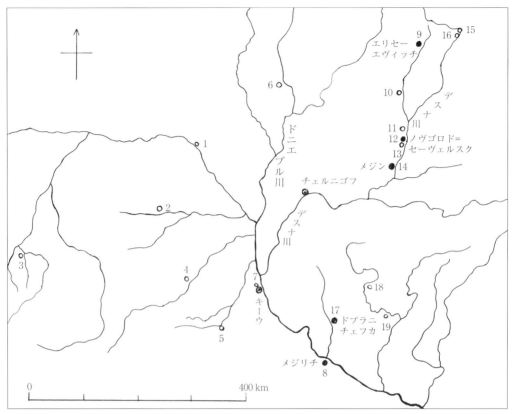

図110　ウクライナの後期旧石器時代遺跡の分布図［ビビコフ 1985］
1 ユロヴィッチ，2 ドヴギニチィ，3 ゴロドク，4 ラドムィシリ，5 ファストロフ，6 ベルドィク，7 キリルロフスコエ，8 メジリチ，9 エリセーエヴィッチ，10 ユーディノヴォ，11 プシカリ，12 ノヴゴロド＝セーヴェルスク，13 チゥラトヴォ，14 メジン，15 スポネヴォ，16 チモノフカ，17 ドブラニチェフカ，18 ジラフカ，19 ゴンツィ

図111　メジン遺跡の遠景［ビビコフ 1985］
遺跡は写真のほぼ中央の平坦面に立地している。

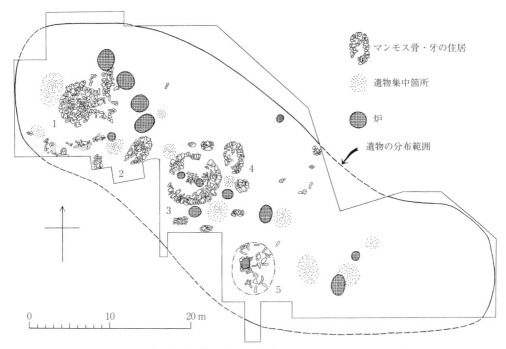

図112　メジン遺跡の住居跡の遺存状態［Shovkopliyas 1965］から作成

1号と2号，3号と4号の大・小の住居はセットで共存，5号に伴う小型住居は完全に破壊されているか，または本来存在しなかったと推定する。女性小像を出土したのは2号住居と3号住居だけである。女性小像の型式変遷によると，2号住居が古く，3号住居は新しいので，大型住居は5号→2号→3号の順に建てかえられ，同時共存は大・小の2棟ということになる。建物の分布範囲は，コスチョンキⅠ遺跡の居住域に相当する。

域は1つの地域ととらえてよいだろう。コスチョンキ期とメジン期の間は約3000年の開きがある一方，コスチョンキ期の女性小像とメジン期の女性小像との形態差は著しい。同じ地域の2つの時期の女性小像には関連があるのかどうか。この問題に解答を与えるには，メジン期の女性小像の起源を明らかにする必要がある。

　私はメジン遺跡の女性小像を分類し，それぞれの型式の起源を追究する。

Ukr.1　メジンの女性小像

　メジン（Mezin）遺跡は，キーウの北東225 km，ノヴゴロド・セーヴェルスクの南東約25 kmに位置し，デスナ川の西岸の段丘上に立地する（図111）。これまで5棟の住居跡が見つかっている（図112）。20世紀前半に Th. ヴォルコフが発掘したさいに2号住居跡から7点，3号住居跡から6点，その他から1点の計14点の小像が見つかった（図版16-276〜293）。ヴォルコフ以来，Z. A. アブラーモヴァにいたるまで男根や小鳥をあらわしたものと解釈してきたが［Volkov 1912, Abramova 1967］，性的三角形の存在に注意した I. G. ショフコプリヤスが女性小像と訂正した［Shovkopliyas 1965］。それほど女性の体形から離れた造形品である。もっとも，アブラーモヴァは1995年の著書でも男根像としている［Abramova 1995：fig. 15・16］。ボジンスキーやヘックはメジン例をすべてゲナスドルフ型に含めている［Bosinski 1991, Höck 1993］けれども，それは行き過ぎであって，メジン型として括るべきである。マドレーヌⅢ-Ⅴ期と併行する。炭素14年

172　第Ⅱ部　旧石器時代の女性象徴

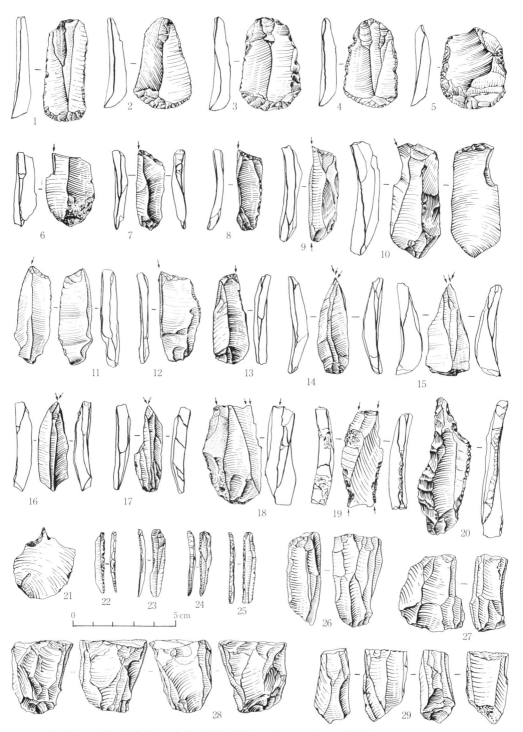

図113　メジン遺跡出土の女性小像等の製作に用いたフリント製石器［ビビコフ 1985］から
1-5 掻器，6-19 彫器，20・21 石錐，22-25 細石刃，26-29 石核

図114　メジン遺跡の生活想像図［Jélinek 1975］

代は27,500±800年前，15,100±200年前で，較正年代は33,853-30,248年前，18,825-18,021年前である。私は後者の年代を採用する。これらを製作するための彫器は他の器種とくらべると圧倒的に多く，報告書には290点を図示している（図113）。

　メジン例は，象牙の先端を縦に削いで，その面を正面にして，そこに線刻している。腹部の突出はなく，腰は横に張り出し後方にも突出しどっしりとしている。形態のうえでは頭の明瞭な表現はない。上端には本のページを左右に広げ，その上に2本の線を伸ばした開頁文（open page pattern），腰には性的三角形を線刻している。したがって，下半身の上に上半身を省略していきなり頭部をつけた特異な形状をもっていることになる。メジン遺跡の女性小像はA〜D類の4類があり，それぞれに型式変化が認められる。

　A類（図115-1〜4）　メジン型のなかではもっとも小さい一群で，2号住居跡から6点出土している。高さ4.4-2.3 cm の超小型品。丸い腰部に短い上半身とさらに短い脚部をもち，上半身に開頁文，腰部の正面に逆三角形の性器を線刻している。開頁文を顔とみればそれぞれ2本線による目，口の表現がもっとも整っている。腰の性器の表現は小さい。うち1点（図版281-278）は，腰部の背面に縦に3条の線を3単位施し，その間を重菱文と羽状文でうめている。縦線は長い毛髪を3つに分けて後に垂らしているように見える。

　B類（図115-6・7）　A類を長くしたようなもので下端に膨らみをもつ長い棒状の小型品で2号住居跡から2点出土している。男根形とされることもある。メジンでもっとも大きな1点（同-6）は，先が尖った厚いヘラ状の上半身の正面に顔と性器を線刻している。腰部の形は自然であるが，脚部への移行はスムーズである。口の直下に描いた性器は垂れ幕状で逆三角形ではない。背面に逆V字形を2本1単位で重ねて描いている。その最上部は菱形を2重に線刻している。高さ9.8 cm の小型品である。

　もう1点は，細長いもので，背面から側面にかけての全面に連続羽状文を線刻している（同

174 第Ⅱ部　旧石器時代の女性象徴

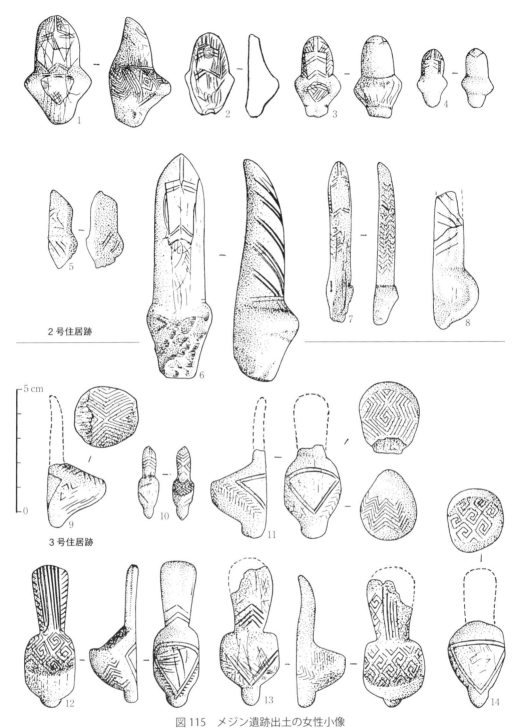

図115　メジン遺跡出土の女性小像
1-7：2号住居跡，9-13：3号住居跡，8：住居跡の周辺
正面形を側面形よりも重視している，性的三角形を強調している，正面から背面まで施文しているなどの諸点において，メジン系はゲナスドルフ系と明らかに系譜を異にしており，出自の違いを明示している。

-7)。顔の表現は確かであるが，性器の表現は不鮮明であって，下開きの羽状文になっているようにみえる。高さ 6.9 cm の小型品である。

C類（図115-9〜14）　当初，鳥と間違われたもので，半球形の腰部にヘラ状の上半身と，きわめて短い脚がついている高さ 6.0-2.9 cm の小型・超小型品の１群で，３号住居跡から６点出土している。腰の後方への突出の度合いはもっとも著しい。上半身の顔は，A類とB類にくらべると顔の輪郭はなく機械的に逆V字形の線を重ねているだけである。背面は中央に縦に5-7本の線を２束に分けて施しておそらく長い毛髪をあらわし，その両側に雷文または羽状文を重ねている。腰部の性器の逆三角形は，２重線で正面いっぱいに大きく鮮明に線刻している。腰部の背面から側面にかけて，雷文と羽状文を線刻している。この文様は牙製の腕輪の文様と同じである。顔の表現は後退し，性器の表現は誇張している。

D類（図115-8，図版16-291〜293）　ゲナスドルフ系に近い女性小像で，メジン系に混じて見つかっている。乳房の表現はなく，脚は短いか，またはない。高さ 6.5-3.5 cm の小型・超小型品。291 の上半部側面に横向きにした時，縦線１本に左右からそれぞれ並行斜線３本が交わる線刻は，性的三角形の表現であろう。

　メジン系の頭部の開頁文について，A. D. ストリャールは「魂のいれもの」として胸郭部をあらわしているとする。その一方，Y. A. シャポワルは図像全体を「毛皮の頭巾をかぶった人間をいちじるしく様式化して描いたもの」とみている［ビビコフ 1985：25-26］。プシェドモスチ（チェコ）の象牙に線刻した女性像の頭部の表現を参考にしてみると，開頁文の上下の二重山形文は目と口をあらわし，上に延びる２本線は結った髪をあらわしているようにみえる（図116）。しかし，その断定は開頁文に先行する，より具象的な図像が見つかり分析できる日がくるまで避けておきたい。

　メジン系は，メジン遺跡の２号住居跡からA類・B類のうち６点が出土，３号住居跡およびその付近からC類の６点が出土しているので，A類とB類はほぼ同時期ということになる。全体の形態はA・B→Cの順，顔の表現はA・B→Cの順，女性器の表現はA→Cの順，女性器の大きさはA→Cの順に変化している。ここでは，上半身に顔，腰部に性器を線刻したA類がもっとも古く，なかでももっとも整然とした作りのA類を最古例と想定しておく。上半身に顔面も性的三角形も集約したB類はA類よりやや新しく，顔の表現が崩れたC類はさらに新しく，B類とC類はA類から派生したものと考えておきたい。

　メジン遺跡では女性小像は，５棟の住居跡のうち，２号住居跡から７点，３号住居跡から６点出土し，１号・４号・５号住居跡からは１点も出土していない。１号は径 5.5 m の円形，２号は長径 4.2 m，短径 2.1 m の長楕円形，３号は径 6.5 m の円形，４号は長径 4.0 m，短径 2.3 m の長楕円形，５号は径約 5 m の円形であって，１号と２号，３号と４号は形態・規模が異なり，機能の違いを想わせる。１号と２号，３号と４号は一組で使用されていたと考えたい。２号住居跡の女性小像は，３号住居跡のそれよりも型式学的に古いので，１号と２号は，３号と４号よりも古く，５号は建築資材のマンモスの頭骨や牙が少ししか残っていないので，５号→１号・２号→３号・４号の順に住まいは移動し，この範囲内では同時併存は大小２棟だけであったことになる。そうすると，メジン遺跡のこの地点での人口は 10 人前後であったと推定できるだろう。

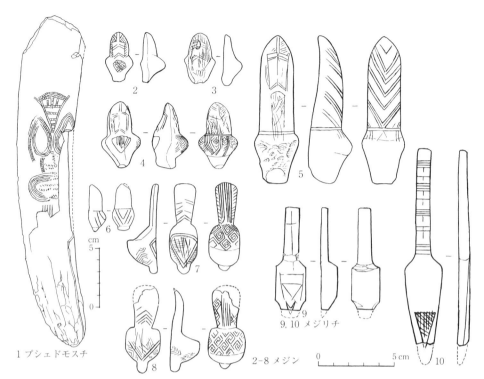

図 116 プシェドモスチの女性線刻画とメジン系・メジリチ系女性小像との比較
線刻の手法で身体を描くという点では共通するところがあるが，両者の間には
数千年間の空白があるので，安易に結びつけることはできない。

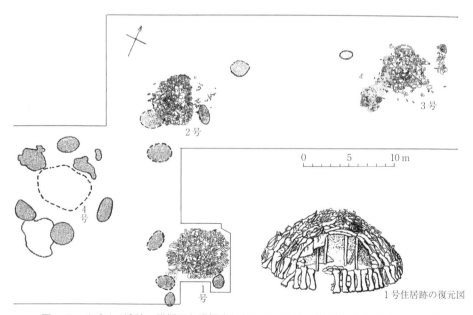

図 117 メジリチ遺跡の発掘区と発掘されたマンモス骨の住居跡群〔Pidopličko 1976〕

Ukr.2　メジリチの女性小像

　メジリチ（Mezhirich）遺跡は，ウクライナのキーウの南東 102 km，ドニエプル川の南岸に位置する開地遺跡で，メジン遺跡の南西 272 km に位置する。1970 年 I.G. ピドプリチコの調査によって住居跡 4 棟が発掘され，抽象化がひじょうに進んだスプーン形の女性小像が出土している［Pidopličko 1976］。女性小像として報告されたのは 3 点であるが，他に性的三角形や羽状文を線刻したスプーン形ないしヘラ形の象牙製品が出土している［Boriskovskii 1984］。これらはすべてメジン型の女性小像とは別系統のものであって，次の A 類以外は女性象徴として扱ったほうがよいと私は考える（図版 39-587～589）。ヘックの目録では，炭素 14 年代は 14,400±250 年前と 12,900±200 年前があり，その較正年代は 18,255-16,988 年前，16,788-14,826 年前である。

　A 類（図版 16-296）　象牙製で，胴部がひじょうに細い三味線形で，正面の下端に逆三角形を線刻していることによって初めて女性小像と認定できるほどである。上半身は幅せまくスティック状，腰部は後方に尻を突出させている。脚の表現はない。上半身の正面中央に縦線を 1 本彫ったあと上よりに短い横線 1 本を交差させている。下半身は細い線で逆三角形を 2 個所重複しないように上下にずらせて沈刻し，最下には V 字形に少し幅広い線で深く沈刻している。つまり性的三角形を三重に彫っていることになる。おそらく下から上に向かって，少し時間をおいて 3 回彫ったのであろう。高さ 6.8 cm，幅 2.0 cm，厚さ 1.1 cm の小型品である。下端は折損して 5 mm ほど短くなっている可能性がある。

　B 類（同-297）　上半身は細長い鋤柄状で，短線を 4 本 1 単位にして 4 単位重ね，それぞれの間に短線 1-2 本を挿入，横線の最下に短い線 1 本を垂下している。横線文は，連続羽状文を直線化することによって生まれた文様であろう。下半身は，チモノフカ例（図版 39-593）を参考にすると V 字形に尖った下端が折損しているようで，現在の下端に三角形を細い線で沈刻し，そのなかを斜格子文でうめている。ただし，次の C 類とあわせ，女性小像とは別の器種とみたほうがよいだろう。現長 13.0 cm，復元長 15 cm，厚さ 7 mm の大型品である。

　C 類（図版 39-587～589）　スプーンないし鋤の形をもち，587 は短柄に目と口，反対面に粗い格子文を施し，588 は縦・横方向に連続羽状文，589 は三角形を線刻している。三角形や羽状文を女性器の象徴的な表現とみて，B 類との形態的な類似性から，女性象徴の一種としてここに掲出しておく。588 は現長 11.4 cm，推定復元長 13.3 cm，幅 3.6 cm，厚さ 5 mm の中型品，589 は現長 13.0 cm，復元長 14-18 cm，復元幅 3.0 cm，厚さ 7 mm の中型品である。

Ukr.3　ドブラニチェフカの女性小像

　ドブラニチェフカ（Dobranicevka）遺跡は，ウクライナのキーウの南東 140 km，ドニエプル川の東岸，スポイ渓谷に位置する開地遺跡で，メジリチ遺跡の約 100 km 北東に位置する。1953-1970 年代の I. G. ピドプリチコ，I. G. ショフコプリャスの発掘調査で住居跡 4 棟を検出，石製の女性小像が 2 点出土している（図 118）［Shovkopliyas 1972：187］。マンモスの臼歯の炭素 14 年代は 12,700±200 年，較正すると 15,705-14,245 年前である。

　3 号住居跡出土品（同-1）は砂岩の自然礫にわずかばかりに研磨を加えて三角形にして，尻の突出に見せかけたもので，高さ 7.8 cm。1 号住居跡出土品（同-2）は，黄色の琥珀の礫を利用し

178 第Ⅱ部 旧石器時代の女性象徴

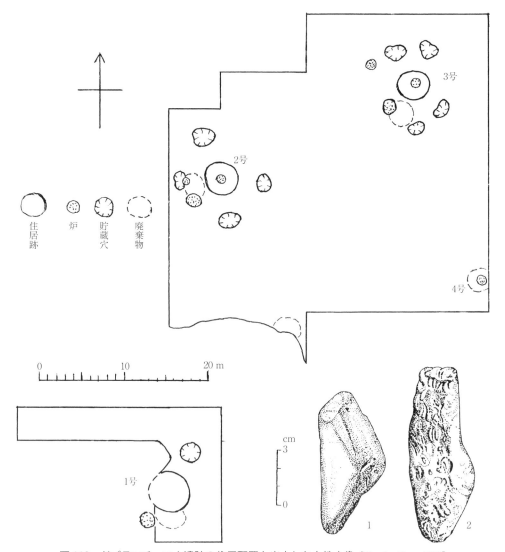

図118 ドブラニチェフカ遺跡の住居配置と出土した女性小像 [Shovkopliyas 1972]
1 砂岩製, 3号住居跡出土 2 琥珀製, 1号住居跡出土。琥珀はバルト海岸に産地がある。

てわずかに研磨してトルソとしたもので，高さ9.5 cmの小型品である。

Ukr.4 バリン=コシュの女性小像

バリン=コシュ（Balin Kosh）遺跡は，ウクライナのオデーサの南東約320 kmにある（図版16-298）[Abramova 1967]。詳しい年代は不詳である。

楕円形の扁平な礫石の上端に縦3本，横2本の沈線で逆T字形をつくり，下端に山形に逆V字形の線刻を4本重ねている。逆T字形を鼻と目，逆V字形を女性器の表現とみて女性小像と考える。高さ6.5 cm，幅3.5 cmの小型品である。

バリン=コシュ例は，現状では孤立している。しいていえば，メジン型の開頁文を単純化した

表現ともとれる。女性小像の製作と使用が習俗として生き，考古資料として後世に残るためには，本来大量に存在しなければならない。ロシア平原に限ったことではなく，ユーラシアの女性小像に関して私たちがもっている知識はまだごく僅かにすぎないのであろう。

ウクライナの後期旧石器時代末の女性小像の変遷

　後期旧石器時代前半には，コスチョンキ，アヴジェーエヴォの諸例に代表される乳房と尻の存在を強調し，頭も表現した女性小像が発達していた。しかし，コスチョンキ期が存続している間に，その型式は著しく崩れ，最後には消滅した。

　後期旧石器時代末のロシア平原に新たに登場した女性小像の最古例はメジンの諸例である。出土点数は多く，抽象化が進んだ独特の形態をもち変化に富んでいる。しかし，形態のうえから明らかに頭を表現しているといえるものは1点もない。コスチョンキで重視していた豊満な乳房の表現もない。後期の前半と末の女性小像にみられる極端な違いは，女性像を見る目に変化が生じたと考えるほかない。メジンの女性小像に線刻した図像は，性的三角形以外は開頁文など抽象的な表現であるので，何をあらわしているか意見がわかれる。ヨーロッパでロージュリ＝バースの具象的な小像から始まってゲナスドルフ系が成立していることを考慮すると，ロシア平原にもメジン系に先行する，もう少し具象的な女性小像が存在することを予想すべきなのであろう。

　メジン遺跡には，メジン系が多くを占めるなかで，ゲナスドルフ系といってよい例がある（図版16-292・293）。ヨーロッパとロシア平原との間に，まだ多数の遺跡と資料が埋まっており，連続的につながっていたのか，それとも両地方をつなぐ交流網が存在し，製品が伝来したのか人が来たのか，石器・骨角器の比較・検討によって解明すべきことである。東ヨーロッパからロシア平原へゲナスドルフ系の伝播を認めうるのに対して，メジン系にその逆の動きを認めることができない事実は，この時期の交流が単方向であったことを意味しているのであろう。

　メジリチ例は，メジン系よりもさらに抽象的かつ単純な形態をもっており，スプーン形または鋤形の外形だけで，性的三角形の線刻がなければ，女性小像として扱われることはなかっただろう。チモノフカ例は，メジリチ系のおそらく最後の姿である。女性小像らしからぬメジリチ系の起源をメジン系に求めることは困難である。スプーン形の祖型を探すと，チェコのドルニ＝ヴェストニッツェ出品品がその有力候補にあがる（図版39-574）。これは長さ39.5 cmの細長いスプーン形の象牙製品である。両面の全面にわたって細かな羽状文を線刻し，匙部と柄との境には羽状文を用いて錨形の図像をあらわしている。象徴化した女性器の表現であろう。しかし，匙部の先端は両端とも著しく磨滅しており，実用に供したことは明らかであって，これは女性小像とは異なる機能をもつ別の器種である。メジリチ例やチモノフカ例は女性象徴ではあるけれども，女性小像からは外したほうがよいだろう。メジリチA類は下半分が後ろに突出している形状を尻の抽象的表現とみて女性小像に含めたけれども，系譜的にはB類，C類とつながっている。

　ドブラニチェフカ例は，腰を中心とする胴体だけの表現で，スイスのモンリュー例と共通する。しかし，直接的な関係を考えるよりも，メジン系の簡略型とみたほうがよいだろう。

　ロシア平原のばあいも，ヨーロッパと同様，後期旧石器時代末に再誕した女性小像は，女性的特徴の表現が後退し，小型化が進んでいる。この事実は，十分に考察すべき大きな問題である。

180 第Ⅱ部 旧石器時代の女性象徴

女性小像の素材となったマンモスの牙の主は，ヨーロッパ，ロシア平原中央部，シベリア東北部では，14,000 年前まで生息していた。ただし，ロシア平原の北部では 11,000 年前まで生き残っていた。ヨーロッパではトナカイはマンモスと同じ時期に絶滅している［Texier et Delpech 2011：23・26］。ヨーロッパだけでなく，ロシア平原でも，ステップやツンドラに適応したマンモスとトナカイの消長と旧石器時代の女性小像は運命をともにしたのである。

4　シベリアの女性小像

Sib.1　クラースヌイ＝ヤルの女性小像

クラースヌイ＝ヤル（Krasnyi-Yar）遺跡は，シベリアのイルクーツクの北約 125 km，アンガラ川東岸のオサ近くの段丘上にある開地遺跡であって，マリタ，ブレチ両遺跡は近い。1957 年の発掘で 1 点の女性小像が出土している（図版 16-300）［Abramova 1967, Delporte 1974］。クサビ形の細石刃核を伴っているので，その年代は 16,000 年前頃であろう。

マンモスの牙製で，側面形の前面はく字形で乳房の突出をあらわし，背面はクランク形で尻の突出をあらわしている。しかし，正面形は単に屈折した棒状であって，抽象化が著しい。頭部や脚部の表現はない。高さ 3.7 cm，幅 1.1 cm，厚さ 0.8 cm の超小型品である。チェコのペカルナ例をいっそう抽象化すれば成立するような型式である。

Sib.2　マイニンスカヤの女性小像

マイニンスカヤ（Maininskaya）遺跡は，シベリアのエニセイ川の上流クラスノヤルスクから南々西 345 km にあるマイナ村から南へ 4 km，支流のウイ川付近にある。1980 年の S. A. ヴァシーリェフの発掘で出土した土製品，つまり土偶が，1 点だけ知られている（図版 16-299）［Vasil'ev 1985, 木村 2000］。土偶は第 5 文化層の炉から 4 m 離れた位置にのこされていた。その 20 cm 上の第 4 文化層の炭素 14 年代は 12,910 ± 100 BC，12,980 ± 130 BC である。スヴォボダの目録では，較正年代は約 20,500-19,300 年前である。

粘土で成形後に焼成したもので，表裏とも扁平な作りで，頭部・両手・胴部・脚部の区別があり，両手を広げ両脚を下ろした奴凧形を呈する。正面観を重視していることは確かであろうが，顔の表現はなく，乳房も性的三角形の表現もない，きわめて単純な形態である。高さ 9.6 cm，幅 7.3 cm，厚さ 1.9 cm の小型品である。

シベリアの後期旧石器時代末の女性小像の変遷

シベリアは地域の面積が広大であるにもかかわらず，後期旧石器時代末の女性小像の発見は，まだ 2 点にすぎない。

マイニンスカヤ例は，シベリア最古であり，しかも粘土焼成の土偶である。ドルニ＝ヴェストニッツェ，パヴロフの土偶はパヴロフ期のうちに終わっているようであるから，マイニンスカヤ例との関連を説くことはできない。系譜的にはどことも関連する例が見つかっていないのが現状である。

第 3 章　後期旧石器時代末の女性小像　　181

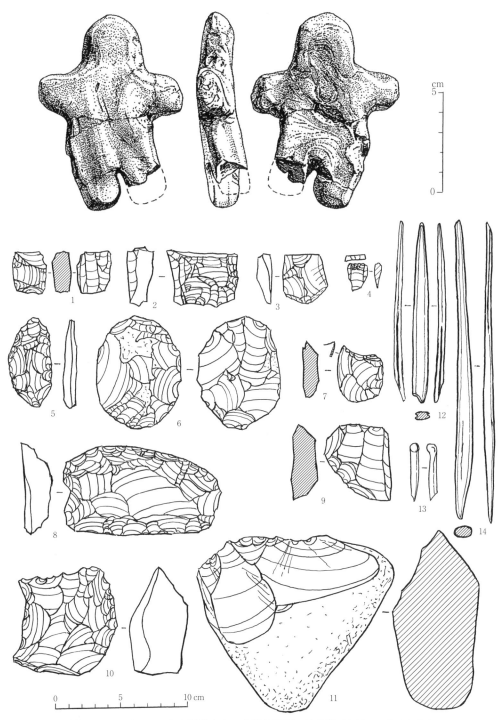

図119　マイニンスカヤ遺跡出土の土偶と石器・骨角器［木村 2000］から作成
1-4 細石刃核，5 尖頭器，6 楕円形掻器，7 嘴状石器，8 削器，9 小石刃核
10 両刃石器，11 礫器，12 骨製植刃尖頭器，13 骨製髪留め，14 骨製尖頭器

182 第Ⅱ部 旧石器時代の女性象徴

　それに対して，クラーススヌイ=ヤル例は，極端な抽象化を進めているので，一見，女性小像には見えない。しかし，東ヨーロッパのペカルナ例をより単純化するならば容易に成立する形態であって，ゲナスドルフ系の最終型式の１つである。

5　日本の女性小像

Jp.1　上黒岩の女性小像

　上黒岩岩陰は，愛媛県久万高原町（旧・美川村）に所在する遺跡である。1962-70年の発掘で礫石に女性を線刻した石偶が13点出土している（図版17-301〜313）［春成 2009］。縄文草創期の細隆起線文土器に伴い，較正年代は14,500年前，ヨーロッパの後期旧石器時代末，マドレーヌⅤ−Ⅵ期と年代的に併行する関係にある。

　上黒岩の女性小像は，緑色片岩の楕円形のうすく扁平な礫の片面（正面）に髪，乳房，性的三角形のすべて，またはその一部を線刻している。性的三角形は従来，腰蓑または腰巻とみなされていた縦方向の複線また横方向の鋸歯文のことであるが，それは陰毛をあらわし，素材の礫の半円形の輪郭とあわせて，女性器を表現していると私はみる。

　上黒岩型の石偶は大きく３類に分けることができ，３類のそれぞれに変遷を認めることができる。

　A類（図版17-301〜303）　髪・乳房とスダレ文による性的三角形のすべてあらわした301と302の例がもっとも整っており古いのであろう。302の反対面は，中央に描いた横一線の下に横方向に鋸歯文を３本線刻しており，次のB類と共通する。301は高さ4.7cm，幅3.8cm，302は高さ4.5cm，幅2.4cmの超小型品である。303の左の乳房は確認できない。

　B類（同-305〜312）　髪はあるが乳房の表現はなく，下半は横方向に鋸歯文2-3本を線刻したものである。310・312は性的三角形の位置に不鮮明な線刻をのこすだけである。305は高さ5.9cm，幅3.0cm，308は高さ3.9cm，幅1.7cmの超小型品である。

　C類（同-313）　２条の線刻で髪の表現をわずかにとどめているものである。

　同遺跡からはさらに，礫の形状と材質は石偶と同じでありながら線刻をもたない礫が４点出土している（図19）。高さ5.4-2.9cm，幅3.7-1.8cmの超小型品。これも使用したと解釈するならば，上黒岩には石偶の古い段階から新しい段階まで，さらに線刻を失った段階まですべて揃っていることになり，石偶の歴史が１遺跡で完結していることになる＊。

　　＊縄文草創期の石偶として私も取りあげたことのある鹿児島県の２例［春成 2020：132-133］について
　　ふれておく。これらは発掘後まもなく観察したことがあったが，2022年８月に中園聡らと精検する
　　機会を得た。その結果，１点は石偶と断定できず，もう１点は石偶ではないだろう，と判断した。
　　　掃除山の資料は，鹿児島市下福元町後迫の丘陵尾根上に立地する開地遺跡から，1990-91年に県道建
　　設に先だって鹿児島市教育委員会が発掘調査した際に出土した［出口編 1992］。桜島薩摩火山灰（約
　　13,000年前）の下から隆起線文土器を伴う竪穴住居跡２棟，配石炉などが見つかっている。線刻のある
　　砂岩礫は，「第２の道具の可能性があるが，有溝砥石であった可能性も残される」として報告された。
　　その後，牧野遺跡から線条をもつ小礫が見つかり，それとの関連で女性小像の可能性が考えられるよう

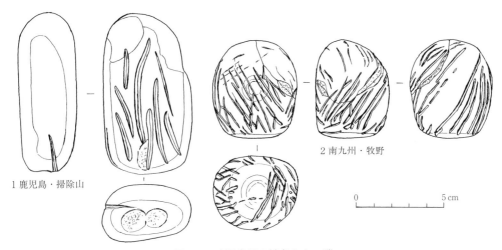

図 120　鹿児島県の線条をもつ礫

になった。高さ 9.1 cm, 幅 5.0 cm, 厚さ 3.2 cm, 砂岩の礫で, 形状を変えることはなく, 礫の片面の中ほどから下端にかけて縦方向に短い線を計 9 条, 側面の下端に 1 条彫っている。底面には楕円形の凹み 2 つが連結しているが, 意図的な形状とは断定できない。骨角器製作用の砥石と考えたほうがよいのかもしれない。

　牧野の資料は, 鹿児島県南九州市知覧町郡の河岸段丘上に立地する開地遺跡から, 頴娃川辺線の道路改築に先だって 2017 年, 鹿児島県立埋蔵文化財センターが発掘したさいに, 隆起線文土器に伴出した［福永・宗岡 2018］。縄文草創期, 炭素年代の較正年代は 13,245-13,210 年である。

　拳大の礫約 1,600 個が詰まった 4 号集石の円形竪穴（径 2 m, 深さ 30 cm）の中に含まれていた。竪穴の底には配石炉があり, その下には小型礫約 80 個がいった小さな穴がある特異な遺構である。

　黄白色の小さな礫で表面の片面は橙色を帯びている。高さ 5.5 cm, 径 4.1-4.8 cm, ビヤ樽形の安山岩礫の全面に斜め方向に並行する多数の線条がある。しかし, 線条は節理面（石の理）に沿った細い点線状を呈しており, 石器の刃先で引いた線とは異なる。したがって, 人為による線条を認めることができないこの礫石を線刻礫と断定することは避ける。

Jp.2　粥見井尻の女性小像

　粥見井尻遺跡は, 三重県飯南町の段丘上に立地する開地遺跡である。1996 年に発掘された 4 棟の竪穴住居跡のうち 8 号住居跡（6.0 m×5.5 m, 深さ 0.55 m の不整円形）の埋土のなかから頸の部位で 2 つに割れた土偶 1 点, 10 号住居跡（径 4.0 m, 深さ 0.25 m の不整円形）の西北壁際の埋土中から頭部破片が出土している（図版 17-314・315）［中川・前川 1997］。伴出の土器は少数の小破片で, 細隆起線文, 爪形文, 無文のものがあり, 石器には凹基式石鏃多数, 矢柄研磨器 4 点がある。土偶の細かな時期は明らかでないが, 草創期中頃, 較正年代は 14,000-13,000 年前と考えておきたい。

　土偶は高さ 6.8 cm, 幅 4.2 cm の小型品, 頭部と胴部からなり, 胴部は逆三角形, 腕と脚は省略して作っている。顔の表現はなく, 乳房は十分に隆起し, 腹部は発掘時に削り落としているが

184　第Ⅱ部　旧石器時代の女性象徴

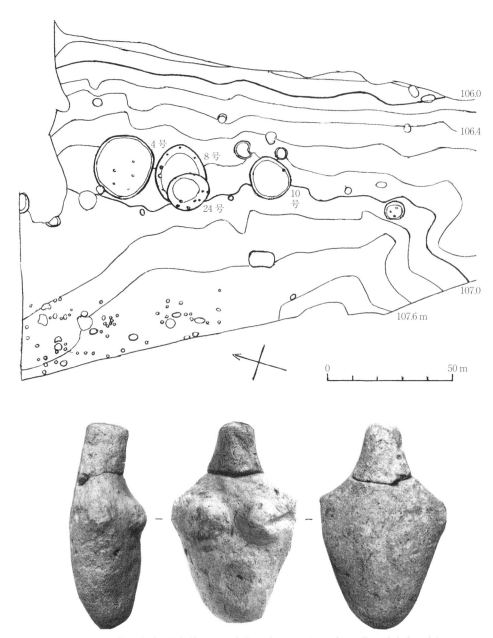

図121　粥見井尻遺跡の発掘範囲と竪穴住居跡の配置および8号住居跡出土の土偶
竪穴住居跡は尾根上の東に向って降っていく緩斜面に立地。土偶は，頭部の接ぎ目で割れて出土したものを接合している。腹部は発掘時に削り落としたと推定。高さ6.8 cm，10号住居跡からは頭部破片が出土。

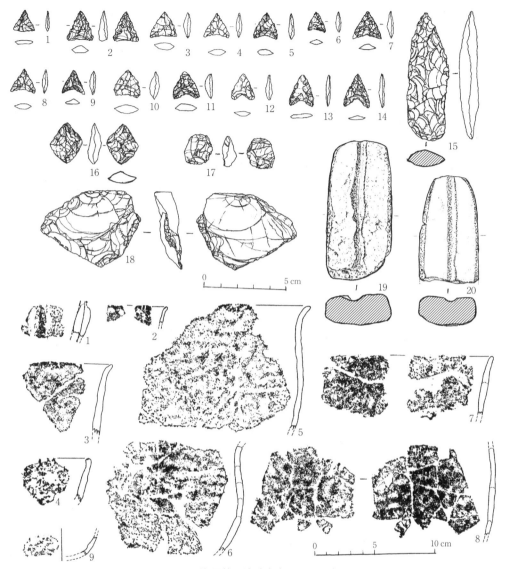

図 122　粥見井尻遺跡出土の石器・土器
石器：1-14 石鏃，15・16 尖頭器，17 楔形石器，18 削器，19・20 矢柄研磨器
土器：1 隆起線文，2 爪形文，3-8 無文，9 底部

膨らみをもっていたようである。背面の中央に縦に浅い凹線をいれている。正面観・側面観とも意識した作りである。もう1点は，頭部だけの破片であって，形・大きさとも前者と等しい。ともに，頭部と上半身とを頸部で接合していることが明らかである。

Jp.3　相谷熊原の女性小像

相谷熊原遺跡は，滋賀県東近江市の丘陵尾根上に立地する集落遺跡である。2個所の発掘トレンチにかかった住居跡は4棟，尾根の地形からすると，もっと多いだろう。そのうちの最高所に位置する1号住居跡（8m×推定6m，深さ0.7mの不整円形）に堆積した土層中から2010年に縄文

186 第Ⅱ部 旧石器時代の女性象徴

図123 相谷熊原遺跡のD1-086住居跡（東から）
土偶は埋土中から出土

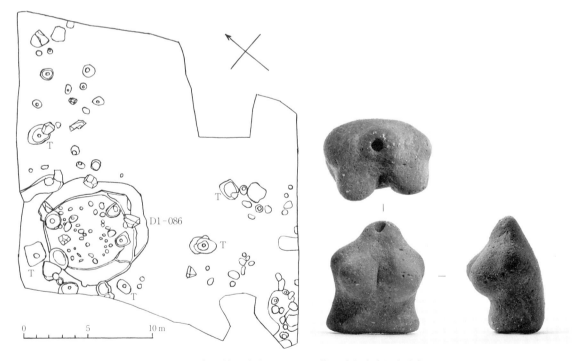

図124 相谷熊原遺跡のD1-086住居跡と出土した土偶
D 住居跡，T 落とし穴

第3章　後期旧石器時代末の女性小像　187

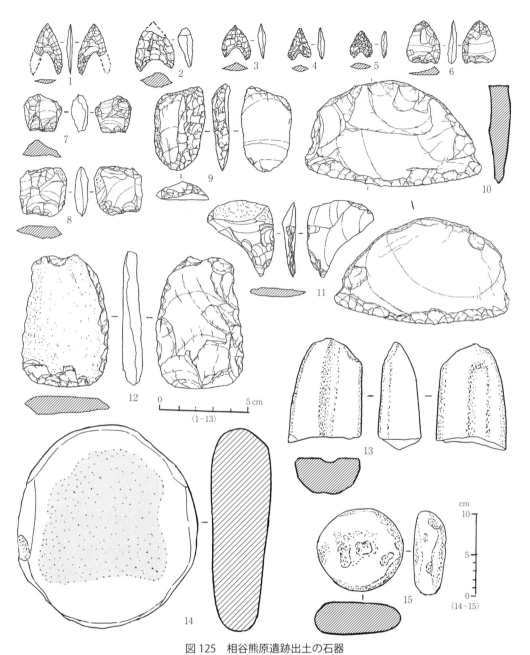

図125　相谷熊原遺跡出土の石器
1-6 石鏃，7・8 楔形石器，9・12 掻・削器，10 削器，11 石錐，13 矢柄研磨器，14 石皿，15 磨石

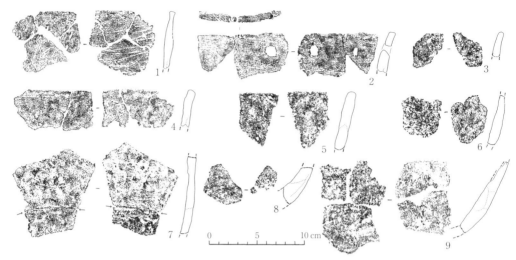

図126　相谷熊原遺跡 D1-086 住居跡出土の土器

　草創期中頃の爪形文と無文の土器・長脚石鏃・矢柄研磨器とともに見つかった1点の土偶である（図版17-316）［松室・重田 2014］。住居跡内から出土した炭化物3点の炭素14年代は11,080±50 BP，11,040±50 BP，11,010±50 BP であって，較正年代は約13,000年前である。

　高さ3.1 cm，幅2.7 cm の超小型品，正面観，側面観とも重視した立体的な作りであるが，胴部だけで頭と手足を元々欠いている。ただし，頸に相当する位置に垂直に小穴があるので，頭部は別にあり，小棒で接合していたようである*。乳房は豊かに隆起し，強調している。小型品であるが，下端を平らに作って底面としているので，土偶としては珍しくも立てることができる。

　　＊胴部に頭部を接合するのは，粥見井尻の土偶の作り方を継承しているのであろう。頭部をあとでつける土偶は，関東地方縄文早期の遺跡から出土した例がある。相谷型の簡略型が，縄文早期の初め，押型文土器に伴う大阪府神並遺跡出土の土偶である。頭部は当初から作っておらず，いうなれば乳房だけで女性小像をあらわしている。

Jp.4　大鼻の女性小像

　大鼻遺跡は，三重県亀山市に所在する開地遺跡で，1986年に発掘された4号竪穴住居跡（3.3 m×推定 2.8 m，深さ 0.5 m の不整円形）の埋土中から土偶が出土している（図版17-317）［山田編 1994：32］。縄文早期初め，最古の押型文土器に位置づけられる大鼻式に伴う可能性がつよいが，草創期末の表裏縄文の時期までさかのぼる可能性もあるという。約11,500年前頃とすれば，更新世／完新世の境界である。

　平面形は粥見井尻例に近いが，乳房の表現はまったくない。扁平な板状で，しいていえば，肩が張る正面観型である。頭はおそらく低い山形で，下半身が存在するとすれば高さは 10 cm，厚さ 1.6 m ていどの小型品であろう。形態的には，関東地方縄文早期の千葉県宮脇遺跡の土偶から乳房の表現を省いた状態である。

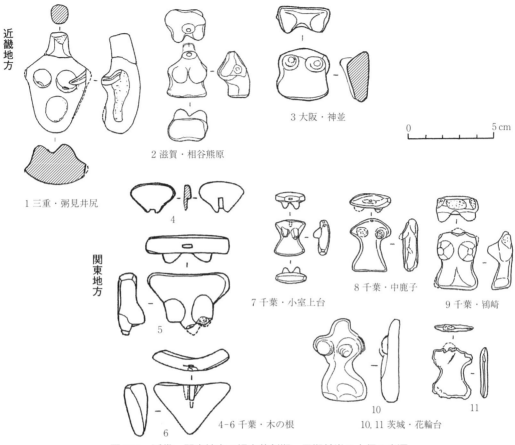

図127 近畿・関東地方の縄文草創期〜早期前半の土偶の変遷
4-6は組合せ式土偶の部分品

Jp.5 縄文早期前半の女性小像

土偶は，縄文時代早期（約11,700-7,050年前）になると，関東地方，なかでも千葉県の遺跡から集中的に出土している。この地域に分布の中心があることはまちがいないだろう。縄文時代早・前期の土偶について，原田昌幸の研究［原田 1997，2010］を参考にして，早期前半の土偶を神並型，木の根型，小室上台型，花輪台型に分類する。

神並型（図版18-318〜320）　大阪府東大阪市神並遺跡で押型文土器の神宮寺式に伴った出土の土偶にもとづいている。下半身は省略して，乳房を主に上半部だけからなる女性小像で，頂部に穿孔はない。腰のくびれは弱くなっており，相谷熊原型の省略形であろう。高さ3cm前後の超小型品である。

木の根型（同-322〜340）　千葉県成田市木の根遺跡出土の土偶にもとづいて設定したもので，撚糸文土器の前半，夏島式土器の時期に位置する。円形の頭部，逆三角形の上半部，三角形の下半部を別々に作って，細い棒でつないだものである。1例をあげると，高さは頭が1.9cm，逆三角形が3.5cm，三角形が2.8cmであるから，3つの部分を接合した高さは8-9cmほどの小型品になる。

190　第Ⅱ部　旧石器時代の女性象徴

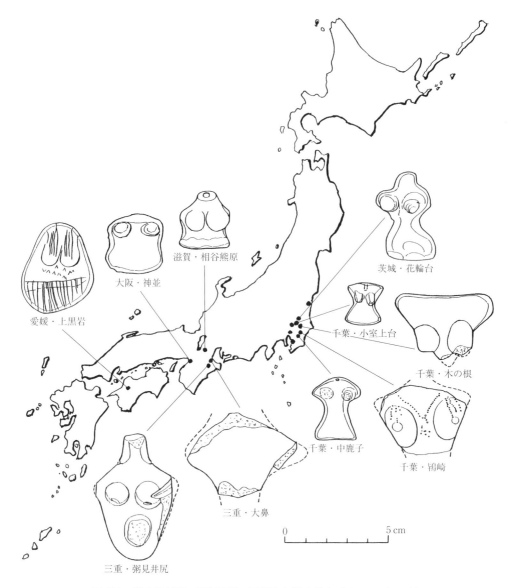

図 128　縄文草創期〜早期前半の石偶と土偶の分布 ［原田 1997］に追加

小室上台型（同-341・344）　千葉県船橋市小室上台遺跡，千葉市中鹿子遺跡出土の土偶にもとづいている。撚糸文土器の前半，稲荷台式土器の時期である。木の根型の上半部と下半部を合わせたもので，上胴と下胴の区別があり，隆起した乳房をあらわしている。脚の表現はない。小室上台例は高さ 2.1 cm の本当に小さな超小型品である。頭は，別の小塊で作り細い棒で接合して焼成しているようであるから，木の根型を継承する一方，草創期の相谷熊原遺跡と地域は離れているが，共通する手法をとっている。

花輪台型（図版 19-346〜353・356・357）　茨城県利根町花輪台貝塚出土の土偶にもとづいている。撚糸文土器の末期に位置する花輪台式土器に伴って，8 点出土している。上半部，下半部を一体化

したもので，頭部は低い三角形である．脚の表現はない．木の根型やその後の小室上台型，中鹿子例などから導きだされた可能性がつよい．完形の 348 は，高さ 5.0 cm の小型品で，表裏に小さな指で押さえた凹みがある．

Jp.6　縄文早期後半の土偶（図版 19-359～371）

　この時期になると，土偶の分布は北海道から鹿児島まで拡大する．しかし，普及度は低いらしく 1 遺跡からの出土点数は 1，2 点にとどまる．身体をヴァイオリン形に作り，頭部は低い三角形で脚部のない点は共通するが，乳房の表現はあるものとないものがある．表現に統一性といえるものはなく，1 点 1 点が個性的である．羽状や V 字形，X 字形など線刻文様をもつ関東地方の例は特異である．千葉県庚塚例の横長の菱形は女性器の表現なのであろう．関東地方には高さが 10 cm ほどの中型品があるが，他地方は 5 cm ていどの小型品である．

日本の後期旧石器時代末の女性小像の変遷

　後期旧石器時代末に女性小像が発達したヨーロッパ，ロシア平原，シベリアのいずれの地域も，その時代，つまり氷期が終わるころに女性小像の製作がやんでしまうのに対して，日本列島だけはその伝統が連綿とつづくだけでなく，顕著な発達をとげる特異な地域となっている．

　縄文草創期の隆起線文土器を出土した遺跡は，本州東北地方の青森県から南九州の鹿児島県種子島まで多数存在するにもかかわらず，日本列島およびその周辺で上黒岩石偶の類例はまったく見つかっていない．石偶の一部が無文土器の時期までくだるとすれば，石偶は上黒岩付近でのみ 2,500 年間にわたって存在することになり，問題はいよいよ大きくなっていく．上黒岩石偶は四国付近で自生したのか，それとも大陸から日本列島に女性小像に関する情報が伝わって出現したのか，その成立事情が問題となる．当時は四国・九州・本州は地続きで「古本州島」を形成していたと推定されているが，現状では上黒岩以外の発見はないので，他所から伝わったとする考えは成り立たない．上黒岩の石偶は四国それも上黒岩で生成した可能性が大きい，と考えておきたい．

　土偶については，現在までの発見状況から粥見井尻や相谷熊原の例が関東地方の木の根型や小室上台型に先行することを認めるならば，縄文時代の土偶は近畿地方で誕生したあと関東地方の撚糸文土器文化に伝わったことになるだろう．

6　レヴァントの女性小像

　西アジアのレヴァント地方は，地中海の最奥部に面し西アジアの最も西に位置する地方で，アフリカからヨーロッパ・ロシア平原に向かうさいに必ず通過する重要な地方であって，緯度は北緯 30-37 度に位置している．レヴァント地方では，「終末期旧石器」時代のナトゥーフ期に女性小像が現れる．「終末期旧石器」時代の年代は約 15,000-11,600 年前であるので，ヨーロッパの後期旧石器時代末のマドレーヌ V 期～アジル期と併行する．そして，次の先土器新石器時代の前半（PPNA 期）に女性小像の製作が本格化する．その後半（PPNB 期）になると，女性小像はシリアなど周辺の地域まで広がっていく．

192　第Ⅱ部　旧石器時代の女性象徴

1　ワディ諸洞　1954年の発掘当時。1はワド，2はタブンの諸洞が開いている。

2　1954年のガロッドらの発掘で開かれたワド洞窟の入り口

図129　ワド洞窟［角田 1959］

Lev.1　エル=ワドの女性小像

エル=ワド（El Wad＝ワド洞窟）は，イスラエルのカルメル山の麓に所在する洞穴遺跡群の1つであって（図129），「終末期旧石器」時代のナトゥーフ期，約15,000-11,600年前に属するB層から小像が1点発掘されている（図版20-372）[Bar-Yosef 1998：167]。

小像は石灰岩製，現存高3.7 cm，下半分は欠損しているようで，復元すると高さ7 cmほどの小型品である。身体と同じ幅の丸い頭部に目，鼻，口を立体的にあらわしている。上半身の左右のふくらみを乳房の表現とすれば，女性小像とみてよいだろう。この遺跡からは，抽象的な顔の表現をもつ小型の仮面形石製品も見つかっている。

Lev.2　PPNA 期の女性小像

PPNA 期すなわち「先土器新石器時代」の前半，11,600-10,400 年前の女性小像には，石製品に土製品が加わる。以後，西アジアの農耕民の間に石偶と土偶が普及していく。

この時期の女性小像は，キアム文化に属するシリアのムレイベット（Mureybet）とスルタン文化に属するイスラエルのネティヴ＝ハグドゥド（Netiv Hagdud）の 2 遺跡からの出土品で代表させよう。土偶と石灰岩製の石偶があり，すべて女性小像である（図版 20-373～382）［Bar-Yosef 1998：173，Cauvin 2000］。

土偶は立像で，頭，乳房，性的三角形をあらわし，尻を特に大きく作っている。両腕は乳房をかかえるようにその下においている。復元高は 378 が 11 cm，381 が 8 cm である。

石偶の立像は，形態の変化に富んでいるが，いずれも女性の概念形であって，写実性を欠いている。頭部の顔面には目だけをあらわした例，目鼻をあらわした例，何もあらわさない例がある。両腕はなく，両脚を分ける縦の沈線を延長して陰裂の表現にかえており，性的三角形の表現はない（373・374）。その位置を一周する沈線の存在が特徴的である。乳房の表現はあるものとないものがあり，ないほうが多い。乳房を腕で下からかかえこみ，性的三角形と突出した尻をあらわした例は具象的である（378・381）。背中の中央に入れた 1 本の深い縦線が印象的である（376）*。

> ＊日本の縄文時代の「座産土偶」では，背中の同じ位置に突線をいれた例がある。これは出産時に背中を曲げたときにでる背骨の表現であるとする吉本洋子の解釈がある［吉本 2000：69］。それを沈線で表現したものとすれば，これらの石偶が座産の姿勢をとっている証拠になる。

座像は，両脚を伸ばして腰を下ろしており，乳房の表現はあるが，1 点は頭の表現がなく，抽象化が進んだ小像である（380）。復元高は 11 cm。土偶，石偶ともに，どれも小さい。立像と座像のちがいは，系統のちがいを思わせる。

Lev.3　PPNB 期の女性小像

PPNB 期すなわち「先土器新石器時代」の後半，10,400-9,200 年前の女性小像は，土製品が主体になってくる。シリアのテル＝セクル＝アル＝アヘイマル（Tell Seker al-Aheimar）遺丘から西秋良宏らによって発掘された非焼成土偶は，横座りの小像で，高さ 14 cm，例外的に大きな中型品であって，顔の表現は写実的である（図版 20-383）［西秋編 2007］。

アナトリア東部の例では，腰を下ろし脚を前に伸ばして座った状態をあらわした座像が多い（図版 20-384～386）。乳房は大きく垂れさがっており，尻は大きく表現して強調している。この形態はメソポタミアのハラフ期の女性土偶と共通しており，両者の間につながりがあることを示唆している。ハラフ期は金石併用時代前期，約 8,000 年前とされているから，レヴァントの PPNB 期の文化伝統が残存しているのであろう。立像には陰部に膨らみをあらわしているものがあり，男性小像とされている（同-387）。しかし，小さいながらも乳房状の高まりをもっているので，その膨らみは男根ではなく，妊婦の腹部とみることもできる。高さ 4.9 cm，超小型品に分類される本当に小さなものである。

194 第Ⅱ部 旧石器時代の女性象徴

Lev.4 PN期の女性小像

PN期すなわち土器・農耕・牧畜がすべて揃った「土器新石器時代」で，8,700-7,300年前である。この時期になると，土偶は普遍的な存在となる。トルコのチャタル゠ヒュユック（Çatal Höyük）遺跡出土の女性小像（図版21-389）は，椅子に座っているかのような姿勢で，左右にヒョウを従え，女神然とした焼成土偶である。高さ11.7cmの中型品である。

最近発見された女性小像（同-388）は，高さ17.5mの超大型の立像で，石灰岩を研磨して作っている。顔・乳房・腹・尻・脚のいずれをとっても，日本の力士を連想させるような超のつく肥満体の女性を多分に写実的にあらわしており，腹の垂れ具合からしても若い妊婦の表現ではない。

レヴァントの女性小像の変遷

レヴァント地方では，「終末期旧石器」時代のナトゥーフ期，約15,000-11,600年前の温暖・湿潤期に，ガゼルやシカを狩猟し，ドングリやビスタチオの実を採集する一方で，野生ムギを収穫する定住生活が始まり，女性小像が現れる。そして，次の先土器新石器時代の前半（PPNA期），13,000年前にムギを栽培する本格的な農耕が始まる。女性小像の製作が本格化するのはこの時期からである。その後半（PPNB期），11,600年前になると，ヒツジ，ヤギ，ブタ，ウシの飼育が定着する。農耕牧畜社会の成立である。女性小像は，多産と豊穣の象徴で「地母神」（Mother Goddess）と称することが多いけれども，証明できているわけではない。

レヴァントのPPNB期の座像は，日本列島東部の縄文時代後期に1つの型式として存在する「祈りのポーズ」をとっているとされる福島市上岡遺跡や青森県風張1遺跡などから出土している「合掌土偶」あるいは「屈折土偶」と基本的な姿勢は同じである。レヴァントの諸例が，腰をおろして座り，膝の上で両手を合わせているのも，祈っているのではなく，座った姿勢で出産する姿をかたどっているとみてよいだろう。

ユーラシアの後期旧石器時代末では，座産の姿勢をとる女性小像はコスチョンキⅧ遺跡とアヴジェーエヴォ遺跡からの出土品計2点をあげうるにすぎない。PPNB期に先行するPPNAキアヌ期の石偶のなかに，腰をおろしているようにみえる例がある（図版20-380・382）。これも出産の姿勢をあらわしているとすれば，レヴァントでは石偶のなかに最初から座産する女性小像を一部に含んでいることになる*。

> ＊レヴァントでは，「終末期旧石器」時代の誕生した女性小像が新石器時代まで継続しているという点で，ヨーロッパやロシア平原と異なり，農耕の出現をみなかったけれども後期旧石器時代末（縄文草創期）に現れた土偶が縄文早期以降に発達を遂げる日本と似ている。もっとも，「出産する女性小像」を最初からもっているレヴァントと，縄文中期になって初めて現れる日本列島との間には大きな違いがある。北海道函館市著保内野遺跡の「中空土偶」（高さ41.5cm），山形県舟形町西ノ前遺跡の「縄文の女神」（高さ45cm），長野県茅野市中ッ原遺跡の「仮面土偶」（高さ34cm）の神像的な巨大な土偶が現れるのも，同じ時期のことである。

レヴァントの石偶および土偶の性格を先験的に「地母神」と規定するのではなく，まず「座産」をあらわした小像であることを確認するところから議論は始めるべきであろう。その点から

表12　後期旧石器時代末の女性小像の変遷　＊の位置は推定

	フランス	ドイツ	スイス	チェコ	ポーランド	ウクライナ	シベリア	日本	レヴァント
20,000年前									
18,000年前							マイニンスカヤ		
	クールペ*　ロージュリ=バース					メジン			
17,000年前									
		エルクニッツ				メジン			
16,000年前		ネブラ							
		ゲナスドルフ　アンデルナハ		ペカルナ	ヴィルチッツェ	メジリチ			
15,000年前									
	フォンタレ						クラースヌイ=ヤル	上黒岩	
14,000年前									
		ピータースフェルス				ドブラニチェフカ			エル=ワド
13,000年前			モンリュー					粥見井尻	
								相谷熊原	

すると，異例の大きさと姿勢をとる PPNB 期のテル=セクル=アル=アヘイマル遺跡（シリア）の非焼成土偶や，次の PN 期のチャタル=ヒュユック遺跡（トルコ）の超大型石偶は，他の小型土偶と区別して扱うべき女性小像である。ジェフ=エル=アハマル遺跡（シリア）の「儀礼・共用建物」や，ギョベクリ=テペ遺跡（トルコ）の「装飾石柱」をもつ「儀礼建物」が現れるのは，PPNA 期のことであって［西秋編 2007：158]，女性の神像化の始まりと時期をほぼ同じくしており注目すべきであろう。

7　後期旧石器時代末の女性小像の型式変遷

　後期旧石器時代末の女性小像をヨーロッパ，ロシア平原，シベリア，日本，レヴァントと地域的に分けて年代および型式変化を参考にしてその変遷をみると，次のとおりである（図130）。古い時期の発掘資料は正確な年代がわからない資料が多く，また年代測定も不十分であり，これまでの諸書でもマドレーヌ中期とあったりマドレーヌⅢ期とあったりで，示した数値年代は多分に便宜的な目安とみてもらったほうがよい。メジン，メジリチ，エルクニッツの女性小像は，それぞれ 2 つの時期に分けてみたが，確実な証拠があるわけではない。変化するのに 1,000 年もかからず，数十年にすぎなかった可能性も否定はできないからである。

　後期旧石器時代末の女性小像は，ヨーロッパではマドレーヌⅢ期ないしⅣ期のロージュリ=バース例が正面形で女性をあらわした正面型，ウクライナではメジン期のメジン，メジリチ，シベリアではマイニンスカヤ，そして日本（縄文草創期）に正面型が多い。ヨーロッパではマドレーヌⅤ・Ⅵ期のゲナスドルフ，アンデルナハ，エルクニッツ，ネブラ，ヴィルチッツェ，ピータースフェルスなどは，いずれも側面形で女性をあらわした側面型である。

196 第Ⅱ部 旧石器時代の女性象徴

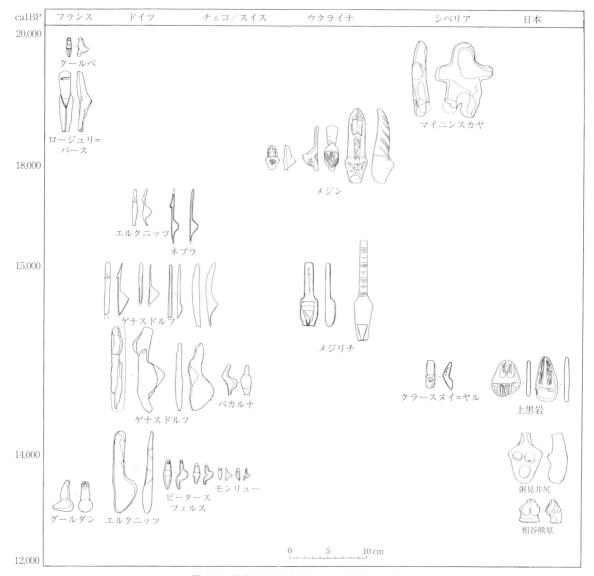

図130 後期旧石器時代末の女性小像の編年
クールベやエルクニッツの位置づけについては，あくまでも形態にもとづいているので不確実である．

　乳房の表現は，正面型ではロージュリ＝バース，メジン，メジリチ，マイニンスカヤになく，側面型ではゲナスドルフ，アンデルナハ，ネブラの一部に少数みるだけである．
　性的三角形の表現は正面型にはロージュリ＝バース，メジン，メジリチ例があるけれども，側面型には1例もない．ただ，側面型には例外的にアンデルナハの超大型の1例，ビチ＝スカラ例とメジンの1例の側面に線刻したⅤ字形あるいはそれを連続させた図像は，図案化した性的三角形であろう．
　この時期の側面型の女性小像に共通する特徴は，半円形または三角形に突出した尻の表現であ

る。ただし，正面型としたロージュリ=バース例やメジン例のばあいも，側面から見ると，尻は半円形に突出しているので，これらの側面観を強調することによってエルクニッツ例やネブラ例が誕生したとみることも可能であろう。しかし，クラースヌイ=ヤル例にはペカルナ例が祖型になっていることを思わせるような尻の突出表現がのこっているけれども，そこに女性のイメージを感じさせるものはなく，マイニンスカヤの土偶にいたっては性的特徴を完全に欠失している。

　後期旧石器時代末の女性小像は，最初から乳房の表現を軽視または無視し，女性器の表現も最初のうちに存在するだけであって，後期旧石器時代前半の女性小像にとって必須であった要素を必要としないほど象徴化が著しいのが大きな特徴となっている。

　これらの特徴は，後期旧石器時代前半の女性小像の延長線上には出てこない。女性小像は，時間的には，ヨーロッパではグラヴェット期の終わりころには衰退しており，ソリュートレ期（約2,500年間），それにつづくマドレーヌⅠ・Ⅱ期（約2,500年間）には知られていないので，おそらく6,000年余りの空白期間が存在する。後期旧石器時代末の女性小像は，後期旧石器時代前半の終り頃に消滅したあと，ヨーロッパではマドレーヌⅢ期またはⅣ期におそらくフランスで再び生成したあと，マドレーヌⅤ・Ⅵ期にドイツ・フランスを中心にゲナスドルフ系が盛行したと考えるべきであろう。

　ロシア平原では，ソリュートレ期前半と併行する時期，おそらく24,000年前頃にコスチョンキⅧ例を最後にして女性小像は消滅した。そして，メジン期，おそらく18,000年前頃にメジン系が現れた。しかし，メジン系は抽象化が進んでおり，形態も線刻もその由来を説明することができない個所が多いので，より古い型式がまだ見つかっていないと考えたほうがよい。コスチョンキⅧ例とメジン系との間にも数千年の空白期間が存在し，フランス・ドイツの諸例との関連を指摘できないので，ウクライナにも後期旧石器時代末の女性小像の起源が存在するのであろう。

　シベリアでもまた，マリタ期のマリタ例とマイニンスカヤ土偶との間には時間的な空白があるうえに，製作法にも形態にも関連はないので，マイニンスカヤ例はシベリア起源と考えるほかないだろう。

　以上のように，型式学的にみると，フランス・ドイツ，ウクライナ，シベリアの各地域から出土した女性小像には，相互に関連があることを指摘することができない。後期旧石器時代末の女性小像もまた，諸地域にその起源を求めるのが妥当である。ユーラシアより遅れてマドレーヌⅥ期に併行する時期に出現する上黒岩の石偶も，日本列島で独自に発生した可能性を追求すべきなのであろう。ウクライナのメジン出土のメジン系に交じっている数点のゲナスドルフ系は，ヨーロッパから伝来したものと考えるならば，両地域間に人的・文化的交流が存在したことになる。

　レヴァントのエル=ワド例は，寒冷気候下の狩猟採集社会のヨーロッパ・ロシア平原とも日本ともちがって，温暖・湿潤気候のもと，この地方で始まった前農耕社会を背景にして，独自に生成した女性小像であって，座産土偶を含んでいる。「地母神像」の性格は，その後，農耕・牧畜社会として発達していく過程で，獲得したものであったろう。

コラム 5　ルーマニア初見の「ヴィーナス」

　2019年6月，大雨の日にルーマニアのピアトラ=ネアムツに所在する遺跡から「ヴィーナス」の「発見」があり，2023年にフランスの権威ある雑誌 *L'Anthropologie*, Vol.127（1）に詳しい報告が掲載されている。

　これは，自然の扁平な石礫に主として凹線を彫りこんで「ヴィーナス」の形にしたもので，高さ9.9 cm，幅6.9 cmの小型品である。炭素14年代17,300年前は較正すると約21,000年前である。この「ヴィーナス」は一見して，オーストリアのヴィレンドルフ例を想起させる。両者を並べてみると，付図（写真から作成）のように，その類似度はきわめて高い。材料は，この時代に一般的なマンモス牙または石灰岩でなく，異例の砂岩礫で，しかも完全無欠である。側面の2個所の凹みは，ヴィレンドルフ例とちがって，理屈に合わない位置にある。顕微鏡観察によると，近代的な器具を最近使用した痕跡はなく，加工痕と他の部分とはパティナの違いはないという。写真を見ると，断面が半円形の凹線の中には彫器や掻器による線条痕は認められず，加工痕は滑らかである。この時期であれば隣のウクライナのメジン遺跡の例と共通性があってもよいのに，似ているのは1万年さかのぼるグラヴェット期の例である。様々の「科学的な分析」結果も示されているけれども，ユーラシアの女性小像の集成図を作成し編年作業をおこなった私は，この「ヴィーナス」を研究対象から外している。

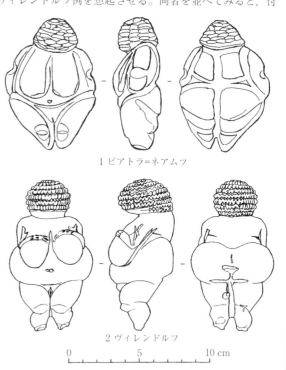

1 ピアトラ=ネアムツ

2 ヴィレンドルフ

第4章　後期旧石器時代前半～中頃の女性絵画

1　女性絵画の種類

　旧石器時代の女性表現には，女性小像と並んで女性絵画がある。絵画というと，洞窟壁画を連想する。オーリニャック・グラヴェット期までさかのぼる洞窟壁画は，確かなところでは，フランスのショーヴェ洞窟とコスケール洞窟が知られているにすぎない。しかし，女性像はショーヴェで多数の動物像のなかに1体見出すことができるだけである*。

　　*本書では，洞窟壁画については本格的に扱うことをしない。女性絵画がきわめて少ないのがその大きな理由であるが，もう1つは洞窟壁画を分析したうえでの私の考えがないことによる。しかし，女性小像といい，洞窟壁画の主題である動物像といい，後期旧石器時代の象徴体系を構成する一部であるから，特定の対象だけを取りあげてホモ・サピエンスの「象徴行動」について議論することは，私の本意ではない。

　オーリニャック期には女性絵画は発達せず，グラヴェット期は女性小像の全盛期であったけれども女性絵画は稀である。その後，ソリュートレ期には女性小像はヨーロッパでは皆無，壁画にはフルノ＝デュ＝ディアブル岩陰，ロック＝ドゥ＝セール岩陰のウマやバイソンの浮彫りや，テュク＝ドードゥベール洞窟のバイソンの粘土塑像などがあるけれども，女性像をあらわした確かな例は知られていない。ただし，ローセル岩陰の女性像は，この時期までくだると私は考えている。それらを分類すると，おおよそつぎの3つになる。

1）洞窟の壁に絵具を塗ってあらわした女性像：ショーヴェ
2）岩陰の壁に浮彫りにした女性像：ローセル，パトー
3）マンモスの牙や肋骨に線刻した女性像：プシェドモスチ，パヴロフなど
　以下，この時期の女性絵画について取りあげる。

2　洞窟に描いた女性像

Fr.1　ショーヴェの女性像

　ショーヴェ洞窟（Grotte Chauvet），あるいはショーヴェ＝ポン＝ダルク洞窟（Chauvet Pont d'Arc）は，フランス南東部のアルデシュ県ヴァロン＝ポン＝ダルク（Vallon Pont d'Arc）に所在する。1994年にJ.-M.ショーヴェが発見，彼の名で呼ばれる。洞窟の奥行きは約500 mあり，絵画はその間にほとんど間断なくびっしりと描かれている。年代測定の結果，オーリニャック期，約36,000年前とグラヴェット期，約30,000年前の2回にわたって描かれたと推定されている。

図131　ショーヴェ洞窟の壁画（一部，右横は別地点の女性絵画）

　絵画は，吹き墨 (oral spray painting) の技法による線画が多いが，線の内側を塗りつぶした塗絵もある。色は黒が多いけれども，赤もある。さらに，線刻による絵画もある。画題は豊富で，260点余りのマンモス，サイ，ホラアナライオン，クマ，バイソン，オーロクス，ウマ，ハイエナ，ヤマネコなどの動物像は，写実的であるだけでなく躍動感にあふれ，1万年以上後のラスコーやアルタミラなど後期旧石器時代末の動物絵画とくらべて遜色がない見事な技倆を示している。そのなかに女性像が1点だけ含まれている。

　女性像は，洞窟最奥の天井から垂れ下がるような形の長い三角錐状の石灰岩の大きな塊に，静止した下半身の正面観を黒色の塗料で描いたものである（図131，図版22-401）。上半身の表現はなく，脚は線であらわしているが，この像のすぐ上から右にかけて大きく描いてある左向きのバイソンの左前脚の線と，女性の左脚は兼ねているので「半獣半人像」とも称されている。性的三角形は黒く塗りつぶしてあらわしている。高さは1.2mくらいで，ほぼ実大である。

3　岩陰に浮彫りの女性像

Fr.1　ローセル岩陰の女性像

　ローセル (Laussel) 岩陰は，フランス中南部のドルドーニュ県マルケに所在し，ヴェゼール川の支流ブーヌ川に面している（図45・132）。1911年にG.ラランヌが発掘し，女性3体，男性2体のほかクマ，シカ，ウマ，オーロクス？，女性器，出産？などを彫った石灰岩の石塊が計13点見つかっている（図版22-402〜405・A〜C）[Lalanne 1911, 1912, Delporte 1979, Duhard 1993]。線刻した女性器だけはオーリニャック期に比定されている。他の写実的な浮彫りの女性像はグラヴェット

第 4 章　後期旧石器時代前半～中頃の女性絵画　201

1　ローセル岩陰の形状 [Osborn 1915]

2　ローセル岩陰の発掘地点

3　女性像の発見地点 [Lalanne 1911]

図132　ローセル岩陰の浮彫り女性像の発見

期とソリュートレ前期の文化層から出土した。これらは本来，岩陰の壁に彫ってあったもので，のちに崩落して遺物包含層に埋もれたものである。なお，女性小像は1点も出土していない。

　ローセルの女性像の年代については，G. ラランヌはオーリニャック期 [Lalanne 1912]，H. ブルイユはマドレーヌⅢ期，A. ルロワ＝グーランはグラヴェット期とソリュートレ期の間 [Leroi-Gourhan 1968：117]，S. ギーディオンはソリュートレ期 [ギーディオン 1968：471] といい，諸説がある。しかし，表現技法と女性像の形態からみると，フランスのグラヴェット期の女性小像との形態的な共通性を指摘しづらいこと，岩陰に動物像を浮彫りするのは，ソリュートレ期に発達していることから，私はソリュートレ期説を支持する＊。

　　＊2015年8月，ボルドーのアキテーヌ博物館から借りて上野の国立西洋美術館に展示された機会に観察したところ，身体のまわりを幅のやや広いノミ状の工具（彫器）を前に押しだすように動かして削り取ったような跡が認められた。しかし，浮彫りにするために，どのような石器で硬い石灰岩をどのような技法で彫琢したのか，私は理解できていない。女体の表面は平滑であるので，研磨して仕上げたことはわかるが，砥石を使った痕跡は見当たらない。マンモスの乾燥した硬い毛皮で研磨したのかもしれない，と小野昭から教えられた。遺構と出土石器の実態に則した検討が望まれる。同様の技法で浮彫りにした動物像は，同じドルドーニュ県のカプ＝ブラン（Cap-Blanc）岩陰（ウマやバイソン），コマルク（Commarque）洞窟（ウマ），同県のル・フルノー＝デュ・ディアーブル岩陰（オーロクス），シャラント県のル・ロック＝ドゥ＝セール岩陰（ウマ，オーロクス，人物），同県ラ・シェール＝ア＝カルヴァン岩陰（ウマ）にみられる [ギーディオン 1968：372-396]。ちなみに，ローセルからカプ＝ブランまで1.1 km，コマルクまで0.7 kmの近距離であって（図45-2），同じ小地域に属しているので，ほぼ同時期とみたほうがよいだろう。

　S. N. ザミャートニンは，これらのうちから4個の石塊を選んで1つの構図にまとめた想像図を作成している [Hançăr 1939/40：151]。ザミャートニンの案は多分に恣意的な解釈にもとづくものであるけれども，この図を利用して説明すれば次のとおりである（図133）。

　右端の角をもつ女性3（La Femme à la corne）は，写実的な浮彫りの加工，釣合のとれた姿形がよく，保存状態もよい有名なものである。直立し，右手を腹の中央位置におろし，左手は肘を曲げ，上腕をあげ手にもっているバイソンまたはアイベックス（野生ヤギ）の角おそらく角杯を掲げている。手は5本の指まであらわしている。腹は自然な状態であって，妊婦ではない。乳房は大きいが低く，下に垂れている。頭は髪を左になびかせ，顔は剥落して失われている。おそらく左端の女性と同じように顔全面が髪の表現でおおわれていたのであろう。脚は大腿部を合わせているが，足は内股で脛を開いている＊。身体の表面は赤く，彩色してあったことは確実である。石塊は現状では縦54 cm，横36 cm，厚さ15 cmで，女性像の高さ44 cm。側面からみて腹の付近で身体が弓なりに曲がっているのは，岩壁に彫っていたことの証しである。角杯を掲げているのは，内容物を自分の口に運ぼうとしているのではなく，他の誰か，または何かに捧げようとしているのであろう。

　　＊足は内股で脛を開いているのは，コスチョンキⅠ遺跡の女性小像と共通する。しかし，片手で角を掲げ，片手を腹においてポーズをとるなど，他の点では後期旧石器時代前半の女性小像とはまったく異なる。ポーズをとっている浮彫り女性像には後述するマドレーヌ期に属するラ・マグドゥレーヌ洞窟の

第 4 章　後期旧石器時代前半～中頃の女性絵画　203

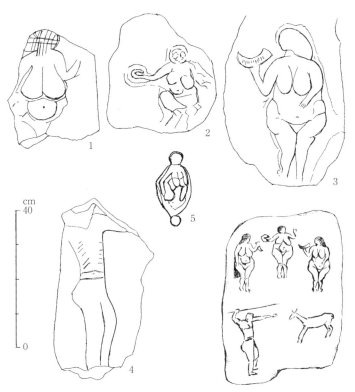

図 133　ローセル岩陰の女性・男性像の配置復元（右下のザミャートニンの案にもとづく）

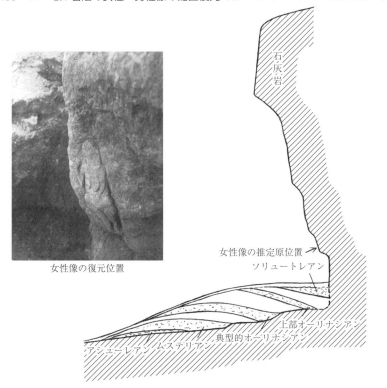

図 134　ローセル岩陰の縦断面形と女性像［Lalanne 1912］に崖線を追加して作成

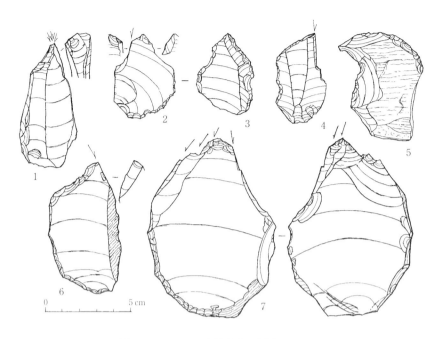

図135　ローセル岩陰出土の彫器

横たわる女性像（図141）があるけれども，ポーズはまったく違う。ローセルの女性像の形態からその厳密な年代を示すことは，おそらくグラヴェット期でもマドレーヌ期でもないという以上に現状ではいえないが，浮彫りの技法はソリュートレ期であることを明示している。

中央の女性2は，遺存状態が悪い。頭，乳房，腹の表現があり，両脚は膝を曲げて開き寝ているようにも座っているようにもみえる。右手は横方向に伸ばしており，手先は指を内側に曲げて何かを握っているようである。しかし，バイソンなどの角ではない*。左手も横方向に伸ばしているが，のこりが悪く，細部は不明である。復元高約28 cm。

　*H. ブルイユは，「何か曲った物（ランプ？）」と書いている［Breuil 1952：280］。女性小像を握りしめているのであれば面白いけれども，この時期の女性小像は知られていない。すなわち，女性小像に代わるものとして，この壁画は存在する。

左端の女性1は，右の女性とくらべると乳房がより巨大で，下に垂れており，右の女性よりも豊満な女性の印象を与える。腹は丸く出ているが，妊婦とは断定できない。左手は肘を曲げ，前腕をあげているのは右の女性と共通する。手先がのこっていないので，角杯をもっているかどうかはわからない。頭には線刻によって髪をあらわし，ヘアバンドのような表現がある。復元高約50 cm。

下の男性4は，頭と両腕を欠失している。直立し右向き，左手を水平に差し出している。腰に幅広い帯のような2本線の表現がある。復元高約64 cm。右手に槍をもって構えている狩人とする説が有力である。

ザミャートニンは，中央の女性を踊っている姿とみて，呪術の儀式をおこなっている場面と解釈し，さらに男性は鹿狩りをしていると推定している（図133右下）。私の解釈は後述する。

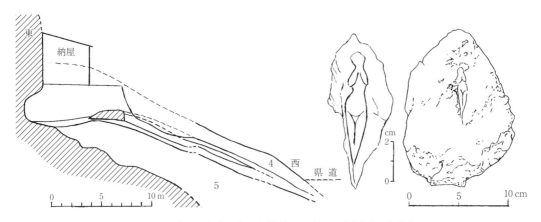

図136　パトー岩陰の岩陰と堆積層の断面形と浮彫り女性像

　この遺跡からは他に，浮彫りの「二重像」をもつ石灰岩の塊が見つかっている（図133-5）。「二重像」は高さ22cmで，発見者のG.ラランヌは性交または誕生の場をあらわすと2つの解釈を示したうえで，第二の像が生まれたての赤ん坊にしてはあまりにも発育しすぎているという理由で性交の場面と考えた。しかし，のちに誕生を描写しているという解釈に傾いた。その後，S.ギーディオンがその解釈に取りくみ，プラトンの『饗宴』にでてくる両性具有神話などを引いて「一人の両性具有人物」をあらわしていることは「非常にありうること」との結論に達している［ギーディオン　1968：236-240］。

　しかし，H.スピアートは女性2について「図中の産婦は曲げた自分の脚をしっかりと握って腹に押しつけ，子を娩出しようと力んでいる。新生児はすでにその頭と肩を外に突き出している」と説明している［スピアート　1982］。彼は産婦人科学の研究者であるだけに，前4世紀の哲学者の作品に大きく依拠する神父考古学者の小難しい議論よりもはるかに説得力がある＊。

　　＊縄文時代の「座産土偶」につよい関心をもつ吉本洋子は，スピアートの説を承けてローセルの「二重像」が「座産土偶」の姿勢に類似していることを指摘している［吉本　2000：70］。

Fr.2　パトー岩陰の女性像

　パトー岩陰（Abri Pataud）は，フランスのドルドーニュ県レ・ゼジーに所在する。1958年にH. L.モヴィウスらが発掘したときに出土した岩塊に浮彫りの女性像［Movius and Vallois 1959］がのこっていた（図136）。遺跡は，ヴェゼール川に面し，ローセル岩陰の8km西，クロマニオン岩陰の近くに位置する（図45-2）。石灰岩の岩陰の壁の一部であったようであるが，現在は縦15cm，横10cmの小さな石塊になっている。その中央に高さがわずか5.8cmの女性の全身像の浮彫りがあり，十分に立体的である。正面観をあらわしており，乳房は大きく垂れ，腹は大きく張り，性的三角形の表現もはっきりしている。脚先は一点におさまる。その体形は妊婦を表現しているとみてよいだろう。ペリゴール末期ともグラヴェット期ともいう。しかし，浮彫りの技法は，ローセルと大差がなく，ソリュートレ期までくだる可能性がつよい。パトーは，ローセルよりも新しく，女性像3体を1体に簡略化してあらわしたものと私は考える。

206　第Ⅱ部　旧石器時代の女性象徴

図137　プシェドモスチ遺跡出土のマンモスの牙に線刻した女性像　図像の現長 10.5 cm

4　象牙に線刻した女性像

Cz.1　プシェドモスチの女性像

　プシェドモスチ（Předmostí）遺跡は，チェコ東部のモラヴィア地方プシェロフ市に所在するパヴロフ文化の代表的な開地遺跡である。ブルノ市の北東約 65 km，ドルニ＝ヴェストニッツェ遺跡の北東約 85 km に位置する。1880 年以来の発掘で 600 頭分以上のマンモスの骨とともに，独特の表現をもつ女性像を線刻したマンモスの牙が 1894 年に出土している（図 137，図版 36-557）［Breuil 1924：537，Obermaier 1925，Müller-Karpe 1966：Taf.219］。パヴロフ期，約 31,000-29,000 年前である。プシェドモスチ遺跡からは，ほかに羽状文などを線刻したマンモスの肋骨，マンモスの指骨を人形（ひとがた）に加工したもの 4 点などが出土しており，別項で取りあげる。

　マンモスの牙の先端に近い細くなったところで切断した長さ 27.4 cm の棒状品で，先端近くが剝離しているのは，何かを敲いて使ったことによるものであろう。女性像の左胸付近から左脚および右脚の下半は剝落している。図像は現存長 10.5 cm，復元長約 12 cm の小さなものである。女性の正面観を抽象的に描いており，頭は逆三角形，乳房は縦長の楕円形，両脇に腕を添え，（ ）形の腹をもち，腰は横長の楕円形である。脚は末端を欠損しているので正確にはわからないが，6 本の縦線の束を二つ下にのばしただけか，縦線の束 2 つをヘアピン状につないでいるか，どちらかであろう。逆三角形の頭は，輪郭を 2 本の線で描き，2 本の線の間は直交する短線多数でうめている。頭は，逆三角形の頂部に相当する短辺が外湾する一方，左右の長辺は内湾する。逆三角形の内部は 6 本の帯を水平方向に描いている。そして，上部から 2 本目と 3 本目の帯の間に 3 本の短い縦帯を加えている。それぞれの帯が顔のどの部分を表現しているのか，それを言い当てることは難しい。逆三角形の上端近くの縦帯 3 本を目と鼻とみて，その下の横帯を口とみるのが，1 つの解釈である。また，旧石器時代の女性象徴は毛髪の表現を重視しているので，逆三角形の上半分を占める横帯 3 本と縦帯 3 本は結（ゆ）った毛髪とみて，その下の横帯 2 本を目，その下の横帯 2 本を口とみるのも，1 つの解釈である。

　腹は両側に膨らみ，その中央に小円を描いておそらく臍をあらわし，その上と左右に羽状文を

描いている。腹帯をあらわしているのかもしれない。

　腰は，横長の楕円形を併行する 6 本の線で描き，その内部を左開きの羽状文でうめている。楕円形の下中央は少し切れており，そこも左開きの羽状文でうめている。羽状文の前者は陰裂，後者は肛門の表現であろうか。4 本の線で楕円形を描き，内部を併行する短線多数でうめた小破片（図版 36-563）は単独で女性器をあらわしているのであろう。

　プシェドモスチ例はマンモスの牙に線刻した女性像であって，第 6 章で線刻棒として再度取りあげることにする。この女性像の線刻は，東ヨーロッパからロシア平原に達する影響力がきわめて大きい女性像の表現の源になっている可能性をもち，特に重要な位置を占めている。

Cz.2　パヴロフの女性像

　パヴロフ遺跡は，チェコ東部の南モラヴィア州に所在する。パウドルフ期に比定される黄土中にのこされていたパヴロフ文化（1 点の較正年代は 31,000-29,000 年前）の地層から線刻のあるマンモスの牙が出土している（図版 37-571）。長さ 37 cm の牙の表面に長三角形の図形を鋸歯状にくり返し，その内外を平行線でうめている。図像の長さ 36.5 cm，三角形のうちの 1 つはプシェドモスチ遺跡の象牙製品の女性像の頭部表現によく似ており，その変形と私は解釈する。そうすると，二重の円形は臍をあらわしていることになろう。この図像は頭部と臍の位置を基準にとり牙の先端を上にしてみると，6 本の水平線の間を斜線でうめている個所すなわち羽状文の部分が女性器をあらわし，並行する短い曲線群がプシェドモスチ例の乳房と腕に相当するのであろう（図

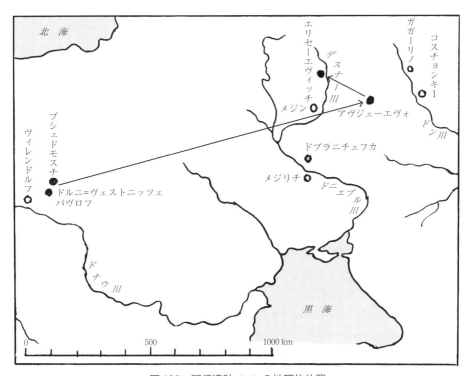

図 138　関係遺跡（●）の地理的位置

208　第Ⅱ部　旧石器時代の女性象徴

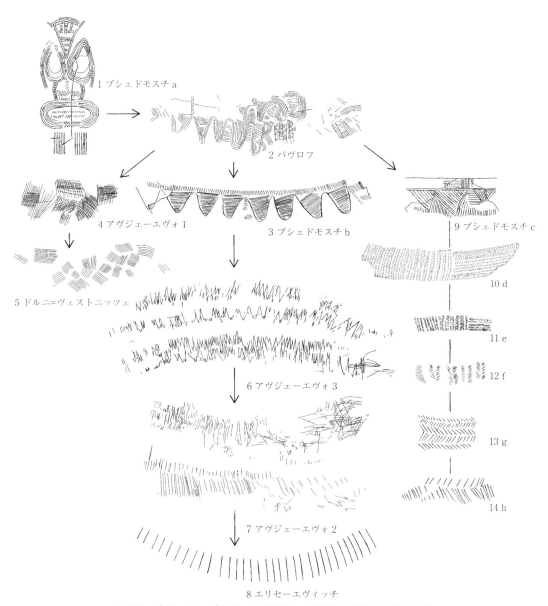

図139　東ヨーロッパからロシア平原への線刻女性像の伝播と変容

139-2)。すなわち，パヴロフ例の図像は，プシェドモスチa例（または未発見の後続例）の女性像を解体・再編した結果，大きく変形してしまった女性像である*。プシェドモスチa例が，抽象化しているものの牙の基部方向に頭，牙の先端方向に脚をもっていき，牙を立てると正立した女性像を描いているのに対して，パヴロフ例は牙の先端方向に頭を，牙の基部方向に臍や女性器をもっていき，牙を横に寝かすとバラバラになった頭や乳房が正しい位置になるように描いていることになる。

＊J. クックは，この線刻をパヴロフ丘とティジェ川の「地図」であって，二重の卵形は集落の位置を示しているという [Cook 2013：137]。この 1 点だけを観察して下した臆測である。プシェドモスチの女性像との関連を思い付くことなく，同じ本の隣のページに掲載しているドルニ＝ヴェストニッツェ発見の象牙製品（図版 37-572）については，「飾られたマンモスの牙の先端」と説明するだけである。

考古資料や美術作品を，1 点だけ取りだして解釈を展開する素朴な手法は，欧米の論著には今も散見する。それを乗りこえる型式学の方法を，私は次の論著などを参考にして学び，銅鐸絵画や弥生土器の絵画・記号文の解釈に適用した。

佐原真「三十四のキャンパス─連作四銅鐸の絵画の「文法」─」（1982 年），高階秀爾『ピカソ─剽窃の論理』（1964 年），G. レニエほか監修『ピカソ　愛と苦悩─「ゲルニカ」への道』（1995 年）。私が書いた初期の論文に，「男と女の闘い─銅鐸絵画の一齣─」（1990 年），「銅鐸絵画の原作と改作」（1991 年），「絵画から記号へ─弥生時代における農耕儀礼の盛衰─」（1991 年），その後の論文に，「弥生時代の龍」（2011 年），「向木見系特殊器台の研究」（2019 年）などがある。

Cz.3　ドルニ＝ヴェストニッツェの女性像

ドルニ＝ヴェストニッツェ遺跡は，チェコの南モラヴィア州に所在する開地遺跡で，女性小像の項目ですでに取りあげた。較正年代は約 36,000-29,000 年前である。この遺跡から出土したマンモスの牙に線刻がある（図版 37-572）。牙の現長は 43 cm で，図像は，長さ 27.5 cm，並行する 10 条余りの短線を 1 単位として，11 単位余りをジグザグに配列している。各単位をまとめる枠線は存在しない。一見無秩序にみえるけれども，パヴロフ例を参考にして観察すると，鋸歯状の線を省略したものとみることが可能である（図 139）。これも簡略化と抽象化が著しく進んだ女性像である，と私は推定する。

Rus.1　アヴジェーエヴォの女性像

アヴジェーエヴォ遺跡は，ロシア平原に所在する開地遺跡で，女性小像の項目ですでに取りあげた。較正年代は約 27,000-25,300 年前である。この遺跡から出土したマンモスの牙 3 点に幾何学的な線刻がある [Gvozdover 1995：109-112]。いずれも牙の先端付近を利用しているので反った形の棒状品である。

No.1 は，現長 42.8 cm，復元長約 50 cm で，両端とも何かをくり返し叩いた結果つぶれてしまっている。やや先端よりに並行する 10 本ないしそれ以上の線条を 1 単位として，それに同様の線条を直交ないし斜交させた線刻群を 6 単位施している（図版 37-573）。図像の長さ 17.0 cm。これだけでは意味不明であるけれども，さきのドルニ＝ヴェストニッツェ例と比較してみると，その簡略形と理解することができる。本来ならば，線条を交差させずに分離すべきところである。そうしていないのは，図像が崩れてしまった証拠とみる。この図像もまたパヴロフ例のような図像を原型として生まれたものであろう（図 139）。

No.2 は，現長 55 cm くらいで，両端とも欠失，復元長は約 70 cm か（図版 37-574）。長軸に沿って連続する小さな鋸歯文を端から端まで 4 列に帯状に線刻している。線刻は最長 48 cm ある。鋸歯文は，ほぼ同じ大きさを並べたものが 2 列，小さな鋸歯文を並べたあと大きな鋸歯文を並べたものが 2 列ある。単なる文様というよりも何らかの図像を意識的に描いていると考えるべ

210 第Ⅱ部 旧石器時代の女性象徴

きであろう。私は，次に取りあげるプシェドモスチB類に由来する文様と推定する（図139）。

No.3は，現長39.5cmで，両端とも欠失しているが，太いほうでも径8.5cmであるから，やはり牙の先端よりを利用しているのであろう（図版37-575）。復元長約70cmの長い棒である。長軸に直交するように0.5-1.0cm間隔で短い直線を約50本線刻している。線刻は片面に半周，長さ47.2cm，反対面に1/4周，長さ49.5cmほどあり，後者は羽状文にはならないけれども並行する短線を約50本連ねて2本の帯を形成している。先端付近には直線を不規則に交差させた多数の線刻がある。No.2と同様，パヴロフ例やドルニ＝ヴェストニッツェ例をより簡略化した表現とみたい（図139）。

5 肋骨製品に線刻した女性象徴

Cz.1 プシェドモスチの抽象線刻画

プシェドモスチ遺跡は，チェコのプシェロフ市に所在する大遺跡で，女性像を線刻したマンモスの牙については，すでに取りあげた。この遺跡からは，マンモスの肋骨や牙を刀形に加工し，羽状文などを細かく線刻した製品が7点見つかっている［Breuil 1924：535・541・542］。

A類（図版36-558）　内反りの刀形の肋骨製品で，鋸歯文を線刻したものである。肋骨の長軸の中央にやや大きな鋸歯文を8個（以上）連結させ，鋸歯文の内部は並行する直線でうめている。鋸歯文列の裾には縦の短線を多数いれて縁どっている。鋸歯文の先端は尖らず丸みをもっているのが大きな特徴である。そして，先端だけは鋸歯文の代わりに枠のない縦の短線列にしている。現長32.5cm，幅6.0-3.7cm。

B類（同-559）　よく知られている刀形の1点で，片面は長軸に直交する羽状文を39列以上にわたって実に精緻に彫りこんでいる。反対面は先端付近は羽状文を同じように17列彫っているが，中ほどから基部にかけては長軸に並行する羽状文を7列彫りこんでいる。すなわち，細い羽状文の列によってT字形の図像をあらわしている。片面の先端付近が磨滅して文様が失われているのは，使用法を示唆する。現長23.5cm，幅4.6cm。同様のT字形の図像は，肋骨以外の細い骨に彫った例がある（同-568）。大振りの羽状文を施した例（同-561）や小型品（同-564）もこの類かもしれない。

C類（同-565）　複合鋸歯文を連続させ，その横に長軸と併行する2本の長い線と直交する3本の短い線で区切ったなかを2列の羽状文でうめたものである。反対面には斜線文を間隔をあけて羽状に線刻している。現長12.9cm，幅6.0cmの小破片であるが，A類・B類と同じ形態をもっていたのであろう。

そのほか，破片のために全体形はわからないが，牙や骨に羽状文を縦に大きくあるいは小さく1列に線刻した例（同-560・562・566・567）や，横に小さく羽状文を4段，斜線文を1段重ね先端が尖った例（同-569）がある。

6 後期旧石器時代前半の女性絵画

　後期旧石器時代にはショーヴェ洞窟に動物絵画のすばらしい作品をのこしたけれども，女性絵画は発達しなかった。女性象徴といえば立体的な女性小像と女性器の線刻画が全盛の時代であった。

　立体的な対象を写し取るときは立体的に表現する。日本の中部・関東地方の縄文時代中期に，土器に女性の顔，カエル，ヘビ，オオサンショウウオなど動物のあらわすときも，弥生時代中期の銅鐸絵画の初期にシカ，鳥，狩人などを表現するときも，浮彫り風に身体を盛り上げてつくっており，立体画は「原始絵画」に特徴的な技法であった［佐原・春成 1997：55-56, 72-74］。

　しかし，世界最古の画像といえるショーヴェ洞窟で，まったくの平面画として描いていることは，立体画から平面画への進化だけではなく，最初から平塗りや線描の平面画が存在したことを示している。これもまたホモ・サピエンスが対象物をどう認知し，どう再現しているか，彼らの能力を追究するうえで1つの研究テーマとなろう。

　同じことは，プシェドモスチ遺跡の線刻女性像についてもいえる。象牙の棒の機能と女性像は不可分の関係にあったからこそ，象牙の棒と女性小像を別々に製作して，合わせ用いることをしなかったのである。ローセル岩陰の壁の女性浮彫りもまた，岩陰を離れて機能することはありえなかったのであろう。

　このように女性象徴には，機能する場が存在し，それにあわせて，あるときは小像の形をとり，あるときは岩壁に浮彫りしたのであった。

　マンモスの牙および肋骨などに線刻した図像について私が整理した結果をまとめておきたい。線刻像が変化していく過程を示すと次のとおりである（図139）。

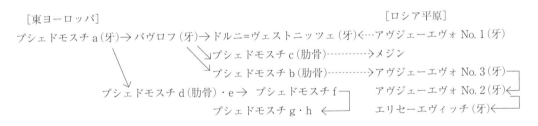

　この想定が正しいとすれば，チェコのプシェドモスチa例に始まる線刻女性像は，変化に変化を重ねながら約1,400km離れたロシア平原のアヴジェーエヴォまで伝播したことになる（図138）。

　もちろん，プシェドモスチからアヴジェーエヴォに直接伝わったのではなく，途中でいくつかの集団を経由したと考えてもよいだろう。プシェドモスチの象牙もアヴジェーエヴォの象牙も，ともに，何かを敲いた痕跡をのこしているから，使用法が共通していたことはまちがいない。いずれにせよアヴジェーエヴォの人たちは小さな三角形をただ連ねただけの線刻画から女性像を想像することは到底できなかったであろうが，それが女性を意味するという程度のことは理解して

いたのかもしれない。さらに，牙の長軸に直交するように並行する短線33本を連ねたエリセーエヴィッチ例をアヴジェーエヴォb列の後に位置づけるならば，これがプシェドモスチd列をもっとも単純化した最終形態とみなすことができよう。

　プシェドモスチb・c・d例の刀形の肋骨製品に類似する形態をもつマンモス牙製品は，ウクライナのメジン遺跡からも出土している（図版39-590）が，むしろこれはドルニ＝ヴェストニッツェのスプーン形牙製品（同-584）と同類であろう。

　それにしても，プシェドモスチa例の幾何学的な図形ともいえる女性像を起点にして――現在知られているかぎり――，その図像が解体して似ても似つかぬ形に変化しながらも，継承されつづけている事実は，この図像がいかに強い影響力をもつ特別な存在であったかを如実に示している。

　東ヨーロッパに起源をもつこの牙製品が，変形しながらロシア平原に伝来していることだけでも注目に値する出来事であるけれども，この器物がさらに後期旧石器時代前半と後期旧石器時代末とを連続的につなぐ遺物になるとすれば，いっそう重要度を増すことになろう。ヨーロッパ内部では旧石器時代の後期前半と後期末との間に女性象徴の断絶を認めうるからである。この推定があたっているとすれば，プシェドモスチで抽象的な羽状文に変化した女性器象徴が，メジンでは具象的な女性器の図像となって現れているから，羽状文の意味とそれを彫ったマンモスの牙製品の機能はしっかり伝わっていることになる。メジン遺跡から出土した赤色顔料で描いたマンモスの肩甲骨も，プシェドモスチ遺跡出土の連続羽状文を線刻した肩甲骨に対比できるから，この見方は肯定できるだろう（図28）。

第5章　後期旧石器時代末の女性絵画

1　女性絵画の種類

　後期旧石器時代の絵画表現の典型は，洞窟壁画である。洞窟壁画はオーリニャック期にショーヴェ洞窟とコスケール洞窟をのこしたあと，グラヴェット期にはなく，その後ソリュートレ期の末ないしマドレーヌ期初めに再び現れる。しかし，「地下の大聖堂」と称される洞窟壁画に女性像または女性象徴を描くことは稀であって，マドレーヌ期前半の彩色画を代表するフランスのラスコー，ニオー，フォン＝ドゥ＝ゴーム，トロワ＝フレール，スペインのアルタミラの最盛期の洞窟壁画には，女性象徴の表現はまったく認められない＊。女性絵画の多くはマドレーヌⅤ・Ⅵ期の石板，石塊に線刻したもので，岩陰，開地遺跡（open site）など日常生活を営んでいた居住域にのこされている。洞窟壁画ではマドレーヌⅢ・Ⅳ期のフランスのレ・コンバレル，ガビユーなどが数少ない例であって，マドレーヌ期前半の彩色画とは，主題も画法も著しく異なり，同じマドレーヌ期に属し，地理的に近接した位置にあるとは容易に信じられないほどである。これらの事実は，聖域に描いた動物像と居住域に描いた女性像とは，まったく違う意味をもっていたこと，すなわち狩猟対象の動物群と女性とは，象徴世界においては基本的に分離されていたことを明示している。

> 　＊洞窟壁画の主題は，1964 年の A. ルロワ＝グーランの統計では，次のとおりである（n＝1,577）。ウマ 25％，バイソン（野牛）17％，アイベックス（野生ヤギ）6.5％，女性記号 6.3％，オーロクス（原牛）5.8％，分枝記号 4％，人物像 3.8％，トナカイ 3％，傷 1.5％，女性像 0.5％，その他 26.6％。
> 　その一方，小像・線刻板の主題は，トナカイ 18％，ウマ 13％，バイソン 11％，女性像 10.3％，人物像 5.4％，アイベックス 5.2％，オーロクス 4％，分枝記号 3％，傷 1.7％，女性記号 0.8％，その他 27.2％となっている［ルロワ＝グーラン 1985a：125］。
> 　ルロワ＝グーランの統計後に，後期旧石器時代前半ではショーヴェ，コスケール洞窟の壁画が加わり，後期旧石器時代末ではゲナスドルフの女性小像と女性および動物の線刻画やヴィルチッツェの女性小像などが大量に加わっているので，現時点での統計が必要である。後期旧石器時代末では女性象徴の割合はもっと高くなると予想してよいだろう。

　女性絵画は壁画にした例は少なく，その多くは石板，石塊に線刻したものである。その形態は女性小像の側面形と基本的に同じで，両者は関連をもちながら発達したことを示している。女性絵画は，ヨーロッパにおいてのみ見つかっており，しかもフランスとドイツに集中している。この時期の女性絵画は，表現してある遺跡・遺構，遺物がまちまちである。

　後期旧石器時代末，マドレーヌ期の女性絵画を分類すると，おおよそつぎの 8 つになる（カッコ内のローマ数字は細別時期を示す）。

214　第Ⅱ部　旧石器時代の女性象徴

　1）岩陰や洞窟の壁に浮彫りにした女性像：ロック＝オー＝ソルシエ（Ⅲ期），ラ・マグドゥレーヌ（Ⅲ期），レ・コムバレル（Ⅲ・Ⅳ期）

　2）岩壁の粘土面に指先で線描した女性像：ペック＝メルル（Ⅲ期）

　3）岩壁に線刻してあらわした女性像：ガビユー（Ⅲ期）

　4）岩塊に線刻してあらわした女性像：ラ・ロッシュ＝ラランド（Ⅴ期），ガレ＝ドゥ＝クズ（Ⅴ期か）

　5）粘板岩などの板石に線刻した女性像：ゲナスドルフ（Ⅴ期），アンデルナハ（Ⅴ期），ホーレンシュタイン（Ⅴ期），フォンタレ（Ⅴ期）

　6）小礫に線刻した女性像：ラ・マルシュ（Ⅲ期か），ソー＝デュ＝ペロン（Ⅴ期か）

　7）動物の骨に線刻した女性像：ロージュリ＝バース（ⅢまたはⅣ期），イストゥリッツ（ⅢまたはⅣ期）

　8）動物の角に線刻した女性像：ル・ロン＝デュ＝バリィ（ⅤまたはⅥ期），ブルニケ

　ただし，これらのうち4）の岩塊に線刻した女性像のばあい，本来，岩塊であったのか，それとも線刻してあった岩壁が剥落して床面に落ちていたのかの判断が大切である。しかし，その点がはっきりしない例が多い。岩壁と同じ石灰岩に線刻してあるので，岩壁が崩落した可能性があるが，そう考えるには問題もある。以下，順を追って女性絵画の個々について取りあげる。

2　岩壁に浮彫り・線刻した女性像

Fr.1　ロック＝オー＝ソルシエ（アングル＝シュール＝ラングラン）の女性像

　ロック＝オー＝ソルシエ岩陰（Roc aux Sorciers）は，フランス中西部のヴィエンヌ県アングル＝シュール＝ラングラン（Angles-sur-l'Anglin）に位置し，1947年にS.ドゥ・サン・マチュランとD.ギャロッドが発掘して岩壁に浅く浮彫りにした3体の女性像を見出した（図140，図版23-407）[St.-Mathurin et al. 1951, Duhard 1993：89-93]。マドレーヌⅢ期に属する。C.コーエンは炭素14年代を前15,000年前としているので，較正すると約19,000年前である。

　並列した3人の女性はいずれも下半身のみで，直立し腹部から下をやや斜めから見て浅い浮彫りで表現しており，頭部から乳房までの表現を欠いているところが大きな特徴である。腹部の膨らみは普通で，妊婦をあらわしているようにはみえない。陰裂を伴う性的三角形の線刻は鮮明で，斜めから見たように表現している。しかし，基本を正面観においていることは明らかである。胸の下から下肢までを100 cmに描いているので，ほぼ実大で女性像をあらわしていることになる。右端の女性像の上下には右向きのバイソン2頭の後半身の浮彫りが辛うじてのこっている。女性像に先行して表わした重ね描きであろう。

Fr.2　ラ・マグドゥレーヌの女性像

　ラ・マグドゥレーヌ洞窟（Grotte de La Magdeleine）は，フランス南部のタルン県に所在する。1952年に発見，洞窟の入口から7 m奥の石灰岩の岩壁の左右に女性像2体を相対するように配し（図141），別地点に女性像1体を単独に配している。いずれも頭部から脚先までを浅い浮彫り

 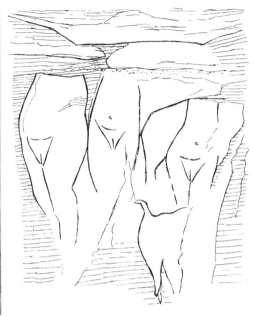

図140　ロック=オー=ソルシエ（アングル=シュール=ラングラン）岩陰の女性像

風にあらわしている（図版23-408〜410）[Leroi-Gourhan 1968：347, Duhard 1993：93-99]。マドレーヌⅣ期に属するというから，18,000-17,000年前である。

　対になっている女性像は，少し不明瞭な表現の頭の位置を推定すると，aが幅86 cm，bが81 cmで，身長約100 cmの女性像を描いていることになる。身体のバランスがとれた写実的な表現である。

　aは，身体を右に倒して左肘を立て，頭を支えて寝たポーズであって，頭は保存が悪く詳細不明．左手は上腕を水平にして肘の位置で直角に曲げて手を頭にやり，右腕は少し開いて手は腰付近においている。左脚は大腿を真っ直ぐに伸ばし，膝から下は不明，左脚は大腿を少し開き膝を曲げて足先を左膝に当てるような姿勢である。左乳房は扁平な三角形で小さい。右乳房は不明で，乳房の表現は弱い，性的三角形の表現は自然，腹の膨らみは自然で，妊婦をあらわしているようには見えない。

　bは，身体を左に倒して，右肘を立て頭を支えて寝たポーズであって，aを反対向きにしてあらわしたとみてよいだろう。頭は保存が悪く詳細不明，右腕は上腕に前腕をつけて頭に手をやっている。右乳房はaと同じように扁平な三角形で小さい。左乳房は不明，性的三角形，腹の膨らみは自然で，妊婦をあらわしているようには見えない。

　cは，部分的にしか観察できないが，身体を右に倒して寝ている状態である。現長31 cm。頭，両腕は不明，左膝をく字形に曲げて立てているようである。性的三角形には線刻によって陰裂を長く延ばしている。腹の膨らみはほとんどない。臍の位置を丸く小さく凹めている。

　a, bとも，その姿勢は，「ウルビーノのヴィーナス」など16-18世紀の画家が描いたベッド上に横たわる裸婦の絵画を連想させる，いかにもくつろいでいるようにみえる旧石器時代の絵画としては異例の姿勢をとっている。それぞれ1頭のウマ，1頭のバイソンの浮彫りが近くにある

216　第Ⅱ部　旧石器時代の女性象徴

女性像の配置［Leroi-Gourhan 1965］

図141　ラ・マグドゥレーヌ洞窟の浮彫の女性像の洞窟内での配置［ギーディオン 1968］

が，関係は不明である。

Fr.3　ガビユーの女性像

ガビユー洞窟（Grotte du Gabillou）は，フランス南西部のドルドーニュ県にあり，全長約27 mの洞窟で，その入口から25 m付近の岩壁に線刻した女性像が1941年に発見された（図142，図版23-411-413）［Gauseen 1964, Duhard et al. 2014］。マドレーヌⅢ期，18,000年前と推定する。

411は，頭の表現はなく，仰向けになって膝をく字形に曲げて，子宮を水滴形に表現している。その技法は透視画法である。長さは33 cm。腹部の膨らみは大きくはないので，妊婦か否かの判断は難しいが，この姿勢は仰臥出産の形である。この姿勢では出産は難しいというけれども，ありえないことはない。女性像の線刻は，他に2体見つかっている。412・413はともに腹を下にして腰を曲げ，尻を突き出す姿勢をとっている。尻の円形はやはり子宮をあらわしているのであろう。

Fr.4　ペック=メルルの女性像

ペック=メルル（Pech-Merle）洞窟は，フランス南西部のロット県に所在する全長970 mの洞窟で，マンモス，バイソン，ウマなどの図像を大量に線刻してある。女性像は入口から700 m奥の粘土質の天井に指先1，2本を使って3体を線描している（図版26-442）［ギーディオン 1968：457・509, Leroi-Gourhan 1968：321, Duhard 1993：144］。マドレーヌⅢ期，19,000年前である。線描は他にマンモス像2頭が認められているが，画面の圧倒的多数を占める錯綜する曲線はまだ十

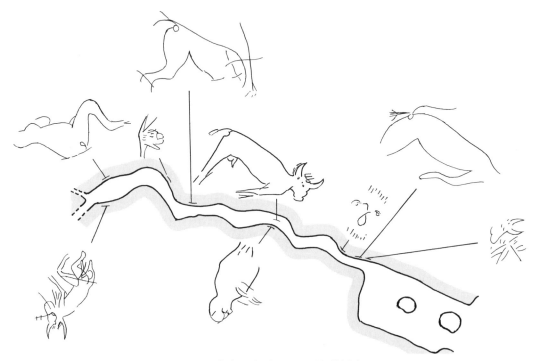

図142　ガビユー洞窟の平面形と線刻壁画

218　第Ⅱ部　旧石器時代の女性象徴

分に分析されていない。私は，それらも動物像であって，マンモス数頭，トナカイ1頭などを重ね描きしたものと推定する*。

　　　*この図像を解析するためには，安心して使える正確な模写図が不可欠である。しかし，現状では難しいので，ここではM.ローレンブラントの原図を描き直して掲出しておく。左上のトナカイは私の推定である。あと右下にマンモスの1対の長く太い牙のような表現がみえる。

　女性像は，画面の右端に上下に並べるように描いている。く字形に前かがみにして立った女性を側面から描いている。下から1例目は，頭部，腕，乳房から腹・腰，脚をそなえ，もっとも整った女性像である。2例目は，頭部の表現がない。腹部は大きく張り，ふくらんだ乳房は長く垂れており，妊婦を表現しているとみてよいだろう。もっとも上の3例目は，2例目とほとんど同じ表現である。

　これらの女性像は，1例目と3例目は他の図像の上に描いている。この図像群は，1人の人物が1度にすべてを描いたか，または2，3度にわたって描いたものと私は推定する。マンモスの図像と組み合わさっているから，描き手は男性の可能性を考える。

Fr.5　コムバレルの女性像

　レ・コムバレル（Les Combarelles）洞窟は，フランスのドルドーニュ県に所在する全長約80mの洞窟である。入口から約20m奥の岩壁に女性像を線刻してある（図版24-414・415）[Leroi-Gourhan 1968：349]。連続している線刻画の一部であって，414（図143-1）は，左端に腰を曲げた人物2人を大きく描いている。右は男性，左は女性とみて，性交の体勢をとっているとする解釈がある。しかし，腹部の表現，腕の位置から判断すると2人とも妊婦であって，2人で1つのシーンを構成しているのではないだろう。415（図143-2）は，左向きに女性2体，右端にも右向きに1体をあらわしている。頭部の表現はない。右の女性は乳房の表現がある。その右に，三角形を逆さに大きく描き，そこに男根の先がはいりこんでいる。コムバレルの2例はともに，時間を異にして描いた線刻画の集積であろう。マドレーヌⅣ期，17,000年前頃と推定する。

Fr.6　フロンサックの女性像

　フロンサック洞窟（Grotte de Fronsac）は，フランスのドルドーニュ県に所在する洞窟で，その岩壁に女性像を線刻してある（図版24-416・417，図143-3）[Bosinski 2011：58-59, Duhard et al. 2014：50-53]。洞窟の奥半分に多数の動物像を描いているが，頭部の表現はない。左方向に突き出した男根だけを単独に描いたものもある。線刻画はすべて拙い。女性像は側面観で右向きに線刻したもので5，6体認められる。頸付近から脚まで2本の曲線であらわし，頭・腕・乳房の表現はない。

Fr.7　フォン＝バルジェの女性像

　フォン＝バルジェ洞窟（Grotte de la Font-Bargeix）は，フランスのドルドーニュ県に所在する。洞窟の壁に線刻した小さな性的三角形で，1.5mの間に10個を1列に並べている（図版25-429）[Bosinski 2011：59]。逆三角形の下端が開いた位置に縦の細長い紡錘形の凹みをいれて陰裂をあらわしている。性的三角形の最大例は高さ6cm，幅7cm，最小例は高さ5cm，幅4.5cmで小さい。

第5章 後期旧石器時代末の女性絵画 219

図143 フランス・スペインのマドレーヌ期の洞窟壁画の女性像と女性象徴（壁画の全体図は図版24-418）

Sp.1 アルタミラの女性像

　スペインの北，カンタブリカ山脈の北，サンタンデルの東に所在するアルタミラ洞窟は，1879年，M. ド・サウツォラの孫娘マリアによって発見された洞窟壁画の初例である。全長約265 mの洞窟の入口から約40 m付近の大天井に長さ14 mにわたって，石灰岩表面の点在する小さな凸部を利用してバイソンを主に少数のイノシシ，ウマ，シカを多彩色で写実的，見事に表現している。炭素14年代は前13,500年，較正すると，18,000年前，マドレーヌⅢ期に属する。
　アルタミラ洞窟ではバイソン等を密集して描いた彩色画が著名であるが，その下方に線刻画が

約10群みられ，その中に女性像を合計19体含んでいる（図版24-418，図143-4）。突出した三角形の尻をあらわした側面形の女性像で，尻の上半部は内曲線または直線，下部部は直線または内曲線で，胴部は2本線であらわすか，または表現していない。マドレーヌV期まで降るゲナスドルフ型の最後の例であろう。高さは大が150 cm，小が25 cmである。時期を異にして同じ洞窟内の同じ場所に女性像をさかんに描いたことになる。

3　石塊に線刻した女性像

Fr.1　ラランドの女性像

ラ・ロシュ゠ラランド（La Roche Lalinde）洞窟は，フランス南西部のドルドーニュ県に所在する。1930年以前に採取した石灰岩の塊2個に女性像の線刻がある［Bosinski 1991］。線刻画をもつ石塊は，本来は岩壁画の一部であって，それが崩落し埋没した可能性と，もともと石塊であった可能性の両方がありうる。ラランドaと同bと呼ぶ。マドレーヌVI期とされているが，この石塊が岩壁の一部であったとすれば，よりさかのぼる可能性がある。女性像の型式からすると，マドレーヌV期，16,000年前までさかのぼるだろう。

ラランドa例（国立レ・ゼジー博物館蔵）は縦63 cm，横50 cm，厚さ13 cmの板状の石塊で，その片面に立位の女性6体の側面観を前後2本の線であらわしている（図版28-506）。右向きが5体，左向きが1体である。高さは最大が18 cm〜最小が3.7 cmである。頭の表現はすべての女性像にみとめられず，中央の右向きの女性1体だけに両乳房を長く垂らして表現している。後述するゲナスドルフのD類とC類に相当する。腹部のふくらみはなく，丸い尻が後方によく突き出している。腰にX形の交差線または1本の縦線を加えているのは女性器の陰裂とみてよく，身体を側面観，陰裂を正面観であらわした多視点画とみることができる。基底線（そのものはのこっていない）は2本ある。右寄りの右向きと左向きの女性像が対称的に向かい合ったところにできた空間に，簡略化が進んだ1体がある。他の簡略化が進んでいない他の女性像4-5体とは明らかに区別できる。同一人が，短時間で一気にすべて描いたのではないことを示す証拠になろう。

ラランドb例（シカゴ・フィールド博物館蔵）は，縦37 cm，横39 cmの板状の石塊で，12体の女性像を線刻している（図版27-505）。ただし，他に細く浅い線刻があり，そのなかに女性像を描いたものがないとはいえない。すべて右向き，立位の女性の側面観を線刻し，頭と乳房の表現はない。腹部のふくらみはなく，むしろ凹んでおり，丸い尻は後方によく突き出している。腰にX形の交差線または1本の縦線を加えているのはラランドa例と同様である。左寄りのもっとも大きな女性像は，他とちがって描き方の基本から外れている。十分修練していない人が線刻したと考えるならば，複数人が描いたことになろう。

基底線は少なくとも4本あり，簡略化の程度にも差がある。基底線のちがう女性像のばあい，石塊を回すように動かしながら描いたのであるとすれば，もともと石塊であった証拠になる。石塊の周囲と反対面の状態を観察したいものである。

Fr.2　ガル=ドゥ=クーズの女性像

　ガル=ドゥ=クーズ岩陰（Gare de Couze）は，フランスのドルドーニュ県に所在する。F. ボルド
が石灰岩の板状の塊（縦 40 cm，横 42 cm，厚さ 12 cm）に線刻してある女性像を発掘している（図
版 27-504）。マドレーヌVI期，15,000 年前の層からの出土という。しかし，石灰岩の塊に線刻し
たものは，本来は岩壁の一部として長期にわたって露出しており，風化がすすんで亀裂が生じた
あと崩落したとすれば，包含層に埋まった時期よりも古いことになる。ゲナスドルフ遺跡の線刻
女性像と比較して，マドレーヌV期，約 16,000 年前のものである可能性が高いと私は考える。

　石塊の中央に，女性像 1 体を側面観で右向きにあらわしている。はっきりしているのは 1 体だ
けであるが，左下の不鮮明な弧線は女性像を意識してのものかもしれない。頭と腕の表現はない
けれども，全体像は写実的といってよいほどである。乳房は細長く垂れ，腹は丸く前に出てお
り，腹部の意識的な表現が特徴的である。しかし，妊婦をあらわしているとまでは断定しかね
る。尻は台形に突出して大きい。高さ 15 cm は，石板に線刻した女性像としては大きい。

4　石板に線刻した女性像

Ger.1　ホーレンシュタインの女性像

　ドイツ南東部のバイエルン（バヴァリア）州ホーレンシュタイン（Hohlenstein）洞窟で見つかっ
た石灰岩の石板に線刻した女性像の最初の発見品である（図版 28-507）。マドレーヌV期であろう。

　石板は破損しておそらく 1/3 ほどを失っており，現在は砕片 2 点を接合して 28 cm×19.5 cm
大になっている。石板の上には無数の線条を描いており，そのなかに左向きの動物像を上下にお
そらく 2 頭，それと重なる複数の右向きの女性像を上下 2 段に並列しており，上列は小さく 3 体
以上（5 体か，高さ 6.5-8.5 cm），下列は大きく 3 体（高さ 13.5-14.5 cm）の線刻を抽出することがで
きている。上列の右 2 体だけは上半身を 2 本線であらわしているが，他は 1 本線で簡略化してい
る。ただし下列の 2 体は脚まで 2 本線であらわしている。

　女性像と重なっているトナカイまたはオーロクスの頭と脚を描いたのは，おそらく女性像を描
く前である。胴部の表現をまったく欠いているのは，線刻が浅すぎたか，磨滅したか，どちらか
であろう。女性像も上列と下列とで，線刻に技法の違いがあるのは，多少とも時間差があったこ
とを意味しているのかもしれない。

Ger.2　ゲナスドルフの女性像

　ゲナスドルフ（Gönnersdorf）遺跡は，ドイツ南西部のラインラント・ファルツ州ノイヴィート
市に所在する開地遺跡で，住居跡 5 棟が発掘され，女性小像を多数出土している。ここからは粘
板岩（スレート）の石板に線刻した女性像が，住居跡の内外からもっとも豊富に見つかっている
（図版 29・30-702）。1968 年の発掘で見つかった多数の石板のうち 87 点の上に 224 例の女性像を
認めた G. ボジンスキーらは，詳細をきわめた大部な報告書を刊行している［Bosinski *et al.*
2001］。線刻の時期は，マドレーヌV期，較正年代は約 16,000 年前である。

　石板は，出土状態がよくわかるゲナスドルフ例では大型住居の床面のぬかるみを防ぐために敷

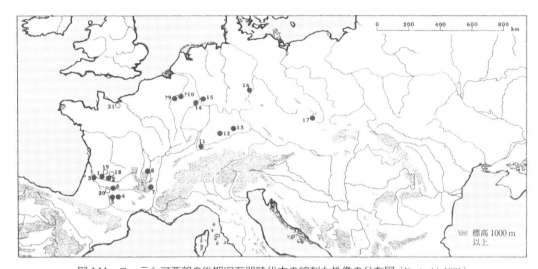

図144 ユーラシア西部の後期旧石器時代末の線刻女性像の分布図 [Bosinski 1991]
石板：1 ラランド，2 ガル＝ドゥ＝クーズ，3 アブリ＝フォースタン，4 フォンタレ，5 クールベ，6 ミュラ，7 ロン＝デュ＝バリー，8 ソー＝デュ＝ペロン，9 シャルー，10 プレスル，11 ピータースフェルス，12 フェルスタール，13 ホーレンシュタイン，14 アンデルナハ，15 ゲナスドルフ，16 ザールフェルト，17 ビチ＝スカラ：18 コムバレル，19 フロンサック，20 カリオ，21 グーイ

き詰めてあった（図145）。石板に描いてある対象は，女性だけでなく，ウマ，マンモス，鳥が多数例あり，サイ，シカ，オーロックス，バイソン，ライオン，オオカミ，アザラシが稀にあり，あたかも洞窟絵画を石板に個別に描いたかのようである。線刻のある石板の大きさは破片を接合すると50cmをこすものまである。材料の粘板岩は，遺跡の北100mの場所に露頭があり，そこで大きな石板を採取し搬入，そして線刻したあと壊して住居に敷く，の順に作業が進んだようである。出土した石板の線刻はすべて破片化して小さくなっているので，本来は1辺が数十cmの大きな石板に線刻してあり，住居の床に敷く前にその役割をはたし終えたのであろう。

動物の線刻画が写実的な描写であるのに対して，女性像の線刻画は著しく抽象化した表現になっている。女性像はすべて側面から描いており，頭と頸部を表現したものは224例のなかに1例も存在しない。数多い例のなかで，もっとも細かく描写したものは，前腕を斜め上にあげ手指を垂れ，乳房を小さく突出させ，腹部の膨らみはなく，三角形に大きく尻を突出させ，脚は大腿部まで2本線で輪郭を描くがそれ以下は1本線に収斂している。これを原型とすれば，他はその省略形とみることができる。腕や乳房を表現している例は少なく，表現していない例が普通である。石板に描いてある女性像は，腹部の膨らみがないので，妊婦をあらわしているようにはみえない。しかし，その姿勢は，明らかに妊婦をあらわしているラ・マルシュやペック＝メルルの線刻とまったく同じである。

女性像は右を向いている例が圧倒的に多く，左を向いている例は少数である。原始絵画では，右利きの人が描くと動物などの像は左向きになるのが普通である。線刻の断面形がV形を呈するばあい，斜面の右緩，左急は右利き，左緩，右急は左利きになるという法則がある（図146-6）。それに照らすと，ゲナスドルフの線刻画では右利きの人はもっぱら女性像を右向きに描いていたことになる。

図145　ゲナスドルフ遺跡の住居床面のスレート板出土状況［Bosinski 2009］
この板石に女性像や動物像の線刻がある。

　女性像の表現には諸型式があり，ゲナスドルフでは次の5類型を認めることができる（図147）。
　A類　両腕と乳房があり，胴（上半身）は前後の2本線であらわしている。腕は，上腕を斜め下向き，前腕を上向きにしてV字形に曲げている。尻は大きく角の丸い三角形で後ろに突出している。しかし，腹の膨らみはまったくない。脚は膝付近までであって，尻・大腿部だけをあらわしているといってよい。1例だけであって，図像の高さは10.8 cmで大きい。
　B類　腕・乳房はあるが，前腕の表現はなくなる。高さ7.4-7.0 cmで，小さくなり始めている。
　C類　腕と乳房が一体化し，どちらともつかない表現になっているが，乳房なのであろう。高さ6.2-5.6 cm。
　D類　腕と乳房の表現はなくなるが，胴はまだ2本線であらわしている。高さ5.4-5.2 cmで小さい。
　E類　胴を1本線であらわし，下半身だけは前後の2本線であらわしており，もっとも簡略化した女性像である。描き順は，上半身→尻→腹である。高さ5.2-3.2 cmで小さい。
　F類　胴から下半身を1本線であらわし，それに尻の線を加えている。図像は小さい。
　これらの類型は，複雑表現のA類から簡略表現のF類へ向っての移行であって，簡略表現から複雑表現への移行ではない，と考える。女性像の大きさは，簡略化していくにしたがって，小さくなっていく。なお，1枚の石板に複数描いている例をみると，B類とE類が共存しているばあいがあり，A類からE類へは機械的に変遷したわけではない。
　次に石板上に線刻した女性像の構図について取りあげる（図版29・30）。
　a類　女性像を1体だけ線刻している。左向きもあるが，多いのは右向きである。
　b類　女性像を複数個体，横方向に並列するように線刻している（図148-1）。多い例では1枚

224 第Ⅱ部 旧石器時代の女性象徴

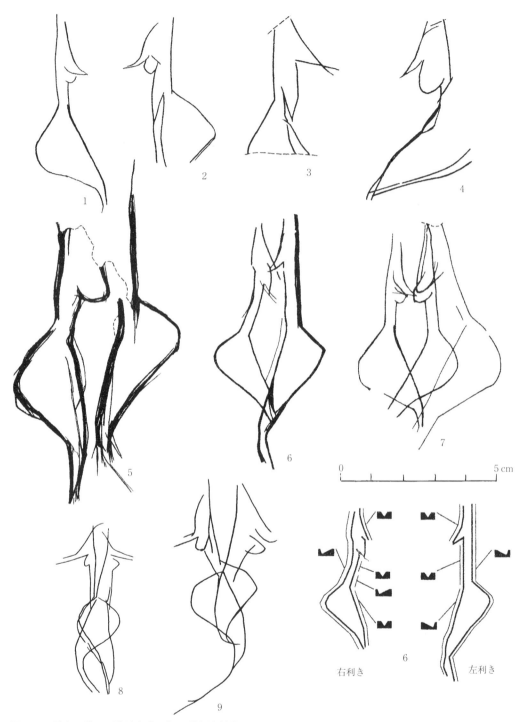

図146 ゲナスドルフ遺跡出土石板の線刻女性像と利き手による線刻の断面形のちがい [Bosinski *et al.* 2001]
1・3 右向き，2・4 左向き，5-7 左右向き合い，8・9 左右背中合わせ

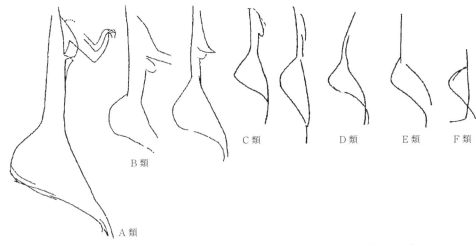
図147 ゲナスドルフ遺跡の石板に線刻した女性像の分類

の板石に連続的に5体や9体を並べている。その大きさや女性像の形態はほぼ同じである。
　b類の構図は、いくつかの類型に分けることができる。
　b1類　右方向または左方向だけを向いている（図148-2・3）。
　b2類　2体が向い合っている（同-4）。
　b3類　2体が背を合わせ、反対方向を向いている（同-5）。
　これらの複数個体の線刻は、構図および線刻の重なり具合から推定すると、基本的に同時つまり連続的におこなったようである。2類と3類の女性像の向きが反対であってもV字形の線刻の斜面の緩急の角度が一致しているので、描き手は右利きで、おそらく同一人物であったと推定する。

Ger.3　アンデルナハの女性像

　アンデルナハ（Andernach）遺跡は、ドイツ南西部のラインラント・ファルツ州アンデルナハ市に所在し、ゲナスドルフ遺跡の西南1.7kmに位置し、その間をライン川が流れる（図171）。住居跡も発掘されている開地遺跡である。女性小像を多数出土している遺跡であるが、女性像を線刻した石板も豊富に出土している（図版31・32）。マドレーヌV期、約16,000年前である。
　石板についてはC.ヘックの詳細な報告がある［Höck 1993］。ゲナスドルフ例の記述にあわせて分析すると、ゲナスドルフの上腕を屈したあと前腕をあげるC類から始まり、簡略化が進んだ最後のE類まである。1体線刻している例と、複数個体を線刻している例がある。1体のばあいは右向きと左向きは4対1くらいの割合であって、右向きが圧倒的に多い。

Fr.1　フォンタレの女性像

　フランス南西部のタルン=ガロンヌ県フォンタレ（Fontalés）から出土した粘板岩の石板に2体の女性像を線刻したものである（図版27-501）。マドレーヌVI期、約15,000年前である。

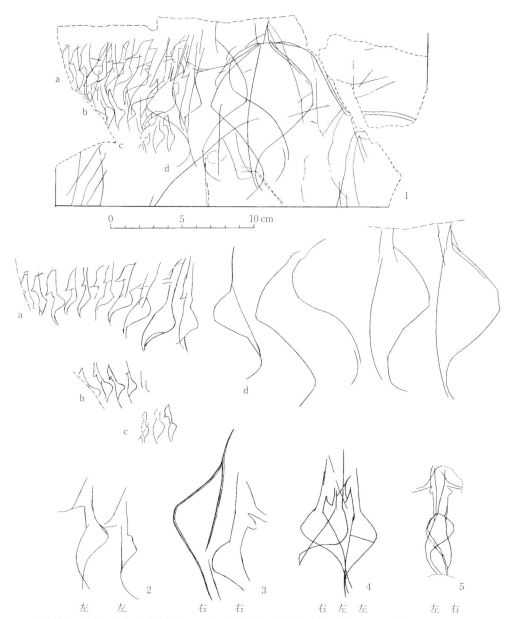

図 148 ゲナスドルフ遺跡出土の石板に線刻した女性像の重ね描き（上），女性像の向き（下）
［Bosinski *et al.* 2001］から作成

第 5 章 後期旧石器時代末の女性絵画 227

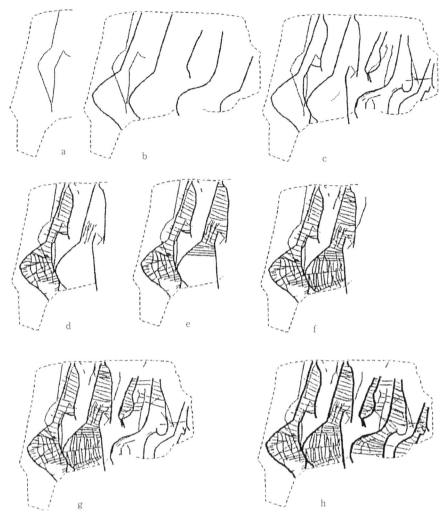

図 149 ゲナスドルフ遺跡出土の石板における連作女性絵画の描き順［Bosinski *et al.* 2001］から作成
珍しくも身体の上半身に横線，下半身にスダレ状の線刻がある。

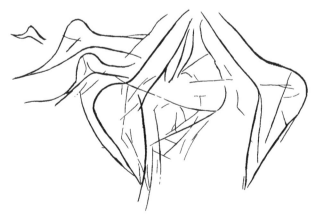

図 150 ラランド岩陰出土の「石塊」に重ね描きした例
身体の立ち位置は，この図の下から左へ移動している。

線刻のある石板の大きさは 28 cm×18 cm で，女性2，トナカイ1，不明大型獣1，鳥1があるほか，細く浅い線刻が不規則に無数といってよいほど走っている。女性像は，動物像の上に最後に重ね描きしており，しかも小さいので目立たない。女性像は，右向きの側面形で，頭と乳房，手の表現はなく，腹から脚先までをく字形の2本線であらわし，尻は大きく後方に突出している。ゲナスドルフのD類とE類に相当する。女性像2体の基底線は，ほぼ直角になるくらい違っているので，描いた時間に多少とも差があるのだろう。高さは 7.5 cm と 4.2 cm で小さい。

Fr.2　ミュラの女性像

フランス南西部のロット県ロカマドゥールのミュラ岩陰（Abri Mura）出土の石灰岩の石板に女性像を線刻してある（図版 27-503）。マドレーヌⅥ期またはアジル期，約 15,000-14,000 年前であって，この型式の女性絵画の最後の例になる。

石板は縦 4.7 cm，横 3.4 cm，厚さ 2 cm の小片である。石板の中央，少し右寄りにいっぱいに右向きの女性像を1体線刻している。頭，乳房の表現はなく，ゲナスドルフのD類に相当する。高さ 3.5 cm のひじょうに小さなものである。

5　器物に線刻した女性像

Fr.1　イストゥリッツの骨板の女性像

フランス南西端のピレネー＝アトランティック県イストゥリッツ（Isturitz）洞窟出土の骨板（トナカイの肩甲骨？）の片面に線刻した女性像である。この骨板の反対面にはバイソンの全身像を線刻している（図 151-2，図版 35-555）[Delporte 1979：43-45]。マドレーヌ中期とされており，マドレーヌⅢ期またはⅣ期と推定，炭素14年代は前 12,000 年前，較正年代は約 17,000 年前である。

骨板は縦 2.2 cm，横 10.5 cm 以上の小さな細長い薄板に，片面に女性2，反対面のバイソン2頭を細い線で彫ってあらわしている。

2体の女性を立位か仰向けの状態で細かく線描している。つぎのロージュリ＝バース例を参考にすると，仰向けになって寝た妊婦をあらわしているとみてよいだろう。頭は女性というよりもライオンやクマを想わせるような奇妙な表現である（図 151-2・3）。身を護るために動物の仮面をかぶっているのであろうか*。頭，手首，足首に沈線を彫ってそれぞれ頸輪，腕輪，足輪をつけていることをあらわしている。頸輪と腕輪はともに幅広で，直交方向に短線でうめているのは，ウクライナのメジン遺跡出土のマンモス牙製の腕輪を参照すると，文様を施してあるのだろう。乳房，下腹，太腿に列点を施しているのは，妊娠線あるいは静脈の線であろうか**。

　　*日本の縄文時代後期には，長野県茅野市中ッ原遺跡出土の「仮面土偶」，青森県八戸市風張1遺跡や福島県福島市上岡遺跡から出土の「屈折土偶」など，仮面をかぶった女性小像が少なくない。これらの土偶は立位出産や寝位（仰臥）出産の姿をかたどっているとみるならば，出産時に仮面をかぶることが珍しくなかったといえるだろう。その意味は，出産時の妊婦を猛獣から，あるいは悪霊から護るためであったと推定するが，同じような発想がヨーロッパの後期旧石器時代にも存在したということかもしれない。

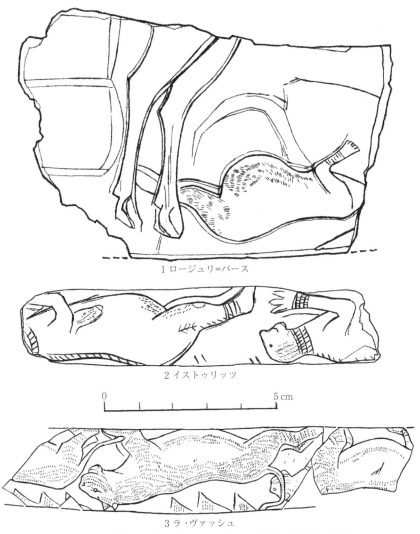

図151 腕輪をつけて出産の姿勢をとる妊婦の線刻画（骨製）
イストゥリッツ例はさらに頸輪と足輪をつけている。頭は女性のように見えない。
ラ・ヴァッシュ例にみるライオンのぬいぐるみを着用しているのか。

**女性小像に妊娠線を表現している例として，山梨県南アルプス市鋳物師屋遺跡出土の縄文中期の土偶があげられる［山田 2008：126-128］。

Fr.2 ロージュリ=バースの骨板の女性像

　フランス南西部のドルドーニュ県ロージュリ=バース（Laugerie-Basse）岩陰から1867年に出土の骨板（トナカイの肩甲骨？）に線刻した女性像（図151-1，図版35-556）である。マドレーヌⅢ期またはⅣ期と推定，C. コーエンはこの遺跡の時期を前14,000年前としている［Cohen 2003］。較正すると約19,000-18,000年前になる。

　骨板は縦7.2 cm以上，横11 cm以上の薄い骨板で，片面にトナカイまたはアカシカと妊婦，

230　第Ⅱ部　旧石器時代の女性象徴

反対面にウマを細い線で繊細に描いている（図151-1）。これらは輪郭を幅広く削ってやや浮彫り風にあらわしているが、単なる線刻による図像もある。この線刻について男性とみて妊婦との交合とするF. D.ガスリーの解釈もあるけれども、描画の技法がまったく異なり、とても従えない。一種の重ね描きであって、両者の間に直接的な関係はないと考えるべきである。

　女性は大きく膨らんだ腹部をもち、腕を前に出し肘で直角に曲げて上にあげている。手首に3ないし5個の腕輪をつけ、頸にも頸輪をつけている。腹部の輪郭に並行に列点による3本の線を彫っている。大きく張った腹の4本の線は、妊娠後期に腹部に生じる赤い線（妊娠線）をあらわしている可能性もあるが、同様の線を大腿部にも施しているので、判断は難しい。同じ画面の手前に線刻してあるトナカイの2本の後脚によって女性の脚の一部は隠れている。すなわち、遠近法を用いて描いてあり、トナカイの足下に寝ている状態の妊婦をあらわしているとみてよい。トナカイの全身像を復元してみると、直立している堂々たる巨大なトナカイの腹の下に小さな妊婦が寝ている、まことに奇妙な構図である（図版35-556a）。雄のトナカイと女性との交歓を陰喩しているとすれば、この時代の思惟の問題を追究していくうえで貴重な資料となる[*]。素材になった骨の大きさから推定すると、このとおりの図像であったとは考えにくいだろうが、妊婦とトナカイの大きさの割合は変らないだろう。この骨板の反対面にはウマの全身像を線刻してある。トナカイと妊婦、そしてウマとの関係が問題である。

　　　[*]同じドルドーニュ県のラスコー洞窟には、雌のバイソンと男性との性的交歓を示唆する絵画があるのにも注意したい（図版44-808）。もちろん一種の「神話」である。

Fr.3　ラ・マルシュの礫石の女性像

　フランス中西部のヴィエンヌ県ラ・マルシュ（La Marche）洞窟出土の小さな石礫に線刻した4点5例の女性像である（図版34-542〜546）[Pales et al. 1976]。マドレーヌⅢ期、約19,000年前である。

　8-12 cm大の小さな石礫の上に、細い線で何重にも重ね描きしている。下に垂れた大きな乳房、巨大な腹部をあらわしている。太っている女性をあらわしているのではなく、妊娠した女性をあらわしていることが明白な例である。腕の位置には2通りある。2例は、上腕を体軸に直交するように前に出し前腕を体軸に合わせている。3例は上腕を体軸に合わせ、前腕を乳房の下にもっていき、手首に腕輪をつけている。立位の状態で線刻しているけれども、仰向けの姿勢で出産する妊婦を描いている可能性も否定できない。そのばあいは、出産時に腕を乳房の上にもっていく方法と、乳房の下にもっていく方法があることを示している。

Fr.4　ソー=デュ=ペロンの垂飾りの女性像

　フランス東南部のロワール県ソー=デュ=ペロン（Saut du Perron）出土の石製垂飾りの未完成品に線刻してある女性像である（図版12-192）[Sieveking 1995：91]。時期はマドレーヌⅤ期、約16,000年前と推定する。

　縦に長い不等辺三角形の薄い頁岩（schiste）の石板の片面いっぱいに側面観で右向きの女性像を線刻している。頭と乳房の表現はない。身体の前の線は縦に細く一直線で描いたあと、もう一

度，太い線で膝を軽く曲げた姿勢に描き直している。後ろの線は尻を大きく弓形に描いたあと，その内部にクランク形の線を描き加えて，女性像を完成している。女性像を描いた板石を加工して垂飾りにするつもりで，上端の右端に穿孔しようとして，途中でやめたようである。女性像の高さ5.2 cm，幅1.9 cm。

Fr.5　クールベの石皿の女性像

フランス南部のタルン県クールベ洞窟（Grotte de Courbet）出土の石皿に線刻した女性像である（図版33-538）[Cook 2013]。マドレーヌV期，約16,000年前と推定する。

石皿は縦23 cm×横13 cm，厚さ5.1 cmの破片で，本来は方形の中央の穴で火を灯すランプであったと推定されている。その裏面の中央に右向きの女性1体を細く線刻している。頭と腕の表現はない。く字形で尻を後方に突き出し，腹は凹める。乳房は三角形で前に突き出している。破片の中央に線刻してあるのは，破片になってから描いた証拠となろう。この石皿には，女性像の上にも割れ口にも赤色顔料を塗ってある。女性像を描いたあと，再利用するためにさらに手を加えたことになる。女性像はゲナスドルフのC類に相当する。女性像の高さ14.0 cm。

Fr.6　ロン=デュ=バリィの有孔棒の女性像

フランス中央部のオート=ロワール県ロン=デュ=バリィ（Rond du Barry）出土のトナカイの角製の有孔棒（長さ22 cm）に女性像を線刻したものである（図版34-548）。マドレーヌV期という。約16,000-15,000年前である。

頭と乳房の表現はなく，正面形に見えるが，腰は左右非対称であるので，右向きの側面形をあらわしていると私は見る。一種のゲナスドルフ型の体形である。性的三角形をV字形の正面形であらわしているのが特徴的であって，マドレーヌ期の表現としては異例である。高さ5.2 cm。

Ger.1　ニーダービーバーの矢柄研磨器の女性像

ドイツ西部のラインラント=ファルツ州ニーダービーバー（Niederbieber）遺跡出土の矢柄研磨器（矢柄整直器）に線刻した女性像である（図版33-539）[Bosinski *et al.* 2001：302]。アジル期（気候史ではアレレード期）というから，約14,000-12,000年前，線刻した女性像としてはミュラ例とともにもっとも新しい。

目の粗い砂岩製で，蒲鉾形の平坦面中央に直線の溝を彫っている。長さ7.0 cm，幅3.2 cm。背面にあたる凸面に，側面形で左向きの女性像を10体並べるように線刻している。頭と乳房の表現はない。右端の2体は腹の線があるが，それより左は表面が風化しているために明らかでない。女性像の高さ2.5〜推定1.2 cm。

矢柄研磨器は，2個合わせて断面が円形の孔をつくり，そこに矢柄にする枝を通してしごき，曲がった枝をまっすぐに伸ばし，さらに小枝の付け根のふくらみを削り落とす器具である。その機能と女性像が結びつくのかどうか，この1例だけでは判断できないが，再利用と考えたい。

6　後期旧石器時代末の女性絵画と女性小像

ヨーロッパ

　ラ・マルシュの小さな石板に大きな乳房と巨大な腹部をもつ女性を線刻した例，ペック=メルルの粘土の壁に大きな腹部をもつ女性を指先で描いた例，ゲナスドルフやホーレンシュタインの大きな石板にやせた感じの女性を線刻した例，以上の三者は，たとえばラ・マルシュ例とホーレンシュタイン例とをくらべると，両者の間に連関を認めることは到底できない。ところが，両者の間にペック=メルル例をいれると三者がラ・マルシュ → ペック=メルル → ゲナスドルフの順に連続的に変化していく過程であることを認めることができる（図173）。そこで，ラ・マルシュ例が妊娠した女性をあらわしているとすれば，ゲナスドルフ例も痩身の女性をあらわしているように見えても，その意味に変わりはなく，やはり妊婦の記号的な表現であると私は理解する。ペック=メルル例は，マンモス像と重ね描きしている。マンモス像を描いたのが男性であるならば，妊婦を描いたのも男性である可能性が高いと私は考える。

　ロージュリ=バースの女性小像（推定マドレーヌⅢ期，19,000年前）は，乳房の表現がはっきりしない。ロック=オー=ソルシエの岩陰壁画の女性像（19,000年前）は，上半身を省略して下半身だけを半浮彫りしている。下半身の正面だけを重視するロック=オー=ソルシエの女性像とロージュリ=バースの女性小像の表現は，根底において通じるところがある。後期旧石器時代末の女性小像は，女性絵画を立体的な小像に変えることによって成立した可能性を私は考える。どちらも1例見つかっているだけであるのは，両者の関係をよく示している。

　ゲナスドルフの女性小像（16,000〜15,000年前）の特徴は，側面観の著しい重視と，頭部表現の欠除，そして妊婦らしくない細身の体形である。しかし，この体形と共通する線刻した女性像の表現がゲナスドルフをはじめラランドなど，いくつも存在する。

　ゲナスドルフなどの線刻はしばしば繊細であって，重ね描きした無数の線条の中に女性像が埋もれている例も少なくない。ボジンスキーとヘックらの共同研究者たちは線条の中から苦心して動物像や女性像を抽出している。しかし，線刻した当時の人たちは，どこに女性像を描いたかを，よくわかっていた。石板に線刻すると，線刻による溝の中に白っぽい削り屑の粉がのこっているので，いま何を描いているか，何を描いたかは，はっきりと認識できる。しかし，石板上の粉を拭きとると，いま描いたばかりの線はわからなくなり，「あたかもまだ何も線刻していないスレート板」に戻る。これが1枚の石板に重ね描きを可能にした理由であるけれども，「それではなにゆえ新しいスレート板に描かなかったのか」ということの説明はできない。いずれにせよ，「スレート板に描いた絵は，ある限定された期間だけ見えるもの」であった［ボジンスキー1991：146-147］。

　石板のスレート板は集落のすぐ近くで容易に入手することができ，その上に1体の女性像を線刻するには10秒前後からどんなに長くても1-2分あればよかった。連続的に10体線刻することも簡単な作業であった。それに対して，マンモスの牙を入手し加工して女性小像を完成するには，1日では難しいだろう。ゲナスドルフ遺跡では，石板にはマンモスの線刻を46点，61頭を

確認できるにもかかわらず，マンモスの牙や骨はごくわずか残っているにすぎなかった。女性小像の材料であるマンモスの牙を入手することは容易ではなかったはずである。

　1枚の石板に同じ形，同じ大きさの女性像をくりかえし線刻したのは，この像に託している願望がいかにつよいものであるか，切実なものであるかをアピールしようという意図が働いているのであろう。では，この女性像は自分たちをあらわしているのか，働きかけている相手をあらわしているのかは，1つの問題である。

　ゲナスドルフやアンデルナハの石板に線刻した女性像のなかには頭部は省略しているけれども，腕を前に伸ばし，肘を曲げて前腕を上に向けた両腕とその下に乳房を表現した例がある。しかし，この型式の女性小像は，両遺跡でのみ認められ，他の遺跡のどこからも見つかっていない。

　線刻女性像と女性小像の大きさを比較するとほとんど変りがなく，両者はひじょうに近い関係にあることがわかる（図172）。線刻女性像と女性小像との関係について，私は次のように推定する。

　ラ・マルシュの石礫に写実的に線刻した妊婦の像を原型にしてペック＝メルルの壁画で図案化が進んだ。その後，ラランドやゲナスドルフで妊婦らしさを失い，記号化がいっそう進行した結果，石板画の線刻女性像は完成した。ゲナスドルフ型の女性小像は，この段階の女性像を立体像に変えることによって成立したために，それは突然の出来事になった。ヴィルチッツェのフリントを素材にした打製品の女性小像は，マドレーヌV期で，ゲナスドルフとほとんど同じ時期である。しかし，正面形はスクレイパーなどの刃部と同じであって，ゲナスドルフ型の板状品が成立して以後に，それを手本にして作ったものであろう。

ロシア平原

　メジン型の女性小像は，発掘後しばらくの間はI. G. ショフコプリヤスやZ. A. アブラーモヴァらによって鳥形と男根形とみなされていたが，その後，性的三角形の存在を認めたことによって女性小像と判断されるようになった。open-book pattern（開頁文と私は訳す）ともよばれる上半部の線刻は，これまで「魂のいれものとしての胸郭部」（A. D. ストリャール），「毛皮の頭巾をかぶった人間」（Y. A. シャポワル）などの見方があるが，私は顔の表現の可能性を考える。それほどその形態と線刻は特異である。このような特異な女性小像が，突然，メジン遺跡に出現したとはとても考えにくい。先行するものが必ず存在し，その簡略化によって特異性が顕著になったと理解するのが自然であって，将来，そのような女性小像が必ず見つかるだろう。しかし，現段階でその系譜を追究することは容易でない。

　現状で比較の対象を求めるならば，第一はすでに記述したチェコのプシェドモスチ遺跡から出土したマンモスの牙に線刻してある女性像の表現（図152-1）であろう。頭は逆三角形，乳房は縦長の楕円形，（ ）形の腹をもち，腰は横長の楕円形である。脚は縦線の束を2つ下にのばしている。

　プシェドモスチの頭の輪郭の2本線を単線化するならば，メジン型の頭部にわずかではあるが近づく（同-2・3）。すなわち，プシェドモスチの頭の上辺は外湾しているので，これを直線で山

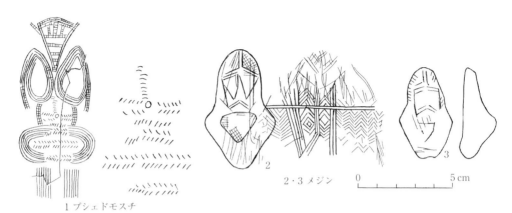

図 152　プシェドモスチの女性絵画とメジンの女性小像の図像比較

形にかえ，さらに鼻をあらわす縦線帯を頭の上にとびださせると，メジン型の顔表現に近づく。そして，プシェドモスチの口に相当する横線帯を複線の山形にかえたのがメジン型の口の表現とみることもできる。いずれも，「あえて言えば」という但し書きをつけなければならない程度の類似度であって，途中の資料を欠いている現状では，こじつけの譏りは免れないだろう。

しかし，プシェドモスチの横長楕円形の腰の上縁に羽状文による陰毛とその下の羽状文による陰裂の表現は，逆三角形を大きく描きその外の左右に羽状文を展開するメジン型の女性器の表現と形態を異にする。ただし，陰部の表現に羽状文を用いるという点では，両者は共通する。プシェドモスチの線刻女性像とメジン型の女性小像との間には遠い関係があり，頭と性器の表現に立体性を欠くメジン型の女性小像の淵源は線刻女性像にあると私は予想する。

メジン型の頭の表現は，著しく幾何学的になっている。その一方，メジン型の側面観における三角形の尻の突出はプシェドモスチの女性像からはでてこない。メジン遺跡からは明らかにゲナスドルフ型といえる女性小像も出土しているが，年代はメジン例のほうが古い。メジン型はゲナスドルフ型の女性小像に影響を与えている可能性もあろう。

プシェドモスチ遺跡とメジン遺跡とは 900 km 余り離れている（図138）。メジン遺跡の較正年代は約 18,000 年前である。それに対してプシェドモスチの線刻女性像の年代は不安定である。中期パヴロフ文化とすれば較正年代は 27,000-24,000 年前［Svoboda *et al.* 1994］，後期パヴロフ文化とすれば較正年代は 24,000-20,000 年前である。後者を採用しても，メジン遺跡の女性小像とプシェドモスチの線刻女性像との間には 2000 年以上の開きがある。S. N. ビビコフは，プシェドモスチ出土のマンモスの骨・牙製品がメジン遺跡のそれと共通している原因を，部族間の直接的あるいは間接的な接触に求め，プシェドモスチとメジンが編年的に対比できるとして，メジン文化とパヴロフ文化の成立期を同時ではないかと問題提起している［ビビコフ 1985：109］。しかし，石器文化の内容から判断すると，メジン文化の年代がそこまでさかのぼるとは思えず，やはり中・後期パヴロフ文化のプシェドモスチの年代はメジン文化よりも一時期古いと考えるべきであろう。

羽状文を施したマンモスの骨製品と棒状の牙製品の関連性は否定できない，と私も考える。し

たがって，プシェドモスチの線刻女性像とメジンの女性小像との比較は，年代的な開きが大きいにもかかわらず，意味があるとしなければならない。推定すれば，後期旧石器時代においては，このような器物は大きく変化することなく，数千年間にわたって継続使用されたのではないだろうか。両者をつなぐ資料が将来見つかることを期待しよう。

シベリア・日本

　シベリアのマイニンスカヤ型の女性小像の年代は，20,000年前頃と推定する。土製品である点は，すでに後期旧石器時代前半のドルニ＝ヴェストニッツェ例やパヴロフ例があるとはいえ，特異である。

　日本の上黒岩の女性小像の祖型は未発見である。そこで，ロシア平原および沿海州の線刻礫と，縄文草創期・早期の土偶を俎上にのせることにしたい。

　ウクライナのバリン＝コシュ遺跡の線刻礫（図版16-298）[Abramova 1967：158] は，下方がわずかにふくらむ楕円形の扁平な礫の長軸上の上端に逆T字形の線刻を横線は2本，縦線は3本によって施している。下端には山形に屈折する線を4本重ねている。もとより上下は解釈にすぎない。この線刻のパターンは，ロシア平原のメジン型の女性小像の顔と女陰の線刻に類似しており，メジン型の線刻表現をより簡便化したものとみることもできるだろう。年代はメジンよりも新しいとみる。

　沿海州の早期新石器時代に属するルドナーヤ＝プリスターニ遺跡出土の線刻礫 [Krpyanko and Tabarev 1996：69] については，上下の判断が難しいけれども線刻のあるほうを下にすると，縦方向の線刻は陰毛をあらわしており，女陰の表現とみることになる。そうみてよければ，1の下半分は中央の縦線と弧線は陰裂，その左右は陰毛または両脚を簡略化してあらわし，上半分は顔または両腕を簡略化して表現したものと解釈することが可能であろう。表裏ともに同じ位置に線刻があるのは，表と裏では使用した時が異なると解釈すればよいかもしれない。これもまた，メジン型の女性小像の表現と通ずるところがあるようにみえる。同遺跡出土の他の線刻礫は，その表現の省略過程を示しているのであろう。すなわち，最後までのこったのは女性器の表現であった。

　上黒岩の石偶に年代的にもっとも近い縄文時代の例は，草創期－早期の土偶である。しかし，上黒岩の石偶と粥見井尻や相谷熊原の土偶との間に直接的な系譜関係を認めることはできない。縄文草創期と並行する16,000-11,500年の間，日本列島でも本州北半や北海道や，日本列島に近い極東の沿海州やアムール地方では，近年発掘調査が活発におこなわれているけれども，オシポフカ文化などの遺跡から土偶の発見例はない。現状では，日本列島自生を考えるほかないだろう。なお，東アジアの中国では，旧石器時代の女性小像は未見であって，新石器時代前期に遼西の興隆窪文化（約8,000年前）に初めて石製の女性小像が現れる。内蒙古の興隆窪，西門外，白音長汗の諸遺跡からの出土品がそれである。他に長江中流域でも城背渓文化に属する湖北省柳林渓遺跡から石製の女性小像が見つかっている [今村 2002]。朝鮮半島も新石器時代になって初めて女性小像が出現する。櫛目文土器の時期，約5,000年前の慶尚南道蔚山市新岩里遺跡の女性土偶が最古例である [梁 2009]。高さわずか5cmの小型品で立像，乳房の表現がある。日本の縄文

236　第Ⅱ部　旧石器時代の女性象徴

早期，茨城県花輪台の１例によく似ているけれども，曽畑式併行であるから年代は約 5,000 年ほどの開きがある。しかし，中国・朝鮮の地域では，その後も女性小像は発達していない。

コラム 6　「ウルビーノのヴィーナス」と「西海岸の裸婦」

　ベッドに横たわる裸婦のテーマはヨーロッパの近代絵画では，「ウルビーノのヴィーナス」をはじめとして定番である。「ラ・マグドゥレーヌのヴィーナス」（図 141）はマドレーヌ期で約 20,000 年前，偶然の一致でしかないが，その類似性を知ればティツィアーノ・ヴェチェッリオも驚いたことであろう。このようなポーズをとる近代画は，ヨーロッパではすでに紀元１世紀のポンペイの建物壁画にみられ，近代では 16 世紀頃から多くの画家の題材になっている。日本の画家では竹久夢二がフランスで描いた「西海岸の裸婦」が最初であろうが，日本ではベッドの普及が遅れたために，「ベッドに横たわる裸婦」を描くことはほとんどなかった。

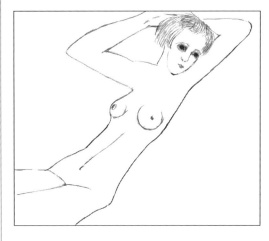

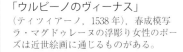
「西海岸の裸婦」
（竹久夢二，1931-32 年）春成模写

「ウルビーノのヴィーナス」
（ティツィアーノ，1538 年），春成模写
ラ・マグドゥレーヌの浮彫り女性のポーズは近世絵画に通じるものがある。

第6章　後期旧石器時代の女性器象徴

1　女性器象徴の種類

　後期旧石器時代女性の身体のうち，性器だけを取りだして表現したものがあり，その数は少なくない。それらは，次の種類からなる。

　1）女性器を岩壁や石塊に線刻した遺構・遺物
　2）女性器を骨・角・牙製品に線刻した遺物
　3）女性器をかたどった遺物

　これらのなかでもっとも多いのは，岩壁や石塊に線刻した例である。ただし，石塊のばあいは，本来の位置は岩壁であったものが崩落して，石塊になったものが少なくないと私は考えている。

　以下，女性器線刻，女性器象徴について記述しておく。

2　女性器形の小像

　女性器形小像と断言できる資料はきわめて少ない。

　ロシアのコスチョンキⅠ-1号居住域から，切り込みをいれた半楕円形製品が7点出土している［Efimenko 1958］。コスチョンキ期に属する。泥灰岩の小破片を研磨して作ったもので，英語ではメダリオン（medallion）と呼んでいる（図版41-662〜668）。最大例は高さ3.8 cm，幅5.6 cm，厚さ2.4 cm，最小例は高さ2.4 cm，幅3.2 cm，厚さ1.8 cm，平面は半楕円形で直線形の底面にかかる個所に縦長の半円形の凹みを設けて陰裂をあらわし，側面形は山形をなしている。P. P. エフィメンコやZ. A. アブラーモヴァは陰裂を上にもっていき，A. ルロワ＝グーラン，G. ボジンスキーやA. マーシャックは陰裂を下にもっていく。私は岩壁画との比較から後者が妥当と考える。名称は，女性器だけで女性小像とは言いにくいので，女性器小像と呼んでおく。ドルニ＝ヴェストニッツェの乳房だけの立体像と同じように，これも女性小像の極端な省略形すなわち女性器象徴として扱っておきたい。

　チェコのブルノ（Brno）出土のマンモスの骨製と臼歯製の円板も，女性器をあらわしたものとされている（同-660・661）。パヴロフ期である。断面は薄いレンズ状の完全な円形で中心から縁に向けて1本の直線を沈刻している。

　ドイツのゲナスドルフ出土の骨製の有孔円板（同-651-659）には，この遺跡から出土した粘板岩の板石に，女性器に男根を挿入している状態を簡略化して表現したとみられる線刻がある。こ

れをさらに簡略化したとみられる線刻をもつ円板が他にも見つかっている。マドレーヌⅤ期である。

　フランスのロージュリ＝バース出土の骨製品（図版41-609）は，女性器象徴の垂飾りとみられている［Leroi-Gourhan 1968：500，ルロワ＝グーラン 1985a：143］。長さ1.6cmの楕円形に加工した超小型品で，小さな円孔の下に縦線をいれ，左に4個，右に3個の列点を施し，縁辺に小さな切込みをいれてギザギザにしている。マドレーヌⅢ-Ⅳ期頃のもの，610も同類であろう。611のサン＝マルセル洞窟（Grotte de Saint-Marcel）出土の骨製品も同じ仲間である可能性がある。これは，マドレーヌ岩陰の「クマと男女性器」をあらわした象牙製品（図版57-4）と比較するならば，男根と女性器を記号化して組み合わせた構図といえるだろう。613のチェコのパヴロフ遺跡出土の象牙製品は全面を使って女性器を線刻したもの，614のラランド岩陰出土品は女性器を高度に抽象化して表現した紡錘形の大型品であり，612のイストゥリッツ洞窟出土品はそれらを無文化した垂飾りなのであろう。

　シベリアのバイカル湖東南畔に所在するオシュルコヴォ（Oshurkovo）遺跡出土の水滴形の垂飾り（図版41-669）［Abramova 1967：176］も，女性器の象徴品であろう。これは，性的三角形を意識した形を作り，縁に刻みをいれ，一端に穿孔したものである。長さ3.5cm。表裏の不規則な線刻は，使用法と関係があるのかもしれない。オシュルコヴォ例を女性器形とみてよければ，同遺跡からそう遠くないソハチーノ（Sokhatino）遺跡出土の無文，周囲に刻みをいれて縁どった垂飾りも，それを簡略化して作った女性器形の装身具といえるかもしれない。長さ2.6cm。

　日本列島では，千葉県四街道市出口鐘塚遺跡から後期旧石器時代のナイフ形石器とともに出土した三角形の石製品2点がその候補になる（図版41-670・671）［渡辺編 1999］。赤褐色の砂岩製，長さ2.2cm，幅2.0cmと黒色の安山岩製，長さ1.7cm，幅1.0cm。ともに縦長三角形の底辺に半円形の凹みをつくっている。その個所で欠損しているとみて，穿孔のある垂飾りとする意見が普通である。しかし，凹みにのこる条痕は半円形の凹みに沿っておらず，直交しているので，底辺を上にして，工具を前後に動かしてこの形にしたものである。すなわち，この遺物は2点とも完形品の可能性がある。これをコスチョンキⅠ遺跡出土品とくらべると，三角形は陰阜，凹みは陰裂をあらわしていることになる。三角形の頂点ではなく下辺中央に凹みがあるのは造形上の問題なのであろう。

　岩手県和賀郡西和賀町峠山牧場Ⅰ遺跡A地区の第3文化層中部，始良火山灰（AT，30,000年前）上位から石刃素材のナイフ形石器に伴出した滑石片岩製の「装飾品」も女性器形の可能性がある（同-672）［高橋ほか 1999］。両端が尖りぎみの薄い楕円形で，両面に沈線で弧線を背中合わせにして，上よりと中央に両者を横切るそれぞれ1本の線をいれている。縁辺には細かな刻み目を1周させている。復元長5.9cm。紐通しの孔をもっていないので，手持ちの象徴品，一種の装身具であろう。

　岐阜県山県市美山町に所在する九合洞窟からは，縄文草創期の刻み目つき隆起線文土器に赤茶色の砂岩製の装身具が伴出している（同-673）［澄田・安達 1967］。楕円形に加工し，縁辺には刻み目をいれ，片面にY字形の線刻，反対面に2本の並行線をX字形に交差させた線刻をもつ。復元長約8cm。一端に孔をあけているので，ペンダントのように使ったのであろう。

第 6 章　後期旧石器時代の女性器象徴　239

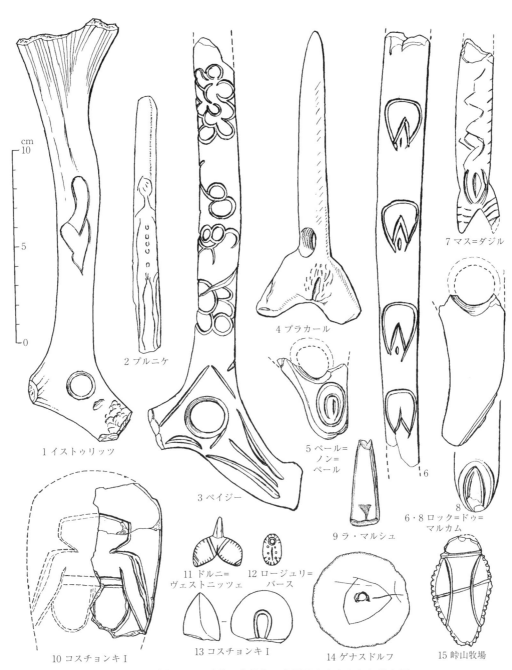

図153　後期旧石器時代の女性像・女性器をあらわした代表例
1・3・4・5・7・8 トナカイ角製，2・6・12 骨製，9 ウマ切歯製，
10・13 泥灰岩製，11 マンモス牙製，14 粘板岩製，15 滑石片岩製

3 岩壁・石塊に線刻した女性器

　石灰岩の数十 cm 大の石塊に女性器を線刻した例は，フランスのドルドーニュ県ラ・フェラシー（La Ferrassie）岩陰の例が，数も多いので著名である。J. P. デュアールと B. デュリュック，G. デュリュックは，石塊に女性器を線刻した例をたんねんに集成した労作を発表している［Duhard *et al.* 2014］。これらは，本来，石塊に線刻したものとして扱われている。しかし，石塊の形状はまったく不規則であり，線刻の位置も端に寄っていたり，欠損していたりするので，石塊が本来の状態であったとは考えにくい。石灰岩の岩壁に線刻してあったものが，岩壁が劣化した結果，剝落して小石塊になっている例は少なくない，と私は考える。以下，ドルドーニュ県の諸例を取りあげる。

　ラ・フェラシー岩陰から見つかった女性器を線刻した石塊は 13 点（以上）あり（図版 25-419・420），オーリニャック期に属する最古例である。この時期の多くは，水滴を逆にしたような楕円形を 1 本の線で一端を開放して描いたあと，そこに 1 本の短い縦線を入れたものである。カスタネ洞窟には楕円形を 2 重線であらわしたものがある（同-425）。これをていねいに描いたものと考えるならば，外陰部が開いた状態をあらわしているのであろう。この例は，縦 40 cm，横56 cm，厚さ 20 cm の不定形の石塊に高さ約 40 cm，幅 45 cm に線刻してある。その一方，ラ・フェラシー例には長い三角形のものが 2 例ある（同-419，図 154-1・2）。これは，性的三角形つまり陰阜と陰裂をあらわしているとみたいけれども，陰裂の上方に 1 本の横線を入れているのが気にかかる。下半身の胴部まであらわそうとしているのであろうか。

　ルロワ=グーランが後期旧石器時代の最古の表現様式として取りあげたセリエ岩陰の 1 例（図版 25-421）は，ウマの頭と女性器とを重ね描きしたもので，ウマの頭を左向きに線刻したあと，ウマの頸と重なるように，右に陰裂をもつ楕円形の線刻がある。時間をおいての線刻であることはまちがいない。

　レ・コムバレル（Les Combarelles）洞窟の線刻壁画は，長さ 200 m 以上の曲がりくねった洞窟の奥まった場所の両壁にウマとバイソンを主とする線刻画があり，そのなかに女性像や女性器が少数混ざっている（図版 24-415）。壁画本来の状態をのこしている例である。女性像は，確実なものは 2 体あり，左の 1 体は腰をく字形にまげている。頭・腕・乳房の表現はない。右の 1 体は頭と腕はなく，乳房から脚までを描いている。尻に縦に 1 線をいれているのは正面からみた陰裂を強調して表現したものであろう。左端は下端を丸く U 字形にして中央に縦に長く 1 線をいれた性的三角形である。マドレーヌⅢ期ないしⅣ期とされている。

　ラ・フォン=バルジェ（La Font-Bargeix）洞窟で見つかった壁画は，洞窟の壁の約 1.5 m の間に性的三角形だけ 10 個を横に展開するように並べて線刻している（図版 25-429）。高さ 100-150 cm，幅 80-120 cm ほどの逆三角形の下端は開放し，そこに小さく逆 V 字形を線刻して陰裂をあらわしている。

　フロンサック（Fronsac）洞窟からは，前後 2 本の曲線であらわした女性像を 6 体，亀頭をむき出しにした男根 1 個，そのほかマンモス，ウマなどを線刻した壁画が見つかっている（図版 24-

第6章 後期旧石器時代の女性器象徴　241

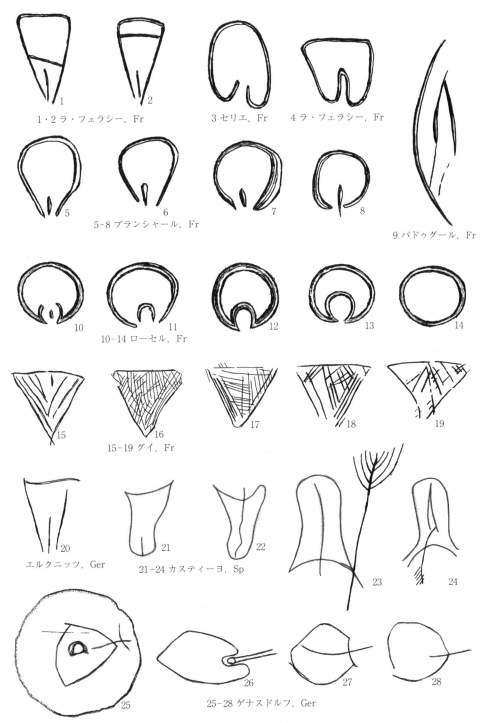

図154　後期旧石器時代の女性器表現
1-8・10-14 石塊，9・15-20・25-28 板石，21-24 壁画

416・417)。いずれも稚拙な表現で，図像の意味を読み取れないものが多い。この洞窟には女性器の線刻はない。

　そのほか，セーヌ・マリティーム県グイ（Gouy）洞窟出土の三角形の図像を線刻した泥板岩の小さな石板がある（図版 25-432～440）。1 辺 4 cm ほどの正三角形を線刻したあと，その内側を斜格子文または重 V 形文でうめている。これなどは，それだけで 1 個のメダリオンとして機能したものであろう。

4　骨角器に線刻した女性器

　女性器を線刻した骨角器は，トナカイの角を材料にした有孔棒（bâton percé）がよく知られている。有孔棒は，かつては指揮棒（bâton de commandement）と呼ばれていた。現在では牙や角から切り出した長い屈曲した素材を真っ直ぐに修正するための一種の梃子と考えられているけれども，それだけでは，この器具に女性器や動物の図像を彫っていることを説明できない。有孔棒のほかにも，破片になっているために器種を同定できない棒状の骨製品がある。ここでは，J.-P. デュアールらの集大成からフランスの資料を抜き出して概観する。

　女性器象徴の表現型はほぼ 2 つに分類できる。1 類は性的三角形（sexal triangle）を逆三角形にあらわした女性器の外見をあらわしたもの，2 類は外陰部（vulva）を楕円形にあらわした女性器の内部をあらわしたものである。

　1 類は，ヴィエンヌ県シャフォー（Chaffaud）の 1 点，ドルドーニュ県ラ・マドレーヌ（La Madeleine）岩陰の 2 点，ドルドーニュ県ラ・ピジー（La Peyzie）の 1 点，シャラント県ル・プラカール（Le Placard）の 1 点がある。

　シャフォー例は，トナカイの棒状の骨に性的三角形を縦に 3 個配列して線刻している（図版 40-602）。逆三角形の下端を少し開いて，そこに短い線で陰裂をあらわしている。長さ 12.7 cm。

　ラ・マドレーヌの 1 例は，細長い骨の片面に，逆三角形の下端を開放し，そこに小さな逆 V 字形を入れて女性器をあらわしている（同-604）。片面に 2 本線で三角形を 2 個，上下を逆にして配置し，その間に亀頭を露わにした男根を描いている。側面には三角形を 4 個描いているが，左の 2 個は不規則な表現である。現在 2 点の破片になっており，両者を合わせると長さは 9.5 cm になるが，実際には接合しない。女性器と男根を同一の器物にあらわしたきわめて珍しい例である。

　ラ・マドレーヌのもう 1 例は，トナカイの角製の有孔棒で，現長わずか 6.5 cm のミニアチュアである（同-601）。孔の下方に三角形を線刻している。

　ラ・ピジー例は，トナカイの角製の有孔棒である（同-607）。両面とも叉状部にあけた孔を囲むように長三角形（長さ 10 cm，幅 4 cm）を線刻し，先端にやや長い 1 線をいれて陰裂をあらわしている。角幹の中央には花模様を線刻している。長さは 25 cm（以上）ある。

　プラカール例は，長さ 15.3 cm の有孔棒としては小型品である（同-600）。叉状部を人にたとえ，そこをふくらむように加工したあと短い 1 線をいれ，そのまわりに点状の短線多数をいれている。陰毛の生えた陰阜と陰裂の表現なのであろう。軸部の先端は尖らせている。

第6章　後期旧石器時代の女性器象徴　243

　ウマの切歯に逆三角形を線刻した例は，日本の上黒岩石偶が楕円形の石礫を女性の身体（トルソ）に見立てたように，ウマの切歯の形状に女体を連想したうえでのものとすれば，これも女性小像に分類すべきことになるが，ここでは女性器象徴の1類にいれておく。シャラント県ゴードリ（Gaudry）1点，ヴィエンヌ県ラ・マルシュ（La Marche）55点，ヴィエンヌ県ル・ロック＝オー＝ソルシエ（Le Roc-aux-Sorciers）19点が知られている（図版41-615〜648）。

　これらは，ウマの切歯の舌側面の切縁中央にV字形を彫ったあと，そのなかを多数の細い線による斜め格子文，縦格子文でうめたものである。多数の線を交錯させることなく彫っている繊細さと技倆は，信じがたいほどである。ごく少数の人が製作した製品が，限られた時期に狭い地域に普及した可能性が考えられよう。

　陰門を楕円形にあらわした2類は，ジロンド県ル・ロック＝ド＝マルキャム（Le Roc de Mar-camps）の2点，同県ペール＝ノン＝ペール（Pair-non-Pair）洞窟の1点，アリエージュ県マス＝ダジル（Mas d'Azil）洞窟の2点，ドルドーニュ県ジョリヴェ（Jolivet）の1点の有孔棒がある。

　ル・ロック・ド・マルキャムの1例は，トナカイの角おそらく角枝の一個所から角幹にかけての部分を利用した有孔棒である（図版40-596）。角枝の先端に近くを斜めに削り出して平坦な面をつくり，その位置に女性器を立体的にリアルに彫っている。楕円形の縁の隆起は大陰唇，その内部の上よりの三角形の突起は陰核をあらわしているのであろう。孔の個所で欠損した小さな破片であるために，有孔棒の全体形は明らかでない。

　同岩陰出土のもう1例は，トナカイの長さ22.4cm（以上）の細長い骨（同-597）で，その片面に，縦に等間隔で4個の下端が開く楕円形を彫り，逆V字形をいれて閉じている。上から3個までは逆V字形の下端に点をいれて膣の存在まで表現している。反対面も配列は同様であるが，逆V字形の頂部は開き，点の表現は省略している。上記の2例はともにマドレーヌ前・中期の遺物を伴ったという。

　ペール＝ノン＝ペール例は，有孔棒の孔の個所で欠損した小破片のほうである（同-608）。楕円形に線刻し，そのなかが隆起するように加工したあと，その中央に縦に細い切れ目をいれて女性器の表現としている。現長6.8cm。なお，この遺跡から子安貝（タカラガイ）をかたどったマンモス牙製の指輪または垂飾りが出土していることは，すでにふれた（71頁）。

　マス＝ダジル例は，棒状で一端は二叉に開いている（同-598）。二叉の上端に接するように上が開いた楕円形を立体的に彫り，その中央に紡錘形の凹みをいれて，女性器をあらわしている。その上部には1本でジグザグの線とそれに関係する不規則な線を描いているけれども，その意味は明らかでない。二叉の部分には3条と4条の並行線をめぐらせている。二叉と女性器の位置からすると，女性小像の変形のようにもとれるが，それにしては脚が短すぎる。垂飾り？かといわれている。現長10.2cm。

　もう1点は，棒状品で両端とも欠失した現長6.5cmの小型品である（同-599）。片面に縦に杏仁形2個を彫り，中央に縦に1本の線をいれている。反体面にも，同じく2個彫っている。以上の2点はともにマドレーヌIV期という。

　ジョリヴェ例は，細長い骨を横にして片面に，中央に縦1線を入れた楕円形を2個一対で計10個（以上），反対面に計4個（以上）と縦短線を2段に5本と4本彫っている（同-603）。マド

レーヌ期に属する。

5　スプーン形の牙製品に線刻した女性器

　東ヨーロッパの後期旧石器時代前半のパヴロフ期からロシア平原の後期旧石器時代末のメジン期にかけて，女性器の形を抽象化して線刻したマンモスの牙製品がある。ただし，これらは従来，女性象徴として扱われていない。

　チェコのドルニ=ヴェストニッツェ（Dolní Věstnice）遺跡出土のスプーン形の牙製品は，その好例である（図版39-584）。マンモスの牙を縦に薄く剥ぎ取り，幅4.8 cm，長さ約17 cmの匙状部に幅約2 cm，長さ約22 cmの細長い柄をつけた長さ39.5 cmの大型の長いスプーン形をしている。匙状部の片面は少し凹面，反体面は凸面に作っており，匙状部は両面ともよく磨滅し，砂粒のような硬いものと接触して動かした結果生じたと推定しうる細い条痕をのこしている。両面とも羽状文を線刻しているが，凹面側の匙状部と柄との境に何か具象的な表現がある。匙状部の凸面には羽状文を併行に5列，それと直角方向に2列並べてL字形に表現している。凹面には片側に羽状文を3列，反対側に1列と斜線文4列を表現し，柄との境界付近に半円形の弧線を軸にして羽状文を線刻し，その内側に縦に短線による羽状文を刺突文風に表している。コスチョンキI遺跡の女性器形石製品，アヴジェーエヴォ遺跡の牙斧の線刻などの形状を参照すると，女性器の抽象的表現の可能性が高いだろう*。凸面の匙状部の中軸線上を横切る羽状文も同じく女性器の簡略表現であろう。凹面・凸面とも柄の中軸線上に大きな羽状文を1列施している。

　　　＊線刻には少し雑なところがあるので，図188-3に「理想形」を描いて示した。

　そのように見れば，柄は人の上半身，匙状部はその下半身になぞらえているようでもある。おそらく，より具象的な図像をもつ同形品がこの例に先行して存在するのであろう。この器具が，何かの物質を掬うための大型のスプーンであることは確かであって，その用途は一種の儀礼に伴う器具であろうと予想しても間違いないだろう。

　ウクライナのノヴゴロド=セヴェルスキー（Severskyi）遺跡出土のマンモスの肋骨製品（図版39-586）も，ドルニ=ヴェストニッツェ例との形態的な類似からすると，同類であろう。長さは46.4 cmでより長く，幅は2.5 cmでよりせまい。長軸に直交する多数の並行線は，羽状文の簡略化とみることができる。

　同じくウクライナのメジン（Mezin）遺跡出土のマンモス牙製品（同-590）は，刀形の先端部しかのこっていないけれども，幅4 cmの匙状部の先端前面に放射線を彫り，先端近くに斜めに横切るように雷文を3単位施している。雷文は，メジン遺跡の女性小像の腰まわりや腕輪の文様と同じであって，女性器の象徴とみてよいだろう。匙状部中央は磨滅と長軸方向の条痕が著しい。前方に押すような作業をくり返しおこなった結果である。

　ロシア平原のモスクワの東南350 km，ブリャンスク南部のチモノフカ（Timonovka）遺跡の出土品（同-591〜595）に，スプーン形と鋤形の象牙製品が8点ある〔Grekhova 1977，Abramova 1967〕。1点はスプーン形の先端が尖っており，内側に斜格子文を線刻している。現長8.0 cm，幅2.2 cm，推定すると本来の長さは20-30 cmあったのだろう。

他の 7 点は不完全な図だけでは判断しづらいが，折損しているのでなければ，先端は尖らず直剪形ないし緩く外湾している。幅 3.4-6.7 cm，推定長 20-40 cm で，小型品から大型品まである。一種の「スプーン」としての機能を考えると，先端は匙形に丸みをもって尖っているのが本来の形であろう。この器種は，同じロシア平原のスポネヴォ（Suponevo）遺跡からも 1 点出土しているが，コスチョンキ I 遺跡，アヴジェーエヴォ遺跡やメジン遺跡には見当たらないから，ロシア平原では後期旧石器時代末のメジリチ期に特有の製品である。

この牙製品で重要な点は，東ヨーロッパからロシアへ約 1,400 km の長い道径を長い年月を経て文化が伝播していったことを認めうることである。先に取りあげたチェコのプシェドモスチのマンモス牙の線刻女性像は，抽象化と変形を進めながらロシア平原のアヴジェーエヴォまでたどることができる。このようにみていくと，メジリチ遺跡の性的三角形や羽状文を施した女性小像として扱ってきた羽子板形の小型品も，同じ種類の柄を短くした製品である可能性がでてくる。もっとも，スプーン形に由来する女性小像が存在してもかまわないのであるが……。女性象徴は，このような器物にまで現れて，というよりもこのような器物を生み出して，何かの儀礼の場で使われていたのである。スプーン形の牙製品の用途は何であろうか。

以下は，私の想像である。

母体の子宮内壁と胎児との間にあって両者の栄養・呼吸・排泄などの機能を媒介する盤状の器官が胎盤である。母親は赤ん坊を産んだあとに胎盤を排出する。これが後産である。日本では，排出された胎盤すなわち胞衣（えな）を壺にいれ地面に穴を掘って埋める作法が，8 世紀，奈良時代に中国の道教の方式にもとづいて確立した。母親の胎内で子を育てた胞衣の処置がその子の一生を左右するという考えである［水野 1984：40-44，金子 1987：320-321］。胞衣壺の実例は，奈良市平城京右京五条四坊三坪など多数，秋田県秋田城跡，福岡県大宰府跡ほかから見つかっている。民俗例では，胞衣を容器にいれて門口や土間に埋めて，それを人が踏むほどその子供が育つという。縄文時代の埋甕（うめがめ）の習俗もそうだというには，土器が大きすぎるので，かつて金関丈夫が説いたように，死産児や乳児の棺であった可能性［金関 1975：32-33］も考えたいが，結論はくだせない。旧石器時代のスプーン形牙製品が土掘りに使われたとすれば，それは胎盤を土中に埋めるという習俗が，東ヨーロッパからロシアにかけて存在したと推定するのも一案であろう。

6 マス=ダジルの彩礫

フランスのアリエージュ県マス=ダジル（Mas d'Azil）洞窟からアジル期の「彩礫」が多数，60 点以上出土している。彩礫はほとんど例外なく長楕円形の扁平な片岩の円礫（長径 6.7-3.4 cm，短径 4.1-1.6 cm 大）が選ばれ，その表面に円形・連続平行線・十字形などを赤色顔料で描いている（図版 42-679〜736）。H. ブルイユは抽象化された人物像と考えた［Breuil 1902］が，現在では否定されている。事実，女性像の可能性を指摘できるものは存在しない。その後も，彩礫が何をあらわしているのかの見当はつかず，積極的な意見はない。一昔前はアジル文化といえば，中石器時代に属し，細石器と彩礫が特徴と書かれていたけれども，その後，彩礫に対する関心が失われ，M. ブレジョンの『先史学事典』（1969 年）に載っていないように，意味・用途不明の遺物として

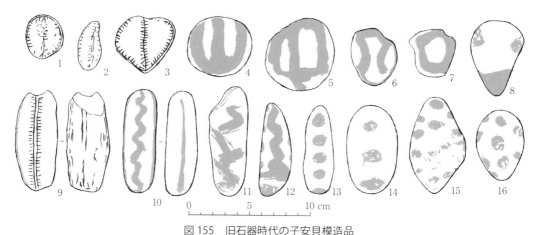

図155 旧石器時代の子安貝模造品
4 ビズ，16 ラ・クローザド，他はすべてマス＝ダジル

長い間放置されてきた。ところが1980年代にいたって，マス＝ダジル洞窟出土とされる彩礫は1,400点以上に達するが，それらのうち半数は偽物であるという事実がC. クーローの徹底的な調査によって明らかにされた［Couraud 1985］。その後もJ. F. トルクスドルフほかの調査があり［Tolksdorf et al. 2016］，本物と判断された彩礫だけにもとづく研究が進められた。ちなみに，大英博物館所蔵品は13点のうち10点が偽物，ケンブリッジ大学所蔵品は12点のうち3点が偽物，アケムニッツ考古学博物館（ドイツ）所蔵品は30点のうち何点かは偽物と判定されている。私はこれらの研究を知らないまま，本書巻末の集成図を作成したので，偽物が混じっている可能性がないとはいえない。

アジル期は後期旧石器時代最終末，14,500-11,600年前とされている。

私は，数ある彩礫のなかに子安貝（タカラガイ）を摸倣した文様をもつ例が存在することに気づいたので，その視点から礫の形態と文様に注意してみた（図155）。

形態をとりあげると，1側が直線，もう1側が曲線の棒状の小礫を利用したものがある（図版42-683・693・713・727）。マドレーヌ期のクールベやパトーでは，それだけで突出した尻をあらわした女性小像と認定されている（図版12-189・190）。マス＝ダジル例も，この形態の小礫に女体を連想して採集し文様を描いた可能性がある。しかし，大多数は左右対称の長楕円形の扁平な円礫を素材にしている。その点は，上黒岩岩陰の石偶がほとんど同形態であることと共通する。

文様をとりあげると，子安貝の腹面内唇のギザギザ（外套歯）を描いたとみて，おそらくまちがいのない例がある（図版42-681・682）。そして，それを原型として多様に変化していく過程（同-683～689，691～698）を追いかけていくことができる。E. ピエットの収集品に多い2, 3の朱点を描いた例は，子安貝の背面の水玉模様を写したとみてよい（同-715）。長楕円形の主軸上に8-5の朱点列を描いた例（同-709～712）は，子安貝の内唇部をあらわしているのであろう。彩礫の大多数は子安貝＝タカラガイを摸倣していると推定しておきたい。世界の先史・民族例では，子安貝を女性器の象徴とみなすことが多い。旧石器時代の例としては，フランスのアルシィ＝シュール＝キュール（同-676）やイタリアのグリマルディから子安貝の発見があることは，本書

第Ⅰ部ですでに紹介した。

しかし，彩礫には子安貝とみなしがたい例もある。そこで，彩礫に女性器を描いたものはないかという眼でみると，その可能性がある例をいくつか指摘することができる（図版42-681～685・690～693）。

このように，アジル期の彩礫は，それだけが特別な解釈を必要とするものではなく，子安貝あるいは女性器を摸倣した具象的～抽象的な女性器象徴品であり，その点において後期旧石器時代末の女性小像の機能を継承していると考えることができる。マス＝ダジル洞窟からは，女性小像はウマの切歯を利用して製作したものが1点出土しているだけである。この洞窟では，女性小像の時代が終りに近づき彩礫すなわち子安貝象徴へと移行しつつあったことを示唆する（図99）。

ヴィエンヌ県のラ・マルシュ洞窟は，女性小像は出土していないけれども，性的三角形を幅5-6mmで細密に線刻したウマの切歯の出土数は，55点の多きを数える（図版41-615～633・635～648）。その時期はマドレーヌ中期という。彩礫や線刻馬歯が出産とかかわる呪具であったとすれば，マス＝ダジルの大洞窟やラ・マルシュ洞窟は周辺の諸集団が共同利用する産所であった可能性があろう。

日本列島では子安貝の利用は，上黒岩岩陰をはじめ縄文早期に始まる。そして，上黒岩岩陰では縄文草創期の女性石偶が消滅した後に縄文早期に子安貝が出現するという事実は，直接的な関係はないけれども，マス＝ダジル洞窟と通底する興味深い事象である。

7　女性器象徴の意義

旧石器時代の女性器象徴について概観してみた。後期旧石器時代のオーリニャック期には，ラ・フェラシー洞窟に石塊にあらわした例があり，本来は洞窟の壁面に線刻してあったものが剝落した可能性を考えた。ラ・フェラシーなどの「石塊」に線刻した女性器象徴は，1類の逆三角形や2類の楕円形に限られる。後期旧石器時代末のマドレーヌ期には，洞窟壁画に女性像を描くことは稀であったが，女性器だけを線刻した例はレ・コンバレル，フロンサック，ラ・フォン＝バルジェなどで見つかっている。

骨角器に女性器を彫刻した例は，いずれもマドレーヌ期に属しており，それ以前のものはない。細かな時期は不明であるが，マドレーヌⅤ－Ⅵ期の女性象徴の図像との間に共通性は認められないので，マドレーヌⅡ－Ⅳ期のものと私は推定する。そう考えてよければ，女性器象徴を線刻した骨角器は，マドレーヌⅤ－Ⅵ期に女性小像が盛行する直前にもっぱら用いられたことになる。これらが旧石器人の生活のなかでどのような使途をもっていたのか，推し測ることは困難であるけれども，女性小像から女性器だけを取り出したような女性器象徴のあるものは，マドレーヌⅡ－Ⅳ期に女性小像の代わりを務めることもあったのではないだろうか。

後期旧石器時代前半には頭から脚の先まで女性の全体像を造形した小像が一般的であり，コスチョンキ例のように，女性器だけの造形品は稀である。後期旧石器時代末には，ヨーロッパでは乳房と女性器の表現を省略したゲナスドルフ系の小像と線刻画が盛行した。しかし，ラランドの線刻画では側面形の女性像に1本の縦線を加えることによって陰裂をあらわしていた。その一

方，ロシア平原では乳房は表現しないけれども女性器だけは必ず表現するメジン型が普通であった。しかも，メジンでは性的三角形の位置を先が尖った器具でこすっている痕跡が認められる（図版16-276・281）。女性小像に対するなんらかの積極的な働きかけ，つまりは儀礼行為の証拠である。女性器は，陰裂をあらわした性的三角形として表現するばあいと，陰裂の内部を表現するばあいがあり，両者は同格の扱いをうけているけれども，本質という点からすると，どちらも陰門であったことはまちがいないだろう。そして，その陰門は妊娠した女性のものであった。しかし，男性象徴の男根と組み合う例はきわめて少ない。そこから導きだされる1つの結論は，旧石器時代の人々は，陰門を一義的にヒトの子どもの出産口であると認識していたということである。

旧石器時代を通して，女性象徴のなかでもっとも本質的な要素として重視していたのは，女性器のなかでも陰門であった。常識的な理解であるかもしれないが，この点を確認したうえで女性象徴の意義について，さらに考察を進めることが必要である。

コラム 7 「ミロのヴィーナス」以前

ギリシャ・エーゲ海のキュクラデス諸島では，初期青銅器時代の前期キュクラデスⅠ－Ⅱ期（約5,200年から4,500年前）に女性立像が発達した。パロス島やナクソス島で産出する大理石製で，Ⅰ期のヴァイオリン型は高さ10cm前後の小型品であるが，中型品も現れている。Ⅱ期になると直立像が盛行し大型化が進み，高さ72cmに達するものがある。そして，Ⅲ期に終焉を迎える［国立西洋美術館編 1980］。

Ⅱ期の直立像は，顔面は隆起した鼻だけを表現する，小さな乳房の下に前腕を上下に組む，両脚は真っすぐ伸ばし爪先立ちである。尻の突出はわずかで体形は細身である。性的三角形は沈線による表現であって，Ⅱ期の新しい例には2本の横線に変わったものもあり，総じて，女性の特徴を強調していない。妊婦をモデルにしているとは思えず，地母神を想起させることもない。学術発掘品は少ないが，完形品は多く見つかっており，石槨墓への副葬品と推定されているから，女性祖先をあらわしていると考えるのが穏当であろう。

キュクラデスの白い大理石を用いた清楚な姿の女性立像には，2,000年以上のちに制作された「ミロのヴィーナス」に通ずる芸術精神が宿っているように私には感じられる。

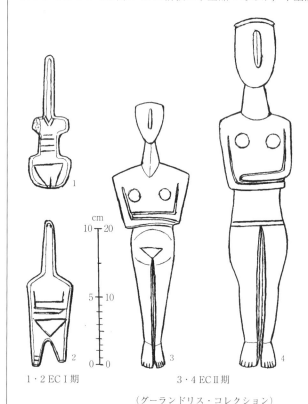

1・2 ECⅠ期　　3・4 ECⅡ期
（グーランドリス・コレクション）

第7章　後期旧石器時代の男性象徴

1　男性象徴の種類

　人をかたどって象徴とした小像として女性だけを取り上げ，男性を取り上げないのでは，不十分の誹りは免れない。後期旧石器時代の男性象徴品について，ここでふれておきたい。しかし，その資料はけっして多くはなく，女性小像にくらべると，その数は5%以下である。しかも，男性小像となると稀であるのが実態である。以下，男性小像，男根形小像，女性器象徴を彫った男根形小像について記述しておく。

2　男性小像

　男性小像と断言できる資料はきわめて少ない。

　フランスのブラッサムプーイ出土の小像の下半身の破片（図版1-7）は，股間に膨らみをもっているので，男性小像という [Schwab 2008：100-101]。しかし，男根の表現ではないので，私の意見は保留しておきたい。

　チェコのドルニ＝ヴェストニッツェ出土の土偶のなかに，男根と推定される突起が下向きについている土偶1点がある（図版45-912）。下半身の破片で，推定復元すれば，高さ10cmくらいの小像である。他の部位で女性小像とのちがいは明らかでない。「男根」が勃起せず下向きというのも，新石器時代の諸例と比較すると不可解である。

　同じく，チェコのブルノⅡ遺跡出土のマンモスの牙製の人物像は，頭，腕，そしておそらく下半身を別々に作って組み合わせるもので，可動式であるという（図版43-801）。乳頭，臍，下向きの男根に相当する個所が小さく丸く突出している。頭部には目・鼻・口の形を彫りだしている。

　以上の3点には男性と断定するのに躊躇させるものがあるとすれば，フランスのローセル岩陰のソリュートレ期（または上部オーリニャック期）の浮彫り（図版22-C）はまちがいなく男性像といえる例である [Duhard 1996：63-64]。ただし，石灰岩の「ブロック」と表現されているから，「角杯をもつ女性」と同様，本来は岩壁の浮彫りであったものが崩落し，発掘後にまわりを整形したために小像のようになっているのであろう。粗い加工によって正面を向いて立つ男性の形にした高さ38.7cmの岩壁の絵画としても大きなもので，身長の半分に達する大きな上向きの男根に睾丸の表現まであるきわめて珍しい例である。ローセル岩陰のもう1点の浮彫り（同-A）は，明らかに男性をかたどっており，狩人と想定されているが，浮彫りのヤギとの関係は，別々のブロックになっているために明らかでない。

このほか，すでに取りあげたイタリアのグリマルディ洞窟群のバルマ=グランデ洞窟出土の女性小像で，両性具有（hermaphrodite）とされている例がある（図56-4）。緑色の凍石製，高さ5.2 cm の小品である。乳房と丸い腹部は明らかに女性をあらわしている。両性具有説は，腹部の下の性的三角形に相当する位置の左右に両前腕を合わせるようにして上を向いた男根をもち，男根の下の膨らみを睾丸とみて，男性もあらわしていると考える，他に例のない造形であって，この１点だけを取りあげて両性具有論を展開した研究も少なくないけれども，２万年以上後の新石器時代のこれまた稀有な材料をもって憶測しているにすぎず，恣意的な解釈の域をでるものではない。私は，女性だけを表現した小像とみてよいと思っている。

ここで男性小像またはその可能性がある小像として例示できるのは，以上の４，５点にすぎない。男性の全体像をあらわした小像は，例外的な存在といってよいだろう。

3　男根形の小像

後期旧石器時代の男根形には，石製品と骨角製品がある。単純な形であるだけに，亀頭をあらわすだけで済ませている例が多い。

古くから知られているのは，フランスのドルドーニュ県ブランシャール（Branchard）出土のウシ属の角製品である（図156-8）。角を切断し，先端に抉りを入れたあと丸く研磨加工して亀頭を表現している。長さが20 cm をこえる大型品である。表面が火を受けて黒変し一部剥離しているのは，使用法を示唆しているのであろうか。オーリニャックⅠ・Ⅱ期に属する。

男根形石製品は，ドイツのエルクニッツ（Oelknitz）遺跡出土の後期旧石器時代末の硬砂岩製品が典型例である（同-2）。長さ19.6 cm，断面が扁円形の細長い自然礫を入手して先端近くに斜めに沈線を彫って亀頭をあらわしたものである。立体性に乏しいけれども，写実的に見える。マドレーヌⅤ期に属する。

ドイツのホーレ=フェルス例は，後期旧石器時代前半までさかのぼる最古の石製品である（同-1）。棒状で扁平な礫石を採集して，ていねいに研磨して男根形に仕上げている。先端近くの両面に浅い線刻をくり返し施して亀頭の表現にしている。長さ19.2 cm。最後に火中に投じたために，破損と剥離を生じている。

日本列島では，千葉県大網白里市升形遺跡出土の「有溝棒状石製品」がある（同-10）［田村 1993，青木・吉田 1994］。粘板岩の礫を大きく３回の打撃によって棒状に加工したあと，一端の両面に細い溝を彫りこんでいる。ほぼ中央に敲打痕をもっている。この石製品の使用法にかかわるとみるか，打製石器を製作するときの叩き石に転用したとみるか，この１例だけでは判断できない。長さ9.8 cm。始良火山灰 AT の下の地層から見つかっているので，30,000 年前を少しさかのぼる古さである。

東京都練馬区武蔵関北遺跡からもナイフ形石器を伴って褐鉄鉱製品（高師小僧か）が出土している（同-9）［河野編 1993］。全体を研磨し，先端部を斜めに磨り落として反った形の男根形に仕上げている。長さ15.1 cm。第Ⅳ文化層出土であるから，AT の上，29,000-28,000 年前頃であろう。

第 7 章　後期旧石器時代の男性象徴　251

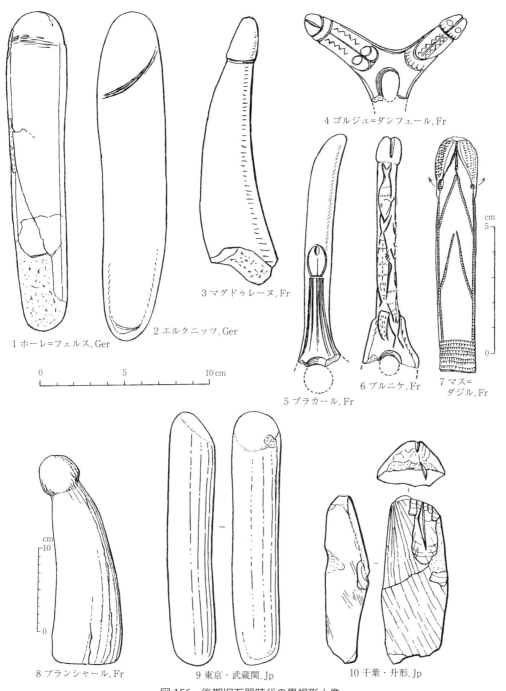

図 156　後期旧石器時代の男根形小像
1・2 石製, 3-7 鹿角製, 8 ウシ属の角製, 9 褐鉄鉱製, 10 粘板岩製

升形例，武蔵関北例とも，3万年前前後に位置する日本列島の確かな例である。

そのほか，フランスにはA.ルロワ=グーランが問題にしているトナカイの角を素材にした有孔棒（bâton percé, perforated baton）に男根の表現がある。有孔棒は，鹿角の叉状部を取り込み，そこに孔をあけ，棒の部分に動物の見事な彫刻をもつことから，かつては指揮棒（bâton de commandement）と呼んでいたものである。現在では孔に骨角牙の曲がった細い棒を通して真っすぐにするための椵子のような器具とする説が有力である。確かに歴史時代のイヌイト（エスキモー）が使用していた軸と槍の整直器（トナカイ角製）の形状［Guthrie 2005：295］とくらべてみると，納得がいく。R. D. ガスリーの統計では，279点の有孔棒のうち，男根をかたどったものは33点（12%），人をあらわしたものは22点（8%）である。そして，のこりは，ウマ81点（29%），シカ42点（15%），魚36点（13%），鳥28点（10%），バイソン・オーロクス25点（9%），アイベックス22点（8%），ライオン6点（2%），ヘビ6点（2%），クマ6点（2%）となっている［Guthrie 2005：294-295］（合計が110%になっているのは，1点に2, 3種類描いたものがあることによる）。エスキモーの整直器とそこに造形または線刻した動物との関係は，その武器を用いるカリブー・北極グマなどの動物をイメージしたものであるという。では，旧石器時代の男根や女性器のばあいはどのように説明できるであろうか*。

> ＊近年，大英博物館では，整直器も投槍器（spear thrower）として使ったという実験結果を報告している［Cook 2013：212-213］。そして，有孔棒に念入りに彫刻した動物像などは，男性の通過儀礼を印して狩人の地位を飾ったか，あるいは超自然の力を味方にするためであると想像している。有孔棒がすべて同一の用途をもっていたかどうかは未解決の問題である。

統計は古いけれども，ルロワ=グーランによると，有孔棒50点のうち16点の一端は男根状を呈している。なかでも，有孔棒の柄の先端が男根形になっているフランスのドルドーニュ県ゴルジュ=ダンファー（Gorge d'Enfer）出土のオーリニャック期の例は著名である（図版45-911）。これは，2つに分岐した角枝の先端をそれぞれ亀頭状に加工して尿道孔（射精孔）を刻み，陰茎に相当する個所に，片方は中央に縦に1本線，その左右に鋸歯文を施したあと睾丸2個をあらわし，もう一方は中央に縦に1本線，その左右に×を連ねたあと睾丸2個をあらわすという念入りの線刻をしてある。

タルン=ガロンヌ県ブルニケ（Bruniquel）出土のマドレーヌ期の例は，亀頭を露出した男根形に全体を成形し，茎部の片面に魚3匹，その横に魚1匹とその尾3つを縦2列に並べ，反対面に杏仁形または釣鐘形の図像9つを縦2列に線刻している（図版45-908）［ギーディオン 1968：197-198］。杏仁形や釣鐘形は女性器の象徴的表現であり，反対面の魚もその別の表現形態であろう*。

男根形の有孔棒に，女性器形を付加・線刻するのは，男根を刺激して勃起力を高めようとする意図のあらわれと考えたいところである。

> ＊中国では，雷魚の一種，カムルチー（*Ophicephulus argus*）を，水が涸れた土中にあっても数カ月は生き延びることができると信じて，生命復活のシンボルと考えていた。新石器時代前期の土器に魚紋，人面魚紋を描いた鉢や壺があり，魚を成人女性の遺体に副葬しているのは，「魚と復活再生の観念の結び付き」が強かったからだ，と甲元眞之は論じている［甲元 2001：293-299］。これらの例では，魚は女陰を意味している。

ドルドーニュ県レモンダン（Raymonden）出土の短剣形を呈する有孔棒（図版57-1）の線刻は，魚の尾をシカが舐めている図像と解釈されている。「魚はしばしば男根の象徴であった」と主張するC.ヘンツェ（1932年）の言葉をS.ギーディオンは引用して，「男根は魚と結合して，多産と妊娠をより強く象徴することとなった」と述べている［ギーディオン 1968：197］。この考えだと，ブルニケの有孔棒のばあいは，男根形にさらに「男根の象徴」を付加していることになる。しかし，ヨーロッパの旧石器時代例も，「魚は女陰の象徴であった」と解釈する余地があると私は考える。

ルロワ＝グーランは，有孔棒の彫刻の主題を分析して，男女をあらわす記号が対合する関係にあるとみて，有孔棒も洞窟壁画と同じ対合関係にある象徴的な図像群を示していると主張している［ルロワ＝グーラン 1985a：133-135］。しかし，このような実用品になぜ象徴的な彫刻をおこなっているのかの説明はない。

ドルドーニュ県ラ・プラカールから出土した有孔棒の1点には，亀頭を露出した男根を線刻してある（図版45-909）。ここでは女性器を線刻した有孔棒も出土していることは，すでにふれた（図版40-600）。両者は対になっているように見えるけれども，これは稀有な例であって，一般化はできない。

なお，有孔棒の孔を囲むように性的三角形と陰裂を線刻した例は，ドルドーニュ県ラ・ピジー（La Peyzie）からマドレーヌ期の例（図版40-607）が出土しているけれども，これも例外的な存在である［Duhard *et al.* 2014：78］。

その他，タルン県ラ・マグドゥレーヌ洞窟（Grotte de la Magdeleine）出土のマドレーヌ期の彫刻をもつ骨製品も興味深いものがある（図版57-4）。女性器―男根―クマの頭部の順に線刻しており，女性器から抜け出した男根の亀頭をクマが舌を出して舐めるというまことに奇妙な構図である。この図像をいっそう抽象化してあらわしたのが，アリエージュ県マッサ（Massat）洞窟出土の鹿角製品であって，女性器を円形，男根を羽形（綾杉形）に変え，クマの頭部だけを写実的に表現している（同-3）。ところが，タルン県クールベ洞窟から出土した骨製品の魚とされる線刻は，ラ・マグドゥレーヌ例の男根の表現と奇妙な類似を示しており，魚は男根の意味をもっているのかとも疑わせる（同-5）これがアリエージュ県ラ・ヴァシュ（La Vache）の例では，羽形―女性器―バイソン，バス＝ピレネ県のアルディ（Arudy）の例になると，女性器―ウマの線刻に変わっている（同-2）。女性器―男性器―クマ，あるいは女性器―男性器―バイソンなどが結びつくことによって象徴するなんらかの体系が存在したことは確かであろう。ラスコーの男根を立てた男と女陰を露わにしたバイソン*（図版44-808），レ・トロワ＝フレールの男根を立て笛を吹く「呪術者」（sorcerer）とバイソン（同-809）の壁画にもみられる男性と動物の組み合わせに通ずる人と動物の性的交歓を隠喩するような資料であって，その解明はこれからの課題である。

　　*この図像については，バイソンは傷を負って内臓が体外にはみだしたものと推定したうえで，あれこれ解釈するのが普通である。

254 第Ⅱ部 旧石器時代の女性象徴

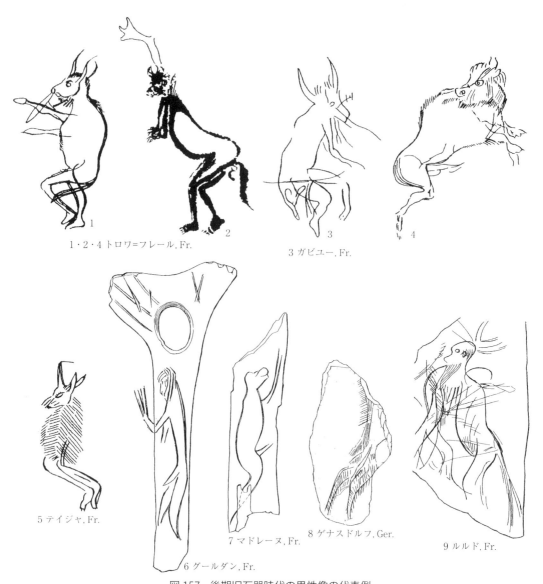

図 157 後期旧石器時代の男性像の代表例
1-4 洞窟壁画，5-7 骨角器，8・9 石板。1-5 はバイソンやトナカイ・アイベックスに扮装している。
1 は「トロワ゠フレールの笛吹き男」。

4 女性器象徴を線刻した男根形小像

　日本の縄文時代中期に，男根形の大型石棒に女性器象徴を彫りつけたものが北陸地方を中心に発達している［小島 1976, 春成 2007a：179］。同じような例が，ユーラシアの後期旧石器時代にもわずかながら知られている。

　チェコのビチ゠スカラ（Byčí skála）洞窟出土の粘板岩製品は，長さ 14.0 cm，棒状の礫の一端の

中央に小さな打ち欠きをいれ，棒の中央に杏仁形を線刻したあと3つの短線をいれ，それに接する位置に棒の長軸に直交する4条のやや太い線を彫っている（図版45-904）。男根であることを意味する射精孔，女性器の象徴的表現なのであろう。後期旧石器時代末，マドレーヌ前期の遺跡で，第3章で取りあげた抽象化の著しい女性小像も1点出土している。

　フランスのマス＝ダジル遺跡出土のきわめて精巧な作りの男根形骨製品は，長さ9.2cm，亀頭の反対面のV字形を呈する位置に1本の短線を彫っている（同-907）。おそらくこの個所を性的三角形に見立てて，陰裂をあらわしているのであろう。そうとすれば，この1点で男女の性器の象徴品ということになる。

　ドイツのテューフェルスブレッケ（Teufelsbrücke）遺跡出土の粘板岩製品は，長さ15.7cm，棒状の礫の両端に小さな打ち欠きをいれ，わずかに太いほうの先端近くに5，6重の円形を線刻している（同-903）。円形は女性器の象徴的表現の可能性がある。

　なお，「打楽器」の撥としてすでに取りあげたチェコのプシェドモスチ遺跡出土の女性像を線刻したマンモスの牙，女性像が崩れて単なる幾何学文様にみえるチェコのパヴロフ遺跡やドルニ＝ヴェストニッツェ遺跡出土のマンモスの牙なども，曲った太い牙の形状は勃起した男根の形を意識しての選択とすれば，そのようにも見える（図版37-570～575）。上黒岩岩陰の線刻棒も男根形に女性器を象徴する羽状文を彫っているとみることも可能であるので，この種の遺物の候補にあげておきたい（図28）。

　そのほか，フランスのドルドーニュ県ラ・マドレーヌ（La Madeleine）岩陰から出土した小礫に男女を線刻した例があるので，取りあげておきたい（図版34-547）。細長く断面形が角丸の長方形の石英（quartz）の石礫（長さ9.6cm，幅2.7cm×3.3cm）が素材である。狭い側面に男性像，広い側面に女性像を線刻したもので，男女とも高さ5cm。下端には集中的に叩いた痕跡がのこっている。男女とも直立し，頭は上を向いている。頭・顔はクマなどの獣を連想させる。男性は裸体，男根の表現はない。もう1体は左手をあげ，その下に小さな半円形の表現があることから，これを乳房とみて，女性と判断されている。顎から胸・腹まで長い毛が生えているような表現があるのは，獣皮を着ていることをあらわしているのだろうか。マドレーヌⅣ期。類似の表現はドイツのゲナスドルフの線刻画に1例みられる*（図版43-807）。

　　＊この遺物を粘板岩製の女性小像として私は扱っているけれども，報告者のG.ボジンスキーらは男性像を線刻した板石の単なる破片とみている。

5　男性象徴の意義

　後期旧石器時代の男性象徴の遺物を瞥見してみた。その数は少なく，岩陰遺跡や開地遺跡から女性小像や女性器象徴と，意味のある状態で伴出した例は皆無である。ロシア平原のコスチョンキⅠ遺跡でも，あれほど多数の女性小像・女性器象徴品を出土しながら，男性象徴品の伴出はただの1点もなかった。ドイツのゲナスドルフ遺跡のばあいも同様で，女性小像と女性器象徴品は少なからず見つかったけれども，男性象徴品の出土はなかった。粘板岩の板石に線刻した人物像もほとんどは女性であって，男性を確かにあらわしたといえる例は1点にすぎない。男女交合を

あらわした例も稀有であった。旧石器時代のユーラシアでは，男性象徴品が女性象徴品と組にして使用するような器物でなかったことは確かである。

　ただ，男根形の石棒に女性器象徴を彫りつけたものがビチ゠スカラやテューフェルスブレッケで知られているから，男女の交合を意識した象徴品はまったく存在しなかったとまではいえない。フランスのラ・マルシュでは，妊娠した女性や男女の交合を線刻したともとれる小礫が多数見つかっている。その数は稀に見る多さであって，このような遺跡は他には知られていない*。1個の礫に線刻を何回も重ねているために，同じ平面上の線刻を意味あるものとして分離する作業をパレやデュアールはおこなっている［Pales 1976，Duhard 1993］。しかし，信頼性が落ちるのはどうしても避けられない。

　　　＊イタリアのグリマルディ（バルマ゠グランデ），フランスのマス゠ダジル，日本の上黒岩岩陰と同
　　　　様，特別な用途に使った場所，おそらく近隣の諸集団が共同で利用する産所だったのであろう。

　日本では縄文時代から近代にいたるまで男根形に対する信仰は著しいものがあった。その多くは，男根形を活力，威嚇，辟邪の象徴とするもので，必ずしも女性と対置するものではなかった，と千葉徳爾は論じている［千葉 1983：80-150，春成 2007a：128-140，2007d：401-420］。

　しかし，狩猟者が成人式にあたって男根を山の神に示すことや，男根形の木製品を山の神に捧げるのは，山の神は女性であるので，その根底に山に住む人たちの間に，一種の神婚譚が存在した可能性を示唆している。

　その一方，イタリアの建築史と旧石器時代美術の研究者，S. ギーディオンは大著『永遠の現在』のなかで，次のように述べている。初期の象徴のほとんどは，変化に富んだ，時には背反的な結合さえ示すけれども，それらはつねに動物の種の不滅と関係しており，またそれらの象徴は何らかの形で呪術を通じて多産を増進させるように意図されている。オーリニャック期における多産の象徴のひとつは女陰である。それは単独にあらわされることが多いが，時には，増殖が望まれた特定動物と結合してあらわされることもある。女性器の表現は人間の性本能となんの関係もないことは確かで，またごくまれにあらわされる男性器や，巨大な乳房や腹をもつ女性小像，あるいは男根表示像もこのような性本能とは関係がない［ギーディオン 1968：89］。

　縄文中期の中部・関東地方には，長野県穴場18号住居跡では男根を象徴する石棒と，女性器を象徴する石皿を立てて両者が向き合うように意識的に配置してあった。また，群馬県安中市天神原遺跡では大量の石棒・石皿を円形の建物内に集積した遺構が見つかっている。北陸地方では石棒に女性器を彫り込んだ象徴品が発達していた。縄文時代に性交合を主題とする儀礼が存在したことは確かであろう［春成 2007d：418-420，谷口 2017：155-164］。しかし，さかのぼって後期旧石器時代に性交合をあらわした造形品や絵画の例は稀である。性交合を主題とする儀礼が存在したかどうかとなると，私には疑問である。

　熱帯アフリカのサン族（旧称ブッシュマン）のあいだでは，子どもは，ンコディマ（Nkodima）という精霊からの授かりものと認識されているという。ンコディマは，天に住み，人間の姿をして太陽と雨とを支配する，この世の創造者でもある［木村 1971：259］。旧石器時代の人々の考えも，これに近かったのではないだろうか。

第8章　後期旧石器時代の線刻棒

1　線刻棒の種類

　ヨーロッパ・ロシア平原の後期旧石器時代の遺物のなかに，例は少ないけれど女性小像または性象徴の線刻をもつマンモスの牙製品や棒状の石製品がある。上黒岩岩陰から出土した石製線刻棒は，直接的な関係を想定することはできないけれども，その仲間と考えてよいだろう。

2　上黒岩の線刻棒

　上黒岩の線刻棒は3点ある。

　1（図20-1）は，6層から出土した，緑色片岩製の太い大型品である。線刻は，片面のほぼ全面に羽状文を施している。両端に敲き痕がある。1端は長軸方向に剝離を生じている。他端の打痕は軽微である。

　2（同-2）は，6層相当層から出土した緑色片岩製である。

　両面とも両端からの打撃によって両端を破損し，さらに，この石のなかほどの片面と両側面に敲き痕が著しい。凹みの位置は規則的であるので，Ｔ字形に木の柄をつけて対象物を敲いた可能性がある。線刻は，片面に三角形を2つ，反対面に樹枝状の線を描いている。三角形は2つとも2辺が長く1辺が短い。三角形の大きなほうは，3辺のうち2辺の半分を使用による礫の端の剝離によって失っている。短辺の片方に寄った位置を1本の短い線が横切っている。三角形の小さいほうは，2つの長辺の先端付近は線刻がなく，短辺の端を2本の線が横切っている。

　3（同-3）は，9層から石偶と隆起線文土器に伴って見つかった。緑色片岩製で長さ18.4 cm，幅4.5 cm。縦に半截して蒲鉾形になっているうえに，両端とも破損している。線刻は，中軸線よりも少し片側に寄った位置に長軸に沿って1本の細い線をいれ，その線からわずかに間隔をあけて3本の短い線を補助的に添えている。線刻は先端がすぼまった形の礫の端まで及んでいたようである。長さ12.5 cm，幅3.7 cm。

　2，3は両面に同時的に剝離が進行しているので，台になったものを垂直に突くようにして力をいれてつよく敲いたのであろう。

　以上の3点の剝離痕や敲き痕について，本来の目的に使った後に，二次的に礫器や敲き石として使用したと私は考えたことがある。しかし，その証明ができているわけではなかった。

　ヨーロッパやロシアの旧石器時代のマンモス牙製の線刻棒を参考にすると，これらの石棒の三角形，1本線，樹枝状の線刻は，いずれも女性器の象徴的な表現と解釈することができる。そし

258　第Ⅱ部　旧石器時代の女性象徴

て，2の片面に三角形を2つ線刻しているのは2回にわたって描いた可能性を考える，反対面の樹枝状の線刻も，縦の線が3本切れ切れになっているのも3回にわけて描いた可能性を考えたい。図像そのものは重なっていないが，一種の重ね描きあるいは「上書き」とみるのである。線刻棒の端部にみられる欠損や打痕は，杵のように何かを敲いて音を発する道具として使った結果，生じたと解釈することも可能であろう。

　以上のように考えてみたきっかけは，ウクライナのメジリチ遺跡の女性小像である。

3　線刻棒と「音楽」

　ウクライナのメジリチ遺跡の女性小像には，腰部に位置をずらしながら性的三角形を3つ線刻してある事実にA.マーシャックは注目している（図版16-296）[Marshack 1991：25]。これを最初にⅤ形に深く彫ったあと，時期をちがえてさらに3回にわたって逆三角形を彫り直したと解釈するならば，この例では使用に先立って逆三角形を規則的に更新していたことになる。そうであれば，同じ女性小像を使用するにあたって女陰は新しく彫ったものでなければならなかったことを意味する。

　その一方，女性小像には欠損している例が多い。ロシア平原のコスチョンキⅠ-2号居住域の泥灰岩製品などは，普通に使っているかぎり壊れるような脆いものではないのに大きく欠損しているのは，同Ⅰ-1号居住域出土のマンモス牙製品の多くが頭部を欠失しているのと同様，意図的に破壊した証拠である。これはメジリチ例で新たに線刻しているのと表裏の関係にあるのだろう。

　同じくウクライナのメジン遺跡の女性小像では三角形を線刻したあと，上辺の上を別の器具でつよく引っ掻いており，太い凹線をのこした例がある（同-281）[Marshack 1991：26-27]。これも性的三角形をつよく意識した行為である。では，その傷をつけたのは誰であったのか。そもそも女性小像を作ったのは，誰だったのだろうか。

　メジンの旧石器人が住居内で，赤色顔料で羽状文を施したマンモスの大きな肩甲骨，下顎骨を太鼓代わりにして，牙製の拍子木を用いて一種の音楽を奏でていたことをロシアの考古学者は復元している（図160）[ビビコフ 1985：63-112]。

　私は，メジンの三角形をした肩甲骨，Ⅴ字形をした下顎骨に天然の性的三角形の表出を認め，そのうえ女性器を象徴する羽状文を施すことによって，同遺跡出土の女性小像と共通する構図に仕立てていることに注意したい。メジリチのマンモス頭骨の額に赤色顔料でⅤ字形を重ねて描き，その隙間を点々でうめたものも，巨大な立体女性像のようにみえる。これらの打楽器は女性小像と合わせ用い，男根形の牙で女性器形の骨を敲く行為は，性的三角形を刺激し妊娠を促し出産を促す呪いであったと推定する。メジンやメジリチの女性小像の性的三角形にのこされている使用中の掻き傷や重ね描きは，妊娠あるいは出産を促す呪いとかかわりをもっているのであろう。

　マンモスの骨と牙に文様を施した例は，メジン遺跡に先行する東ヨーロッパの諸遺跡から豊富に発掘されている（図28，図版37-570～572）[Breuil 1924, Jelinek 1975, Müller-Beck und Albrecht

第 8 章 後期旧石器時代の線刻棒 259

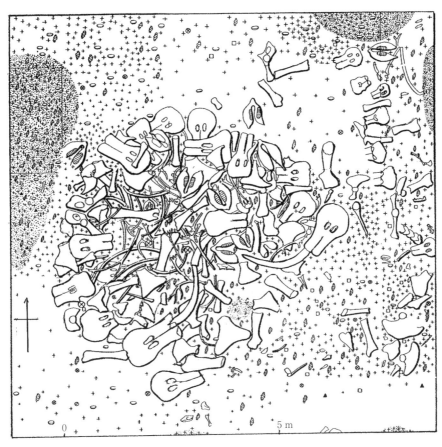

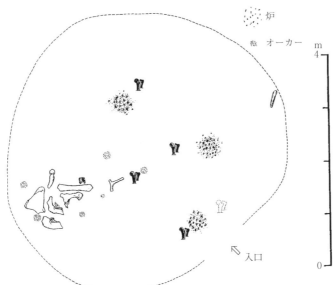

図 158 メジン遺跡 1 号住居のマンモス骨・牙製の打楽器の出土状態 [ビビコフ 1985]
住居内の西端に骨製打楽器 7 点がまとめて遺されていた。

260　第Ⅱ部　旧石器時代の女性象徴

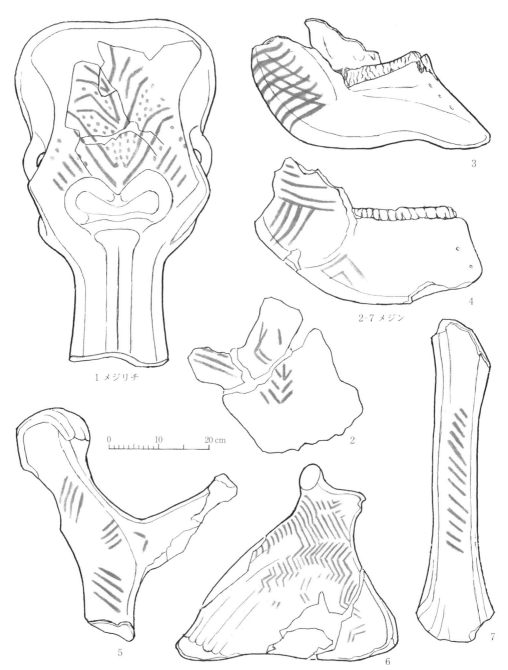

図 159　羽状文や斜線を赤色顔料で描いたマンモスの骨［ビビコフ 1985］から作成
　　　　1・2 頭骨，3・4 下顎骨，5 顴骨，6 肩甲骨，7 大腿骨　これらを叩いたバチは
　　　　マンモスの牙製品である（図版 36-38）。

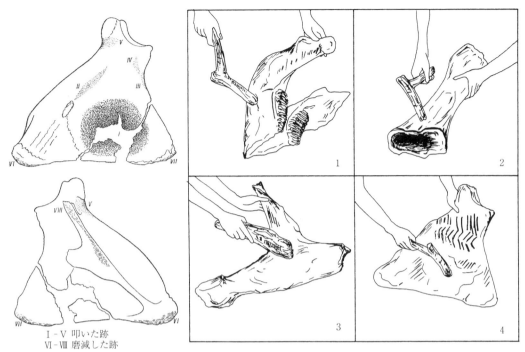

図160　メジン遺跡出土のマンモス骨の使用痕（左）と使用復元図（右）［ビビコフ 1985］
　　　1 下顎骨，2 大腿骨，3 寛骨，4 肩甲骨
　　　ハンマーは3がマンモス牙製，他はトナカイ角製

1987：85-86］。チェコのプシェドモスチ遺跡の連続羽状文を線刻した肩甲骨，女性像や連続三角形を線刻した牙，あるいは連続羽状文をきわめて精緻に線刻した肋骨は，明らかにメジン例と関連をもっている。この種の習俗はロシアの研究者が指摘するようにパヴロフ文化に始まる可能性が高い。

　チェコのパブロフ遺跡の象牙の線刻の1例は，プシェドモスチの象牙に彫った女性像を参考にするならば，女性像あるいは女性器表現に起源をもつ鋸歯文や羽状文である（図版37-570・571）。ロシア平原のアヴジェーエヴォ遺跡の並行する線の束を直交・斜行・並行させた線刻のあるマンモスの牙（同-573～575）［Amirkhanov 2007］は，線刻の形が整っていないので，何を描いているのかわかりづらい。しかし，パヴロフ→ドルニ・ヴェストニッツェの次に位置づけると，やはり女性像をもっとも簡略化した図像である。これらのすべてをプシェドモスチ例の線刻が著しく崩れたものとみてよければ，それより時期はくだる。

　さらに，以上の骨牙製の線刻棒とは用途を異にするけれども，アヴジェーエヴォ遺跡のマンモスの牙製の横斧のうち，2点には基部に連続羽状文を沈刻してある（図版38-583A・B）。コスチョンキI遺跡の1点には並行直線文の上に三角形をあとで彫り加えている（同-577）。いずれも女性象徴と解釈することができる文様である。ニューギニアやオーストラリアの先住民の社会では石斧はしばしば男性だけが使う男性の持ち物であり，花嫁代償にも用いられる男性の象徴として扱われている［佐原 1994：24-26］。そのような性格をもつ斧に女性象徴を施してあるとすれ

コラム 8　後期旧石器時代の笛

　旧石器時代のヨーロッパに鳥の長管骨に孔をあけて作った縦笛（フルート）が存在したことは，ペール＝ノン＝ペール洞窟（フランス）のグラヴェット期や，イストゥリッツ洞窟（フランス）のマドレーヌ期の例によって知られていたが，その初現がオーリニャック期の初めまでさかのぼることが明らかになっている。ヨーロッパに進出したホモ・サピエンスの「象徴行動」は，「音楽」にまで及んでいたわけである。初期オーリニャック期の笛は，ホーレ＝フェルス，ガイセンクレステレ，フォーゲルヘルト（すべてドイツのシュヴァーベン地方）から発見されており，ライオンマンを出土したホーレンシュタイン＝シュターデルも同じ地方に所在する。これらの遺跡からは女性小像をはじめ，各種動物小像や装身具が見つかっており，豊かな文化内容が明らかになっている。N・コナードは，初期の象徴活動はこの地方で発祥し，他の地方に拡散していったという「文化ポンプ説」を提言している［コナード 2006］。小野昭はこれらの研究を概説し，「後期旧石器時代初頭のオーリナシアンになってはじめて社会的な文脈で音楽，芸術，象徴的な製作物が積極的に生みだされた」とまとめている［小野 2024：44-81］。

　「音楽」の内容の究明はこれからの課題であるが，トロワ＝フレール（フランス）の洞窟壁画に H. ブルイユの模写図で著名なバイソンに扮した男が縦笛を吹いている絵画がある（図157-1）。呪術師の前方ではバイソンが後ろを振り向いている。2つの絵の間に関連があるとすれば，この絵は動物とヒトとの関係をテーマにした儀礼を描いている可能性がある。このような一種の動物儀礼の場で「音楽」がヒトと動物とを結びつける役割をはたしていたのかもしれない。

　なお，フルートとは別に，トナカイの指骨に1孔をあけた笛も，ロージュリ＝バース岩陰（フランス）やカムメルン付近から見つかっており，狩猟時に使ったホイッスルと推定されている。ヒトは唇を尖らせて口笛を吹いて合図し，曲を奏することもできるから，笛の起源が口笛にあることは確かであろう。

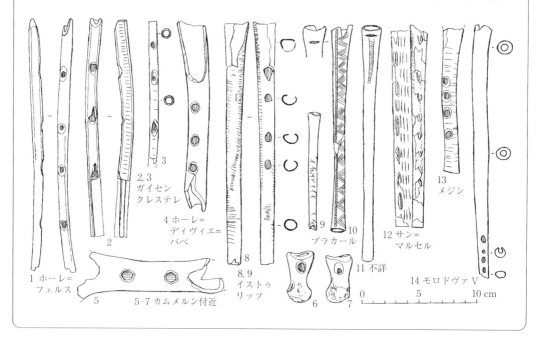

1 ホーレ＝フェルス　2,3 ガイセンクレステレ　4 ホーレ＝ディヴィエ＝バベ　5-7 カムメルン付近　8,9 イストゥリッツ　10 プラカール　11 不詳　12 サン＝マルセル　13 メジン　14 モロドヴァV

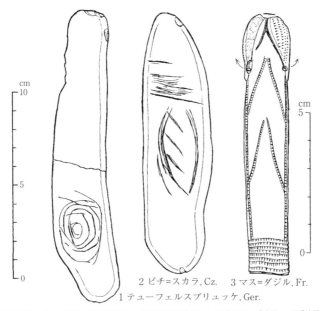

図161 後期旧石器時代の女性器を彫刻した男根形石製品・骨製品
1 テューフェルスブリュッケ, Ger.　2 ビチ=スカラ, Cz.　3 マス=ダジル, Fr.

ば、コスチョンキIの牙斧は「祭りの斧」の性格をもち、それを使用する行為になんらかの性象徴の意味が付加されていた可能性があろう。

　以上の推測の参考になるような事例が、ミクロネシアのポンナップ島の出産時の情景である。出産は母子にとってたいへん危険なもので、つねに死と隣りあわせと考えられていた。そのため出産の場には、女性だけでなく男性や子どもたちが大勢集まり、妊婦をとりかこんで励ました。難産のときは、まわりで見物している多くの人々が「産め、産め」と妊婦をせきたて、母や姉妹など手伝いの女性たちも声をかけて励まし、夫は「早く俺の子どもを産め」と詰め寄った。それでも生まれないと、妊婦の顔やからだをたたいたり口をふさいだりした。妊婦が呼吸できずに暴れると、その結果いきむことになり、陣痛が起こると考えられていた、という［安井 1999：262］。出産は、大家族、親戚集団の相互扶助によって実行されていたのである。

　上黒岩の線刻棒は、縄文時代の石器の分類にしたがえば小型石棒に属する。縄文前期の関東地方の小型石棒は男根形を呈している。また、中期の北陸地方の石棒には

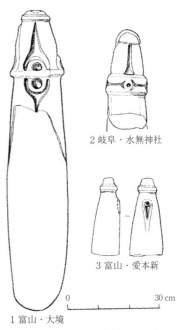

2 岐阜・水無神社
3 富山・愛本新
1 富山・大境
図162 縄文中期の女性器を彫刻した石棒

男根形の亀頭の位置に女陰と推定可能な玉抱き三叉文の彫刻があり（図162），男女交合の象徴物とみなされている［小島 1976, 春成 2007a］。また，関東地方の中期の大型石棒には円形の凹穴（盃状穴）をいくつもあけた例が少なくない。交合を模擬的におこない，女性を妊娠させる儀礼が存在したことを示唆している。男根形の石製品や骨製品に女性器を線刻した例は，ヨーロッパの後期旧石器時代にも散見する（図161）。

　これらを参考にすると，上黒岩の線刻棒も男根形に女陰を彫った交合の象徴である。上黒岩 b 例の片面にみられる樹枝状の線刻のうち石の中軸線上の縦線は一気に彫ったものではなく，4回にわけて彫っている。横線と交差しているのは 4 単位，横線は縦線の存在がわからないところまでおよんでいるから，5 単位であったのかもしれない。反対面には三角形を 2 つ線刻しており，そのうち先端付近の三角形は，石棒の先端が欠損したさいにその半分は失われている。現在，石棒の中央に線刻してあるもう 1 つの三角形は，最初の三角形が失われた後に線刻したとみることができよう。縄文後・晩期の小型細身の石棒は折れ，先端は割れているのが常態である。その割れや敲き痕は，使用後の再利用の結果ではなく，本来の目的に使ったときに敲き割った結果であろう。上黒岩の石棒も使用→欠損→線刻をくりかえしている可能性を考えたい。敲打→欠損の過程はないけれども，性的三角形の線刻を 4 回にわたっておこなっている後期旧石器時代の例は，ウクライナのメジリチ遺跡の女性小像にある（図版16-296）。1 個の女性小像や象牙・石棒にくりかえし女陰を彫って更新しながら使用をつづけることがあったのであろう。

図163　ピカソ「アビニョンの娘たち」（1907年）の左半分の構図（春成模写）
ロック=オー=ソルシエの浮彫画（図140）はこの絵を連想させる。

後　論
旧石器時代の女性象徴とは何だったのか

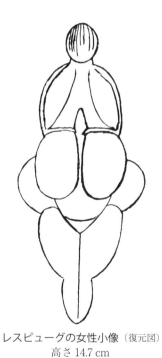

レスピューグの女性小像（復元図）
高さ 14.7 cm

266　後　論　旧石器時代の女性象徴とは何だったのか

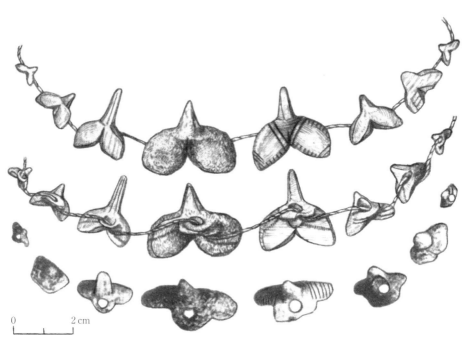

ドルニ=ヴェストニッツェ遺跡出土の乳房・女性器象徴の首飾り

1 旧石器時代の女性小像の発生と伝播

　熱帯アフリカを出発したホモ・サピエンスが西アジアを経てユーラシアの寒帯地域に進出した年代は、ヨーロッパ、ロシア平原とも約42,000年前頃と考えられている（図164）。そこは極寒の地であったけれども、マンモス、トナカイ、ウマ、バイソン（野牛）、オーロクス（原牛）などが群棲する草原・ステップ地帯が広がっており、食料資源は豊かであった。それらを追い求めて人々はユーラシア各地にさらに拡散していった。氷期には、寒帯地域の冬季の気温は現在よりもはるかに低かった。人類が、寒冷気候を克服するには、身体器官の適応と生活の適応が必要であった。彼らにとって、子どもを産み育て人口を維持することは、最大の課題であったろう。これが女性小像を生成した自然的背景であった。そこで女性小像は、出産を願い出産時の安寧を祈る護符として用いたと第Ⅰ部第4章で考えた。

　女性小像の起源については、かつてM. C. バーキットの「東方起源」説、A. P. オクラドニコフの「西方起源」説、M. G. レーヴィンの「各地自生」説があった。日本では江上波夫が、女性小像の形態を正面観、側面観の特徴にもとづいて西欧型と東欧型に分類し、東ヨーロッパ起源を主張していた［江上 1970：31-32］。炭素14年代測定法などによる遺跡や文化小期の細かな年代がわかってきた今日の知識を活かし、女性小像の年代と型式からこの問題を考えた結果は、すでに第Ⅱ部第2章で述べた。

　ロシア平原のコスチョンキⅩⅣ（マルキナ＝ガラー）遺跡の女性小像は、原オーリニャック期、

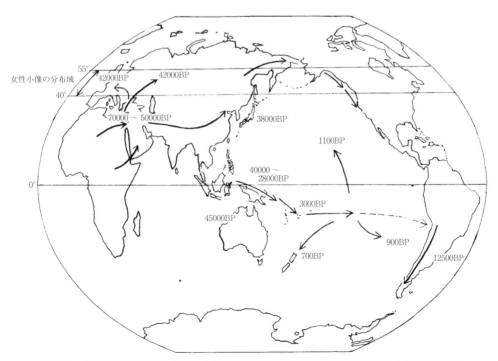

図164　旧石器時代の新人の移動と年代および後期旧石器時代前半の女性小像の分布域

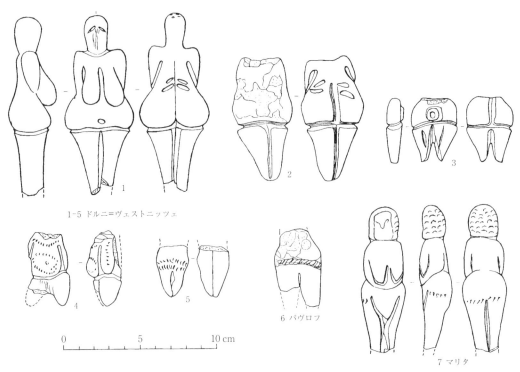

図165　女性小像の腹帯の表現
1・2・4・6 粘土製，3・7 マンモス牙製

43,000年前頃とすれば，ドイツのホーレ=フェルス例はオーリニャック期初めで36,000年前，もっとも古くみても40,000年前どまりであるから，コスチョンキXIV例は現在知られているユーラシア最古の女性小像である。ロシア平原ではエリセーエヴィッチ例とコスチョンキⅠ例の前後関係が問題である。それぞれを出土した遺跡間の距離は130 kmにすぎないので，併存かまたは先後があるはずである。型式学的にはコスチョンキⅠ例のあとにエリセーエヴィッチ例が位置することは考えにくい。エリセーエヴィッチ例は頭部を欠失している。コスチョンキXIV例はエリセーエヴィッチ例の頭部の形態を示唆している可能性がある。コスチョンキXIV-エリセーエヴィッチ系をロシア平原の最古型式の系列と理解しておきたい。チェコのペトルコヴィッツェ例は，エリセーエヴィッチ例と形態的に近い。ペトルコヴィッツェとエリセーエヴィッチの遺跡間の距離は約1,100 km，ペトルコヴィッツェ例はエリセーエヴィッチ例と同じくコスチョンキXIV例に起源をもっている可能性があろう。

　後期旧石器時代前半のヨーロッパには，ドイツの遺跡名をとったホーレ=フェルス系とフランスの遺跡名をとったブラッサムプーイ系に始まる二つの系列があり，後者が主流であった。

　コスチョンキXIV例，ホーレ=フェルス例，そしてブラッサムプーイ例との間には型式学的な関連性を見いだすことはできない。そうであれば，ユーラシアの後期旧石器時代前半の女性小像は，唯一の起源地をもつのではなく，ロシア平原，東ヨーロッパ，西ヨーロッパで年代を異にして多元的に発生した可能性を想定したほうがよいことになる。

　では，後期旧石器時代初めに誕生した女性小像は何をあらわしていたのであろうか。妊娠した

後　論　旧石器時代の女性象徴とは何だったのか　269

女性であろうとする考えは早くからあったけれども，あらためて考えてみる。

　コスチョンキⅠ例のなかには手首に腕輪または帯紐，乳房の上の位置で帯を背中にまわして身体を1周させているものがある。乳房の下から，尻の直上に帯を巻いている例もある。パヴロフの女性小像にも，尻の直上に縄状に撚った太い帯の表現がある。ドルニ＝ヴェストニッツェやモラヴァニーの女性小像の腹と尻の下をめぐらせている深い沈線も，腹帯の簡略表現と考えてよいだろう（図165）。コスチョンキⅠ-2の両手を捕縛し，さらに帯を肩にかけた状態を具体的にあらわしている例は，特別に大きく，もっとも写実的に作ってある（図166-7）。しかし，両手は捕縛しているが，両手の間に10cmほどのゆとりをもたせて自由にしてあるのは，旧石器時代の女性小像の本義を探るうえで，きわめて重要な手がかりになる。すなわち，妊婦が出産時に息むのに適切な措置であったと私は考える。他の中・小型品では，腕輪を付けた両手を乳房の下に添

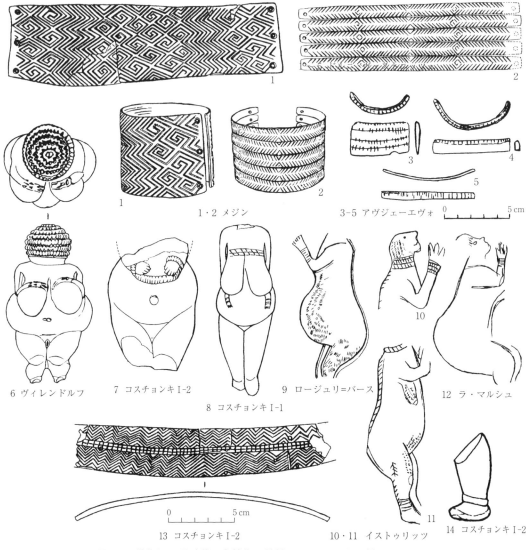

図166　後期旧石器時代の女性像の腕輪（1-10・12）と足輪（11・13・14）

わせているだけであるが，これは両手を捕縛している状態を簡略化した表現ではないだろうか。そうでなければ，出産時の両手の位置つまり出産時の姿勢であろう。

それに対して，ヴィレンドルフやコスチョンキⅠの女性小像の手首にはめた腕輪の例は，後期旧石器時代末のロージュリ＝バースやイストゥリッツの骨板，ラ・マルシュの小礫に線刻した女性つまり妊娠した女性像にも認められる。イストゥリッツの女性像は，さらに首輪や足輪をつけている。メジンから発掘されている象牙製の腕輪（図166）の表面に線刻してある斜格子文や羽状文は，プシェドモスチやメジンの線刻棒の文様と共通し，本来的に女性器を象徴する文様であって，これらの装身具は妊婦が身につけるものであったことを示唆している。

アフリカのヒンバ族の間では，乳房の下の位置に帯をまいて胎内の赤ん坊が下におりてくるのを促進するという。その一方，日本では腹の下の位置に岩田帯をまいて胎児が早期に下りるのを防ぐ。帯をまくのはそのような実用的な意味があるのだろう。

後期旧石器時代末に再度誕生した女性小像では，フランスのロージュリ＝バース例，ドイツのゲナスドルフ例，ウクライナのメジン例，シベリアのマイニンスカヤ例の四者も，それぞれ系統を異にする。マイニンスカヤの土偶も孤立した存在である。将来，付近で類例が見つかることは予想されるけれども，正面観型で両腕を左右に広げる一方，女性の特徴をあらわさず，しかも粘土製品であるので，これがロシア平原やヨーロッパの女性小像と結びつく可能性はないだろう。

その一方，メジン遺跡からはヨーロッパのゲナスドルフ系の典型例と変わるところのない女性小像が見つかっている。ゲナスドルフ遺跡とメジン遺跡とは約1,800 km離れており，稚内－鹿児島間の距離である。さらに，マイニンスカヤ遺跡よりも東でバイカル湖のすぐ西に位置するクラースヌイ＝ヤル例のように，エルクニッツ（ドイツ）→ペカルナ（チェコ）→クラースヌイ＝ヤル（シベリア）と女性小像の変化をたどることができて，ゲナスドルフ系の伝播と変容の一過程

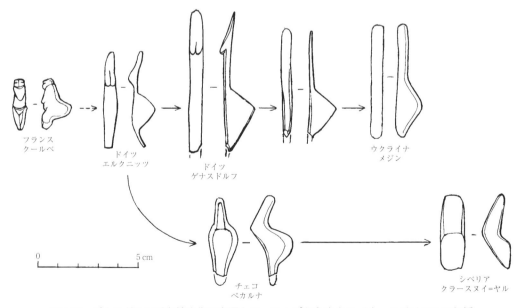

図167　ゲナスドルフ系女性小像の変遷とヨーロッパからウクライナ・シベリアへの伝播

に位置づけうる女性小像も存在する（図167）。このばあいは，東ヨーロッパとシベリアの中間に広がるロシア平原を横切るようにして6,000km近くの長距離を女性小像の一系列が伝播しているわけである。

　注目すべきはユーラシアの後期旧石器時代の女性小像の分布状態である。40,000年前前後までさかのぼるドイツのホーレ＝フェルス例，ロシア平原のコスチョンキ XIV 例などに始まる後期旧石器時代前半の女性小像は，すべてヨーロッパ・ロシア平原・シベリアの北緯40-55度の高緯度地帯に分布が限られている（図164）。それ以北は氷床地帯，以南の西アジアやアフリカからは女性小像は1点も見つかっておらず，明らかに西から東に延びる帯状の分布を示している。女性小像は後期更新世後半の氷期に高緯度の寒冷地にのみ発達していることは確かである。そして，その傾向は，後期旧石器時代末の女性小像のばあいも，ユーラシアでは基本的に変わらなかった。

　その一方，「終末期旧石器時代」に西アジアのレヴァント地方に新たに登場した女性小像は，より南の北緯30-37度の範囲に分布している。この時代に出現する女性小像が，ユーラシアの後期旧石器時代とは異なる中緯度地帯の温暖・湿潤の気候と農耕経済への移行による新しい自然的・社会的環境を背景にして独自に生成したことは確かである。以後，石偶や土偶は西アジア各地に普及していく。農耕・牧畜民の間で発達したレヴァント地方の女性小像が，極寒の地に住む狩猟・採集民の間で発達したユーラシアの女性小像とは性格を異にするのは当然であろう。

　日本列島もまた例外的な地方である。同じ中緯度地帯，北緯30-45度に位置するけれども，冬季の気温低下は特に山間部では厳しいものがあっただろう。日本列島では，後期旧石器時代末に現れた土偶はその後も存続し，完新世の温暖化した気候条件のもとで大いに発達した。これまでに見つかった縄文時代の女性小像，すなわち土偶の総数はおそらく17,000点を超えている。縄文時代草創期すなわち後期旧石器時代末に属する上黒岩岩陰や粥見井尻などの女性小像はその先駆であって，その起源をどこに求めるかは大きな問題である。

　ユーラシアでもっとも東から見つかっているこの時期の女性小像は，バイカル湖の西に位置するクラースヌイ＝ヤル例である。しかし，ここから上黒岩までは3,000km，あまりにも遠く，さらに渡海を要する。しかも，クラースヌイ＝ヤル例はゲナスドルフ系の抽象化がきわめて進んだ側面重視型であって，上黒岩例の具象性をそなえた正面重視型とは明らかに異なる。上黒岩例と併行する時期に東シベリアにも土器は出現していた（図168）。しかし，土器をもっているアムール川中・下流域のガーシャ，フーミー，ゴンチャールカ1などオシポフカ文化（14,000年前）の遺跡や，グロマトゥーハやノヴォペトロフカなどグロマトゥーハ文化（15,000年前）の遺跡，東シベリアのウスチ＝カレンガ，ウスチ＝キャフタなどウスチ＝カレンガ文化（14,000年前）の遺跡から，女性小像の出土例は皆無である。現状では，ユーラシアから日本列島への伝播は，「刺激伝播」を含めても想定することができない。

　上黒岩岩陰で石偶を伴った隆起線文土器の分布は東北地方から南九州まで広がっているにもかかわらず，石偶はこの遺跡から見つかっているだけである。伴出の上黒岩式土器は四国〜東海地方西部の地域に分布圏をもつという［小林 2009：418］。上黒岩型有茎尖頭器の石材は遺跡の10余km圏内で産出する地元産の赤色珪質岩（鉄石英）と無斑晶質安山岩を用い，早期以降に広域

272　後　論　旧石器時代の女性象徴とは何だったのか

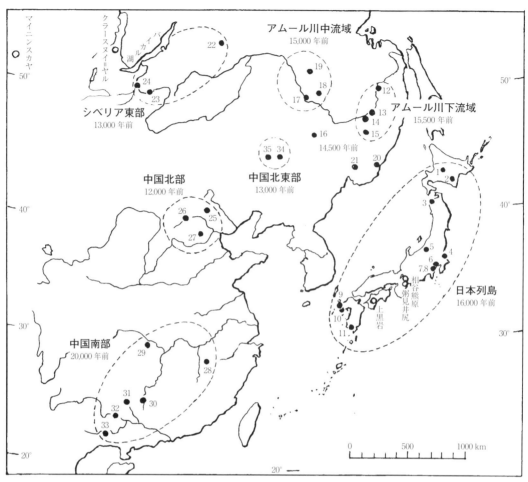

図 168　東アジアにおける更新世末の土器出土遺跡（●）と女性小像出土遺跡（○）
［橋詰 2019］に小像出土遺跡を加筆

1 東麓郷 1・2，2 大正 3，3 大平山元 I，4 後野 A，5 壬，6 多摩 NTNo.796，7 寺尾，8 北原，9 福井洞窟，10 泉福寺洞穴，11 帖地，12 フーミ，13 ガーシャ，14 ゴンチャルカ 1／ノヴォトロイツコエ 10／オシノヴァーヤレーチカ 10，15 小南山，16 桃山，17 ノヴォペトロフカ，18 ウスチ＝ウリマー，19 グロマトゥーハ，20 ウスチノフカ，21 チェルニゴフカ，22 ウスチ＝カレンガ，23 ストゥジェーノエ 1，24 ウスチ＝キャフタ，25 轉年，26 于家溝，27 南荘頭，28 仙人洞／吊桶環，29 彭頭山，30 玉蟾岩，31 甑皮岩／廟岩，32 大龍潭鯉魚嘴，33 頂螄山，34 后套木嘎，35 双塔

に播布する香川県金山産サヌカイトを利用していない。同じ型式の有茎尖頭器は高知県佐川町不動ガ岩屋洞窟（図 169）から見つかっている。ここは上黒岩から河川沿いに 50 km 余り離れているにすぎないから，上黒岩の人々の活動範囲内といってよいだろう。しかし，この洞窟から石偶の発見はなかった。隆起線文土器の出土は，上黒岩 14 個体分に対して不動ガ岩屋は微細片 1 点すなわち 1 個体分，有茎尖頭器は上黒岩が 63 点に対して不動ガ岩屋は 3 点にすぎなかったから，不動ガ岩屋は上黒岩ほど頻繁に利用した場所ではなかったのだろう。同じことは，上黒岩から直線距離で 30 数 km 離れた西予市城川町に所在するほぼ同時期の穴神洞や中津川洞窟のばあいについてもいえる。上黒岩に多い身部も茎部も短い有茎尖頭器は，四国・中国地方では分布範囲がきわめてせまいという特徴をもっている（図 170）［綿貫 2009：463］。上黒岩式土器と上黒岩型有茎尖頭器の時期の上黒岩集団は，せまい活動領域のなかで閉鎖的で自己完結的な社会を構成

後　論　旧石器時代の女性象徴とは何だったのか　273

図169　高知県不動ガ岩屋洞窟の遠景［岡本・片岡 1967］

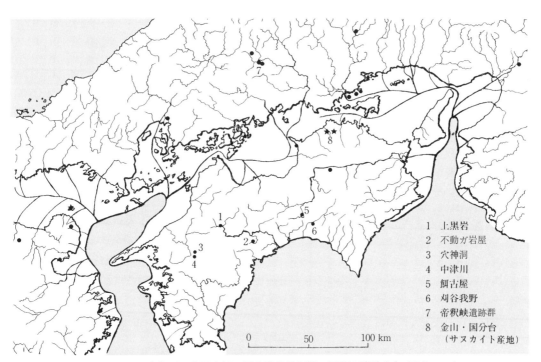

1　上黒岩
2　不動ガ岩屋
3　穴神洞
4　中津川
5　餌古屋
6　刈谷我野
7　帝釈峡遺跡群
8　金山・国分台
　　（サヌカイト産地）

図170　四国・東九州・中国南部の縄文時代草創期・早期の遺跡分布［綿貫 2012］
海岸線は-50m下げて示す。四国と九州・中国・近畿は陸つづきである。

しているようにみえる。

　これらの状況から判断すると，上黒岩の女性小像は日本列島，より限定すれば四国の上黒岩集団の活動圏内で誕生したと考えることもあながち不適切とはいえないだろう。そして，上黒岩石偶の表面の線刻がしだいに簡略化していき，最後には線刻のない礫石だけになっているように看取できることは，上黒岩の女性小像はこの付近で終焉を迎えた可能性が高いことを示唆している。そうであれば，不動ガ岩屋，穴神洞や中津川洞窟に足跡をのこした人たちも，ほとんど同一集団に属しており，上黒岩岩陰を産所と定めて共同で利用した結果，上黒岩岩陰にのみ女性小像がのこされることになったと考えることもできる（図170）。

　日本列島のばあいは，さらにその後も大きな課題をかかえている。年代的には上黒岩の石偶に後続する三重県粥見井尻や滋賀県相谷熊原などの女性小像の系譜はどこに求められるのであろうか。上黒岩は石偶，粥見井尻と相谷熊原は土偶であり，素材も形態も類似点を指摘することはできない。共通するのは女性小像であるという一点だけである。更新世末のユーラシア極東地域では土偶の存在は知られていない。より西のマイニンスカヤ例は土偶であるけれども年代が約20,000年前と古く，またその後も存続したのかどうかは不明であり，その形態は日本列島の出土例とは明らかに異なる。現状では，粥見井尻や相谷熊原の土偶は，上黒岩石偶ともユーラシアの女性小像とも無関係に，日本列島で生まれたと考えざるをえないだろう。このことはまた，上黒岩石偶が，よそから情報や知識が伝来しなくても，四国（当時は本州島の一部である）で生成するという自生説を支持しているようにみえる。上黒岩石偶の起源および終焉，さらには粥見井尻土偶の起源の解明は，女性小像をもつ文化の生成と伝播や文化の構造の問題ともかかわり，ひとえに四国・近畿周辺さらには列島内外での今後の調査・発見・検証にかかっている。

2　旧石器時代女性小像の最期

　後期旧石器時代の女性小像は，初期のブラッサムプーイの胴部破片（*Le Torse*）は，乳房の位置は高く，垂れ下がることもなく，若い女性を写実的に表現しているようにみえる。これと「カプーシュ婦人」を図上で合成すると，破片になる前は，均整がとれたまさに「旧石器時代のヴィーナス」と呼びたくなるような美しい造形品であったことを誰でも認めうるだろう（図50）。しかし，このような女性小像が稀な存在であったことは，本書巻末の集成図を一覧すれば納得できるはずである。

　女性小像が一地域内で時が過ぎるにつれてどのように変形していくかを知るうえで，もっとも良好な材料を提供してくれるのは，ロシア平原のコスチョンキⅠ，アヴジェーエヴォ，ガガーリノ，ホトィレーヴォの例である。これらを形態が互いに類似するものを順に並べていくと，コスチョンキⅠ-2例からホトィレーヴォ例まで漸移していく過程をたどることが可能である（図191）。その過程はもちろん，理想の「女性美」を追求するものではなく，むしろそれとは逆の方向をたどっている。この流れをみれば，女性小像は眼の前にいる女性をモデルにして製作するのではなく，直前の製品をモデルにして，見るか，記憶するかして，新たに製作した，つまり模倣をくりかえしながら製作をつづけたことを理解できる。女性小像もまた，型式学的組列の秩序に

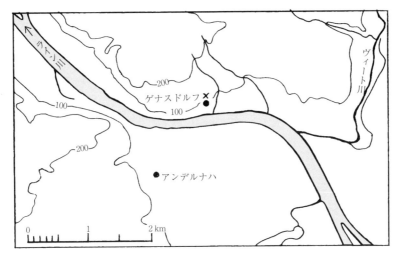

図171 ゲナスドルフ遺跡とアンデルナハ遺跡の位置関係と粘板岩の大きな露頭（×）
［Bosinski 1991］に大きな粘板岩の露頭の位置を記入。ただし，この附近ではライン川の両岸ともに粘板岩の露出はどこでも見ることができる。

したがって変遷しているのである。そして，変形が著しく進んだホトィレーヴォの2点を熟視するならば，この地域の女性小像の終焉が近いことを予期させるだろう。しかし，乳房と性的三角形を表出する伝統は，後期旧石器時代前半の最後まで守られていた。

　後期旧石器時代末の女性小像のばあいは，事情が異なり，単純ではない。ヨーロッパのロージュリ＝バース例では，正面観を重視しつつも側面観にも注意を払っている。乳房の表現はまったくないか，または痕跡的，しかし陰裂を伴う性的三角形の表現だけは明瞭である。ロージュリ＝バース例の細い身体に不均合の後ろに大きく突出した尻の特徴的な形態は後のゲナスドルフ系の女性小像の先駆となっている。これは頭と乳房を省略し，腹と性的三角形の表現に特化したロック＝オー＝ソルシエ（アングル＝シュル＝ラングラン岩陰）の壁に線刻した女性像と一致する。

　しかし，ゲナスドルフ系の女性小像（図172-3）は，最初から頭部を作らず，初めのうちは乳房の表現をおこなっていたけれども，まもなく省略する。突出させて強調した尻は，最初のうちは丸みをもっていたが，まもなく角張っていき，全体像は直線をつないだ幾何形に変わっていく。側面観だけを重視し，正面観を無視した結果，性的三角形の表現は最初から存在しない。

　その一方，ゲナスドルフ遺跡等のスレート板に線刻した女性像（図172-1・2）になると，最初のうちは，両腕の下に乳房を描き，腹が膨らんだ妊婦を表現していたのに，その後，表現の省略化が進むと，腹の膨らみはなくなり，尻だけで女性をあらわし，妊婦の表現にはみえなくなる。しかし，それでも妊婦を意味していると解釈するならば，線刻画が一種の記号化を遂げたわけである。ゲナスドルフ遺跡では小像，線刻画ともに性的三角形をあらわすことはまったくない。ただし，ラランドの岩塊（または岩壁の一部）に線刻した女性像（図版27・28-505・506）のばあいは，く字形に身体の側面形を線刻したあと腰の位置に1本の縦線を加えて陰裂をあらわし，人々が重視していたのは性的三角形（陰阜）ではなく陰裂であったことを明らかにしていた。この事実は，ラランド型の線刻女性像がゲナスドルフ系の女性小像に先行するものであることを示唆する。

276　後　論　旧石器時代の女性象徴とは何だったのか

　しかし，シベリアのマイニンスカヤ遺跡の土偶は，正面観型であるにもかかわらず，乳房も性的三角形もなく性別を明示しない単なる人形に変わっている。後期旧石器時代前半の女性小像に必須であった乳房と性的三角形の表現を，後期旧石器時代末にはなぜ軽視あるいは無視するようになったのだろうか。これは，技術の問題ではなく製作者の心理の問題である。

　このように，後期旧石器時代の女性小像は誕生したのち，製作が継続していくと，初期の整った形態は崩れていった。模倣によって製作し，使用が慣習化する一方，世代の交代がつづくうちにやがて惰性化をもたらし，製作者は緊張感を喪失し，形態の簡略化すなわち形骸化が進んでいった。製作の目的が美の鑑賞にあるのではなく，実用品として使うことにあったから，目的を達成することができるならば，それでよかったのであろう。旧石器時代の女性像の形態変化のメカニズムはここにあった，と私は考える。

　後期旧石器時代末の女性小像と女性絵画の起源と形態上の変化の過程を観察してみよう。

　ゲナスドルフ系の女性小像がヨーロッパにあらわれたのは，マドレーヌⅤ期である。それに対して，ゲナスドルフ系の女性線刻画があらわれるのも同じマドレーヌⅤ期からである。ともに女性を側面観であらわし，頭はともになく，乳房と腕はごく一部のものにしかない。ゲナスドルフ遺跡では，小像の高さは 9.0-4.0 cm，線刻画の高さは 11.5-3.5 cm で，ほとんど一致する（図172）。両者がきわめて深い関係をもって発達したことはまちがいない。では，両者は同時に誕生し，同時に消滅したのであろうか。

　この時期の女性小像の出発点は，ヨーロッパではロージュリ＝バースからの出土品である。その年代はおそらくマドレーヌⅢ期またはⅣ期である。そして，その次にくるのは，エルクニッツなどから出土した例である。

　女性絵画の初期に位置するのは，同じくロージュリ＝バースの骨板とイストゥリッツの骨板に線刻した例（図版 173-1・2）で，その年代はマドレーヌⅢ期またはⅣ期である。ラ・マルシュのたくさんの線刻礫（同-4・5）も，この時期であろう。

　マドレーヌⅢ期またはⅣ期には，女性小像にも女性絵画にも型式学的な斉一性は認められない。しかし，マドレーヌⅤ期のゲナスドルフ系の女性小像・女性絵画は，確かにこの時期に胚胎していた。ペック・メルル洞窟の粘土の壁に指先で描いた妊婦の絵画（図版 26-442）は，まだ写実性をのこしており，ゲナスドルフ系の祖型に相当する有力な候補であろう。ゲナスドルフ系の女性小像・女性絵画は，このような前史があって初めて成立し，各地に拡散していったのであろう（図 94・144）。

　クールベの石皿（灯明皿）（図版 33-539），ニーダービーバーの矢柄研磨器の女性絵画（同-539）は，それぞれの素材の線刻可能な場所に精一杯，線刻している。同じことは，クーゼやゲナスドルフの一部の石板画についてもいえる。ミュラのばあい，小片の中央に描いている。フォンタレのばあいも，女性像 2 体は，石板の動物像の上に小さく重ね描きしており，最後の線刻のようである（図版 27-501）。こうしてみると，さまざまの素材に女性像を線刻したのは最後か，もしくは最後に近かったようである。石皿の破片や矢柄研磨器の空いた場所に線刻したのは，廃品に線刻したのと同じである。ありあわせの素材に女性像を線刻するのであれば，ときとしては 2, 3 秒，1 分もあれば足りる。数時間，数日間かけて，マンモスの牙を入手・加工して女性小像を製

後　論　旧石器時代の女性象徴とは何だったのか　277

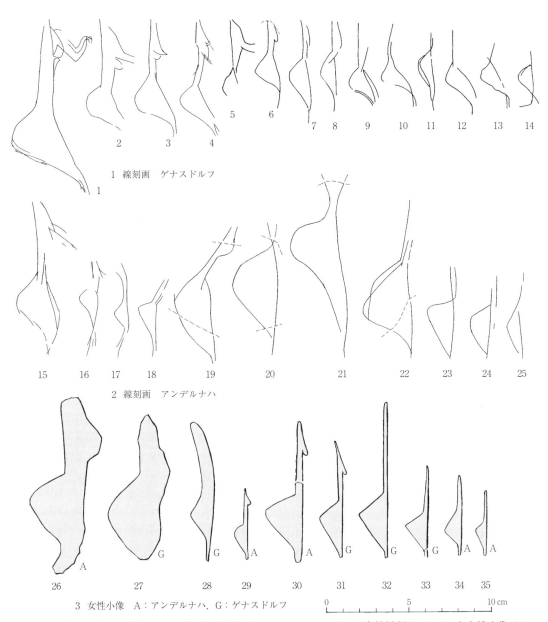

図172　ゲナスドルフ遺跡とアンデルナハ遺跡（ともにマドレーヌⅤ期）の女性線刻画（1-25）と女性小像（26-35）との形態比較　1-25 粘板岩の板石，26・29-35 マンモス牙，27 粘板岩，28 トナカイ角

作するよりも，石板に線刻して女性像をあらわすほうがはるかに楽である。ましてや，線刻ならば 5 体 10 体の「大量生産」も訳ないことである。線刻女性像で女性小像の役割を十分にはたすことができるのであれば，製作に手間がかかる女性小像の存続にとって，深刻な事態となる。ニーダービーバーの矢柄研磨器やピータースフェルスのマンモスの牙に線刻した女性像の簡略形（図版 33-540・541）をみれば，それが「末期的状況」に陥っていることを容易に理解できる。女性線刻画もまた，後期旧石器時代が過ぎゆくうちに消滅の方向に向かっているといってよい。しかし，このことは極寒の地方ではあってもホモ・サピエンスが各種の装備の工夫つまり文化の力によって環境への適応をいっそう進めたことの証しでもあったのだろう。それはヨーロッパでは 14,000 年前をすぎてからのことであった。

　ヨーロッパでおこった出来事は，日本の上黒岩の女性小像の線刻画が簡略化していき，最後には無線刻の礫石でよくなってしまったことと共通する*。

　　＊ギリシャのアフロディテが，左右の乳頭間隔を 1 とすると，乳頭と臍，臍と陰阜の下隅との間隔がすべて 1 対 1 で均整がとれていたのが，ローマ時代のヴィーナスになると乳頭と陰阜の下隅までの距離を 2 単位から 3 単位にした結果，著しく胴長になり，形態が崩れている。『ザ・ヌード—理想的形態の研究』を著した K. クラークはこの変化を取りあげて，様式は文明に似て内部から崩れるもので，この変化は理想的図式の統制が弛んだときに起る歪曲の典型的な例である，と述べている［クラーク 2004：159］。時代ははるかに離れているけれども，旧石器時代の女性小像の変形に通じるものがある。序論でとりあげたボッティチェリのヴィーナス（図 1）の体形が不自然であるのは，ローマ時代と同じく 1 対 3 の割合で描いていることによるのであろう。
　　ちなみに考古資料にみる時間の経過と形態の変化・崩壊との法則性について日本で初めて言及したのは，古墳時代の直弧文を分析した小林行雄の 1930 年の論文「直弧文私考」である［小林 1930：81-82］。彼は，「立体表現より平面表現へ，写実より便化への進展は，必ずしも図案史上の常道では無いかもしれないが，直弧文なる図案手法は典型的に此の法則に従うばかりで無く，更に一方に於いては堕落退化すると共に，他方にあっては洗練に洗練を重ねて新に第二次的様式を生み出すに至っている」と述べている。小林は当時 18 歳，神戸高等工業学校建築科の生徒であった。これを弥生時代前期の甕形土器が九州地方から近畿地方へと伝播する過程で形態的変化を生じることについて考察したのが 1934 年の論文「一の伝播変移現象—遠賀川系土器の場合—」である［小林 1934］。若い日の小林は昭和初期にすでにこのような斬新な考えにもとづいて先駆的な研究を進めていた。
　　ある文物が他所に伝播するさいに，著しい形態変化は伴わないけれども，受容先で意味が変化している可能性があることは，最近では松木武彦（国立歴史民俗博物館）が指摘している［松木 2011：83］。すなわち，初期前方後円墳の前方部のいろいろの「形が意味するところは，情報の発信源や伝達者の考えとは別に，伝わった先の地域や集団おのおのの思想や習俗などに左右されながら，さまざまに受け取られたり，考えられたりしたのではないだろうか」と。さらに「ひとつの事物が，伝わった先々で意味をゆがめられ，形まで変えられるのは，文化現象として珍しくない」と述べている。C. レヴィ＝ストロースが『仮面の道』（1977 年）で，北アメリカ北西海岸の先住民ハイダ族の仮面を分析して「一つの集団から他の集団へと，造形的な形が保有されるときには，意味上の機能は「逆転」する。反対に，意味上の機能が保有されるときには，造形的な形の方が「逆転」する」と論じていることを想い起す。ただし，初期前方後円墳やハイダ族の仮面がこの考えの適切な例示になるかどうかは別の問題である。

後　論　旧石器時代の女性象徴とは何だったのか　279

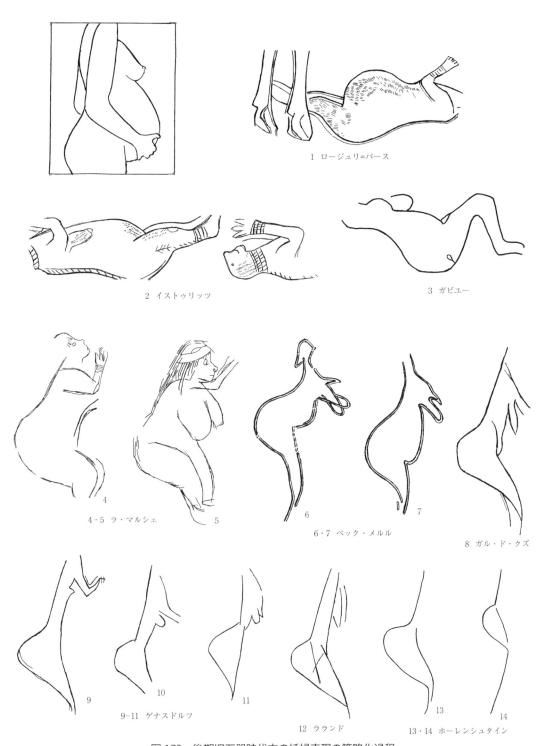

図 173　後期旧石器時代末の妊婦表現の簡略化過程
4-14 は立っている状態にして描いているが，これらも 1-3 と同様に寝た状態を意味している可能性がある。

280　後　論　旧石器時代の女性象徴とは何だったのか

1　H. ブルイユが描いた女性小像を製作する男性の想像画［Breuil 1949］
　男性が目の前の女性をモデルにして小像を作っている。背後の岩壁は
　ローセルの浮彫り女性像がモデル。

2　トナカイの角から女性小像を製作するための素材を切
　り出している女性の想像画［Brun-Ricalens 2009］
　モデルの鹿角は［Höck 1993：283］である。

3　H. F. オズボーンの指導を受けた C. ナイトによる洞窟
　壁画を描く男性の想像画［Osborn 1915］

図 174　旧石器時代の女性小像の製作者および洞窟壁画の描き手（想像図）

3 女性小像の製作

　旧石器時代の女性小像の意味を追究するうえできわめて重要な課題であるにもかかわらず，これまで取り上げられることが少なかった問題がある。それは，女性をあらわし，女性が使ったと推定される女性小像を製作した人の性の問題である。

　旧石器時代の遺物の実測図の作成や洞窟壁画の模写にすぐれた才能を発揮した H. ブルイユは，ローセル岩陰の前庭部で男性が目の前の女性をモデルにして女性小像を作っている復元画を描いている（図174-1）[Breuil 1949：73]。2009年にドイツで開催された特別展『氷河時代―芸術と文化』の解説書には，若い女性が鹿角から女性小像の素材を切り出している様子の想像画を載せている（同-2）[Brun-Ricalens 2009：89]。

　その一方，民族例には，神話に登場するワニの絵を男性が岩壁に描いているオーストラリア先住民の例が存在する（図175）[Jelinek 1975：296]。

　この問題を追究するには，まず女性小像を完成するにいたるまでの過程を復元することが必要である。

　女性小像の材料には，最古のコスチョンキⅩⅣ，ホーレ＝フェルス，ブラッサムプーイ例から最後のメジン，ゲナスドルフの例までマンモスの牙を使っている。白く光沢をもつ象牙の質感が製作・使用する人たちの価値観と合致していたのであろう。コスチョンキⅠ-2例の一部に石灰岩（泥灰岩）を使っているのは，石灰岩は加工研磨すると象牙に近い色調と質感を得ることができたからであって，ユーラシアの旧石器時代においては女性小像は象牙製という考えが基本であったのだろう。

　女性小像の製作は，象牙や石の原材を打ち割って素材を得たあと削る，彫る，研磨するという工程を経て完了する。それは，基本的に磨製の石器や骨角牙器の製作と同じである。まず，原材の象牙や石を入手しなければならない。コスチョンキⅠの白い肌色の泥灰岩，ヴィレンドルフの赤味がかった石灰岩，グリマルディの緑色の凍石，シルイユやセリエのオレンジ色の方解石，サヴィニャーノの蛇紋岩，あるいはゲナスドルフのマンモスの牙は，近いところに産地があり，男女とも容易に入手することができたのか。凍石，方解石，蛇紋岩などはこの時代の石器の材料として使うことのない特殊な石材であって，当時は貴石に相当するものであったろう。これだけを求めて探し歩いたのではなく，やはり，打製石器の材料を探しているか，または狩猟の旅の最中にその産地を見つけたのであろうから，原材を入手するまでは男性が担当したとみてもよいだろう。もっとも男女と子ど

図175　岩壁にワニを白い絵具で描いているオーストラリア・アボリジニの男性 [Jelinek 1975]

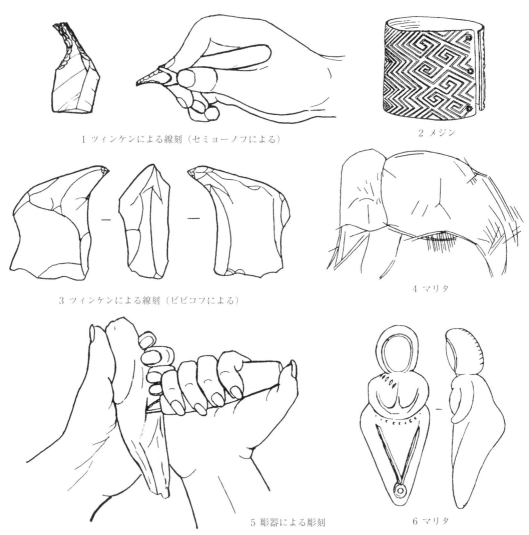

1 ツィンケンによる線刻（セミョーノフによる）　　2 メジン
3 ツィンケンによる線刻（ビビコフによる）　　4 マリタ
5 彫器による彫刻　　6 マリタ

図176　マンモス牙製の腕輪の線刻雷文とマンモス図像

もからなる小集団が移動中に貴石を見つけて採集することもあり得るから，このような単純な解釈はできないかもしれないが……。

　石器の使用痕および骨角牙器にのこる製作痕を顕微鏡観察したロシアのS. A. セミョーノフは，嘴形の彫器を使って各種の骨角器を製作したことを推定している（図176）[Semenov 1964: 158]。しかし，女性小像を製作する際，最初から彫器を使ったのではなく，まず掻器を使って粗い成形をしたあと，彫器を用いて線刻などおこなったのであろう。女性小像の製作で厄介なことは，その多くは紡錘形をしているために，ハンマーを使って打撃を加え剝片を剝離するようにして成形できるのは，ごく初期の段階に限られることである。コスチョンキⅠの泥灰岩製の未完成品が真ん中で縦に割れているのは，製作の初期段階での打撃によって生じた亀裂が広がったことによるものであろう（図版82）。製作者の熟練，形態に対する記憶，技術の巧緻を考慮すると，出来のよい女性小像は「専門家」の手によるものと考えざるを得ないだろう。

マンモスの曲がりくねった牙をまっすぐに矯正して槍に変えているスンギール遺跡（ロシア）の例を，実験的に作り出したロシアのG.フロパーチェフらによると，マンモスの牙は通常の気温の条件下では割ることは不可能である＊。そこでマイナス30-40度の条件で凍結した状態にすると，弾力性を失うので打撃を加えると，石と同じように容易に割ることができる。その一方，掻器で削ったり彫器で線刻したりするには生の状態つまり水分を含んでいないとできない［フロパーチェフほか（木村訳）2013］。すなわち，マンモスの牙を材料にして女性小像を製作するには，最初に屋外の酷寒の条件のもとで，素材を凍結させる必要がある。そのあと，石のハンマーで打ち割って棒状ないし紡錘形に粗加工をしたあと，暖房した屋内で解凍し水分を与え表面を軟化させ，掻器と彫器を用いて水分を補給しながら削る作業をつづけ，最後に細部加工をおこなって完成にみちびくのである。頭部と胴部の区別，頸の凹み，両乳房間の谷間，乳房と腹の間の凹み，さらに陰部の凹みの表現など凹凸の著しい女性小像の形にもっていく作業は，掻器と彫器の刃に水をつけて削る作業をつづけるほかなかった＊＊。ブラッサムプーイの象牙製の「カプーシュ婦人」の顔面の表出や頭髪の見事な彫刻も，このような隠れた工程があってはじめて実現したのである。

　＊ただし，その後，マンモスの牙の打ち割りには凍結を必要としないというシベリアのヤナ遺跡出土品と観察と製作実験にもとづく研究が発表されている［Pitulko *et al.* 2015］。牙の正面や断面をマンモス牙製の楔（長さ20 cm前後）や先の尖った骨器（長さ8-10 cm）で叩いて剝片を剝ぎ取り，それを素材にする方法である。
　＊＊しかしながら，フロパーチェフらは実験では，あたかも木材を鉄製ノミで削るような調子で，マンモスの牙を石製ノミで難なく削っている。マンモスの硬い牙に彫刻するのは，きわめて大変な作業という私たちの常識は改めなければならない。

　鹿角を素材にして彫器で掻き削りの実験をおこなった堤隆（元・浅間縄文ミュージアム）によると，鹿角は水漬けにして表面を軟化しておき＊，彫器を使って溝を彫り，棒状の素材を切り出したあと，彫器の彫刻刀面（ファシット）の約90度の分厚い刃を用いて削る。作業中も水を補給しながらおこなうのが効果的であって，刃部の再生もたえずおこなうことが必要であったという［堤 2011：126-128］。

　＊ただし，水漬けよりも湯に浸して軟化するほうがよほど効果的であって，茹でて「ふやけた」鹿角や骨には黒曜岩の剝片できわめて容易に加工できることを，実験した上奈穂美から教わった。マス゠ダジルやルルド発見のウマの造形品（図版47-25，49-85）は，並行する線刻は0.5 mm間隔であって，その精細さに驚嘆するが，それはこの方法を使って素材を軟らかくしてはじめて実現できたのであろう。ゲナスドルフ遺跡で発掘された円形の小竪穴（径・深さ20-30 cm）は，ウマの皮を張り，水を満たしたあと，焼いた石英礫を投入して湯をわかしたと推定されている［ボジンスキー（小野訳）1991：69-71］。土器が出現する以前の「作り付けの土器」であって，食物を煮るのにも，象牙や鹿角を煮るのにも使える。

　ホーレンシュタイン゠シュターデル発見のマンモスの牙を加工して作った高さ31.1 cmの「ライオン人」＊の小像（図版46-1）は，ウルム市博物館で石器を用いて製作したところ，360時間かかったという［Cook 2013：33，小野 2024：72］。この時間は実際には毎日作業しても1カ月間余りに相当する。水をかけながら削ったかどうかが確かでないので，所要時間については再実験が必

要であるけれども，小像を得るために創造力と美的感覚をもつ一人のおそらく「専門家」がこの間，その作業に専念したことはまちがいないだろう．

＊主題から外れるが，オーリニャック期に存在する「ライオンマン」について一言ふれておきたい（図177-1）．「ライオンマン」はライオンと人が合体した架空の動物なのであろうか．この「ライオン」の頭部には，雄を特徴づけるたてがみの表現はない．しかし，ショーヴェ洞窟（フランス）の壁画のライオンや，フォーゲルヘルト洞窟（ドイツ）のホラアナライオンの小像にも，たてがみの表現はない．動物の生態に詳しい R. D. ガスリーは異見を提出している［Guthrie 2005：446］．彼は，この小像を「ライオンマン」ではなく，後ろ脚2本で立っているクマ，すなわち「スタンディング＝ベア」とする（同-2）．野生のクマは周囲を見渡すためにこのような姿勢をとることは普通であるが，ライオンがこのような姿勢をとることはないからである．縄文時代後期の北海道には同じ姿勢の動物をかたどった黒曜岩の打製品がある．黒く輝く石を選んでいることからも直立しているヒグマの石偶（同-5・6）であ

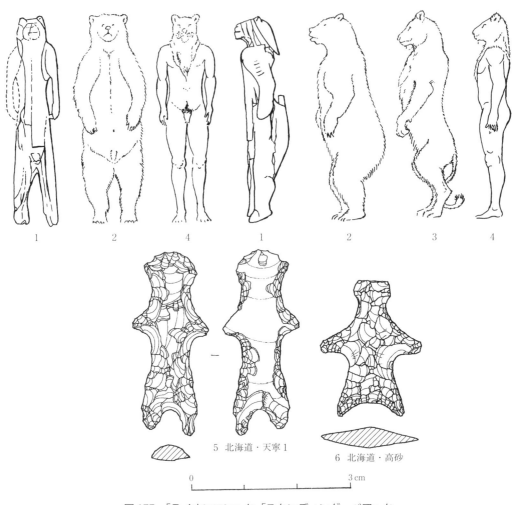

図177 「ライオンマン」か「スタンディング・ベア」か
 1 ホーレンシュタイン＝シュターデル出土のライオンマン，2 直立したクマ，
 3 ライオンを後肢で立たせると，4 男にライオンの頭皮をかぶせると，
 5・6 黒曜岩製のクマ形石偶（縄文後期）　2-4 は［Guthrie 2005］による．

ろう。これは人にも似た行動をとるクマに対する信仰にもとづくものであったと私は考える［春成 2007c：279］。熊祭りあるいは熊送りの習俗をもつ北方民族の間では，クマはしばしば人と同視される。オーリニャック期の「スタンディング・ベア」も人々の目を圧する威風堂々たるクマの巨体を，毛皮を着た人として，尊崇する祖先の顕現とみていたのであろうか。「ライオンマン」説を生かすとすれば，マドレーヌ期のフランスやスペインの洞窟壁画の画題になっているトナカイやバイソンの毛皮を身に着けてそれに扮した呪術師あるいはシャーマンと同じように，ライオンに扮した呪術師をあらわした小像とみるのがもっともらしい解釈であろう（同-4）。とすると，男根の表現がある「ライオンマン」は，本書の分類では，男性小像に属することになる。

　女性小像には岩石を加工した例もある。コスチョンキⅠ-1の泥灰岩製の未完成品のばあいは，表面に石器で削った断面コ字形の条痕が著しくのこっており，泥灰岩の石材をフリント製の彫器で削りとる手法で成形したことをよく示している。マンモスの牙を利用できるのはほとんど冬に限定されるとすれば，そして粗加工から細部加工を一連の作業としておこなったとすれば，夏の前後に製作するには，石を選択するほかない。女性小像の製作には，冬ならば牙，夏ならば石といった素材と作業に季節性が存在したのであろうか。ユーラシア最古のコスチョンキⅩⅣ例がマンモスの牙製品であることは，象牙へのこだわりと象牙加工の技術開発の歴史と関連して示唆的である。

4　女性小像を製作した人の性

　紀元前4世紀に始まる古代ギリシャのアフロディテの彫刻の作者は，名前をのこしているアテネの人プラクシテレスの「クニドスのヴィーナス」以来，男性に限られている。ヨーロッパの中世から近代にいたるヴィーナスの絵画の作者もサンドラ・ボッティチェリ（「ヴィーナスの誕生」1485年頃）やティツィアーノ・ヴェチェッリオ（「ウルビーノのヴィーナス」1538年頃）をはじめ男性ばかりである。17世紀になって女性画家のアルテミジア・ジェンティレスキは，宗教画のモチーフではあるが，かなり写実的な女性の裸体画を描いている。そして，19世紀末にシュザンヌ・ヴァラドンが登場してようやく女性が描いた女性の裸体画（「月と太陽」1903年）が芸術作品として出現する。男性優位の社会で，男性が宗教と芸術の分野を支配し独占してきた厳然とした事実は，芸術の歴史にも示されている。しかし，ギリシャ時代以来，あるいはそれ以前から女性につよい関心をもち女性美を追求し規定してきたのはもっぱら男性であったという，もう一面の事実もある。中世以降の芸術は，王侯貴族が屋敷内の壁や調度品を飾るインテリアとつよく結びついており，王侯貴族が抱えている芸術家の男性は所有者の好みを満足させるべく，女性美をさまざまの形で表現するのに励んだ。ボッティチェリの「ヴィーナス誕生」（図1）も，15世紀のフィレンツェで金融業によって財をなしたメディチ家のカステッロにあった別荘の壁を飾っていたと伝えられている。

　では，旧石器時代の女性小像の作者は男性であったのだろうか，それとも女性であったのだろうか。旧石器時代が男性中心の社会であったとは，安易に決めがたいけれども，数十m，数百mの奥深い洞窟のなかに，狩猟対象を生き生きと写実的に表現している洞窟壁画の作者は，狩

猟者の男性であったとみたほうが理解しやすい。しかし，女性像をロック=オー=ソルシエのように洞窟の壁に浮彫りした例は少ない。女性像の大多数は高さが20cm未満の移動が容易な小像であり，出土する場所は，コスチョンキⅠやメジンのような開地遺跡の住居跡であるか，またはロージュリ=バースや上黒岩のような岩陰である。洞窟から出土するばあいは，入口付近の生活空間に限られ，女性像を線刻した粘板岩の板石のばあいも，出土する場所は開地や岩陰であって奥深い洞窟ではない。女性小像や線刻石板は，岩陰を含む住居内で一種の道具として使われた可能性がつよい。

世界の諸民族例を統計的に扱ったG. P. マードックによると，一般的に，女性が使う道具は女性が作り，男性が使う道具は男性が作る傾向がつよい[Murdock 1937（1965：308-310）]。女性小像を使用するのは女性と仮定してみよう。では，女性小像の製作者は女性と結論してよいだろうか。

マンモスの牙や石灰岩などの原材を入手し，粗い加工を施して棒状あるいは紡錘形に成形したあと，細部加工や仕上げ加工をおこなう段階で用いる石器は彫器や掻器である。それらの加工具を製作したのは女性であろうか，それとも男性であろうか。彫器は，石材を調達し，石核から石刃を剝ぎ取ったあと，彫刻刀面を作出して完成するが，石器製作体系の一部であるので，男性による製作と考えるのが暗黙の了解であろう。掻器の製作者も同様であろう。古代エジプトには，男性が押圧剝離の技術でフリント製のナイフ（図178-2）を作っている情景をあらわした壁画がのこされている（同-1）。

石器製作者を男性にあてる大きな理由は，1）フリントのような特定の石材を得るために時と

1 押圧剝離技術を使ってフリント製のナイフを作っている男性 [Griffith 1896]

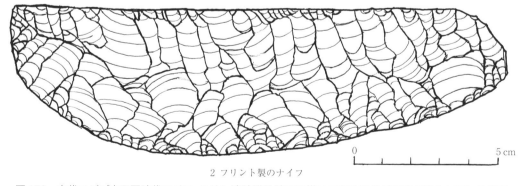

2 フリント製のナイフ

図178 古代エジプト中王国時代のベニ=ハサン遺跡発見壁画に描いてある男性が石器を製作している情景とそのナイフ

後　論　旧石器時代の女性象徴とは何だったのか　*287*

しては数十 km あるいはそれ以上離れた産地まで遠出しなければならず，それは男性グループに
よる狩猟の旅とも通じる，2）狩猟用の打製石器（槍の刃部など）を使用するのは男性であること
による。しかし，石器を製作するのは肉体労働であるが，原石の大塊から小塊を割取る作業をの
ぞくと，腕力において女性に勝る男性でなければ石器を製作できないというものではない*。彫
器は使用の過程で欠損あるいは磨耗した刃部をたえず再生することが必要である。その作業には
つよい力は必要でない。男性にせよ，女性にせよ使用者が刃部を再生したと考えるのが妥当であ
ろう。

　これをまとめると，1）彫器も女性小像も男性が作る，2）彫器も女性小像も女性が作る，3）
彫器は男性が作るが，女性小像は女性が作る，の3つのばあいを想定することができる。彫器を
製作したのは男性としても，コスチョンキⅠ例の女性小像のように妊婦を写実的に表現した例，
パヴロフ例やドルニ＝ヴェストニッツェ例の妊婦がしめる腹帯を表現した女性小像をはたして男
性が作り，それを女性が護符として身につけるようなことがありえたであろうか。

　　*西秋良宏は，自らの研究フィールドである西アジアの新石器時代を例にとって，女性が石器を作っ
　たかどうかについて論じている［西秋 1995：55-57］。
　　北シリアでは，先土器新石器時代後半の9,000年前頃に，石器のあり方に大きな変化が生じる。1）
　外来の良質のフリントを使っていたのに，地元産の粗悪なフリントの小礫を使うようになる。2）ナ
　ヴィフォーム式技術（石刃技法。図179-1〜4）によって石刃石器を大量かつ組織的に生産していたの
　が，その技術を放棄し不定型剥片を素材にした石器を生産するようになる。3）尖頭器，彫器，掻器な
　ど定型的石器が減少し，明瞭な形をなさない削器や鋸歯縁石器などがほとんどを占めるようになる（同
　-5〜13）。このような変化は，北シリア，ヨルダンの諸遺跡で確認されており，レヴァント地方に通じ
　る傾向である。これを西秋は「着柄した管理的石器から場当たり的な便宜的石器に変わった」と表現し
　ている。その変化は農耕と狩猟から農耕と牧畜への移行する時期におこった。男性は，ガゼルを主とす
　る大型動物の狩猟や獲物の解体，穀物の刈り取りをおこない，遠隔地に赴いてフリントを入手し，ナ
　ヴィフォーム式技術を使って石器を作っていた。ナヴィフォーム式技術が衰退したのは，男性労働の主
　体が狩猟から農耕に移ったからであった。それに対して，女性は育児や家事労働に従事し，小動物の猟
　や植物採集，家畜管理など静的資源の開発にあたっていた。近郊で収集できる原石を使って，粗雑な
　剥片石器を作り使っていたのは，ナヴィフォーム式技術のときから男女両方であった，と西秋は考えて
　いる。

　G. P. マードックによる民族例の整理では，個々の作業と性との関係は表13のようになってい
る［Murdock 1937］。これには「文明社会」の例も意識的に少し混ぜてあるという。しかし，こ
れを旧石器時代にまでさかのぼらせても，その傾向はそれほど違うことはないだろう。

　これを参照すると，女性小像の製作を，採石したあと石の加工，捕獲したマンモスまたは死ん
でいたマンモスから，牙を取り出したあと牙の加工とみれば，男性が製作した可能性が高いこと
になる。特に，マンモスの牙を削り研磨して女性小像を製作する技術は，トナカイの角から逆刺
のついた銛先を製作するさいの削りと研磨の技術と共通しているので，その技術を習得した男性
であれば，比較的容易な作業であったろう。

　しかし，女性小像を祭祀用具とみれば，女性が製作した可能性は少し高くなってくる。性的分
業では，女性とのかかわりがつよい小物を女性が作るのは，ごく一般的な傾向である。ヨーロッ

パの女性小像としたものには，ドルニ＝ヴェストニッツェの乳房だけになってしまった女性小像や，ピータースフェルスやモンリューの極小型の女性小像は，紐通しの孔をもち，複数個を連ねて身につけるようになっている。これを女性が身につける「装身具」と分類するならば，女性が製作した可能性は著しく高まる。

石の加工のばあいは，石器の種類が問題で

表13 性別の分業（マードックの統計の一部を改変）

	男性優位指数
採鉱・採石	95.4%
石の加工	95.0%
骨・角・貝の加工	93.0%
祭祀用具の製作	85.1%
装身具の製作	52.5%

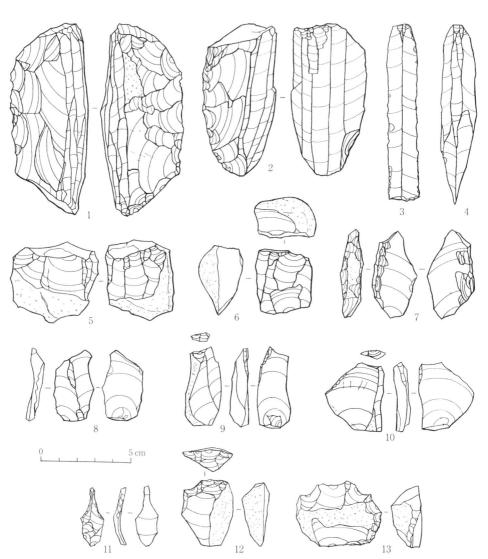

図179 レヴァント地方の先土器新石器時代の石器 ［西荻 1995］から作成
1-4 男性がナヴィフォーム式技術で作った石器，5-13 男・女が作った不定型の粗雑な石器

後　論　旧石器時代の女性象徴とは何だったのか　*289*

ある。たとえば，狩猟で男性が使う槍の先を女性が作ることは考えられないが，縄文時代の女性が使う調理用具の石皿（石臼）や木の実を割る敲き石のような石器まで男性が作るのであろうか。マードックの統計では「石の加工」の5％は女性となっている。その内容が問題となる＊。

　　＊縄文時代の石器で，器種と性との関係がわかる例を示しておく。富山市小竹貝塚の縄文前期後半
　　（4,900-5,460年前）の墓地では91体分の人骨が出土したが，石匙はすべて男性人骨（3例）に伴った。
　　石匙は横型で打製品，皮剝ぎやナイフの用途をもつ刃物である。磨製石斧も男性にのみ伴った（3例）。
　　ここでは石匙と磨製石斧は男性の持ち物である。
　　その一方，北海道函館市垣ノ内A遺跡の縄文早期末の墓地では，4基の墓に乳幼児（0-2歳）の手
　　形・足形付き土版を副葬していた。墓に伴った石器は石匙が12点あった。石匙は縦型で打製品，精巧
　　な作りの未使用品である。墓のうちP181は竪穴住居並の規模をもつ土坑（5.4 m×4.7 m，深さ0.8 m）
　　であり，副葬品の集中個所から5体（ないしそれ以上）を合葬した竪穴住居形の墓と考える。同じ函館
　　市豊原4遺跡では，2基の墓から乳幼児の手形・足形付き土版が出土している。P100には手形・足形
　　付き土版を3点，石匙精製品（珪質頁岩製）15点，石匙模造品（玉髄製）12点，磨製石斧3点を副葬，
　　P106には足形付き土版を2点，石匙精製品5点を副葬していた。石匙模造品としたものは，不定形剝
　　片の相対する2個所に抉りを入れて摘み状の部分を作っただけの石器で，報告者は「剝片」としてい
　　る。いずれの墓も人骨がのこっていなかったので，被葬者の性・年齢を明言できないけれども，母が亡
　　くなったときに子どもの手形または足形付き土版を作って副葬したのが基本と私は考えた。そして，磨
　　製石斧を副葬していたP100は成人男女の合葬墓と解釈することによって，石匙—女性の関係を私は認
　　めた［春成2007b：224-225］。しかし，男の子どもが死後も成長して石匙を使用するために副葬した
　　と考えるならば，北海道でも，石匙は男性の持ち物であったことになる。垣ノ島A遺跡の石匙の製作
　　者が男性であったかどうかは不明である。北シリアの先土器新石器時代の例を参考にして，精巧品は男
　　性，模造品は女性が製作したと考えるのか，さらに分析と議論を重ねなければならない。

　これまで論じてきたように，後期旧石器時代初めのホーレ＝フェルス例以来，女性小像は女性の出産と深いかかわりをもっていたとすれば，石製や牙製の女性小像はもっぱら女性の手になるものではないのか。妊婦が自ら作ったのでなくてもよく，彼女の母親または産婆が作って産婦に与えてもよいのではないか，と考えたくもなる。

　後期旧石器時代前半のザライスク遺跡から出土したマンモス牙製品は，バイソンの形が写実的・精巧な作りであるのに対して，女性小像は非写実的・稚拙な作りである（図180-1・2）。男根の表現がないことによって女性と判定できるような，女性の特徴の表出に不熱心さが際だっている。

　その一方，後期旧石器時代前半のコスチョンキ，アヴジェーエヴォ，ガガーリノの3遺跡は，コスチョンキとガガーリノ間が約74 km，コスチョンキとアヴジェーエヴォ間が約50 km離れているが，遺跡間にみられる女性小像の形態のつよい共通性と，その変遷の統一性を看取できる。この事実は，必要なときに思いつくままに女性小像を製作したというものでなく，一定の距離をおく集団間の交流は緊密であり，女性小像の形態が正確に伝播していることを示している。女性小像のなかには，アヴジェーエヴォのあるものはコスチョンキⅠからの搬入，アヴジェーエヴォのあるものはガガーリノからの搬入というように，ある集落で製作した女性小像が，他の集落にもたらされることもありえただろう。そもそもヨーロッパ起源の女性小像の一型式がロシア平原，さらにはシベリアまで拡散している事実＊は，製作物とその価値を認める共通の文化が存在し，その習俗の伝播にあたった男性か女性あるいは両性が存在したからである。

＊最寒冷期のヨーロッパ，ロシア平原，シベリアをヒトが長距離移動する手段として，イヌやトナカ
イが曳くソリを考えたいところである。しかし，ソリの実物資料は極北の東シベリアのジョホフスカヤ
（Jhokhovskaya）遺跡で中石器時代，約1.2万年前の滑走部が見つかっているにすぎない［木村 1999：
25］。今後，遺跡出土のイヌやトナカイの骨にソリを曳いた際に生じる骨の変形や骨折などの変化がな
いかどうかの観察を期待したいものである。

女性小像の製作者の性を考えるうえで示唆的な遺物は，後期旧石器時代末のヴィルチッツェ遺
跡（ポーランド）出土のフリント製の女性小像である。フリントの剝片に主剝離面側からの片面
加工によって，ポイント（背付き石器，日本の考古学用語ではナイフ形石器）や削器（サイド・スクレ
イパー）と同じように製作した「剝片石器」としての女性小像であって，そこには日常的に打製
石器を作っている男性の発想をうかがうことができる。手で握りしめたりすると痛いのに，この
ような女性小像を作っている事実も，それを使うことのない男性の作であったことを示唆する。
この例は，狩猟用や加工用の打製石器の製作にあたった男性が女性小像の製作者であったことを
もっともよく物語っている。

5　女性像を描いた人の性

同じ問題は，後期旧石器時代末のゲナスドルフやホーレンシュタインの石板の女性線刻画や，
ロック＝オー＝ソルシエ（アングル＝シュール＝ラングラン洞窟）の女性浮彫りについてもあてはまる
（図180）。女性像とウマまたはバイソンを同じ場所に重ね描きしているばあい，1）女性像も野獣
も男性が描く，2）女性像も野獣も女性が描く，3）女性像は女性が描き，野獣は男性が描く，の
3つのばあいを想定してみよう。

ゲナスドルフの石材の粘板岩は硬くないので，線刻は彫器でなくフリントの剝片を使えば女性
でも容易にできる。しかし，ここからはマンモス，ウマ，サイなど女性との関係を簡単に説明で
きない動物を線刻した石板も多数発掘されている。動物の線刻は写実的，具象的，かつ正確であ
るのに対して，女性像の線刻は記号的，抽象的で簡略形であって，好対照をなしている。女性像
の線刻は，ゲナスドルフ，アンデルナハ，ホーレンシュタイン，フォンタレなど，その様式は斉
一的である。しかし，簡略化の程度には差がある。ゲナスドルフの女性像の並べ描き，重ね描き
は，特定の人の手慣れた技法によるもので，同一人によるとみてさしつかえない例がある（図版
30-516左上・519・520）。その一方，同じ石板の上に簡略化の程度がちがうものがあり，時間をお
いて描いた可能性をもつ例もある（同-516右・523）。右利きの人と左利きの人が線刻したばあ
い，線刻の断面形に差が生じる。ゲナスドルフの右向きの女性と左向きの女性を接して描いた例
（同-518）では，前者は右利きの人，後者は左利きの人が線刻している可能性が高く，1枚の石板
に複数人が描いたことを積極的に主張できる資料である。

ラランドの線刻画石塊（シカゴ・フィールド博物館蔵）（図版28-505）では，簡略化が進んでいな
い女性像4-5体と進んだ女性像1体が共存している。基底線は2本ある。同一人が短時間で一
気にすべて描いたとは考えにくい資料である。同じくラランドの線刻画石塊（国立レ・ゼジー博物
館蔵）（同-506）では，12体の女性像の基底線は少なくとも4本あり，簡略化の程度にも差を認

めることができる。基底線のちがう女性像のばあい，石塊を回すように動かしながら描いたことになる。そのなかには明らかに女性像の描き方に十分修練していない人が線刻したとみられる例を含んでいる。1点の石塊に複数人が描いたことを示す例である。

また，1枚の石板に動物と女性の線刻がのこっているフォンタレ，ホーレンシュタイン，ゲナスドルフの例では，線刻の順番は動物が先で，女性像は後と考えうるばあいが多い（図版 27-501，28-507，29-508）。女性像の簡略化の程度には，やはり差がある。1枚の石板に線刻した絵に巧拙の差が存在する例もある。このようにして，1枚の石板，1個の石塊に複数の人が線刻した例があるとすれば，それは女性像を線刻することによって願いがかなうという考えのもとに，1人が描くという個人的な行為ではなく，集団的な行動として女性像の線刻をおこなっていたことを意味する。動物像の線刻画のばあいは，狩猟の対象を描いており，その写実性と正確度から狩人でもあった男性が線刻したと考えてまちがいないだろう。では，女性像も男性が線刻したのか，それとも女性が線刻したのか，あるいは男女とも線刻したのか，が問題になる。女性像の線刻には幾人もの人がかかわっていたとすれば，彼ら彼女らの親族関係も問題である。

ロージュリ＝バースの骨板には，トナカイ（またはアカシカ）の足下に寝た状態の妊婦を彫刻し，反対面にはウマを彫刻している（図版 35-556）。イストゥリッツの骨板には，片面に2人の妊婦，反対面に2頭のバイソンの図像を彫刻してあった（同-555）。前者は，トナカイを手前に妊婦を後方に遠近法を使って同じ巧みさで描いてあるので，トナカイと妊婦を彫刻した人が別であったとは考えにくい。後者も，片面と反対面で彫刻した人が入れ替わったとはいえないだろう。狩猟対象であったトナカイ，ウマやバイソンの姿をもっとも間近でくりかえし見る機会があったのは狩人であって男性であったろう。そのように考えると，ロージュリ＝バースやイストゥリッツの骨板に妊婦を彫ったのは男性であったと考えるほかない。両例とも妊婦の表現は動物と同じように写実的であって，ゲナスドルフなどの石板に線刻した女性像とは画風をまったく異にする。

ローセル岩陰から見つかった女性3体，男性1体を浮彫りした石灰岩の塊（図 133）は，元は岩陰の壁に彫ってあったものである。うち1個は高さ 44 cm の大型で旧石器時代のもっとも写実的な女性像とみてよい例である。しかし，この女性は豊満な身体の持ち主ではあるけれども，妊婦をあらわしているのではない。S. N. ザミャートニンは，これらを1つの構図にまとめた復元図を描き，中央の女性は踊っている姿とみて，呪術の儀式をおこなっている場面と解釈し，さらに男性は鹿狩りをしていると推定している [Hançâr 1939/40：151]。ローセルの3人の女性像は，それぞれ独立して存在するのでなく，全体で1つとすれば，寝た状態の妊婦を中央にしてその左右にアイベックスの角を掲げた女性を配した情景と私は解釈する。そして，それはこの場所で妊婦が出産するときの様子を表しており，岩陰のこの空間は固定的な産所であった可能性を考え，角は動物（シカまたはアイベックス）の血液を満たした角杯であり，出産時に血液を流した妊婦に動物の血液を飲ませるために2人の女性が控えている様子をあらわしていると想像する。そうであれば，この空間と場面はもっぱら女性が関与する世界である。ローセルの女性像は周囲を深く彫りさげて浮彫りのすぐれた効果をあげている（図版 22-404）。その技法は，近くにあった男性像の表現と同じであり，それはデュ・ロック＝ドゥ＝セール（Du Roche de Sers）の奥深い洞窟の石灰岩の壁に浮彫りしているソリュートレ期に属するウマやバイソンの表現と同じである。

292　後　論　旧石器時代の女性象徴とは何だったのか

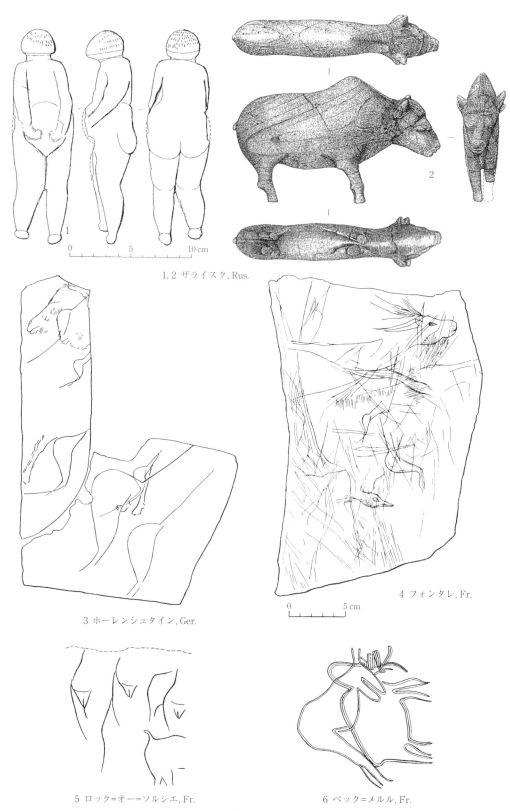

図180　女性像の簡略表現と動物像の写実表現
1・2 マンモス牙製，3・4 板石，5・6 壁画

後　論　旧石器時代の女性象徴とは何だったのか　*293*

硬い石灰岩の壁に石器だけで浮彫りするのは力と根気のいる作業である。男性狩人の狩猟対象と同じように浮彫りの手法であらわしたローセルの女性像もまた，女性ではなく男性の手になるものであったろう。そして，ローセルの女性がもつ角杯に野生獣を殺して血液をいれるのも，男性の役目であったと私は考える。ローセルに近いパトー出土の岩塊にのこっている浮彫り女性像（図版22-406）も，岩陰の壁の一部であったようであるが，高さはわずか5.8 cmである。その体形は妊婦を表現しているとみれば，ローセルの浮彫り群を簡略化したものとみることもできよう。

　コスチョンキやガガーリノの女性小像は，両脚を軽く曲げ，内股にして脛の間を開き，踵 をあげて爪先立ちで，両手を腹部に「静かに」おいている，とロシアの研究者は説明する。そして，この姿勢はシベリアのケート族（オスチャック族）の女性が舞踊するときの動作によく似ており，コスチョンキやアヴジェーエヴォの女性小像がつけている腕輪は，ケート族が舞踊のさいに「ガラガラ」と音をだす伴奏用の腕輪と同じである，という［ビビコフ 1985：120-129］。確かに，メジン出土の象牙製腕輪の１つは出土時の状態からすると，５点を連ねて使っていたようであるから，「ガラガラ腕輪」に似ている。

　ゲナスドルフの１枚の石板の線刻のうち，並列している多数の女性や，向かい合っている２人の女性（図版30-516〜520）は，ダンスの情景を描写したものとG.ボジンスキーは解釈している［ボジンスキー 1991：170-171］。

　しかし，女性小像を踊っているとみなすロシアの研究者は，女性小像が妊婦をあらわしているという最大の特徴を無視しており，「踊っている女性」という解釈には無理がある。ボジンスキーも，女性を「少女か若い女性」とみており，妊婦と考えていないので，「ダンスのシーン」というありふれた解釈でおわっている。

　コスチョンキなどの両脚を軽く曲げた女性小像の姿は，ロージュリ=バースの骨板に描いてある寝た状態の妊婦と共通する。旧石器時代の女性小像も女性絵画も，立位であらわしているとしても，それは造形・線刻上の制約からきているのであって，どちらも出産時の寝た状態の妊婦をあらわしているところに出発していると私は考える。

6　旧石器時代の出産と育児

　旧石器時代には出産と育児は，どのようにしておこなわれたのであろうか。

　出産に男性がいっさい関わりをもたないとは一概にいえない。産婦の代わりに夫が産褥について乳児を育てるというクヴァード（couvade，擬娩）の風習は，ヨーロッパ，アジア，アメリカ，太平洋諸島を問わず世界的な広がりをもっており，北海道アイヌにもあった。子どもに対する害物の影響から，子どもを守ろうとする呪術として起こったのがクヴァードの起源で，呪術によって分娩を促進させ，容易にするために出産に父親が参加するのもクヴァードの一種だろう，と金関丈夫（元・九州大学医学部）は述べている［金関 1975：58］。

　平安〜鎌倉時代，12，3世紀に描かれた『餓鬼草紙』や『北野天神縁起絵巻』に出産の場面がある［渋澤編 1964］。前者には，座って子どもを産む女を２人の女が助け，まわりに２人の女と１

294　後　論　旧石器時代の女性象徴とは何だったのか

図 181　「餓鬼草紙」（鎌倉時代）に描かれた座産の光景

人の巫女が控え，部屋の入口に弓の弦を弾く男，反対側の入口で隣の部屋にいる僧侶に応対する女の姿を描いてある（図181）。後者にも，縁に立って弓の弦を鳴らしている男を描いてある。弓の弦を弾くのは，出産時に寄り来る悪魔をその音で退けるためである。これを旧石器時代のことに例えると，「悪魔」をライオン，オオヤマネコ，オオカミなど人をも襲う肉食の猛獣におきかえることもできるだろう*。ローセル岩陰の今は1個の石塊になってしまった男性像（図版22-A）も，背後から猛獣に襲われる危険のない岩陰を，生活と出産の場として選び，前面と側面を守るために近くに配している男性をあらわしていると解釈することも可能であろう。

　　＊肉食獣に襲われたヒトの遺体としては，南アフリカのスワルトクランスの洞窟から発見された約160万年前のパラントロプス・ロブストゥスの未成人（性不明）頭骨（SK54）がよく知られている。この頭骨の頭頂部にはヒョウの下顎犬歯が刺さったことを示す2孔がのこっており，ヒョウがヒトの頭をくわえて樹上にひきずってきたと解釈されている。この例は，当時のヒトを取り巻く危険な環境をよく示している。特に出産前後の身動きのとれない女性や自らの生命を守る術をもっていない幼小児は，いつ肉食獣に襲われるかもしれない恐怖の日々をおくっていたことであろう。

さきに瞥見したミクロネシアのポンナップ島では，出産の場に男性，子どもがいて，彼らは妊婦に声をかけ，夫は手も出して，積極的に出産を助けていた。日本でも，産室に大勢の男女がつめかけ，出産の介助にあたることは，かつては普通であって，産婆ならぬ産爺（取り上げ爺さん）の存在もけっして珍しい習俗でなかったことを吉村典子や板橋春夫は報告している［吉村 1992，板橋 2012］。三重県伊賀地方では，妊婦の腰抱きは夫や父親がするもので，妊産婦を後ろから抱えて股を膝で締めて産ませたという。この地域では男性，夫や父親や舅は出産に立ち会うことを

当然としており，むしろ分娩には欠くことのできない存在であった［岡田 1970：222］。同じような事例は，新潟，長野，群馬，愛知，長崎の諸県にもあった［板橋 2012］。新村拓は，『公衡日記』（左大臣西園寺公衡の日記，1302 年）に，出産する女房が疲労したときに公衡がしばらくの間，腰を抱いていたとの記述に注意し，出産に男性がかかわる事例としてあげている［新村 1996：176-177］。新村によると，産屋は男性が立ち入る場所ではないとする観念は，9 世紀に始まる産穢の禁忌によって強められるが，男性が出産に立ち会うことは中世にもみられ，近世になるとむしろ多くなり，出産時に人手がたりないような場面では夫が頼りにされていた。出産時に夫を遠ざけるようになるのは医療が発達した近代になってからのことである［同前：172-173］。男性がなんらかの形で出産を助けるという風習は確かに存在したのである。

ウクライナのメジン遺跡の住居跡にのこされた打楽器（図 158-160）も，妊娠，そして出産を促すために音を発する「楽器」であったとすれば，女性ではなく，あるいは女性だけでなく，男性が使った可能性を否定はできないことになろう。

後世にも出産を妊娠と関係のある男性たちが積極的に介助していたという事例を知ったうえで，旧石器時代の女性小像の作者の性について改めて考えてみると，女性でなければならないという必然性はない。象牙や石灰岩を掻器や彫器で削って製作するという点で，女性小像の製作は象牙や鹿角の槍や銛の製作と連動しており，男性の作品であった可能性のほうが大きい。

後期旧石器時代前半のユーラシアの女性小像は妊婦をあらわし，安産を祈願する護符の意味をもっていた。しかし，24,000 年前を過ぎた頃に消滅し，その後，約 4,000 年の間隙をおいて約20,000 年前に再誕した後期旧石器時代末の女性小像は，腹部の膨らみはなく，乳房を表現した例も少なく，妊婦をあらわしているとはいいがたいけれども，線刻女性像の検討で明らかにしたように，やはり妊娠した女性をあらわしているようにみえる。女性小像を，妊娠あるいは安産を祈願する護符として用いることに変わりはなかったと考えたい。

ユーラシアの後期旧石器時代を通して，女性小像は北緯 40-55 度の高緯度地帯に限って分布する（図 164）。寒冷期に北方に進出したホモ・サピエンスの居住可能な北限に住む人たちに女性小像は必要であったのである。「長期的な視点でみた場合，寒冷化，温暖化という気候の変化だけでなく，人類活動にとって最も重要なのは，気候が安定していたか，不安定であったかである。OIS-3（Oxygen Isotope Stage-3，酸素同位体分析にもとづく気候変動のステージ 3）や晩氷期は，気候が短期的な変化をくりかえした不安定な時期である」ことを工藤雄一郎（学習院女子大学）は指摘している［工藤 2012：170］。OIS-3 は 40,000-29,000 年前の間であるが，実際に気候が不安定な期間は 26,000 年前頃までつづいている（図 182）。その一方，晩氷期の不安定な期間は18,000-11,000 年前頃である。女性小像が 2 つの時期に発達した背景には，最終氷期の不安定な気候がつづくなかで不妊の傾向が著しくあらわれたことに対する文化的な対応と考えることもできる。ヨーロッパでの最寒冷期（LGM 期）にあたる 28,000-24,000 年のうち，ソリュートレ期の25,000-23,000 年前の約 2,000 年間は安定した寒冷期がつづいた。しかし，この時期のヨーロッパでは人類の生活可能な地域が著しく狭小化し，人が住んでいたのは，南フランス，北スペイン，イタリアに限られており，ソリュートレ文化の広がりは狭く，イタリアはグラヴェット系の文化がつづいた（図 183）。北フランス，イギリス，ドイツ，スイス，オーストリア，ポーラン

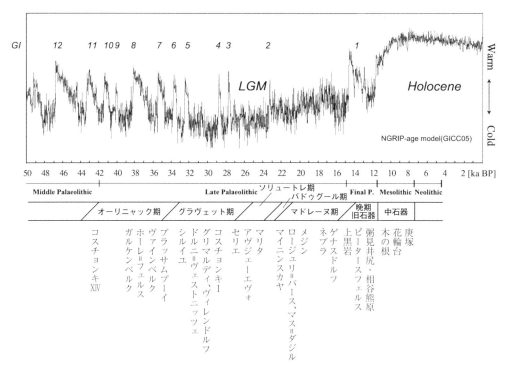

図182　過去5万年間の気候変動と旧石器時代の女性小像の年代的位置
　気候変動は［Rasmussen *et al.* 2006］，女性小像の年代は春成。約2.3万〜2.0万年の間は，女性小像を欠いており，グラヴェット期とマドレーヌ期との間には断絶がある。

ド，チェコ，スロヴァキアなどは，無人地帯であった。そして，マドレーヌ期になってまた，北フランス，イギリス，ドイツ，スイス，ポーランド，チェコ，スロヴァキアなどにマドレーヌ文化は広がる。しかし，イタリアとバルカン半島ではグラヴェット系文化がつづいた［佐野2013a：42-43］。グラヴェット期とマドレーヌ期とをつなぐソリュートレ期には，人口の大幅な減少も想定されている。あるいは，感染症が流行し，人口が急減するような事態が生じたこともあったのかもしれない。感染症は，とくに妊産婦を直撃し，それによる死者は男性よりも女性が多いという［田村2011：214］。そのような状況におちいると，多産すなわち妊娠を促し安産を祈願する呪術が発達することは十分にありうるだろう*。

　　*後世の事例であるけれども，上黒岩岩陰の4層すなわち縄文早期の押型文土器の時期（約10,000年前）と，3層すなわち縄文前期の轟式土器の時期（約7,000年前）の埋葬人骨28体のうち成人は8体，未成人は20体，未成人のうち8割は乳幼児であった。寛骨にヘラ状骨器が刺さった男性の受傷人骨として著名になった6902号人骨は，再調査の結果，年代は縄文前期初めまでくだり，熟年女性と訂正された［中橋・岡崎2009：348, 375-376］。骨器は先端が丸く，尖頭器や刺突具と判断することを躊躇させる形態である（図184）。私は，寛骨の2個所に同じ形の傷孔を見出したので，同じ骨器で2回刺したあと，2回目を刺したままにしておいたと判断するにいたり，「受傷」は生前のことではなく，死亡直後のことであり，それは彼女の腰部付近に関係する不幸な死に対する呪術的な措置と解釈した［春成2009：533-538］。
　　その後，中橋孝博は「傷孔」のうちの1つ（A孔）は，人為的な傷ではなく，「再葬や発掘，整理時

後　論　旧石器時代の女性象徴とは何だったのか　297

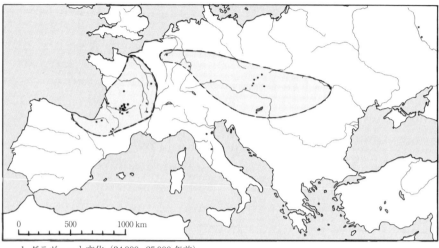
1　グラヴェット文化（34,000-25,000 年前）

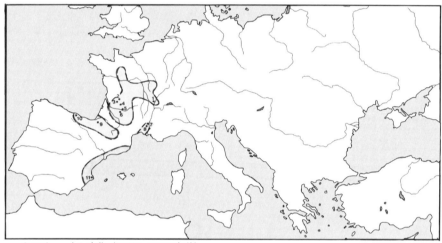
2　ソリュートレ文化（27,000-21,000 年前）

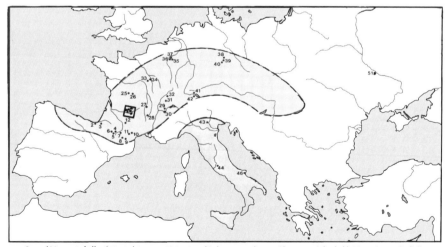
3　マドレーヌ文化（スペイン，フランス，ドイツ，スイス，ポーランド）と続グラヴェット文化（イタリア）（22,000-14,000 年前）

図 183　ヨーロッパの後期旧石器文化の分布　[Laboratoire du Musée de L'Homme *et al.* 1984]

に受けた損壊」の可能性が高く，刺したのは生前に1回だけで「おそらく受傷後，短時日のうちに亡くなった」とする所見を述べている［中橋 2015：126-131］。私は，孔のまわりを観察して「傷孔」は2つとも古い欠損と判断し「発掘，整理時の損壊」と考えなかったので，2回刺したと解釈した。しかし，中橋によると，その孔の位置は殿筋が厚いので，この骨器で貫き通すことは容易でなく，さらに引き抜くことは不可能という。中橋の意見を踏まえて再度の観察が必要であるが，少なくとも1回刺したこと，刺したままで引き抜かなかったことは確かであるので，それが不幸な死に関する呪術的な行為とする仮説は生き残ると私は思っている。

　ところが，グラヴェット期末からソリュートレ期そしてバドゥグール期の約4,000年間は，ヨーロッパでもロシアでも女性小像を見ない。その要因を明快に説明することは難しい。明白な事実は，グラヴェット期－コスチョンキ・マリタ期の女性小像は，その最終段階に体形の崩れ——それはあたかも壮年，熟年，老年と年を経るように——と簡略化による退化現象が著しいことである。そして，その行きつくところは消滅でしかないことである。マドレーヌ期・メジン期のばあいも同様であり，さらに日本の上黒岩石偶の素材となった円礫の形態変化，線刻表現の簡略化の進行，つまりは初期の精神が形骸化していく様子とも共通する動向である。それは，生物の種に寿命があるように，女性小像の歴史，人類の進化史にもある種の矛盾が内在する故に，生成－発展－衰退の過程を経て消滅していくというのは必然であったというべきなのであろう。

　上黒岩の石偶は，乳房と女性器の表現を強調するところから出発している。そして三重県粥見井尻や滋賀県相谷熊原の土偶は乳房の表現に意を注いでおり，日本列島の後期旧石器時代末相当期とヨーロッパの後期旧石器時代末とは異なる。

　第Ⅰ部で，上黒岩の石偶を妊婦が出産時に握りしめていた護符と考えたが，それは妊娠前から妊娠を祈願する護符として身につけており，線刻棒もまた妊娠前，出産時に別の石または骨を敲

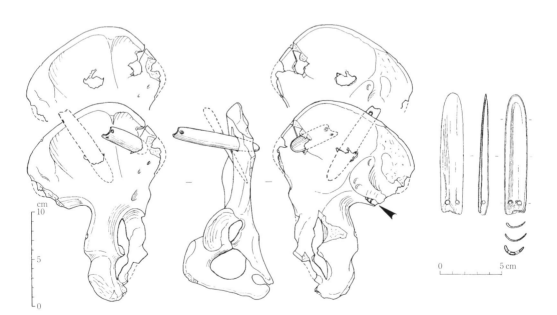

図184　ヘラ状骨器が刺さった女性寛骨
矢印は経産を示す前耳状溝。愛媛県上黒岩岩陰出土，縄文前期

いて音を発する拍子木として使ったと想像することができる＊。

　　＊妊娠したあとの出産も大変な事態であった。現在のように，病院で薬品も使って安全かつスムーズ
　　に出産するようになる以前は，自宅で産婆が助けて出産するのが普通であった。最初の出産は 2 日かか
　　り，「青竹を裂くような苦しみ」と表現されるような苦行であり，母親にとっても胎児にとっても，命
　　がけの出来事であったから，そこに呪術が介在するのはごく自然の成り行きであったろう。

　上黒岩の石偶と線刻棒が，ロシア平原と関係するとは考えにくいが，ユーラシアの後期旧石器
時代と共通する呪術が，縄文草創期の上黒岩でもまた独自におこなわれていたのではないだろう
か。上黒岩の岩陰は，日常生活の場であると同時に，妊娠を祈願する儀礼の場であり出産時には
産屋としても使った大切な空間であったと考えたい。

7　旧石器時代の女性象徴の意義

　旧石器時代の女性小像は何をあらわしているのか，最初に見つかった 19 世紀以来，人間や動
物の繁殖・出産に関係のある呪術・祭祀的な偶像あるいは護符とする説，種族・血族の祖先像あ
るいは祖母神像とする説，家あるいは家族の守護神像とする説，炉の守護者あるいは炉の女主人
とする説などが唱えられてきたことを江上波夫は 1970 年にまとめている［江上 1970：27］。しか
し，その状況は今も変わっていない。

　私はすでに後期旧石器時代の女性小像，特に性的特徴の表現について整理した。

　ロージュリ＝バース，ゲナスドルフ，メジン，マイニンスカヤ遺跡出土の女性小像のいずれを
とっても乳房の表現はないか，または稀で，腹部の膨らみは存在しない。ロージュリ＝バースと
ゲナスドルフのそれは，痩身を特徴とする。メジンのそれは，様式化した顔と性的三角形を表現
しているが，乳房や腹部の膨らみはない。これをコスチョンキⅠ–2 号居住域出土の明らかに妊
婦をあらわした写実的な女性小像と比較すると，その違いはきわめて大きい。

　その点は，この時期の岩陰壁画や石板画の線刻女性像の多くと同様である。ロック＝オー＝ソ
ルシエやラ・マグドゥレーヌ洞窟の後期旧石器時代末の半浮彫り女性像は，後期旧石器時代前半
の立体的な女性小像よりもはるかに写実的であるが，妊婦の表現ではない。ラランド，ゲナスド
ルフの線刻女性像のなかでもっとも写実的なゲナスドルフ出土の 1 例（図 173-9）は，妊娠する
前の若い女性をあらわしているようにみえる。頭はなく，腕，乳房，尻，脚を表現しているが，
腹部の膨らみはない。妊娠した女性をあらわすことに意を用いていないことは確かである。

　その一方，後期旧石器時代末のマドレーヌⅢ–Ⅳ期には石板や骨板に明らかに妊婦を線刻した
例が存在する（図 173-1〜7）。ロージュリ＝バースの骨板に線刻しているトナカイ（またはアカシ
カ）の脚元に寝た妊婦は，腕を上向きにして腕輪を着け（同-1），ヴィレンドルフの女性小像と
共通している。旧石器時代の出産姿勢が寝位，座位，立位のどれが主であったのか，推定は難し
い。また，石塊に線刻してあるばあいは，天地の区別ができない。

　しかし，ロージュリ＝バースの骨板に線刻した例では，トナカイと妊婦を遠近法を使って重複
させているので，1 つのシーンを構成しているとみてまちがいない。それに対して，ガビユーの
岩壁に線刻した例（同-3）では，女性は単独で膝を屈して寝た姿勢をとっており，寝位の出産姿

300　後　論　旧石器時代の女性象徴とは何だったのか

図 185　ローセル岩陰およびパトー岩陰の女性絵画とコスチョンキⅠ遺跡の女性小像の大きさ比較
コスチョンキⅠの諸例は復元図で示す。

勢と解釈してまちがいないだろう。子宮をわざわざあらわしているのも出産との強いかかわりを想わせる。ラ・マルシュの石板に描いてある巨大な腹と腰をもち乳房が垂れた女性の表現は写実的であって、妊婦をあらわしていることは疑えない。腕輪を手首につけ、5例のうち2例の前腕は上向き、3例は前腕を乳房の下にもってきている。イストゥリッツの骨板はおそらく寝た状態の妊婦2人を線刻したものである（図151-2）。頭は一見、人ではなくライオンのようにみえるが、身体の形は明らかに人間であって、頸輪と腕輪・足輪をつけている。頭には他の動物から襲われないように、ライオン（同-3）の頭から剝ぎ取った皮の仮面をかぶっているのかもしれない。背中に加えている斜線例も動物の毛皮の可能性があろう。腕は上方に曲げている。ラ・マルシュの1例が腹帯を巻いているのも、後期旧石器時代のコスチョンキⅠ-1居住域の妊婦をあらわした女性小像の諸例を連想させる。

　後期旧石器時代末の人たちも骨板や石板に妊婦を線刻しているので、ゲナスドルフの石板にも女性小像を妊婦として表現することはできたはずである。彼ら彼女らがそうしなかったのは、線刻画→立体像と変遷した後期旧石器時代末の女性像は、線刻画の段階で妊婦を記号化することが完了しており、腹部の膨らみを表現しなくても妊婦という共通認識をもっていたからであろう。

　以上のように、後期旧石器時代の前半と末に女性小像は非連続的に出現したが、どちらも妊婦をあらわしており、その意義は基本的に同じであった。ただし、後期旧石器時代前半の女性小像を概観すると、多くは20cm以下の大きさ、しかも大多数は10cm前後ないしそれ以下の小型品ないし超小型品であるが、なかには特別に大きな例が存在する。コスチョンキⅠの泥灰岩製の1例は高さ9.6cmの頭部の破片（図版7-96）しかのこっていなかったけれども、他の例と比較して本来の全高を推定してみると、40cmに達する超大型品である。同じ遺跡出土の最小例の高さ

は 4.2 cm であるから，その差は約 10 倍，大小の差はあまりにも著しい（図 185）。しかし，その形態は基本的に相似形である。後期旧石器時代末の例では，アンデルナハの出土品は，最大が高さ 21 cm，最小は高さ 2.5 cm にすぎず，その差は大きい。このことは，それぞれの地域のそれぞれの時期の女性小像は，形態は相似形でも大小による使用法の違いがあったことを示唆しているのであろう*。

　　　*同じような事例は日本の縄文中期の土偶にも認められる。山形県舟形町西ノ前遺跡の土偶の最大例は高さ 44.8 cm，同じ形態の最小例は復元高 10.4 cm である（図 186）[黒坂 1994]。

　コスチョンキⅠの女性小像の最大例を，ローセル岩陰の浮彫り女性像と比較してみよう。ローセルの角杯をもつ女性像の高さは 44 cm であって，コスチョンキⅠ例とほとんど同じ高さである。しかし，ローセルの女性像は妊婦をあらわしていない。コスチョンキⅠ例は頭部だけの破片が開地の住居址から出土している。伴出品の頭部と共通する形態からすると，この超大型品も妊婦の姿をとっていた可能性が高い。しかし，大きさという点でローセル例との一致点は無視できない。ローセルの女性像が岩陰の壁に固定された状態であったのに対して，コスチョンキⅠの超大型の女性小像は住居内に立てるなどして，超大型品と中・小型品とを併用しており，ローセルの角杯をもつ浮彫り女性像と同じ役割をはたしていたのではないだろうか。たとえば，超大型品は集団の構成員が出産時に無事に働きかけるのに用いたとすれば，小型品は妊婦が手に握りしめるのに用いたと想像することもできる。

　彼らは自らの願望する姿に似せて妊娠した女性小像を造形し，そこに霊力を付与し願望を託し

図186　山形県西ノ前遺跡出土の土偶（縄文中期前半）の大きさ比較　復元図で示す。

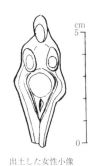

出土した女性小像

図187　グリマルディ洞窟群［Rivière 1887］中央右が女性小像を多出したバルマ＝グランデ洞窟

た。その女性小像が存在し，それに働きかけることによってその願望は実現すると信じたのであった。それは，対象物を捕らえたり変形加工したりするのが目的で発達してきた石器などとちがい，人類が自らの思考を具現化するために創造した最初の媒介物であったといえよう。女性小像は，妊婦をあらわすもっとも重要な要素，すなわち出産する子どもを収める腹部，出産口としての陰裂，そして出産後の授乳器官として乳房を強調して製作したために，乳房や腹部を著しく変形・強調することはあったけれども，写実性から逸脱するまでにはいたらなかった。したがって，旧石器時代の女性像は，超自然の神秘的な行為つまり女性の出産に対する人類の積極的かつ呪術的な働きかけをおこなうための重要な補助器官として，妊娠・出産への願望をこめて造形したものであって，空想的な女性像でもなく，「女神」や「祖先像」でもなかった，と私は考える。女性器象徴についても一言述べておきたい。女性器，ヴルヴァ，陰門などの単語は，男根の「入口」という印象を無意識のうちに与える。しかし，子どもの「出口」つまり出産口とみたほうが，旧石器人の認識によほど近いのではあるまいか。ラ・フェラシーなどオーリニャック期に例が多いヴルヴァの線刻や，コスチョンキⅠの女性器形小像（メダリオン），さらにはマス＝ダジルの彩礫などは，このような観点から評価すべきであろう（図188）。

　洞窟壁画については，これまで多くの研究者が考えてきたように，旧石器時代の人たちが真っ暗で長い洞窟を女性の子宮に見立てて描いたことは間違いないだろう*。壁画が洞窟の入口付近ではなく，数十ｍ，数百ｍの奥深くにのこされている事実は，子宮の奥に描いているということを意味する。旧石器人たちは，天然の洞窟すなわち産道の奥に成熟した動物の絵画を描くと，天然の産口から出てくる，すなわち出産するというイメージをもっていた。しかし，洞窟の壁に女性や人を描かなかった，あるいは描くことが稀であったのは，人は動物とちがうというつよい意識をホモ・サピエンスはもっていたからで，その自覚が女性小像や女性器象徴を創造した大きな理由である，と私は考える。20世紀の傑出した古生物学者，H. F. オズボーンの古典的な書［Osborn 1915：P9. Ⅶ］にみえるように（図174-3），洞窟壁画を描いたのは男性であるという研究者の間での暗黙の了解がある。旧石器人が洞窟を子宮とみなしていたと理解すれば，洞窟内に侵入できる資格をもつのは成熟した男根をそなえた成人男性であったと解釈することはまちがっているだろうか**。

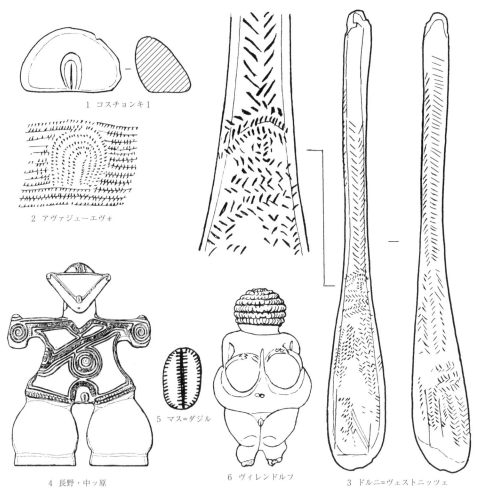

図188 女性器の象徴的表現の諸例 4は縄文後期の「仮面土偶」
1 泥灰岩製，2・3 マンモス牙製，4 土製，5 片岩礫製，6 石灰岩製

＊グリマルディ（イタリア）のバルマ＝グランデ洞窟から出土した女性小像の性器表現は，この洞窟の入口の外観に驚くほどよく似ている（図187）。もちろん洞窟の形状は天然のものである。バルマ＝グランデは女性小像を7点も出土している事実と合わせて産所と推定してよいと思う。
＊＊テュク＝ドゥードゥベール洞窟（フランス）の壁画のある付近で1912年にM.ペグエンが見つけた人の足跡には女性や子供の足跡がふくまれている，と紹介されている［松本 2023］。このばあい，男女それぞれがはたした役割が大きな問題となる。洞窟壁画の主役は大型獣ばかりである。女性がこのような動物の壁画を描いたのか，それとも真っ暗闇の洞窟内を燈火で照らして男性が描くのを手助けしたのか，足跡のさらなる観察と分析をつづけ，洞窟内にはいった男女の行動が同じなのか，違うのか，その証拠を追求してほしいものである。

最後に，女性象徴を創造した人の性について言及しておきたい。
後期旧石器時代前半のホーレ＝フェルス，レスピューグ，グリマルディ，ヴィレンドルフなど

の女性像では，乳房，腹と尻，性器の3点において女性的特徴の表現が著しい。「ヴィーナス」の呼称が通用するようになったのは，これを19世紀末〜20世紀初めの侯爵や神父などの男性の学者たちが無意識のうちに官能表現あるいはエロティシズムすなわち男性に対する性的アピールの発現とみなしたことによる。しかし，腹と尻を子どもの発生器官，女性器を子どもの出産口，乳房を授乳器官とみれば，女性小像の本質は，人の子孫を生成する源の象徴である。その事実をもっともよく認識していたのは，子孫を産み育てる身体的能力をもたない男性であったはずである。後期旧石器時代の男性は，女性像を創り出すときにほとんど本能的に女性の出産・育児の能力を表現したと考えることはできないだろうか。その意味において，頭はなく巨大な乳房と幅広く大きな腹をもち，陰裂の表現まであるホーレ＝フェルスの女性小像がヨーロッパ最古の位置を占めるという事実は，女性像の本質をもっともよく示しているといえるだろう*。このような認識があったからこそ，ル・ルー例やラ・フェラシー例のように，女性絵画は陰裂をあらわした性的三角形の線刻から始まったのであろう。そして，ドルニ＝ヴェストニッツェの乳房形の垂飾り（図版4-64〜71）では，両乳房の間に短線を縦にいれて陰裂を表現するという発想が生まれたのではないだろうか。この例も，乳房形でありながら，本質においては女性小像であったといえよう。

　　＊日本の縄文時代の例では，岡山県倉敷市福田貝塚出土の縄文後期，約4,000年前の中津式の時期の土偶が，ホーレ＝フェルス例と同じような特徴をもっている（図190-6）。すなわち，糸巻き形の扁平な板状の胴に，思い切り前に突き出した乳房をもっているが，頭の造作はまったくない［泉 1989：52］。大阪府東大阪市神並遺跡の縄文早期，約11,000年前の土偶（同-5）も，頭はなく大きな乳房をもつ上半身だけであるし，茨城県利根町花輪台貝塚の縄文早期，約10,500年前の土偶も，乳房の表現には意を注いでいるが，頭は低い山形に作ってわずかにあらわしているだけである（図189）。地域と年代を超えての共通性は，女性小像の本質の一端と深いかかわりをもっているのであろう。

その一方，後期旧石器時代末に再誕したゲナスドルフやマイニンスカヤの女性像では，女性的特徴の表現は大幅に後退している。ゲナスドルフ系の小像と絵画のうち乳房の表現があるものは一部に限られ，マイニンスカヤ例にいたっては，正面からみても側面からみても女性的な特徴をまったく示していない。しいていえば，男根の表現がないのが，女性と判断する積極的な証拠である。しかも，マイニンスカヤ例は土製品であるから，粘土を近い所で採取したあと成形し，乾燥させたあと焼成するという工程は，住居の近くで活動する機会が多い女性の日常行動と重なる。女性小像を製作したり女性像を線刻したりするばあい，男性が意識的に，逆に無意識のうちに，女性の特徴を無視することがあるだろうか。男性心理の観点にたてば，後期旧石器時代末の女性性を度外視した女性小像は，男性ではなく女性が創出し製作した結果ではない

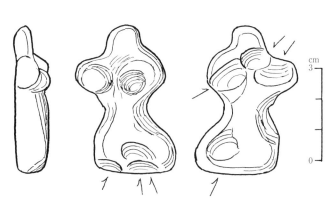

図189　女性の指頭の圧痕をのこす土偶
縄文早期中頃，茨城県花輪台貝塚出土

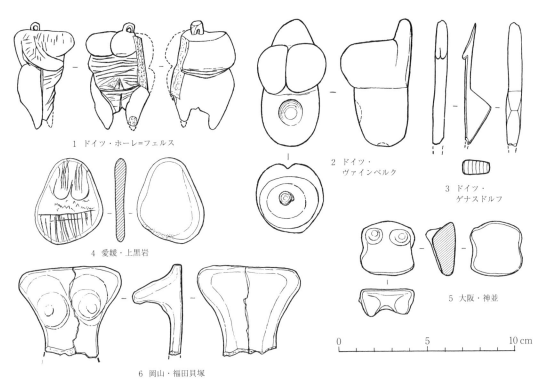

1 ドイツ・ホーレ=フェルス 2 ドイツ・ヴァインベルク 3 ドイツ・ゲナスドルフ 4 愛媛・上黒岩 5 大阪・神並 6 岡山・福田貝塚

図 190　後期旧石器時代から縄文後期の女性小像の根源的形態

かとする疑念を払いのけることはできない。さらに証拠を揃えることが必要である。

　上黒岩石偶のばあいは，おそらく近場で小礫を採取したあと，整形する作業はなく，線刻するとただちに完成するというように，製作工程は少なく，かつ重労働などではない。線刻用の工具も定型的な彫器ではなく，鉄石英・チャート・サヌカイトの破片のいずれかであったらしい。隆起線文土器の製作と同様，男性労働の存在を前提にして考えなくてもよく，女性の作とみることもあながち否定はできない。

　茨城県花輪台貝塚出土の縄文早期の土偶のうち完形の1点（図189）は，表裏に成形時についた人差指の先の圧痕をいくつものこしている。幅7-8 mm，長さ10-13 mmであって，いずれも細く小さいので，女性の指先とみてまちがいないだろう。この遺跡の土偶は形態的につよい類似を示しているので，すべて女性の作と判断してよいと私は考える。縄文時代の土偶は，居住地の周辺で入手が可能な粘土を材料にしているだけに，同時に存在する土器の製作とも合わせ女性との関連を問題にすべきであって，日本列島のばあいも，問題をのこしている。

　製作者の性の追究は，使用者そして用途の問題とかかわりをもつ。後期旧石器時代には，狩猟と直結する石器や骨角器を用いる男を通して文物・文化の伝播があったと推定するが，女性小像がヨーロッパからシベリアまで伝播したのは，男を通してであったのか，女を通してであったのか。婚姻成立後に動いたのは男だったのか，女だったのかという居住方式，男女協業，男女間分業の問題も視野にいれて考えてみる必要があろう[*]。しかし，いずれにせよ，人類のばあいは，乳児期，幼児期，小児期，少年期を経て，ようやく成年期を迎える。独り立ちするのにこれだけ

長い期間がかかる動物は他には存在しない。その間は，母親だけでなく，男性を含む集団全体で子供をさまざまの危険から守り，産前・産後の母親も助けなければならない。出産と育児は，おそらく人類が地上に住むようになって以降の社会において，集団行動の重要な1つと位置づけられていたことであろう。旧石器時代の女性小像が酷寒の高緯度地帯の寒冷気候のもとで生成し発達したのは，新人ホモ・サピエンスの「現代人的行動」の最重要な証拠の1つである。新人の思考と行動を解明していくうえで女性象徴の問題を今後いっそう追究したいものである。

　　＊先史時代における男女の性別分業の問題について，近年，議論が活発に行なわれている。南米ペルーの新石器時代，9,000年前のウィラマヤ=パチサの遺跡で大型動物用の狩猟具を副葬した10代後半の女性骨が発掘された［Haas *et al.* 2020］。類例は他にもあり，27体のうち11体が女性であったという。このような報告をうけて，男性が狩猟者で女性は採集者というパラダイムは変えなければならないとの主張がある［Andersson *et al.* 2023］。しかし，真当な反論もある［Venkataraman *et al.* 2024］。

　　ちなみに，G. P. マードックの男女の性別分業に関する古典的な研究においても，狩猟は男のみ166例，男主女従13例，女のみ1例であり，小獣狩りは男のみ128例，男主女従13例，男女平等4例，女のみ2例，女主男1例である［Murdock 1937］。女性が狩猟する例が存在することを否定していないわけである。南アメリカの例は，以上の統計結果のどれに該当するのか，検討してほしいものである。

　　日本では，縄文時代中期～晩期の人骨（上肢骨，特に尺骨）の骨折率が男5に対して女1の割合であるとする報告［清野 1946：225-226］にもとづいて，狩猟や漁撈などの激しい労働に従事していたのはもっぱら男性であったとする見解がある［岡本 1956：334-335，春成 1973，佐原 2001］。

　　この問題については，上肢骨と下肢骨の発達度合に男女差が存在するかどうか，旧石器時代までさかのぼって調査することによって解明の糸口が得られるのではないかと私は予想している。

　以上，日本の上黒岩岩陰発見の石偶から出発して，ユーラシアの後期旧石器時代の女性小像を中心に女性象徴について論じてきた。

　その結論は，1）ユーラシアの女性象徴は，防寒用の住居や衣服の発明と同じく，高緯度地域に進出した新人ホモ・サピエンスの寒冷地適応の文化的装置であったこと，2）女性小像の多くは出産・育児とかかわり護符として用いたこと，3）女性小像は多元発生と伝播があいまって普及したこと，4）型式の変遷には製作者の世代交代による形態の崩れが作用しており，それが後期旧石器時代初めに生成・発展したあと寒冷気候がつづいているにもかかわらず消滅したこと，5）そして，後期旧石器時代末に再び発生したが形態の退化という同じ現象が生じ，消滅の原因になったこと，6）女性小像の製作や岩陰の壁に女性像の彫刻にあたったのはおそらく男性であり，出産から産後の母子の保護まで，男性も積極的にかかわっており，出産と育児は男女協業の集団行動の一部であったこと，7）しかし，後期旧石器時代末の女性性が後退した女性象徴は，男性でなく女性が女性小像を製作し，女性像を石板に線刻した可能性があること，などである。

　女性象徴には，新人がユーラシアに登場した初期の段階から始まった象徴行動が集中的に表出されている。本書では不十分な外形観察と分析にもとづく初歩的な考察にとどまり，動物小像や洞窟壁画の追究までに至らなかった。しかし，集団と集団とのつながり，女と男，人と動物とのかかわりなど，女性象徴そして動物象徴の精細な研究の先には，広く深い後期旧石器時代すなわちホモ・サピエンスの初期3万年間の具体的な世界と歴史が広がっている，と私は確信する。

集 成　旧石器時代の女性象徴

Corpus of the Palaeolithic Female Figurines
from Europe, Russia, Japan & Levant

Compiled and Drawn by H. Harunari

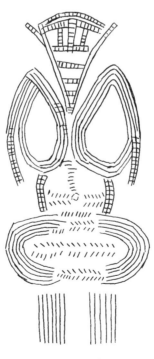

Předmostí, Cz.
(h. 12 cm)

308 集　成　旧石器時代の女性象徴

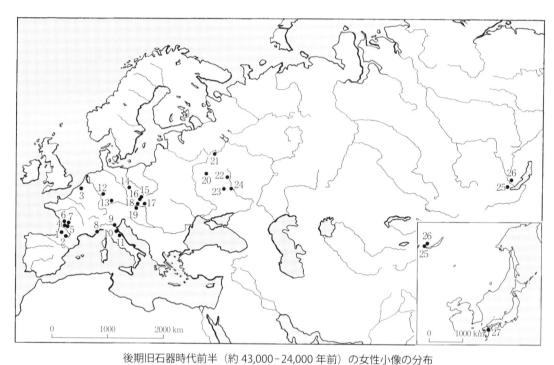

後期旧石器時代前半（約 43,000－24,000 年前）の女性小像の分布
Distribution map of the female figurines in the early Late Palaeolithic（ca.43,000－24,000 cal.BP）

1 Brassempouy, 2 Lespugue, 3 Renancourt, 4 Monpazier, 5 Sireuil, 6 Cellier, 7 Laussel, 8 Grimaldi, 9 Savignano, 10 Chiozza, 11 Trasimene, 12 Linsenberg, 13 Weinberg, 14 Předmostí, 15 Petrkovice, 16 Dolní Věstonice, Pavlov, 17 Moravany, 18 Willendorf, 19 Galgenberg, 20 Khotylevo, 21 Zaraisk, 22 Gagarino, 23 Avdeevo, 24 Kostenki Ⅰ・Ⅷ・ⅩⅣ, 25 Mal'ta, 26 Buret', 27 Iwato.

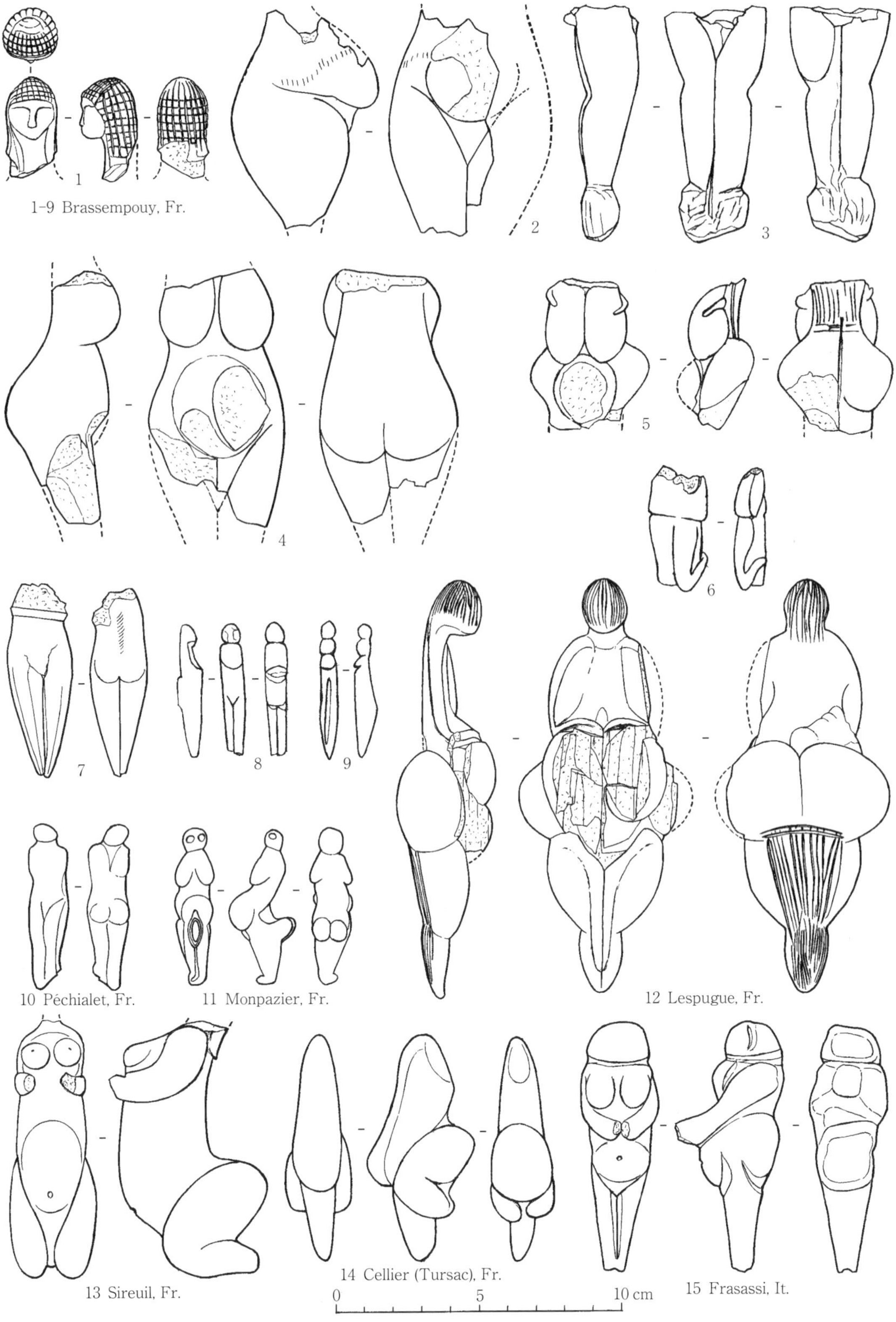
1
1-9 Brassempouy, Fr.
2
3
4
5
6
7
8
9
10 Péchialet, Fr.
11 Monpazier, Fr.
12 Lespugue, Fr.
13 Sireuil, Fr.
14 Cellier (Tursac), Fr.
15 Frasassi, It.
0
5
10 cm

図版1 フランス・イタリアの後期旧石器時代前半の女性小像
1-10, 12 マンモス牙製, 11 石灰岩製, 13·14 方解石製, 15 鍾乳石製

310 集　成　旧石器時代の女性象徴

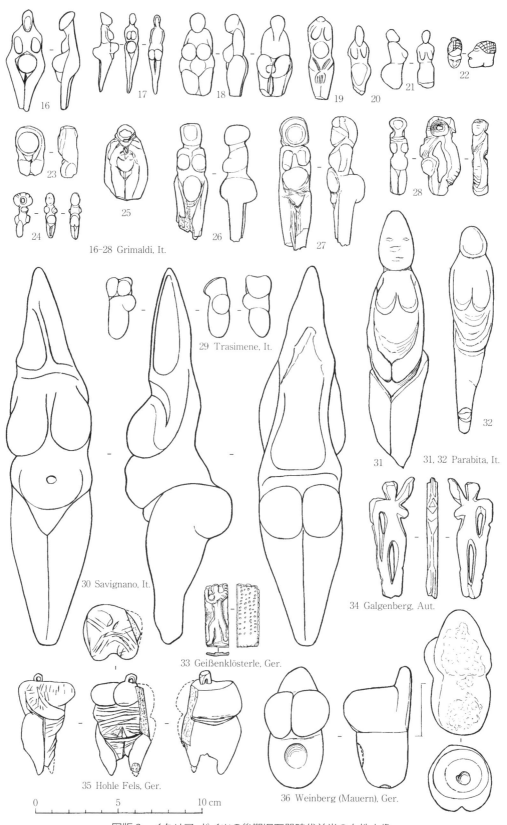

図版2　イタリア・ドイツの後期旧石器時代前半の女性小像
16-23・25-27 凍石製，24・28・30・34 蛇紋岩製，29 方解石製，36 石灰岩製，31-33・35 マンモス牙製

集 成 旧石器時代の女性象徴 *311*

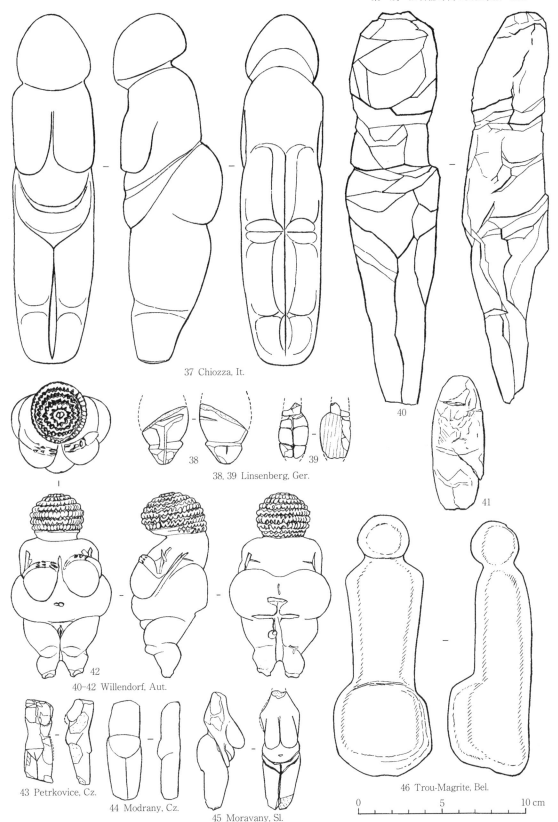

図版 3 イタリア・ドイツ・オーストリア・チェコ・スロヴァキア・ベルギーの後期旧石器時代前半の女性小像
37・41 石灰岩製, 38・39 蛇紋岩製, 40・44-46 マンモス牙製, 42 魚卵状石灰岩, 43 赤鉄鉱

312 集成 旧石器時代の女性象徴

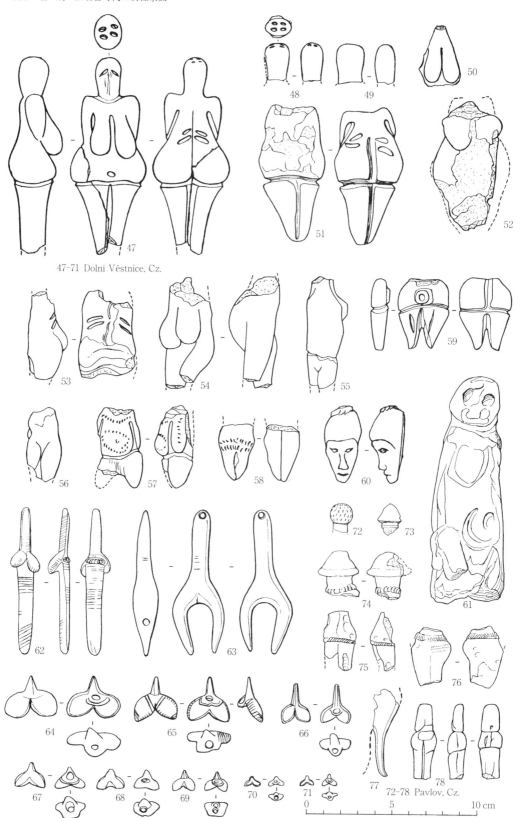

47-71 Dolni Věstnice, Cz.

72-78 Pavlov, Cz.

図版4 チェコの後期旧石器時代前半の女性小像
47-58・72-77 粘土製，59-71・78 マンモス牙製

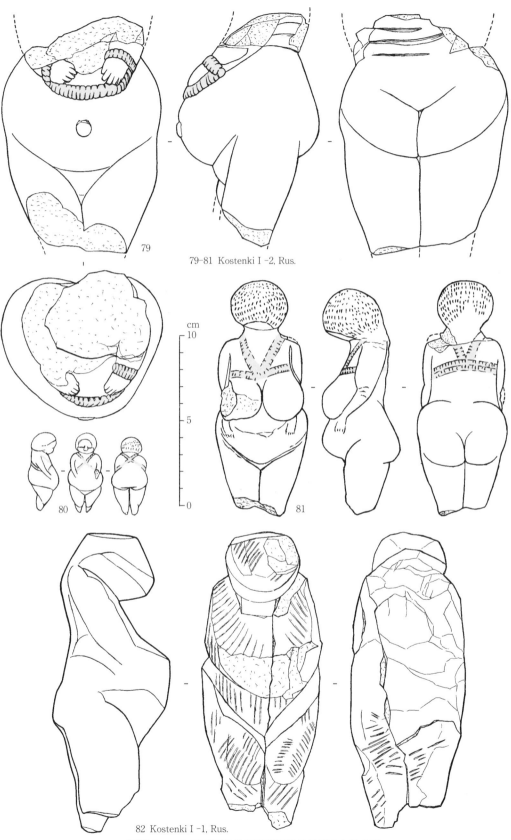

79-81 Kostenki I -2, Rus.

82 Kostenki I -1, Rus.

図版 5 ロシア平原の後期旧石器時代前半の女性小像
79・81・82 泥灰岩製, 80 マンモス牙製

314 集 成 旧石器時代の女性象徴

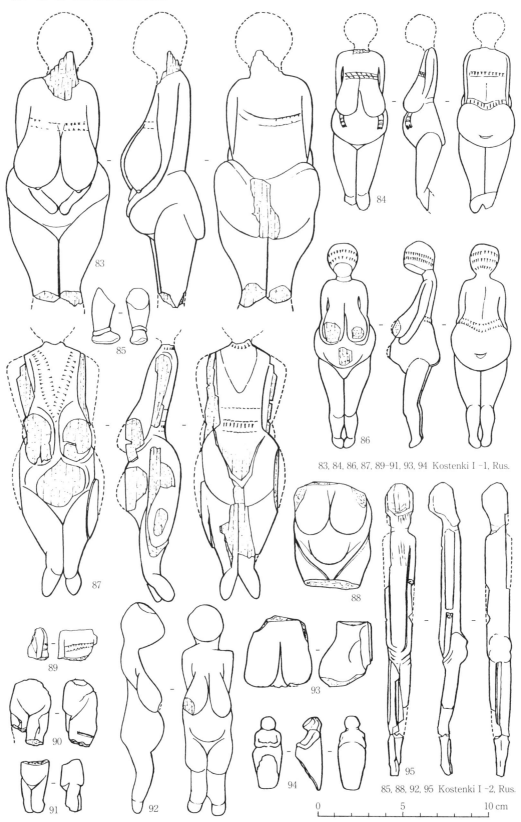

83, 84, 86, 87, 89–91, 93, 94 Kostenki I -1, Rus.

85, 88, 92, 95 Kostenki I -2, Rus.

図版 6 ロシア平原の後期旧石器時代前半の女性小像
82-87・95 マンモス牙製, 88-94 泥灰岩製

集　成　旧石器時代の女性象徴　*315*

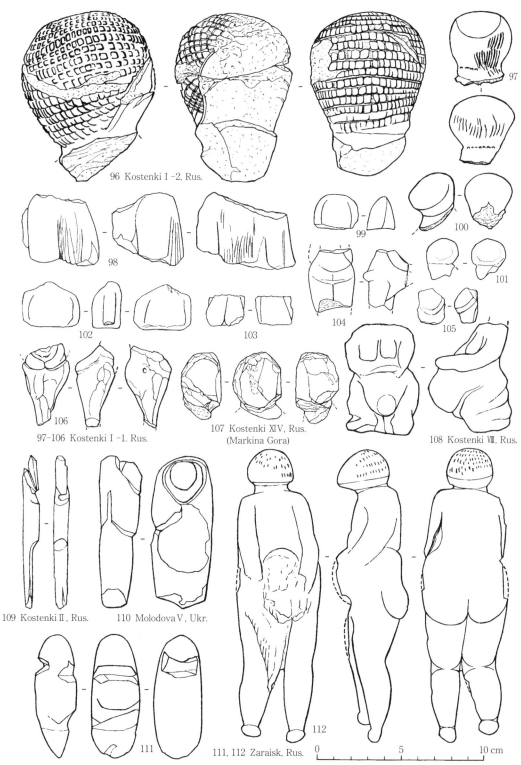

図版 7　ロシア平原の後期旧石器時代前半の女性小像
96-106 泥灰岩製，107-112 マンモス牙製

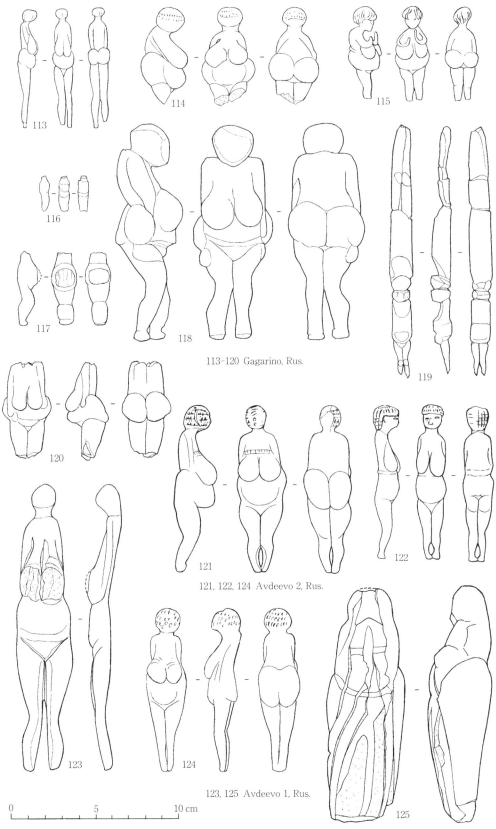

113–120 Gagarino, Rus.
121, 122, 124 Avdeevo 2, Rus.
123, 125 Avdeevo 1, Rus.

図版8 ロシア平原の後期旧石器時代前半の女性小像
113–125 マンモス牙製

集成 旧石器時代の女性象徴 317

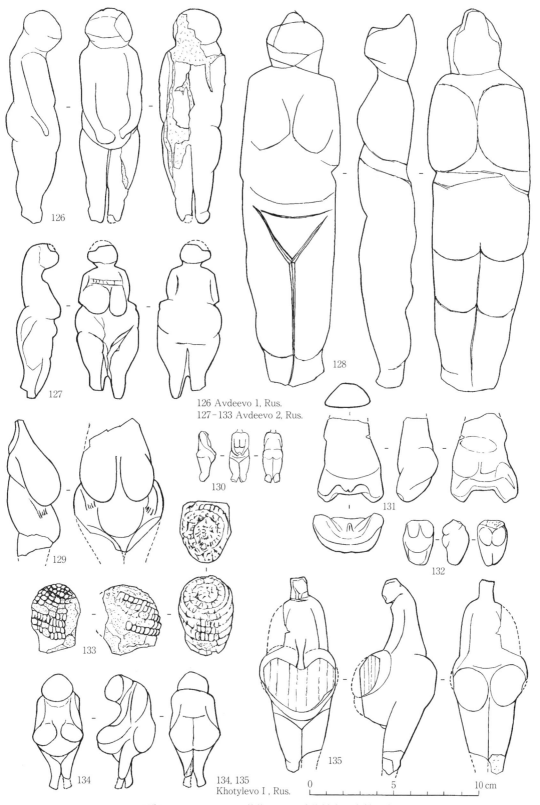

126 Avdeevo 1, Rus.
127-133 Avdeevo 2, Rus.
134, 135 Khotylevo I, Rus.

図版9 ロシア平原の後期旧石器時代前半の女性小像
126-129・134・135 マンモス牙製，130-133 泥灰岩製

318 集　成　旧石器時代の女性象徴

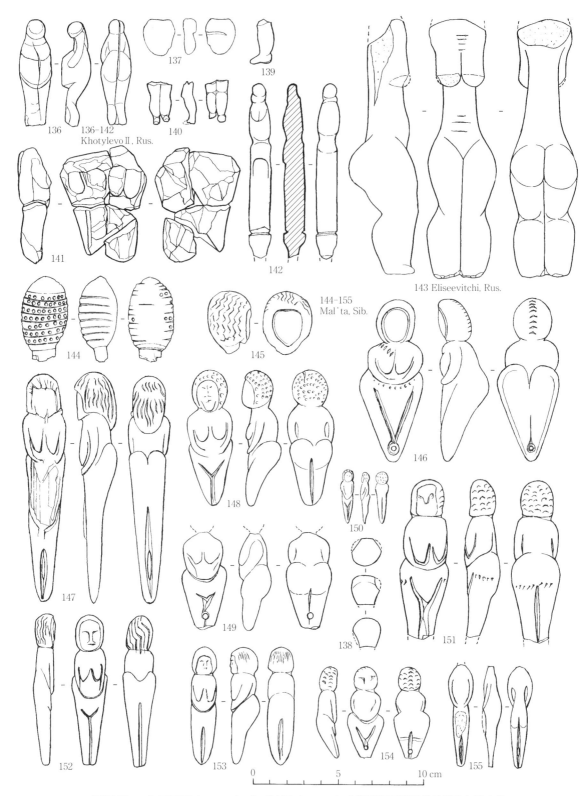

図版 10　ロシア平原（136-143），シベリア（144-155）の後期旧石器時代前半の女性小像
136・139・140・142-155 マンモス牙製，137・138・141 泥灰岩製

集成　旧石器時代の女性象徴　*319*

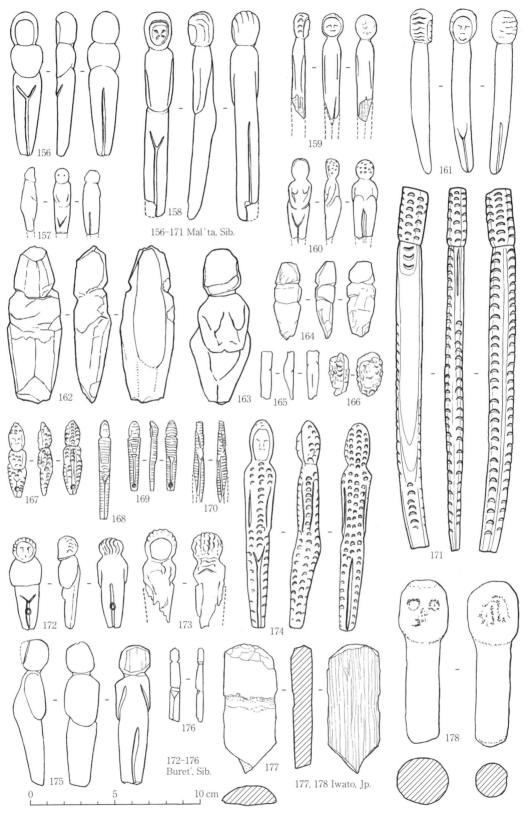

図版11　シベリア・日本の後期旧石器時代前半の女性小像
156–176 マンモス牙製, 177・178 結晶片岩製

320 集　成　旧石器時代の女性象徴

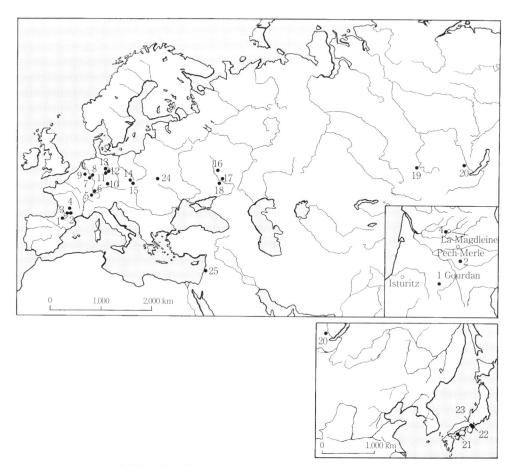

後期旧石器時代末（約 19,000-14,000 年前）の女性小像の分布
Distribution map of the female figurines in the late Late Palaeolithic (ca.19,000-14,000 cal.BP)
1 Gourdan, 2 Fontalès, 3 Courbet, 4 Laugerie-Basse, 5 Garsitz, 6 Petersfels, 7 Andernach,
8 Gönnersdorf, 9 Mégarnie, 10 Nebra, 11 Monruz, 12 Oelknitz, 13 Hohlenstein, 14 Býci skála,
15 Pekarna, 16 Mezin, 17 Dobranichevka, 18 Mezhirich, 19 Maininskaya, 20 Krasnyi-Iar,
21 Kamikuroiwa, 22 Kayumi-Ijiri, 23 Aidani-Kumahara, 24 Wilczyce, 25 El Wad.

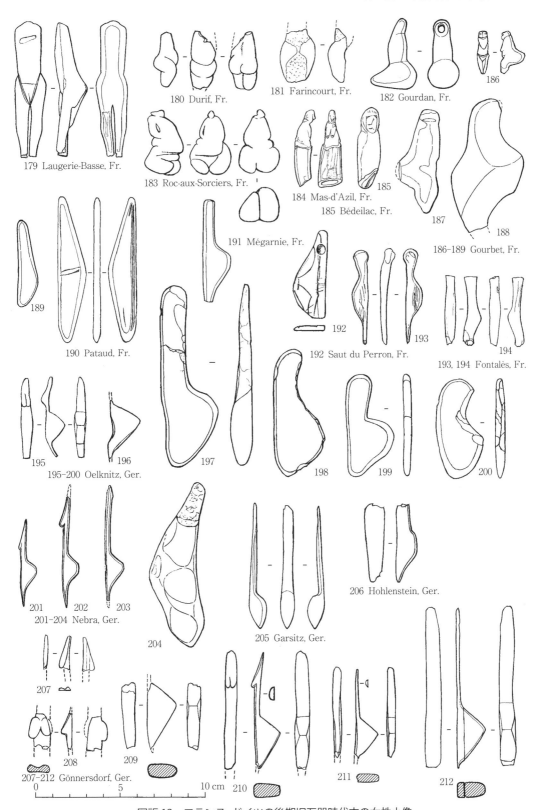

図版12 フランス・ドイツの後期旧石器時代末の女性小像
179-181・183・191・195・196・201-203・205-212 マンモス牙製，184・185 馬歯製，
182・186-190・192・197-200・204 石製，193・194 骨製

322 集成 旧石器時代の女性象徴

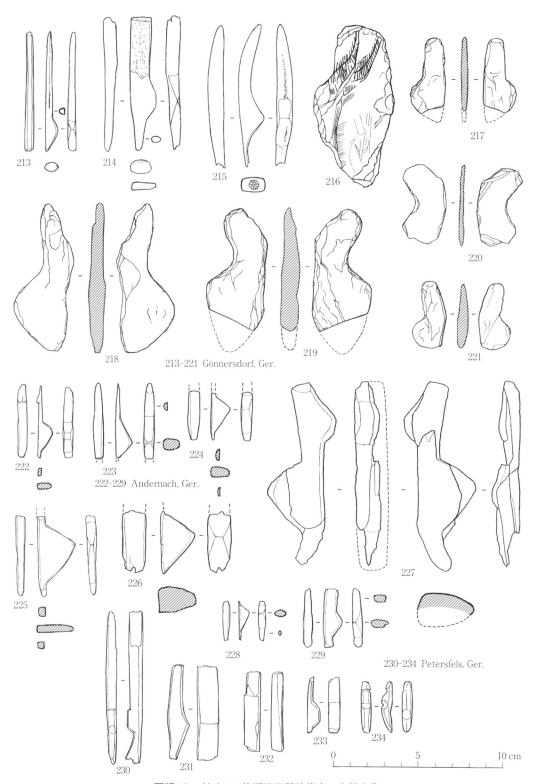

図版 13 ドイツの後期旧石器時代末の女性小像
213-215 トナカイ角製，216-221 石製，222-229 マンモス牙製，230-234 骨製

集成　旧石器時代の女性象徴　323

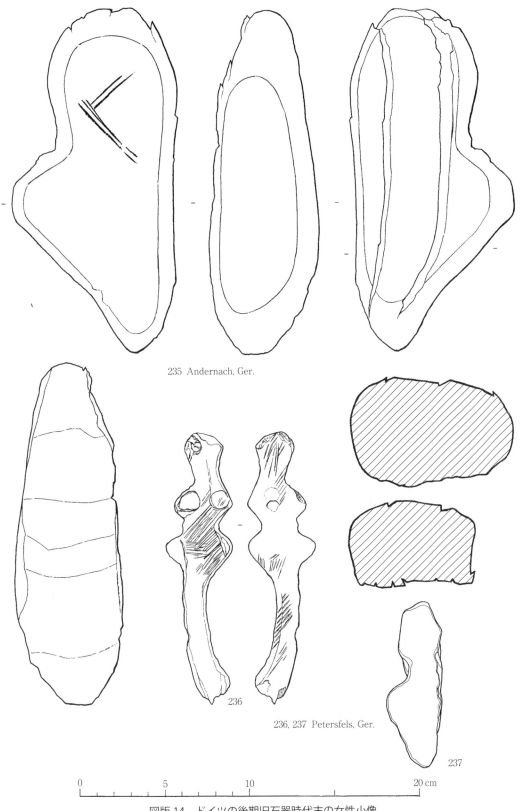

235 Andernach, Ger.

236, 237 Petersfels, Ger.

図版14　ドイツの後期旧石器時代末の女性小像
235 マンモス牙製，236 骨製，237 砂岩製

324 集 成 旧石器時代の女性象徴

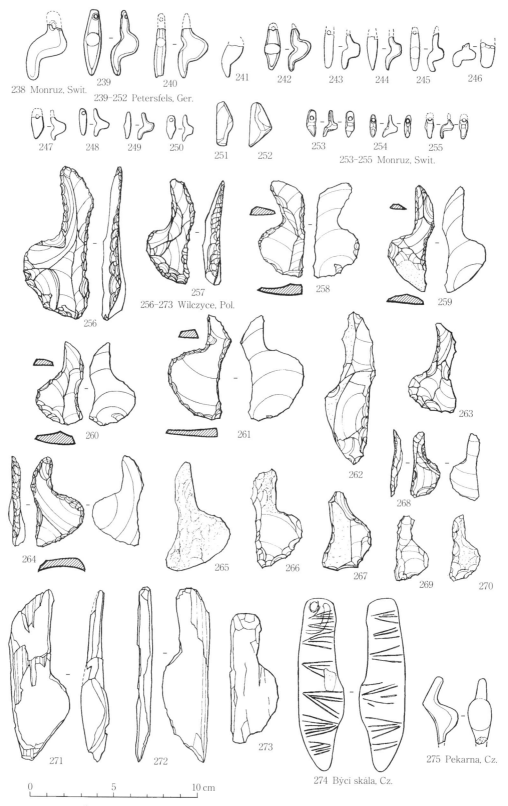

図版 15　ドイツ・スイス・ポーランド・チェコの後期旧石器時代末の女性小像
238-255 黒玉製，256-270 フリント製，271・272・275 マンモス牙製，273 骨製，274 粘板岩製

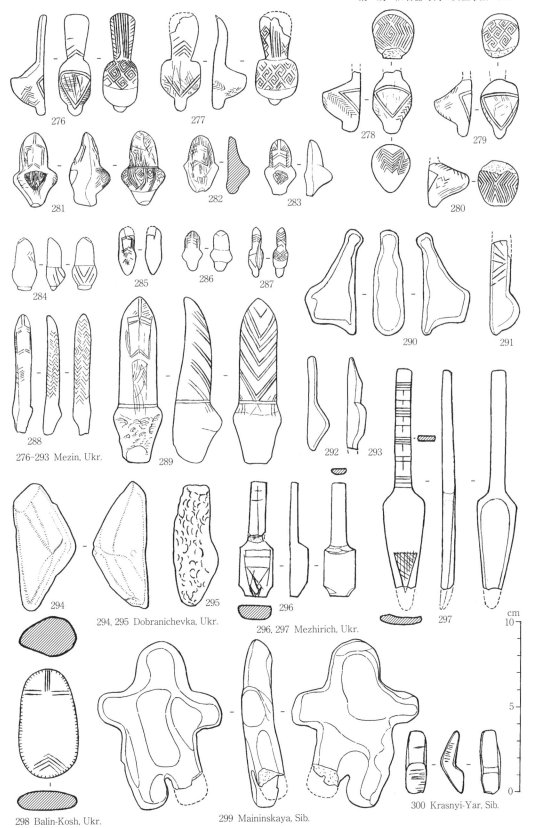

図版 16 ウクライナ・シベリアの後期旧石器時代末の女性小像
276–293・296・297・300 マンモス牙製, 294・295・298 石製, 299 土製焼成

326 集 成 旧石器時代の女性象徴

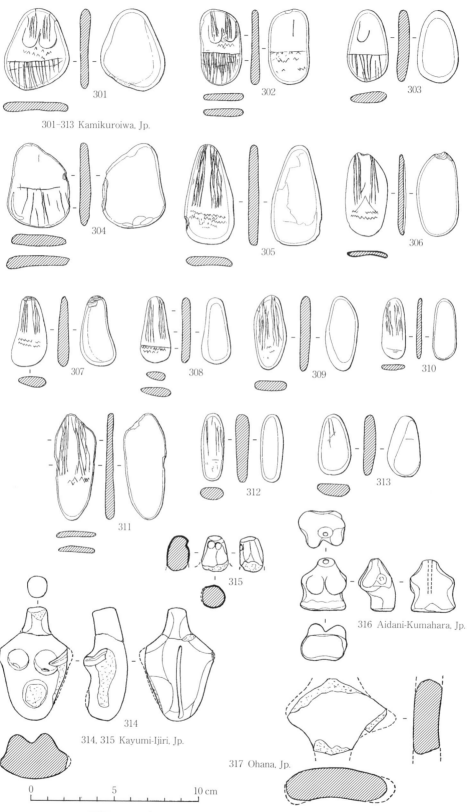

301-313 Kamikuroiwa, Jp.
314, 315 Kayumi-Ijiri, Jp.
316 Aidani-Kumahara, Jp.
317 Ohana, Jp.

図版17 日本の後期旧石器時代末（縄文草創期）の女性小像
301-313 石製，314-317 土製

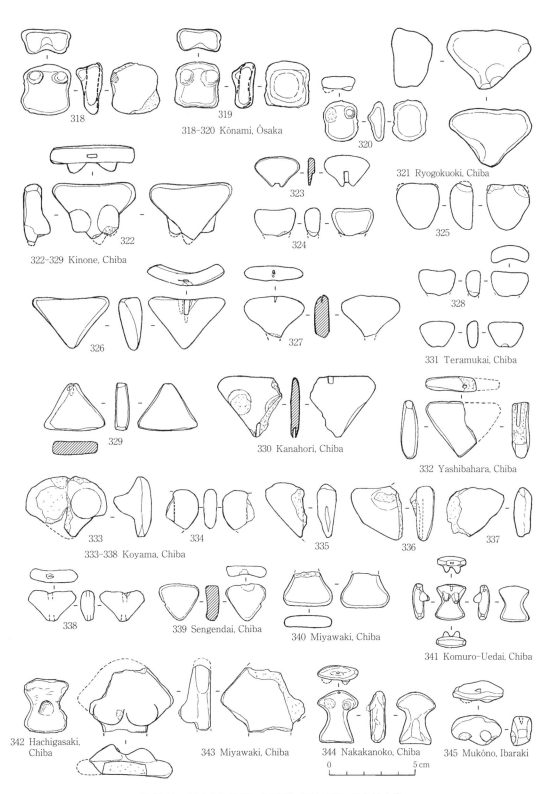

図版18 日本の初期新石器時代（縄文早期）の女性小像
318–345 土製

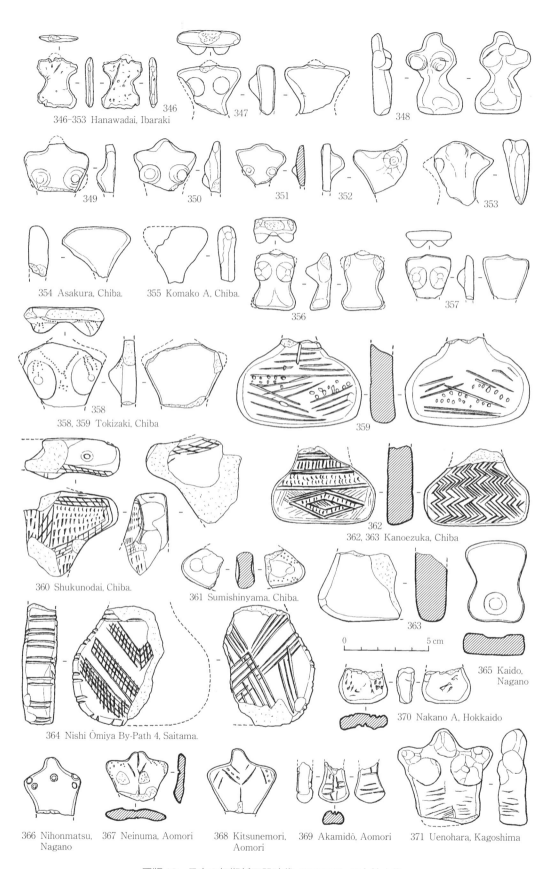

図版 19 日本の初期新石器時代（縄文早期）の女性小像
346–371 土製

集成　旧石器時代の女性象徴　329

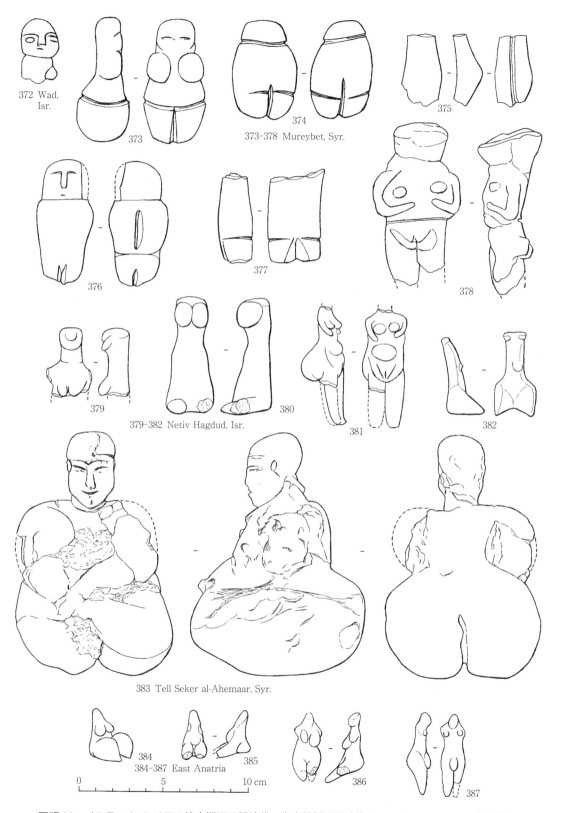

図版 20　イスラエル・シリアの終末期旧石器時代〜先土器新石器時代（PPNA 期・PPNB 期）の女性小像
372-377・379・380・382 石製，378・381・383-387 土製（383 非焼成）

330 集 成 旧石器時代の女性象徴

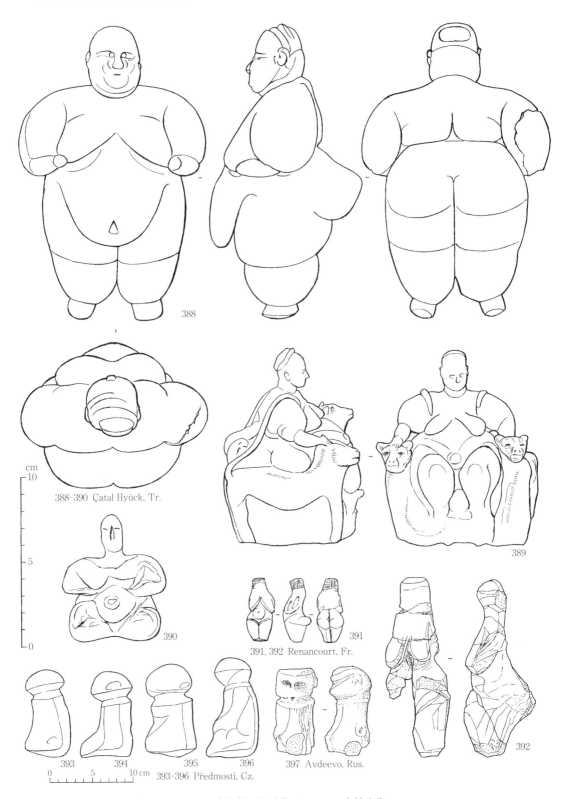

388-390 Çatal Hyück, Tr.
391, 392 Renancourt, Fr.
393-396 Předmosti, Cz. 397 Avdeevo, Rus.

図版 21 トルコの土器新石器時代（PN期）の女性小像
（追加）フランス・チェコの後期旧石器時代前半の女性小像
388・390-392 石灰岩製，389 土製（焼成），393-397 マンモス指骨製

集 成 旧石器時代の女性象徴 *331*

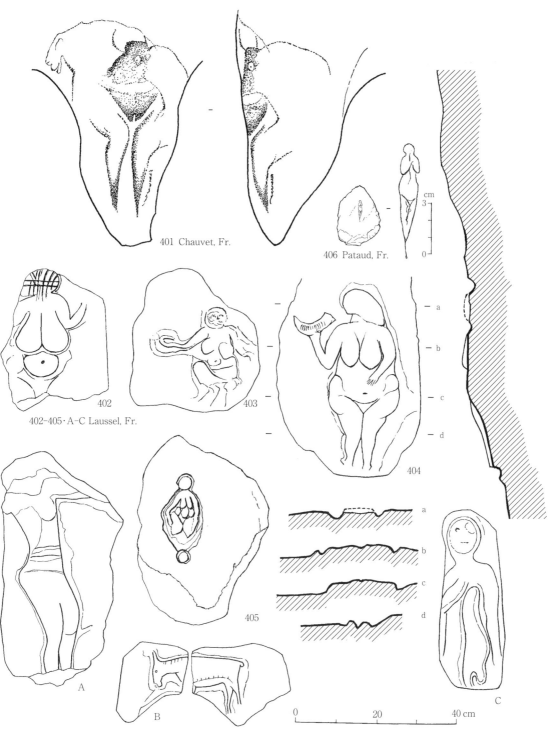

図版 22 フランスの後期旧石器時代前半～中頃の女性絵画，その他
401 洞窟壁画，402-405・A-C・406 岩陰壁画（破片）

332 集 成 旧石器時代の女性象徴

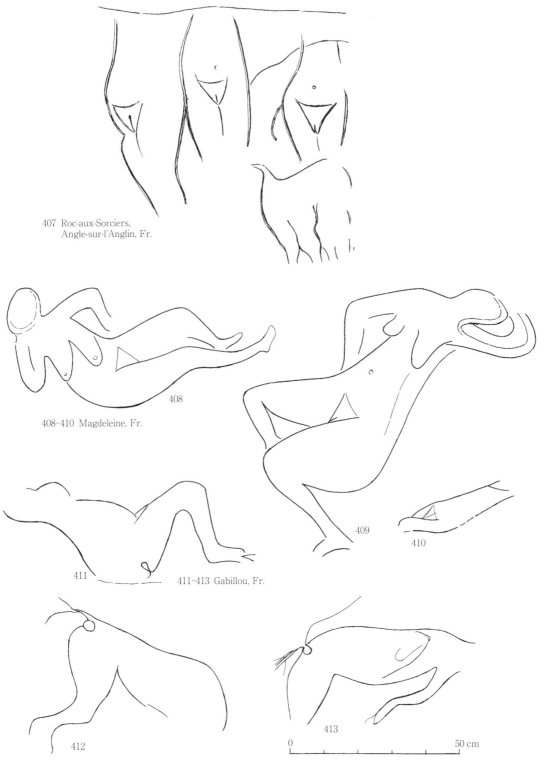

407 Roc-aux-Sorciers, Angle-sur-l'Anglin, Fr.

408-410 Magdeleine, Fr.

411-413 Gabillou, Fr.

図版 23 フランスの後期旧石器時代末の女性絵画
407-413 洞窟壁画

集成 旧石器時代の女性象徴 333

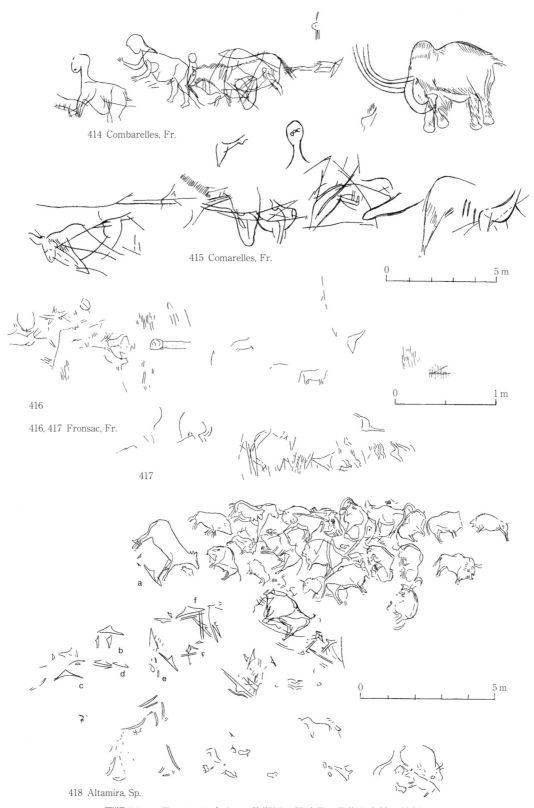

図版24 フランス・スペインの後期旧石器時代の動物と女性の線刻画
414-418 洞窟壁画

334 集 成 旧石器時代の女性象徴

図版 25 スペイン・フランスの後期旧石器時代後半の動物像・女性像と男性像，女性器線刻壁画
419–428 石灰岩塊，429・431 洞窟壁画，430 砂岩礫，432–441 板石

集　成　旧石器時代の女性象徴　*335*

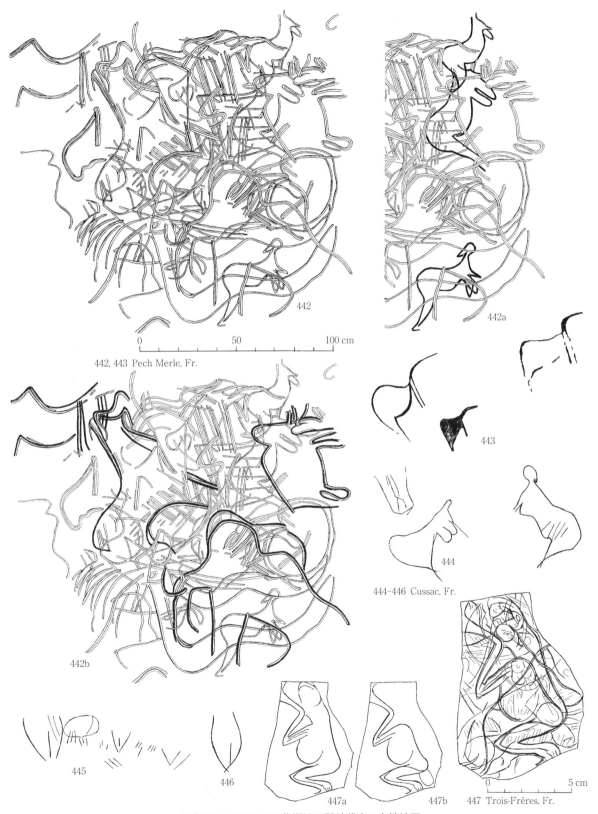

図版 26　フランスの後期旧石器時代末の女性線画
442 洞窟粘土壁，443-446 洞窟岩壁，447 板石

336 集　成　旧石器時代の女性象徴

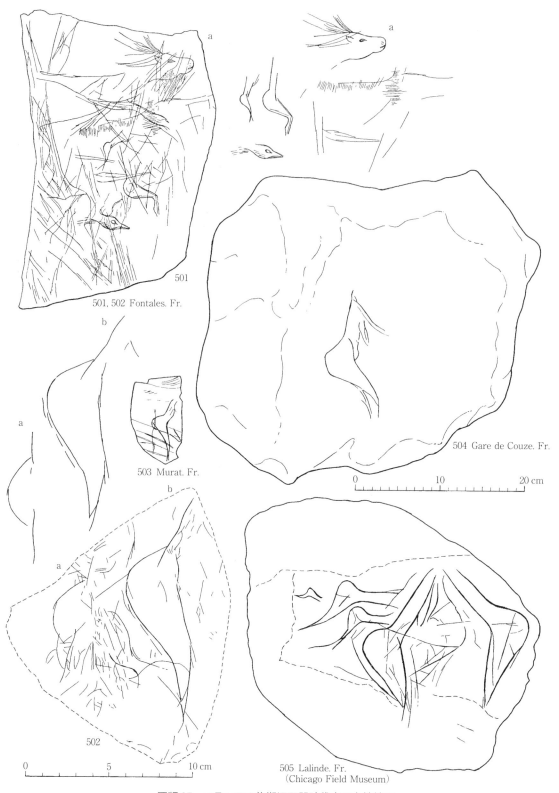

501, 502 Fontales. Fr.

503 Murat. Fr.

504 Gare de Couze. Fr.

505 Lalinde. Fr.
（Chicago Field Museum）

図版 27　フランスの後期旧石器時代末の女性線画
501-503 石板, 504・505 岩壁画（破片）[Bosinski *et al.* 2001, Bordes *et al.* 1963]

集 成 旧石器時代の女性象徴 *337*

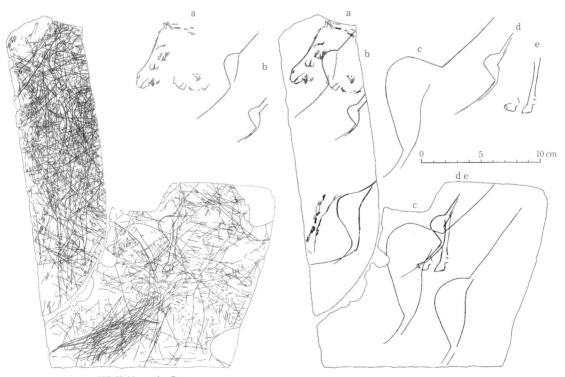

506 Lalinde, Fr. (Musée des Eyzies)

507 Hohlenstein, Ger.

図版 28 フランス・ドイツの後期旧石器時代末の女性線画 [Bordes *et al.* 1963, Bosinski 1991]
506 岩壁画（破片），507 スレート板

338 集　成　旧石器時代の女性象徴

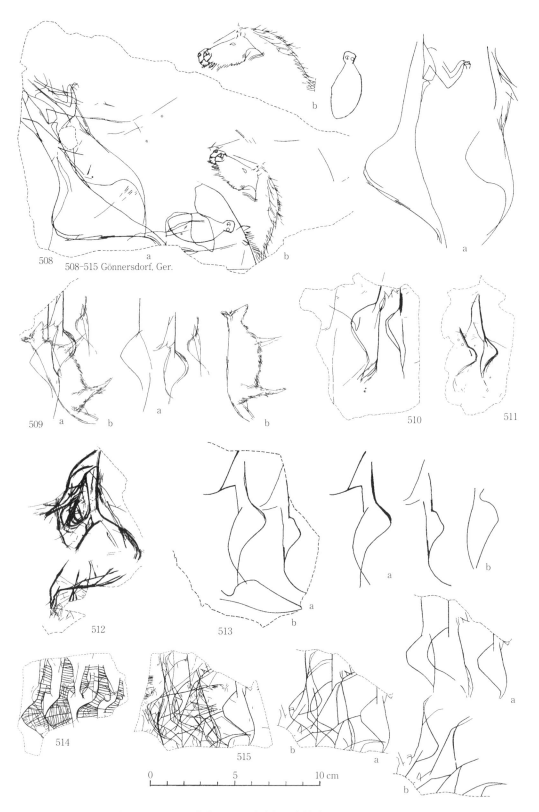

図版 29　ドイツの後期旧石器時代末の女性線画 [Bosinski *et al.* 2001]
508-515 スレート板

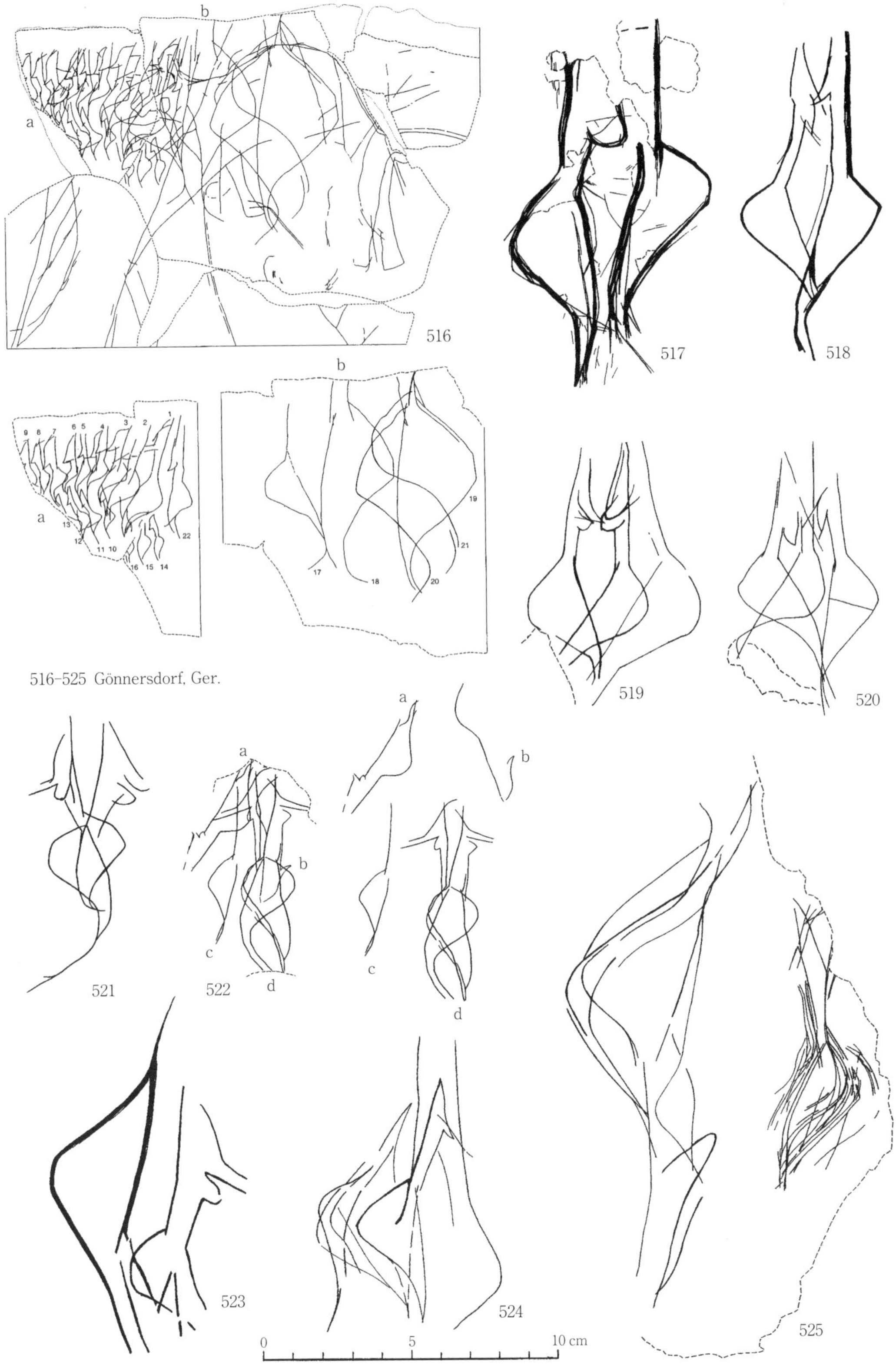

集　成　旧石器時代の女性象徴　*339*

516–525 Gönnersdorf, Ger.

図版 30　ドイツの後期旧石器時代末の女性線画 [Bosinski *et al.* 2001]
516–525 スレート板

340 集　成　旧石器時代の女性象徴

526-531 Andernach, Ger.

図版 31　ドイツの後期旧石器時代末の女性線画 [Bosinski *et al.* 2001]
526-531 スレート板

集 成 旧石器時代の女性象徴 341

図版 32 ドイツの後期旧石器時代末の女性線画 [Bosinski *et al.* 2001]
532-537 スレート板

342 集　成　旧石器時代の女性象徴

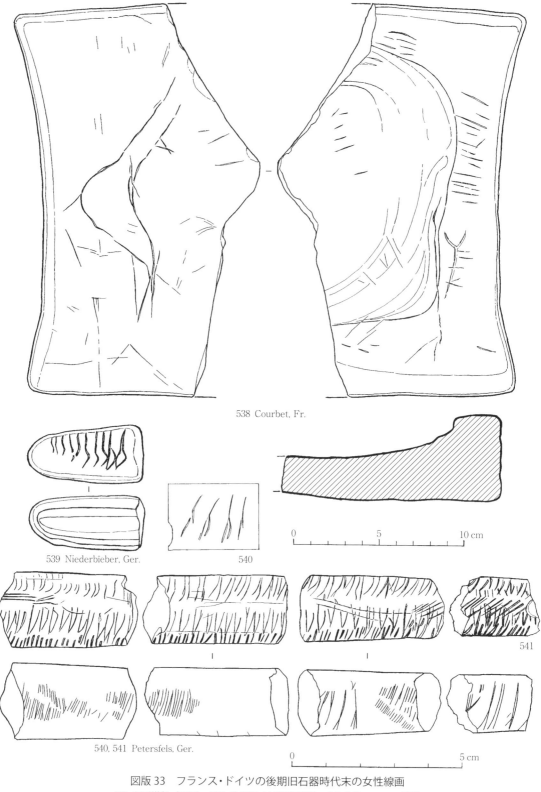

図版 33　フランス・ドイツの後期旧石器時代末の女性線画
538 石灰岩製（石皿），539 砂岩製（矢柄研磨器），540・541 マンモス牙製

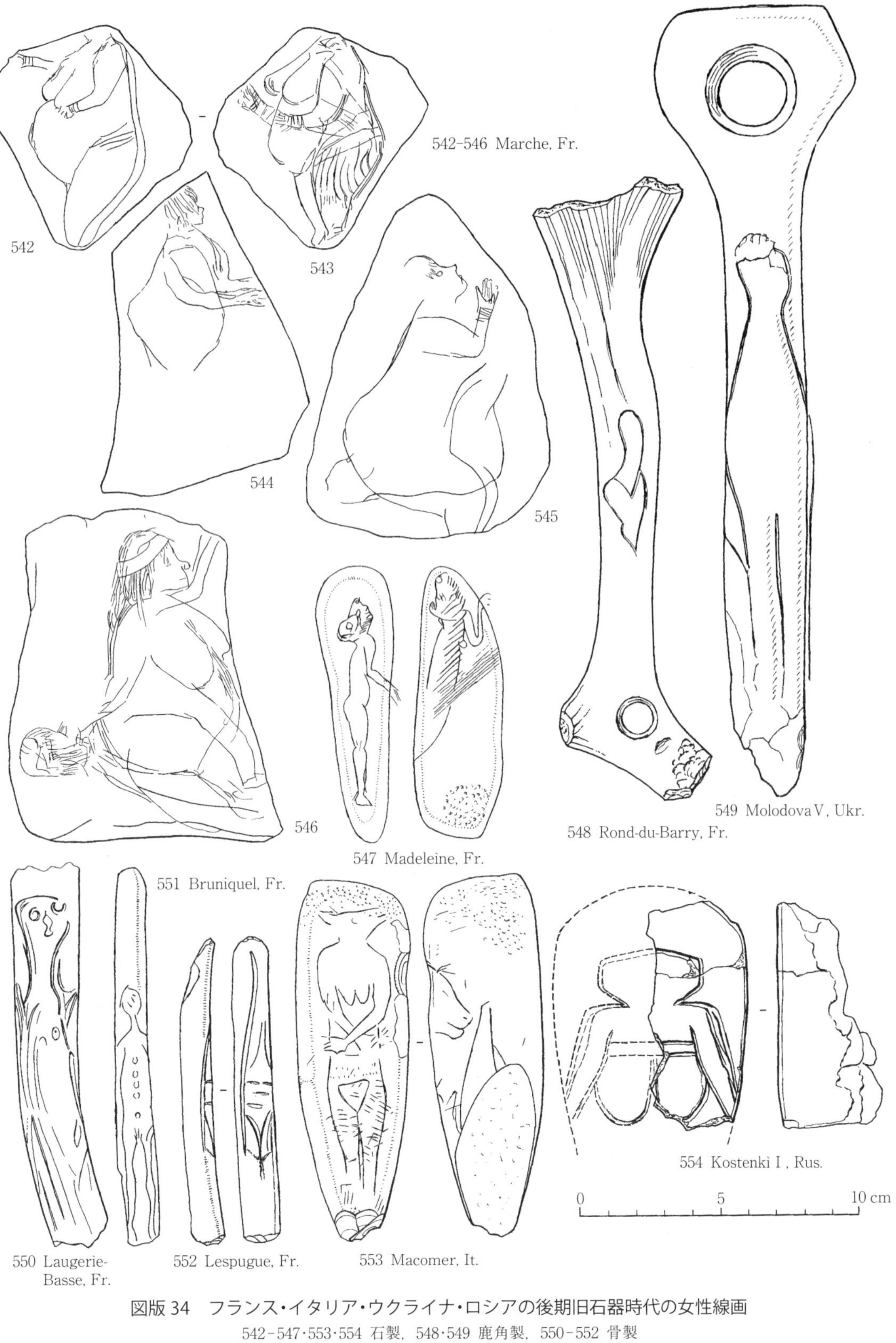

集　成　旧石器時代の女性象徴　*343*

542-546 Marche, Fr.

542

543

544

545

546

547 Madeleine, Fr.

548 Rond-du-Barry, Fr.

549 MolodovaV, Ukr.

550 Laugerie-Basse, Fr.

551 Bruniquel, Fr.

552 Lespugue, Fr.

553 Macomer, It.

554 Kostenki I, Rus.

0　　　　　　5　　　　　10 cm

図版 34　フランス・イタリア・ウクライナ・ロシアの後期旧石器時代の女性線画
542-547・553・554 石製，548・549 鹿角製，550-552 骨製

344 集　成　旧石器時代の女性象徴

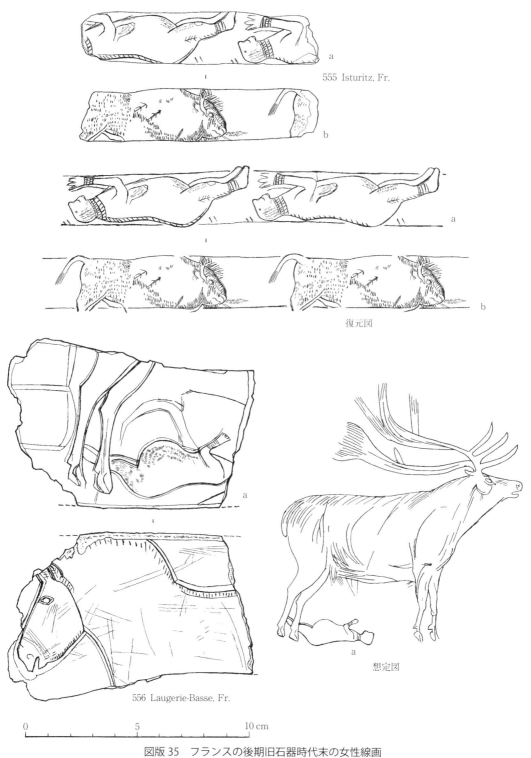

555 Isturitz, Fr.

復元図

556 Laugerie-Basse, Fr.

想定図

図版 35　フランスの後期旧石器時代末の女性線画
555・556 骨板　556a はアルタミラ洞窟のアカシカの絵画と合成

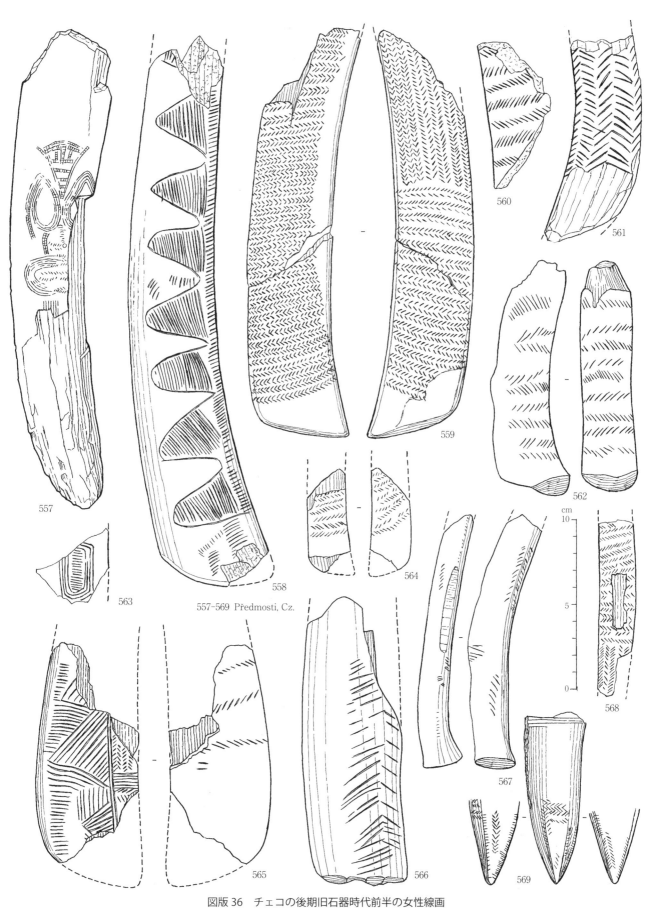

図版 36 チェコの後期旧石器時代前半の女性線画
557・566・569 マンモス牙製，558・559・561・563-565 マンモス肋骨製，560・562・567 マンモス骨製

346 集成 旧石器時代の女性象徴

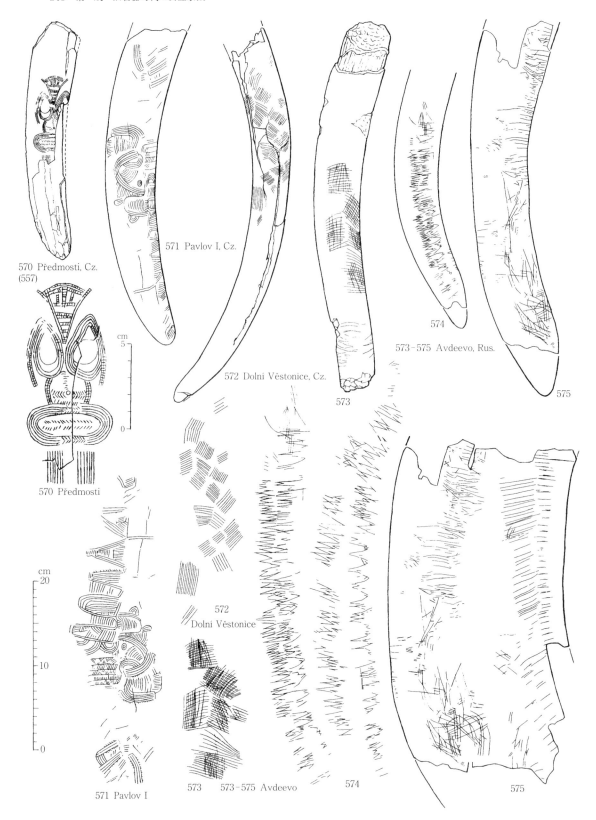

図版37 チェコ・ロシアの後期旧石器時代前半の女性線画
570-575 マンモス牙製

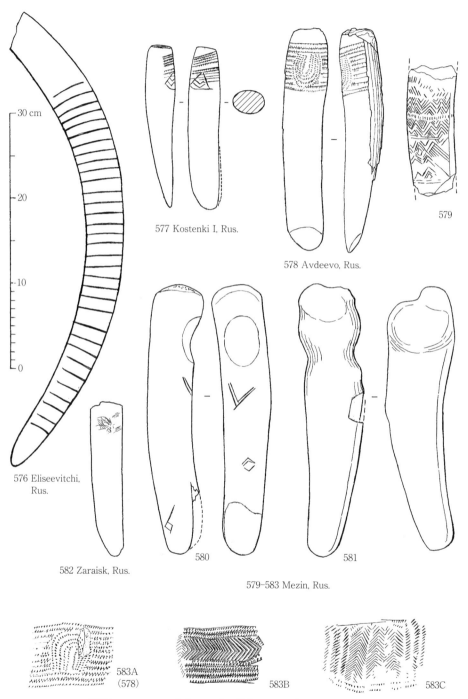

図版38 ロシア・ウクライナの後期旧石器時代の女性器線画
576-583 マンモス牙製

348 集 成 旧石器時代の女性象徴

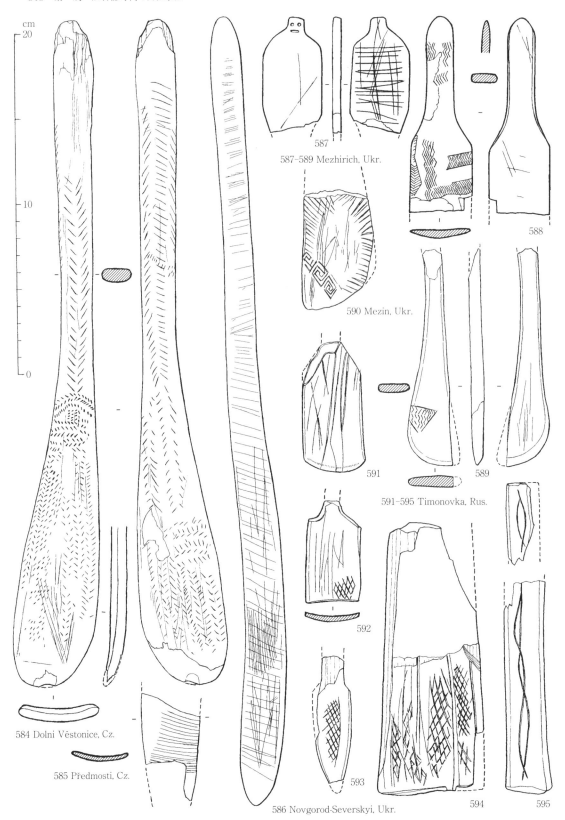

図版39 チェコ・ウクライナ・ロシアの後期旧石器時代前半の女性器線画
584・585・587-595 マンモス牙製,586 マンモス肋骨製

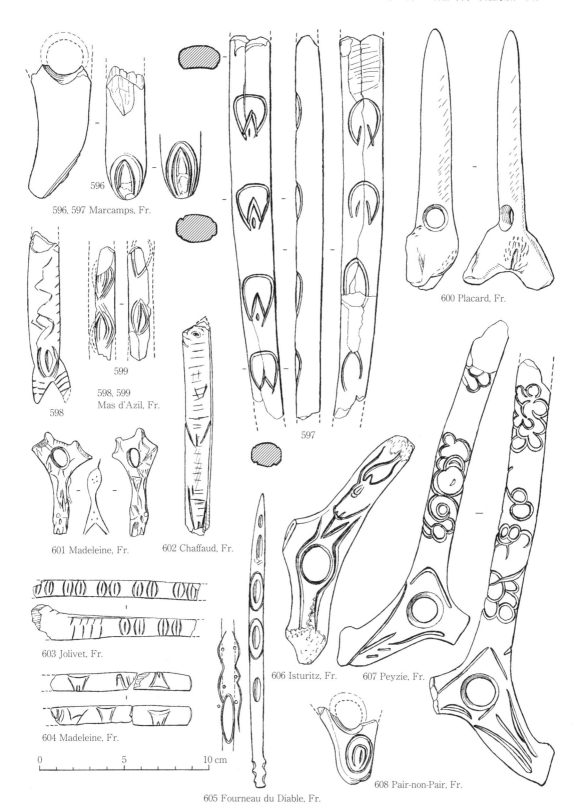

図版 40 フランスの後期旧石器時代末の女性器線画
596・600・601, 606-608 鹿角製, 他は骨製

350 集 成 旧石器時代の女性象徴

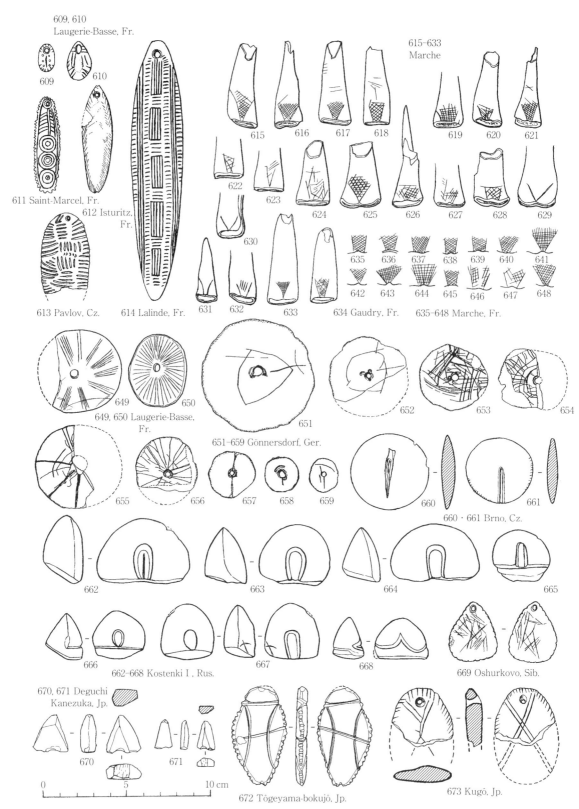

図版 41 フランス・チェコ・ドイツ・ロシア・日本の後期旧石器時代の女性器象徴
609-614・649・650, 660・661 骨製, 615-648 ウマ切歯製, 651-659, 662-673 石製

集 成 旧石器時代の女性象徴 *351*

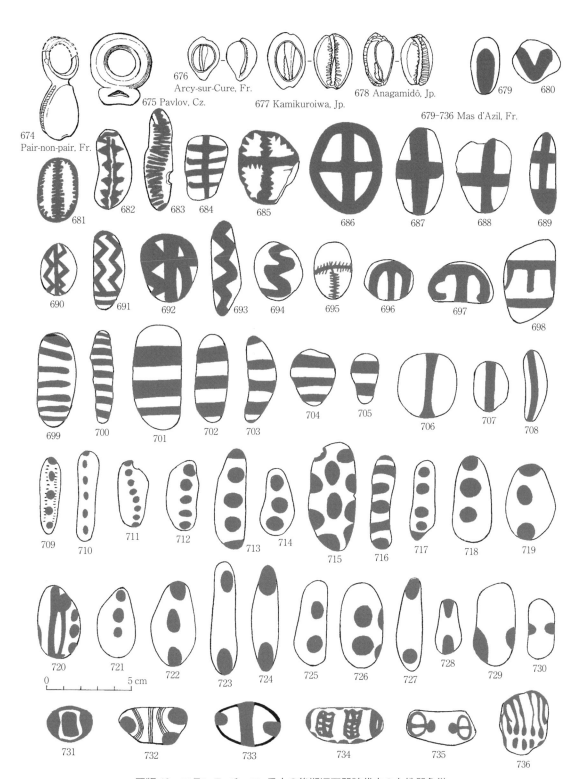

図版 42 フランス・チェコ・日本の後期旧石器時代末の女性器象徴
674・675 マンモス牙製，676-678 タカラガイ，679-736 片岩製

352 集 成 旧石器時代の女性象徴

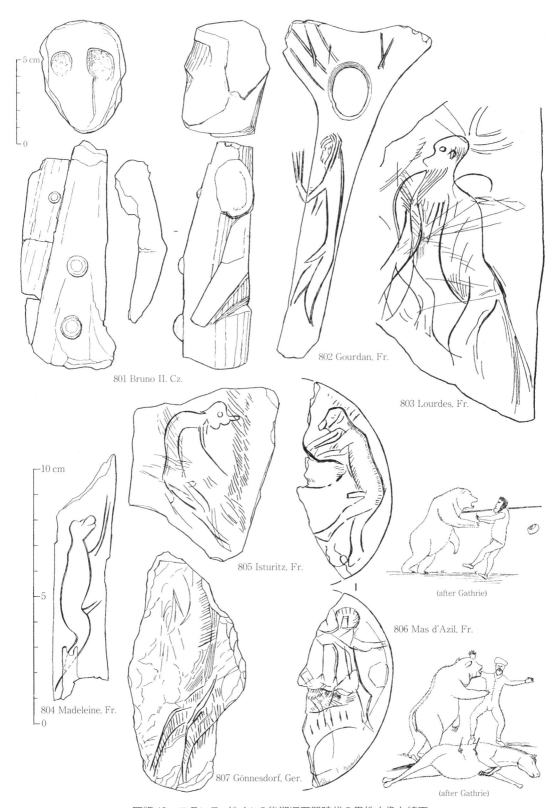

図版 43　フランス・ドイツの後期旧石器時代の男性小像と線画
801 マンモス牙製，802 鹿角製，803・805・806 石製，804・806 骨製，807 は 216 と同じ

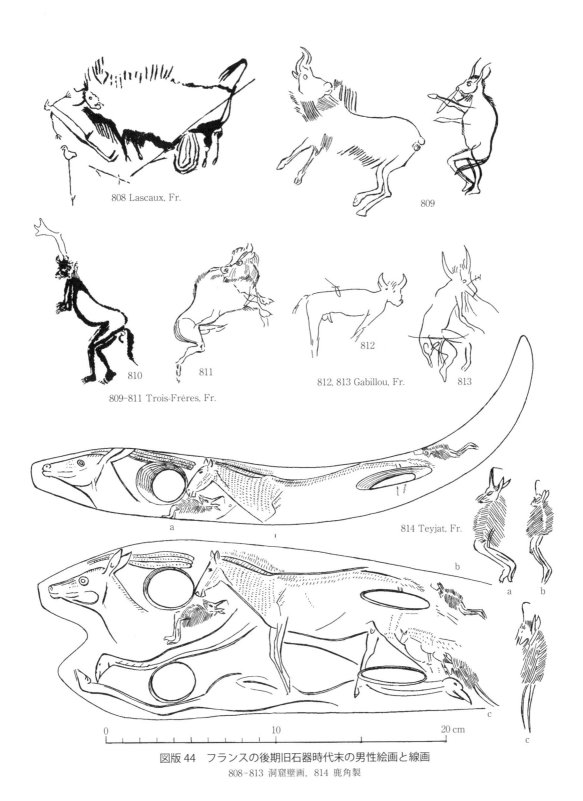

図版 44 フランスの後期旧石器時代末の男性絵画と線画
808-813 洞窟壁画，814 鹿角製

354 集 成 旧石器時代の女性象徴

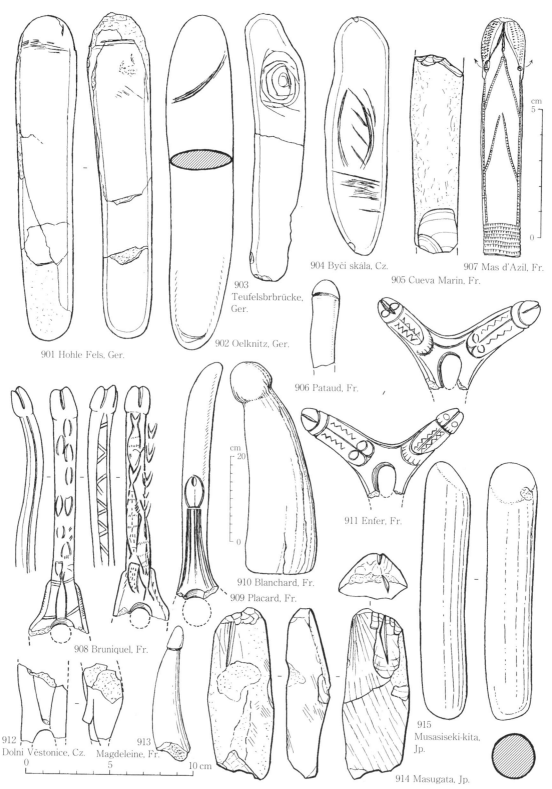

図版 45 ドイツ・チェコ・フランス・日本の男性器象徴
901-906・914 石製，907 骨製，908・909・911・913 鹿角製，910 ウシ属の角牙製，912 土製，915 褐鉄鉱製

集　成　旧石器時代の動物象徴ほか

Corpus of the Palaeolithic Animal and Bird Figurines
from Europe and Russia

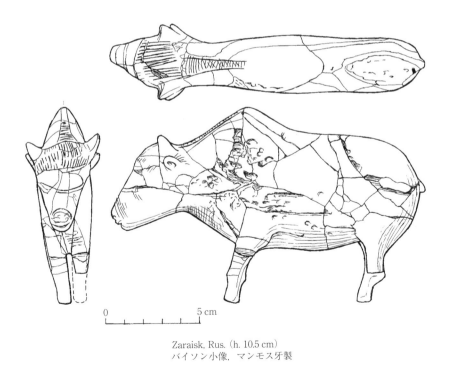

Zaraisk, Rus. (h. 10.5 cm)
バイソン小像，マンモス牙製

旧石器時代の動物象徴

後期旧石器時代のユーラシアで，新人ホモ・サピエンスは女性象徴だけでなく，動物の小像を製作し絵画を描く行動を同時に始めていた。

ドイツのフォーゲルヘルト洞窟では，早くもオーリニャック期初めに各種のマンモス，バイソン，ウマ，ライオン，魚などの見事な小像をマンモスの牙で作っており，ホーレンシュタイン=シュターデル洞窟からは「ライオンマン」が見つかっている。ヨーロッパ最古の女性小像を出土したホーレ=フェルス洞窟でもライオン，鳥の小像を伴っている。チェコのドルニ=ヴェストニッツェ遺跡には，「黒のヴィーナス」と同じく粘土製の動物像多数をのこしている。ロシア平原では，コスチョンキⅠ遺跡やアヴジェーエヴォ遺跡で女性小像とともに，マンモスやクマなどの小像を泥灰岩で製作していた。シベリアのマリタ遺跡からは，飛翔するハクチョウの小像が見つかっている。

*

洞窟壁画もまた，マンモス，毛サイ，バイソン，ライオン，ウマなど動物像が，グラヴェット期にショーヴェ洞窟に見られ，マドレーヌ期にアルタミラやラスコー，ニオーの洞窟などで盛期を迎えている。

ドイツのゲナスドルフ遺跡などマドレーヌ期の遺跡からは，女性，マンモス，毛サイ，ウマ，バイソン，オーロクス，シカ，ライチョウ，ワタリガラス，ツルなど近辺で共棲している動物の数々を線刻した粘板岩の石板が多数見つかっている。線刻石板は洞窟壁画が発達しなかった地方では，壁画に代わるものであったのだろう。

*

このように，ヒトと動物はヒトの生活空間だけでなく精神世界においても，共存していた。マス=ダジル洞窟などフランスの諸遺跡発掘の象牙・鹿角製品に彫刻された動物像は，躍動感あふれる精緻な「美術品」ばかりであって，製作者が動物の生態をいかに的確に認識していたかをよく示している。旧石器時代のユーラシア世界の全体像を理解するには，女性象徴を取りあげるだけでは不十分であることは自明である。

しかし，動物象徴まで扱うのは本書の枠から外れるし，私の能力をはるかに超えている。本書では，動物象徴について僅かながら触れているので，代表的な遺物の図だけは掲載しておくことにした。ただし，投槍器などの線刻表現例や，洞窟壁画や線刻石板までは及んでいない。

*

以下，私が集成図を作成中に思ったことを若干記しておく。

動物象徴を整理すると，1）単体の小像では，素材はマンモスの牙，泥灰岩（石灰岩）を素材にしており，それには全身像と，頭部だけの小像がある。コスチョンキⅠ遺跡ではクマの頭部がマンモスの全体像よりもはるかに大きいのは，精神世界でのクマの位置が高かったことを示している。魚をあらわした小像はオーリニャック期からマドレーヌ期まで存在する。ヘビは，マドレーヌ期やマリタ期にある。鳥もオーリニャック期に現れ，マリタ遺跡からハクチョウの小像が多数出土している。これらは，自然環境を反映しているだけでなく，何かを象徴する生き物だった可能性がある。

2）投槍器と有孔棒はアカシカまたはトナカイなどの鹿角を素材にしており，動物の全身を立体表現したものと，線刻表現したものと，頭部だけを表現したものがある。器具に彫刻した動物像は単なる飾りとは考えにくいとすれば，ウマの意匠を彫刻した投槍器はウマの狩猟時に用いる特定の目的をもち，アカシカをあらわした投槍器はアカシカの狩猟用に製作したのであろう。投槍器にマンモスやサイ，ライオンの意匠がほとんど存在しないのは，それらとかかわることがない器具だったからである。このように，ある動物をあらわした器具と捕獲対象物，そして使い手との間には密接な関係が存在したと私は推定する。

集成　旧石器時代の動物象徴ほか　*357*

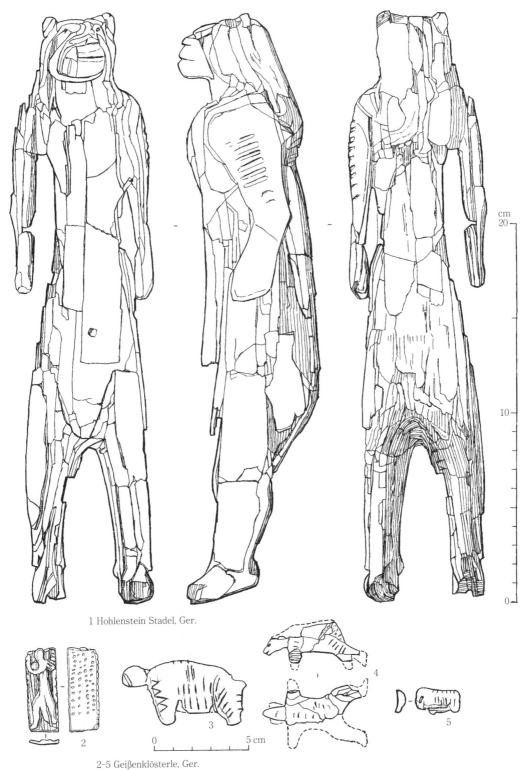

1 Hohlenstein Stadel, Ger.

2-5 Geißenklösterle, Ger.

図版 46　ドイツの後期旧石器時代オーリニャック期の動物小像
1 ライオンマン，2 ヒト形，3・4 クマ，5 不明。すべてマンモス牙製

358 集成 旧石器時代の動物象徴ほか

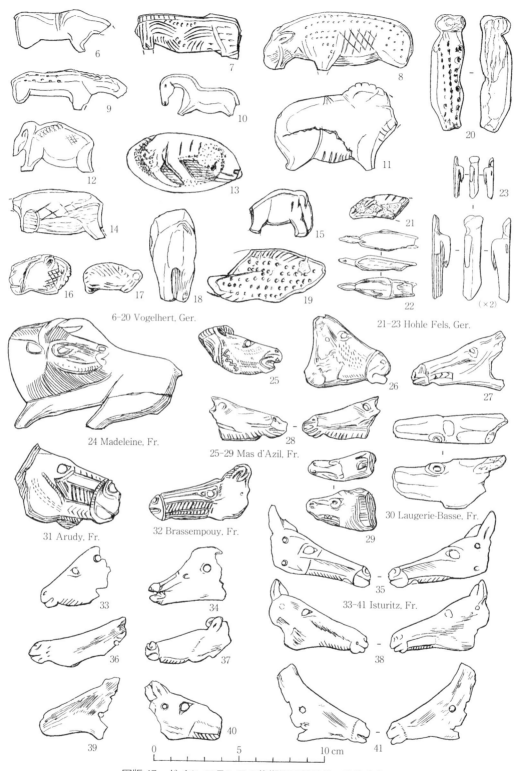

図版 47 ドイツ・フランスの後期旧石器時代の動物小像

6・9・16・19・21 ライオン，11・14・17・24 バイソン，10・25-41 ウマ，12・15・18 マンモス，19 魚，22 鳥，20・23 ヒト。24 投槍器。6-29 マンモス牙製，30-41 骨製。1-23 オーリニャック期，31・32 グラヴェット期，他はマドレーヌ期

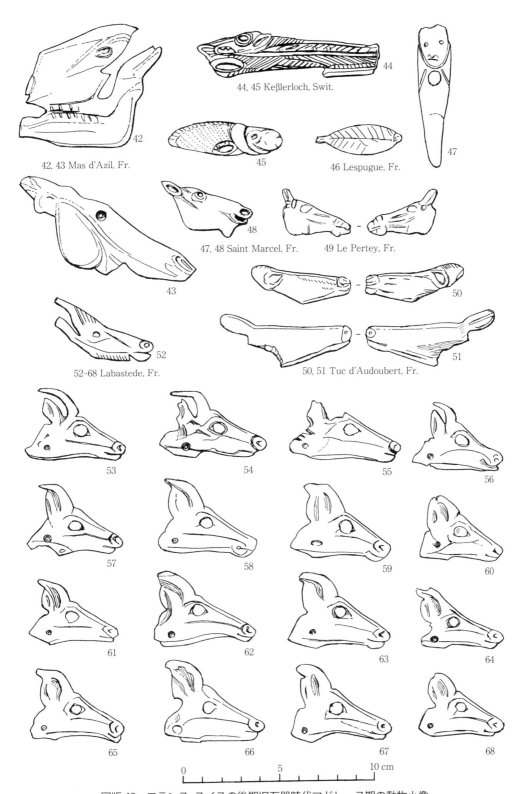

図版48 フランス・スイスの後期旧石器時代マドレーヌ期の動物小像
42 ウマ（頭骨），44・45 魚?，46 魚，47 ヒト?，43・48-51 ウマ，52-68 アイベックス（アルプス型）。すべて骨製

360 集　成　旧石器時代の動物象徴ほか

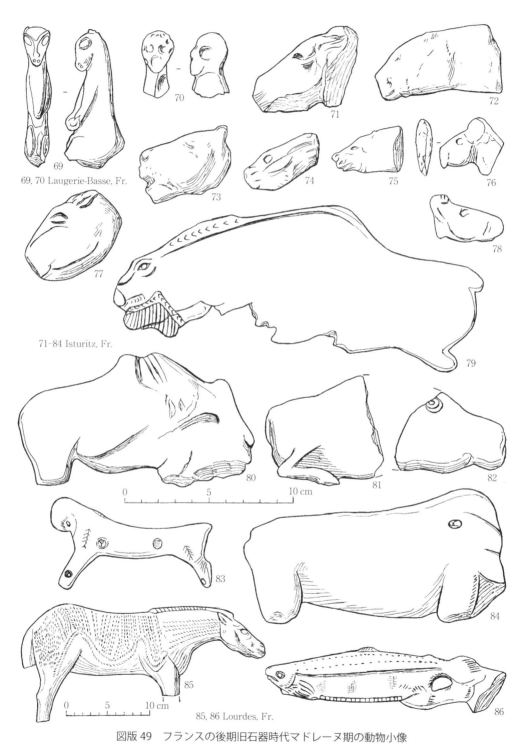

図版 49　フランスの後期旧石器時代マドレーヌ期の動物小像
69 クマ？、70 ヒト？、71-79・83 ライオン、80-82 バイソン、84 マンモス、85 ウマ、86 サケ。すべてマンモス牙製

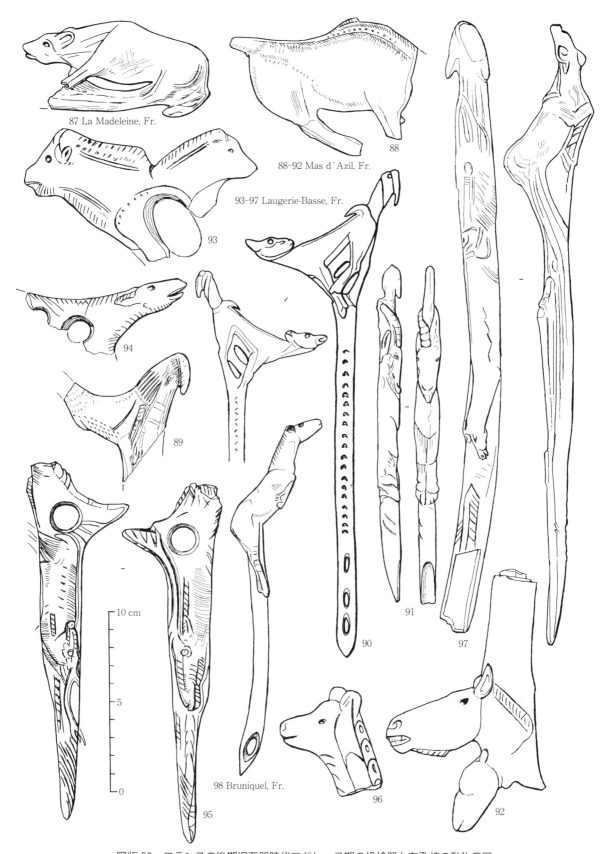

図版 50 フランスの後期旧石器時代マドレーヌ期の投槍器と有孔棒の動物意匠
87 オーロクス, 88・93 バイソン, 89 ライチョウ, 90・94・97 アイベックス・雌, 91 アイベックス (ピレネー型), 92・98 ウマ, 95 トナカイ, 96 ライオン？。87 マンモス牙製, 他はすべて鹿角製

362 集 成 旧石器時代の動物象徴ほか

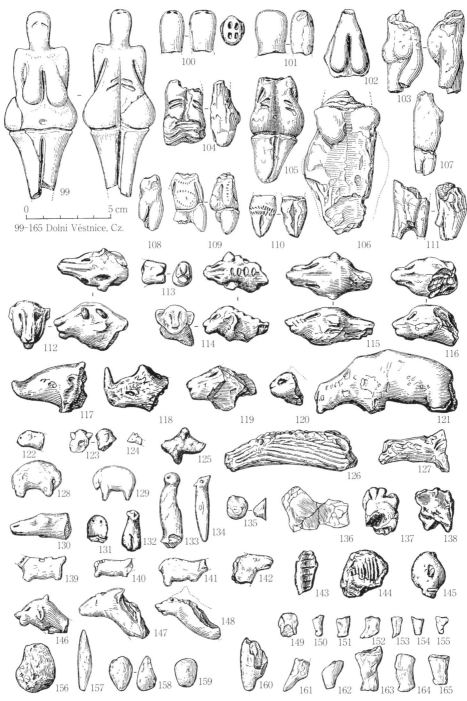

図版 51 チェコの後期旧石器時代ドルニ=ヴェストニッツェ遺跡の女性・動物小像（klima による）
99-110 女性小像，111 男性小像，112-116・119 クマ，117 イノシシ？，118 サイ，121・146 ライオン，128・129 マンモス，他は未同定。すべて土製

集成　旧石器時代の動物象徴ほか　*363*

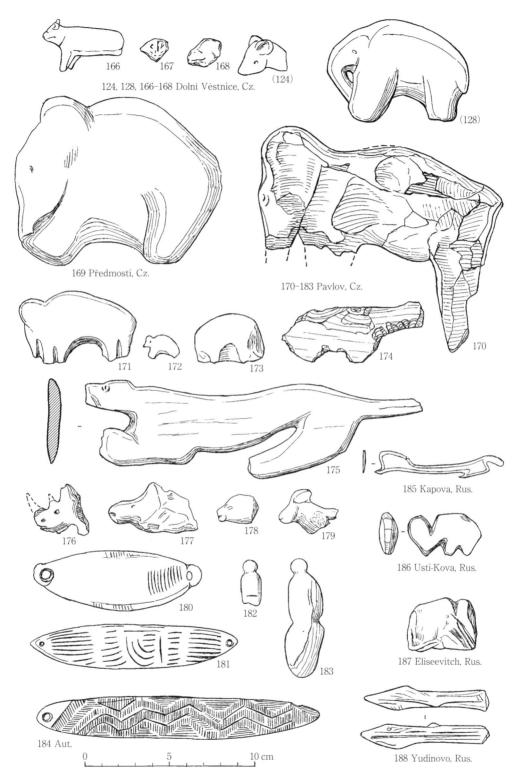

図版 52　チェコ・オーストリア・ロシアの後期旧石器時代パヴロフ期の動物小像
166・167・124・174・175・185 ライオン，169-173・186・187 マンモス，176・177 サイ，180・181・188 魚？，182・183 ヒト，184 ヘビ。
166-168・170-173・176-179・182・183 土製，174 フリント製，169・175・180・181・184-186・188 マンモス牙製

364 集 成 旧石器時代の動物象徴ほか

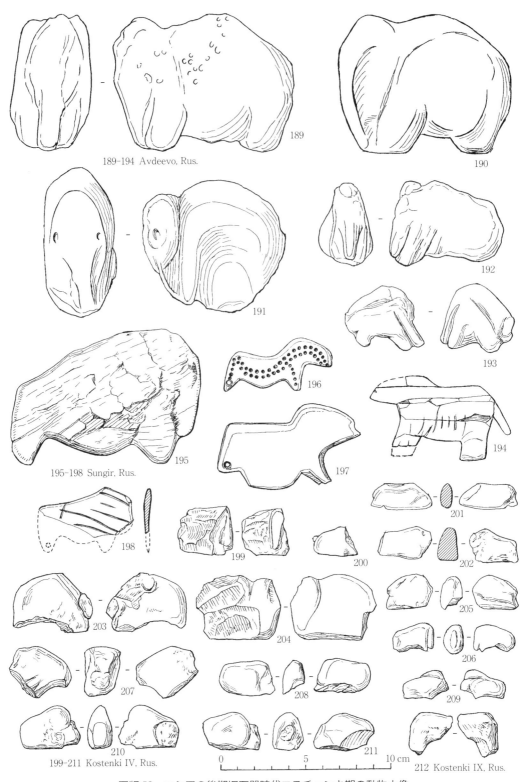

図版 53 ロシアの後期旧石器時代コスチョンキ期の動物小像
189-193・195・199・200・202-211 マンモス，194・196-198・201 ライオン，212 不詳。
189-190・192-198 マンモス牙製，191 マンモス骨製，199-212 泥灰岩製

集　成　旧石器時代の動物象徴ほか　*365*

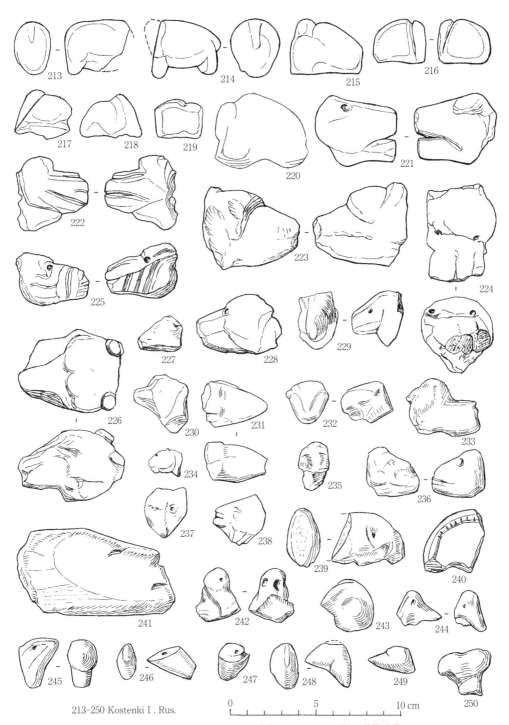

213-250 Kostenki I , Rus.

図版 54　ロシアの後期旧石器時代コスチョンキ期の動物小像
213-220 マンモス，221-232・236-238・241 クマ，234 ライオン，240 ウマ，244-249 鳥，
233・235・239・242・243・250 不詳。すべて泥灰岩製

366 集 成 旧石器時代の動物象徴ほか

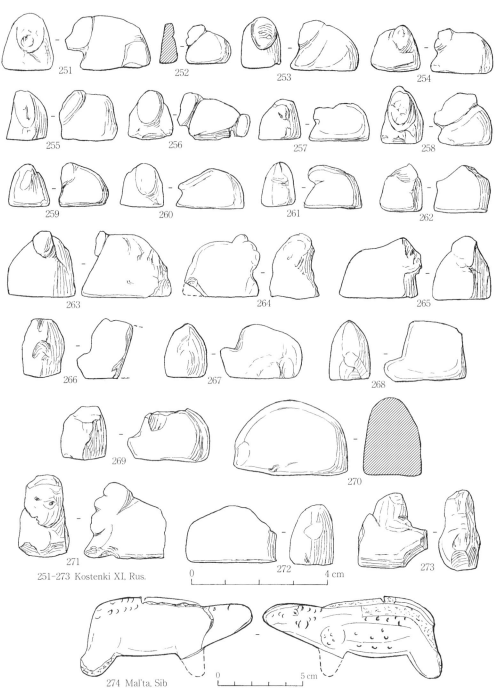

図版 55　ロシアの後期旧石器時代コスチョンキ期・マリタ期の動物小像
251-265 クマ，266-269 サイ，271 マンモス，泥灰岩製，274 ライオン？，マンモス牙製

集　成　旧石器時代の動物象徴ほか　*367*

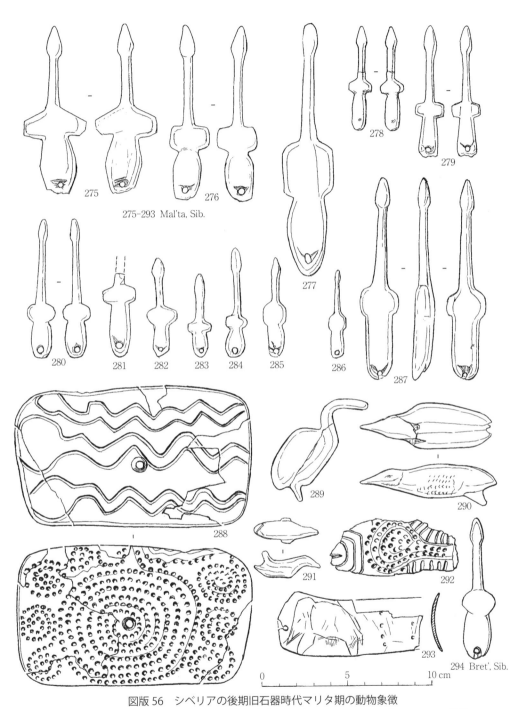

図版 56　シベリアの後期旧石器時代マリタ期の動物象徴
275-289・294 ハクチョウ，288 ヘビ，290・291 水鳥，292 魚，293 マンモス。すべてマンモス牙製

368 集　成　旧石器時代の動物象徴ほか

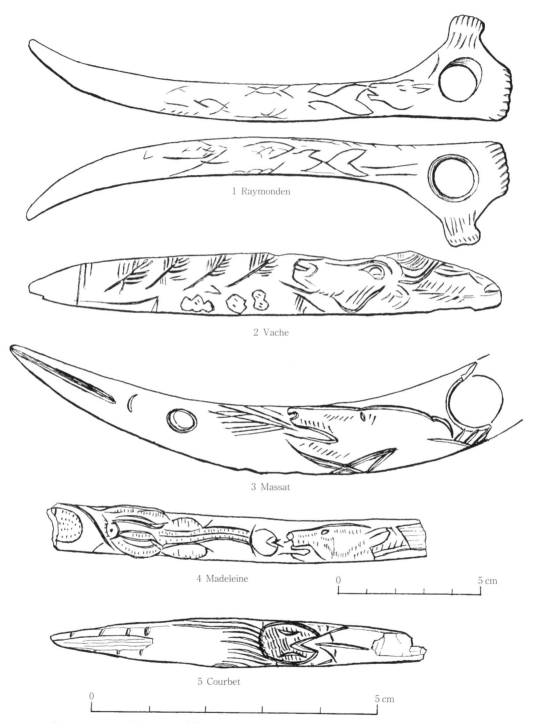

図版57　フランス後期旧石器時代マドレーヌ期の性象徴と動物との関係をあらわす有孔棒ほか
1 魚の尾（男根象徴）とシカ，2 男根象徴とシカ，3 男根象徴とクマ，4 女陰・男根とクマ，5 魚と女陰。すべて鹿角製。これらでは，魚は男性，シカやクマは女性を象徴している。

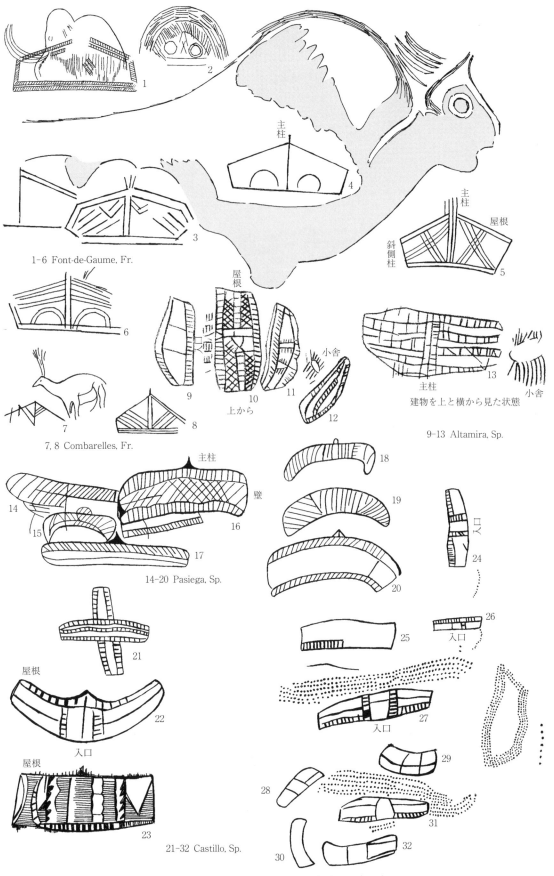

図版 58 フランス・スペインの洞窟壁画の住居表現
屋根, 床, 主柱, 側柱, 壁, 入口の表現が認められる。
住居は側面からみた絵, 上からみた展開絵になっている。

370　集　成　旧石器時代の動物象徴ほか

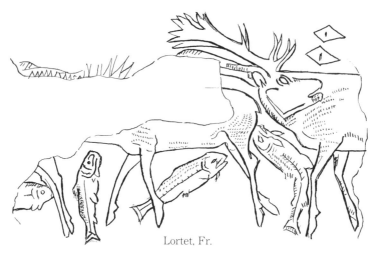

マドレーヌ期のトナカイ・サケ・女性器の絵画。1873 年，E. ピエットがロルテ洞窟から発掘したトナカイ角製品の彫刻展開図

参 考 文 献

青木幸一・吉田直哉　1994「大網山田台 No.8 地点」『大網山田台遺跡群Ⅰ─旧石器時代篇─』山武郡市文化財センター。

青柳正規・渡辺晋輔（編）　2017『ヴィーナス　豊饒なる愛と美の女神』テーマで見る世界の名画，1，集英社。

秋山浩三　2008「後産呪法と考古学」『王権と武器と信仰─菅谷文則先生退任記念論文集─』913-925 頁，同成社。

朝日村教育委員会（編）　2002『奥三面ダム関連遺跡発掘調査報告書ⅩⅣ 元屋敷遺跡Ⅱ（上段）』朝日村文化財報告書，第 22 集，新潟県朝日村教育委員会・新潟県。

姉崎智子・吉永亜紀子・佐藤孝雄・西本豊弘　2009「脊椎動物遺体」『国立歴史民俗博物館研究報告』第154 集，愛媛県上黒岩遺跡の研究，325-342 頁。

安斎正人　2012『気候変動の考古学』同成社。

アンダーソン，J. G.（松崎寿和訳）　1942『黄土地帯』座右宝刊行会。

イェリス，オーラフ・アドラー，ダニエル，S. ストリート，マーティン・ウェーニンガー，ベルンハルト（門脇誠二・工藤雄一郎訳）　2009「ユーラシアにおける現代人の出現：OIS 3 考古記録の絶対年代に関して」『旧石器研究』第 5 号，99-120 頁。

五十嵐ジャンヌ　2023『洞窟壁画考』青土社。

池田　等・淤見慶宏　2007『タカラガイ・ブック─日本のタカラガイ図鑑─』東京書籍株式会社。

泉　拓良　1989『福田貝塚資料　山内清男考古資料 2』奈良国立文化財研究所史料，第 32 冊。

板橋春夫　2012『出産 産育習俗の歴史と伝承「男性産婆」』叢書・いのちの民俗学 1，社会評論社。

今村佳子　2002「中国新石器時代の偶像」『中国考古学』第 2 号，1-31 頁，日本中国考古学会。

江上波夫　1932「極東に於ける子安貝の流伝に就きて」『人類学雑誌』第 47 巻第 9 号，309-336 頁。

江上波夫　1970「東西交渉のあけぼの─旧石器時代のヴィーナス像について─」『漢とローマ』東西文明の交流 1，9-32 頁，平凡社。

江坂輝弥　1974『土偶芸術と信仰』古代史発掘 2，講談社。

江坂輝弥・岡本健児・西田栄　1967「愛媛県上黒岩岩陰」（日本考古学協会洞穴遺跡研究特別委員会編）『日本の洞穴遺跡』224-236 頁，平凡社。

江坂輝弥・森本岩太郎・小片丘彦　1969「愛媛県上黒岩岩蔭遺跡第四次調査速報」『考古学ジャーナル』第37 号，17-19 頁，巻頭写真。

江坂輝弥・森本岩太郎・小片丘彦　1970「骨器をとどめた寛骨を含む縄文早期人骨の二次埋葬例─愛媛県上黒岩岩蔭遺跡第 4 次発掘人骨速報」『人類学雑誌』第 78 巻第 1 号，60-61 頁。

愛媛県歴史文化博物館（編）　2005『上黒岩岩陰遺跡とその時代─縄文文化の源流をたどる─』愛媛県歴史文化博物館。

岡田温司　2006『「ヴィーナスの誕生」視覚文化への招待』みすず書房。

岡田照子　1970「通過儀礼」『伊賀東部山村習俗調査報告書』三重県文化財調査報告書，第 11 集。

岡本　勇　1956「埋葬」（杉原荘介編）『日本考古学講座』3，縄文文化，321-338 頁，河出書房。

岡本健児・片岡鷹介　1967「高知県不動ガ岩屋洞穴」（日本考古学協会洞穴遺跡研究特別委員会編）『日本の洞穴遺跡』236-250 頁，平凡社。

岡本東三（編）　1982『日本の美術』第 189 号，縄文時代 1（早期・前期），86 頁，至文堂。

小川　勝　2017「ホーレ・フェルスのヴィーナス：ドイツ・ドナウ川上流域出土の後期旧石器時代の小彫像等について」『鳴門教育大学研究紀要』第 32 巻，476-487 頁。

長田須磨　1982「宝貝あそび」『えとのす』第 19 号，74-77 頁，新日本教育図書。

忍澤成視　2000「縄文時代における貝製装身具の実際」『貝塚博物館紀要』第 27 号，1-24 頁，千葉市立加曽利貝塚博物館。

忍澤成視　2001「縄文時代におけるタカラガイ加工品の素材同定のための基礎研究—いわゆる南海産貝類の流通経路解明にむけて—」『古代』第 109 号，1-76 頁。

忍澤成視　2003「縄文時代の貝製装身具—素材貝はどこでどのように採集されたか—」『考古学ジャーナル』第 503 号，55-59 頁。

忍澤成視　2007「縄文時代における房総半島の貝材利用の実態—千葉県市原市西広貝塚の貝製装身具の分析結果を中心に—」『動物考古学』第 24 号，25-52 頁。

小野　昭　1976「第 9 回国際先史学原史学会議の印象」『考古学研究』第 23 巻第 3 号，6-12 頁。

小野　昭　2000「氷期—後氷期移行期の環境と人類」『大塚初重先生頌寿記念考古学論集』992-1008 頁，東京堂出版。

小野　昭　2007『旧石器時代の日本列島と世界』同成社。

小野　昭　2024『ドナウの考古学　ネアンデルタール・ケルト・ローマ』歴史文化ライブラリー 589，吉川弘文館。

小畑弘己　2001『シベリア先史考古学』中国書店。

小畑弘己　2002『東シベリア・極東における完新世適応システムの研究』平成 11 年度～平成 13 年度科学研究費補助金基盤研究研究成果報告書，熊本大学文学部。

小畑弘己（編）　2004『極東および環日本海における更新世～完新世の狩猟道具の変遷研究』平成 14 年度～平成 15 年度科学研究費補助金基盤研究研究成果報告書，熊本大学埋蔵文化財調査室。

遠部　慎　2020「子産石の民俗—四国地方を中心に—」『歴史学と考古学』215-227 頁，中央大学。

梶原　洋（編）　1995『東アジア・極東の土器の起源—縄文文化の源流を探る』東北福祉大学。

梶原　洋　1998「なぜ人類は土器を使いはじめたのか—東北アジアの土器の起源—」『科学』第 68 巻第 4 号，296-304 頁。

梶原　洋　2021「ユーラシアの細石刃文化」『東北福祉大学芹沢銈介美術工芸館年報』13，47-58 頁。

加藤晋平　1980「北東アジアの単条有溝砥石について」『日本民族文化とその周辺』考古学篇，839-854 頁，新日本教育図書。

加藤　緑（編）　1997『ミクロネシア—南の島の航海者とその文化—』特別展図録，大田区立郷土博物館。

門脇誠二　2013「アフリカと西アジアの旧石器文化編年からみた現代人的行動の出現パターン」（西秋良宏編）『ホモ・サピエンスと旧人—旧石器考古学からみた交代劇』21-37 頁，六一書房。

金関丈夫　1975『発掘から推理する』朝日選書 40，朝日新聞社（金関 1982『考古と古代—発掘から推理する—』法政大学出版局）。

金子浩昌　1967「洞穴遺跡出土の動物遺存体」（日本考古学協会編）『日本の洞穴遺跡』424-451 頁，平凡社。

金子裕之　1987「都人の精神生活」『日本の古代』9，都城人の生態，319-364 頁，中央公論社。

北川博道・瀬戸浩二　2008「14C 年代法を用いたナウマンゾウ化石研究への問題提起—瀬戸内海産標本の例を元に—」『日本古生物学会 2008 年年会予稿集』30 頁。

ギーディオン，S.（江上波夫・木村重信訳）　1968『永遠の現在—美術の起源』東京大学出版会。

木下尚子（編）　2003『中国古代のタカラガイ使用と流通，その意味—商周代を中心に—』熊本大学考古学研究室・公開シンポジウム資料，熊本大学文学部考古学研究室。

木下尚子　2020「「燕の子安貝」考―古代のタカラガイ使用について」『人文科学論叢』第 1 号，1-18 頁，熊本大学大学院人文社会科学研究部（文学系）。

木村重信　1959『原始美術論』三一新書 196，三一書房。

木村重信　1971『美術の始源』新潮社。

木村重信　1982『ヴィーナス以前』中公新書 641，中央公論社。

木村重信　1994『民族美術の源流を求めて』NTT 出版。

木村英明　1992「呪具と装身具」（小野昭・春成秀爾・小田静夫編）『図解・日本の人類遺跡』46-47 頁，東京大学出版会。

木村英明　1995「旧石器時代の芸術」『AMSU ニュース』No.5，1-13 頁，札幌大学埋蔵文化財調査室。

木村英明　1997『シベリアの旧石器文化』北海道大学図書出版会。

木村英明　1999『シベリアの細石刃石器群（2）』考古学資料集，8，国立歴史民俗博物館春成研究室。

木村英明　2000「シベリア旧石器時代の人形像」『土偶研究の地平』「土偶とその情報」研究論集（4），9-32 頁，勉誠社。

木村英明　2019「酷寒に挑む旧石器時代の人びとと技」（フロパーチェフ，G. A・ギリヤ，E. Ju・木村英明）『氷河期の極北に挑むホモ・サピエンス［増補版］』129-211 頁，雄山閣。

木村英明　2023「ロシア・コスチョンキ遺跡群」（春成秀爾編）『何が歴史を動かしたのか』第 1 巻，自然史と旧石器・縄文考古学，97-110 頁，雄山閣。

清野謙次　1946『日本民族生成論』日本評論社。

ギンブタス，マリヤ（鶴岡真弓訳）　1989『古ヨーロッパの神々』言叢社。

工藤雄一郎　2003「更新世終末から完新世移行期における考古学研究の諸問題―環境変遷史と考古学的時間軸の対応関係―」『古代文化』第 55 巻第 6 号，315-327 頁。

工藤雄一郎　2011「黒土田遺跡の堅果類と縄文時代草創期土器群の年代に関する一考察」『考古学研究』第 58 巻第 1 号，54-65 頁。

工藤雄一郎　2012『旧石器・縄文時代の環境文化史』新泉社。

工藤雄一郎　2014「縄文時代草創期土器の煮炊きの内容物と植物利用」『国立歴史民俗博物館研究報告』第 187 集，73-93 頁。

國木田　大　2019「土器付着物でわかる年代と食生活」（小林謙一編）『土器のはじまり』市民の考古学，16，83-105 頁，同成社。

クラーク，グレアム（小淵忠秋訳）　1989『中石器時代―新石器文化の揺籃期』雄山閣。

クラーク，ケネス（高階秀爾・佐々木英也訳）　2004『ザ・ヌード』ちくま学芸文庫，筑摩書房。

黒坂禎二（編）　1999『妙音寺／妙音寺洞穴』埼玉県埋蔵文化財調査事業団報告書，第 209 集。

黒坂雅人　1994『西ノ前遺跡発掘調査報告書』山形県埋蔵文化財センター調査報告書，第 1 集。

芸術新潮編集部　2008「芸術新潮がえらぶヴィーナス 100 選」『芸術新潮』2008 年 4 月号，新潮社。

河野重義（編）　1993『武蔵関北遺跡』東京都住居局。

国立西洋美術館編　1980『ギリシャ美術の源流』朝日新聞社。

小島俊彰　1976「加越能飛における縄文中期の石棒」『金沢美術工芸大学学報』第 20 号，35-56 頁。

ゴドリエ，モーリス（山内昶訳）　1976『人類学の地平と針路』紀伊国屋書店。

コナード，ニコラス J.　2006「シュヴァーベン地方に出土した初期造形芸術と楽器」『シンポジウム日本考古学　日本原始古代の変革と連続』jdzb documentation，第 9 巻，59-73 頁，IUDICIDM Verlag GmoH, München.

小林謙一　2007「縄紋時代前半期の実年代」『国立歴史民俗博物館研究報告』第 137 集，89-133 頁。

小林謙一　2009「上黒岩遺跡 1 群土器」『国立歴史民俗博物館研究報告』第 154 集，412-420 頁。

小林謙一・春成秀爾・今村峯雄・西本豊弘　2006「縄文時代草創期の炭素 14 年代測定」『日本考古学協会第

72 回総会研究発表要旨』69-72 頁。

小林達雄　1977『日本原始美術大系』Ⅰ，縄文土器，講談社。

小林達雄　1989『縄文土器大観』Ⅰ，草創期・早期・前期，小学館。

小林達雄　1994a「日本列島における土器の登場—はじめにイメージありき—」『縄文土器の研究』43-60 頁，小学館。

小林達雄　1994b『縄文土器の研究』小学館。（小林 1977・1989・1994 の一部または全文を収録）。

小林行雄　1930「直弧文私考」『考古学』第 1 巻第 2 号，80-87 頁，東京考古学会。

小林行雄　1934「一の伝播変移現象—遠賀川系土器の場合—」『考古学』第 5 巻第 1 号，9-16 頁。

甲元眞之　1996「魚と再生—中国先史時代の葬送観念—」『国立歴史民俗博物館研究報告』第 68 集，139-160 頁。（甲元 2001『中国新石器時代の生業と文化』277-302 頁，中国書店に再録）。

近藤喬一　1995「商代寶貝の研究」『アジアの歴史と文化』第 2 輯，1-54 頁，山口大学アジア歴史・文化研究会。

近藤喬一　1999「西周時代寶貝の研究」『アジアの歴史と文化』第 3 輯，1-55 頁。

近藤義郎　1965「後氷期における新しい道具」『世界歴史』第 1 巻，先史の世界，260-277 頁，人文書院。

坂本　彰　1995『花見山遺跡』港北ニュータウン地域内埋蔵文化財調査報告，XⅥ，横浜市ふるさと文化財団。

佐藤一夫　1991「タカラガイの道—タカラガイ製装身具についての一考察—」『研究報告』第 1 号，2-16 頁，苫小牧市博物館。

佐藤一夫　1999「タカラガイの道〔Ⅱ〕」『苫小牧市埋蔵文化財調査センター所報』1，55-78 頁。

佐藤孝雄　2016「東名遺跡の縄文早期犬骨」『東名遺跡群Ⅳ』第 4 分冊，総括編，佐賀市埋蔵文化財調査報告書，第 100 集，83-86 頁。

佐藤孝雄　2020「上黒岩埋葬犬の系統と用途」『上黒岩岩陰と縄文草創期』『季刊考古学』別冊 32，51-54 頁，雄山閣。

佐野勝宏　2013a「ヨーロッパにおける旧石器文化編年と旧人・新人交替劇」（西秋良宏編）『ホモ・サピエンスと旧人』38-56 頁，六一書房。

佐野勝宏　2013b「ヨーロッパにおける中期旧石器時代から後期旧石器時代への移行プロセス」（西秋良宏編）『考古資料に基づく旧人・新人の学習行動の実証的研究』「交替劇」A01 班 2012 年度研究報告，No.3，27-37 頁。

佐野勝宏　2023「狩猟具の発達と新人の拡散」（春成秀爾編）『何が歴史を動かしたのか』第 1 巻，自然史と旧石器・縄文考古学，85-96 頁，雄山閣。

佐原　真　1975「海の幸と山の幸」『日本生活文化史』1，日本的生活の母胎，21-44 頁，河出書房新社。

佐原　真　1982「三十四のキャンバス—連作四銅鐸の絵画の「文法」—」『考古学論考』小林行雄博士古稀記念論文集，245-280 頁，平凡社。（佐原 2002『銅鐸の考古学』300-326 頁，東京大学出版会）。

佐原　真　1987『大系日本の歴史』1，日本人の誕生，小学館。

佐原　真　1994『斧の文化史』UP 考古学選書 6，東京大学出版会。

佐原　真　2001「原始の男女」（歴史教育者協議会編）『学びあう　女と男の日本史』青木書店。

佐原　真・春成秀爾　1997『原始絵画』歴史発掘 5，講談社。

澤田純明・吉永亜紀子　2020「上黒岩岩陰と縄文草創期の動物利用」『上黒岩岩陰と縄文草創期』『季刊考古学』別冊 32，24-27 頁，雄山閣。

澤柳大五郎　1964『ギリシアの美術』岩波新書，青 520，岩波書店。

設楽博己　1992「呪具と装身具」（小野昭・春成秀爾・小田静夫編）『図解・日本の人類遺跡』98-101 頁，東京大学出版会。

品川欣也・及川　穣　2008「高知県不動ヶ岩屋洞窟遺跡第二次調査出土資料の再検討」『考古学集刊』第 4

号，81-96 頁，明治大学考古学研究室。

渋澤敬三（編）　1964『絵巻物による日本常民生活絵引』第 1 巻，角川書店。

新村　拓　1996『出産と生殖観の歴史』法政大学出版局。

杉原荘介　1967「日本先土器時代の新編年に関する試論」『信濃』第 19 巻第 4 号，245-248 頁。

鈴木道之助　1972「縄文時代草創期初頭の狩猟活動」『考古学ジャーナル』第 76 号，10-20 頁。

スピアート，ハロルド（石原力訳）　1982『図説産婦人科学の歴史』エンタプライズ。

澄田正一・安達厚三　1967「岐阜県九合洞穴」（日本考古学協会洞穴遺跡研究特別委員会編）『日本の洞穴遺跡』188-201 頁，平凡社。

芹沢長介　1967「日本石器時代と ^{14}C 年代」『第四紀研究』第 6 巻第 4 号，239-242 頁。

芹沢長介　1974「大分県岩戸出土の「こけし」形石製品」（伊東信雄教授還暦記念会編）『日本考古学・古代史論集』1-24 頁，吉川弘文館。

芹沢長介（編）　1974『最古の狩人たち』古代史発掘 1，講談社。

芹沢長介（編）　1978『岩戸』東北大学文学部考古学研究会考古学資料集，第 2 冊。

芹沢長介　1986『旧石器の知識』考古学シリーズ 11，東京美術。

高階秀爾　1964『ピカソ―剽窃の論理』筑摩書房。

高階秀爾　2014『ミロのヴィーナスはなぜ傑作か？―ギリシャ・ローマの神話と美術』小学館 101 ビジュアル新書，V029，小学館。

高野陽子・田代　弘　2011「弥生中期の交易拠点における遠隔地地域間交流の一例」『京都府埋蔵文化財情報』第 116 号，5-14 頁，京都府埋蔵文化財調査研究センター。

高橋義介ほか　1999『峠山牧場 I 遺跡 A 地区発掘調査報告書』岩手県文化振興事業団埋蔵文化財調査報告書，第 291 集。

谷口康浩　2005「極東における土器出現の年代と初期の用途」『名古屋大学加速器質量分析計業績報告書』XVI，34-53 頁，名古屋大学年代測定総合研究センター。

谷口康浩　2011『縄文文化起源論の再構築』同成社。

谷口康浩　2017『縄文時代の社会複雑化と儀礼祭祀』同成社。

田村　隆　1993「有溝石製品に深まる謎」『山武郡市センター広報紙』第 2 号，2-3 頁。

田村　隆　2011『旧石器社会と日本民俗の基層』ものが語る歴史，24，同成社。

千葉徳爾　1983『女房と山の神』堺屋図書。

チャイルド，G.（ねず・まさし訳）　1956『文明の起源』上・下，岩波新書，青 66，岩波書店。

堤　　隆　2011『最終氷期における細石刃狩猟民とその適応戦略』雄山閣。

角田文衞　1959「旧石器・中石器時代」『世界史大系』第 1 巻，先史時代，68-257 頁，誠文堂新光社。

角田文衞　2005『古代学の展開』山川出版社。

出口　浩（編）　1992『掃除山遺跡』鹿児島市埋蔵文化財発掘調査報告書，第 12 集。

東京国立博物館（学芸部考古課）（編）　1970「上黒岩岩陰出土品（9 層）」『日本考古展図録』171 頁，便利堂。

直良信夫　1973『古代遺跡発掘の家畜遺体』日本中央競馬会弘済会。

長井数秋（編）　2004『穴神洞・中津川洞発掘記録抄』城川町教育委員会。

中川　明・前川明男　1997『粥見井尻遺跡発掘調査報告』三重県埋蔵文化財調査報告，156，三重県埋蔵文化財センター。

中越利夫・佐々木正治・内山ひろせ　1998「帝釈弘法滝洞窟遺跡（第 12 次）の調査」『広島大学文学部帝釈峡遺跡群発掘調査室年報』XIII，19-48 頁。

中園　聡・太郎良真妃・平川ひろみ　2020「上黒岩岩陰の石偶」『上黒岩岩陰と縄文草創期』『季刊考古学』別冊 32，38-41 頁，雄山閣。

中橋孝博　2015『倭人への道』歴史文化ライブラリー 402，吉川弘文館。

中橋孝博・岡崎健治　2009「人骨」『国立歴史民俗博物館研究報告』第 154 集，愛媛県上黒岩遺跡の研究，343-406 頁。

西秋良宏　1995「石の道具とジェンダー」（常木晃・松本健編）『文明の原点を探る―新石器時代の西アジア―』50-77 頁，同成社。

西秋良宏（編）　2007『遺丘と女神―メソポタミア原始農村の黎明―』東京大学総合研究博物館。

西秋良宏　2008「縄文時代開始期と同じ頃の西アジア」（小林謙一編）『縄文時代の始まり―愛媛県上黒岩遺跡の研究成果―』20-39 頁，六一書房。

西沢寿晃　1982「栃原岩陰遺跡」『長野県史』考古資料編，全 1 巻 2，主要遺跡（北・東信），559-584 頁，長野県史刊行会。

西銘　章　2003「墓に伴う貝―近世墓出土の貝製品―」『南島考古だより』第 71 号，2-3 頁，沖縄考古学会。

丹羽佑一　1977「和歌山県瀬戸遺跡の発掘調査」『京都大学構内遺跡調査年報』1976 年，21-32 頁，京都大学理学部附属瀬戸臨海実験所構内遺跡調査会。

橋詰　潤　2019「土器の出現をめぐる最近の動向」（小野昭編）『人類と資源環境のダイナミクス I　旧石器時代』明治大学黒耀石研究センター叢書，195-197 頁，雄山閣。

橋詰　潤　2020「アムール川下流域の土器出現期」『上黒岩岩陰と縄文草創期』『季刊考古学』別冊 32，90-94 頁，雄山閣。

長谷部言人　1942「石器時代のタカラガヒ加工」『人類学雑誌』第 57 巻第 9 号，386-389 頁。

濱田耕作　1922『通論考古学』大鐙閣。

濱田耕作（春成秀爾校訂・解説）　2016『通論考古学』岩波文庫，青 N120-1，岩波書店。

原田昌幸　1987「縄文時代初期の土偶」『MUSEUM』第 434 号，4-15 頁，東京国立博物館。

原田昌幸　1997「発生・出現期の土偶総論」『土偶研究の地平』「土偶とその情報」研究論集（1），217-269 頁，勉誠社。

原田昌幸　2010『土偶とその周辺 I （縄文草創期～中期）』日本の美術，第 526 号，ぎょうせい。

春成秀爾　1973「抜歯の意義」『考古学研究』第 20 巻第 2 号，25-48 頁，考古学研究会。

春成秀爾　1990「象がつくったヴィーナス」『旧石器考古学』第 41 号，1-8 頁，旧石器文化談話会。

春成秀爾　2001a「更新世末の大形獣の絶滅と人類」『国立歴史民俗博物館研究報告』第 90 集，1-52 頁。

春成秀爾　2001b「旧石器時代から縄文時代へ」『第四紀研究』第 40 巻第 6 号，517-526 頁。

春成秀爾　2006「弥生時代の実年代―過去・現在・将来―」『考古学はどう検証したか―考古学・人類学と社会―』155-174 頁，学生社。

春成秀爾　2007a「性象徴の考古学」『儀礼と習俗の考古学』102-210 頁，塙書房（初出 1996『国立歴史民俗博物館研究報告』第 66 集，69-160 頁）。

春成秀爾　2007b「足形・手形付きの土版」『儀礼と習俗の考古学』211-246 頁，塙書房。

春成秀爾　2007c「熊祭りの起源」『儀礼と習俗の考古学』249-300 頁，塙書房（初出 1995『国立歴史民俗博物館研究報告』第 60 集，57-106 頁）。

春成秀爾　2007d「男茎形の習俗」『儀礼と習俗の考古学』400-423 頁，塙書房。

春成秀爾　2007e「「野尻湖ヴィーナス」問題」『儀礼と習俗の考古学』427-439 頁，塙書房（初出 1990『旧石器考古学』第 41 号，1-8 頁）。

春成秀爾　2008「上黒岩ヴィーナスと世界のヴィーナス」（小林謙一・国立歴史民俗博物館編）『縄文時代の始まり―愛媛県上黒岩遺跡の研究成果―』40-72 頁，六一書房。

春成秀爾　2009「石偶・線刻礫」「上黒岩遺跡の石偶・線刻礫と子安貝」「研究の成果と課題」『国立歴史民俗博物館研究報告』第 154 集，愛媛県上黒岩遺跡の研究，301-318 頁，485-501 頁，525-547 頁。

春成秀爾　2012「旧石器時代の女性像と線刻棒」『国立歴史民俗博物館研究報告』第 172 集，13-99 頁。

春成秀爾（編）　2020『上黒岩岩陰と縄文草創期』『季刊考古学』別冊 32，総 145 頁，雄山閣。

春成秀爾・小林謙一（編）　2009「愛媛県上黒岩遺跡の研究」『国立歴史民俗博物館研究報告』第 154 集，総 567 頁，52 図版。

ビビコフ，S. N.（新堀友行・金光不二夫訳）　1985『マンモスの骨でつくった楽器——旧石器人の生活と技術——』築地書館。

兵頭　勲（編）　2017『久万高原町上黒岩岩陰遺跡出土遺物』愛媛県歴史文化博物館資料目録，第 25 集，愛媛県歴史文化博物館。

福永修一・宗岡克英　2018『牧野遺跡』鹿児島県立埋蔵文化財センター発掘調査報告書，第 193 集。

藤森英二（編）　2019『栃原岩陰遺跡発掘調査報告書　第 1 次～第 15 次調査（1965～1978）』北相木村教育委員会。

ブルフィンチ，T.（野上弥生子訳）　1978『ギリシア・ローマ神話』岩波文庫，赤 225-1，岩波書店。

ブレジョン，ミッシェル（山中一郎訳）　2015『先史学事典』真陽社。

フロパーチェフ，G.・ギリヤ，E.（木村英明・木村アヤ子訳）・木村英明　2013『氷河期の極北に挑むホモ・サピエンス——マンモスハンターたちの暮らしと技——』雄山閣。

フロパーチェフ，G.・ギリヤ，E.（木村英明・木村アヤ子訳）・木村英明　2019『氷河期の極北に挑むホモ・サピエンス——マンモスハンターたちの暮らしと技——』（増補版），雄山閣。

ボジンスキー，G.（小野昭訳）　1991『ゲナスドルフ——氷河時代狩猟民の世界』六興出版。

本多勝一（藤木高嶺写真）　1973『ニューギニア高地人』すずさわ書店。

松尾登史子　2015「考古学からみた「ミロのヴィーナス」—— R. コウサーの近著論文から——」『古代文化』第 67 巻第 3 号，118-125 頁，古代学協会。

松木武彦　2011『古墳とはなにか——認知考古学からみる古代』角川選書 493，角川書店。

松室孝樹・重田勉　2014『相谷熊原遺跡 I』農地環境整備事業関係遺跡発掘調査報告書 1，滋賀県。

松本直子　2023「美術の歴史とジェンダー」（春成秀爾編）『何が歴史を動かしたのか』第 3 巻，古墳・モニュメントと歴史考古学，301-312 頁，雄山閣。

水野正好　1984「想善籬記　壹叢」『奈良大学紀要』第 13 号，36-49 頁。

メドヴェージェフ，V. E.（梶原洋訳）　1994「ガーシャ遺跡とロシアのアジア地区東部における土器出現の問題について」（小野昭・鈴木俊成編）『環日本海地域の土器出現期の様相』9-20 頁，雄山閣。

森本岩太郎・小片丘彦・小片保・江坂輝弥　1970「受傷寛骨を含む縄文早期の二次埋葬例」『人類学雑誌』第 78 巻第 3 号，235-244 頁。

安井眞奈美　1999「ミクロネシアの出産および産後の過ごし方」（吉村典子編）『講座人間と環境』第 5 巻，出産前後の環境，253-280 頁，昭和堂。

柳田裕三（編）　2016『史跡福井洞窟発掘調査報告書』佐世保市文化財調査報告書，第 14 集，佐世保市教育委員会。

山田　猛（編）　1994『大鼻遺跡』三重県埋蔵文化財調査報告 100-5，三重県埋蔵文化財センター。

山田康弘　2008『生と死の考古学』東洋書店。

山内清男　1937「縄文土器型式の細別と大別」『先史考古学』第 1 巻第 1 号，29-32 頁，先史考古学会。

山内清男　1964「日本先史時代概説」『日本原始美術 I』135-147 頁，講談社。

山内清男　1968「矢柄研磨器について」（金関丈夫博士古稀記念委員会編）『日本民族と南方文化』63-86 頁，平凡社。

山内清男　1969「縄紋草創期の諸問題」『MUSEUM』第 224 号，4-22 頁，東京国立博物館。

山内清男・佐藤達夫　1962「縄紋土器の古さ」『科学読売』第 12 巻第 13 号，18-26，84-88 頁。

ヤーロム，マリリン（平石律子訳）　2005『乳房論』ちくま学芸文庫，筑摩書房。

八幡一郎　1936「日本新石器時代初期の石器」『民族学研究』第 2 巻第 3 号，543-557 頁。

八幡一郎　1937「日本に於ける中石器文化的様相」『考古学雑誌』第 27 巻第 6 号，355-368 頁。

吉村典子　1992『子どもを産む』岩波新書，新赤版 220，岩波書店。

吉本洋子　2000「座産土偶」『季刊考古学』第 73 号，65-71 頁，雄山閣。

米田　穣・覚張隆史・小林謙一・遠部　慎・奈良貴史　2020「上黒岩人骨の年代と食性」『上黒岩岩陰と縄文草創期』『季刊考古学』別冊 32，46-50 頁，雄山閣。

梁　成赫（金憲奭訳）　2009「韓半島の新石器時代の造形物に関する試論」『弥生農耕のはじまりとその年代』新弥生時代のはじまり，第 4 巻，128-134 頁，雄山閣。

ルロワ=グーラン，A.（荒木亨訳）　1973『身ぶりと言葉』新潮社。

ルロワ=グーラン，A.（蔵持不三也訳）　1985a『先史時代の宗教と芸術』日本エディタースクール出版部。

ルロワ=グーラン，A.（蔵持不三也訳）　1985b『世界の根源』言叢社。

レヴィ=ストロース，C.（山口昌男・渡辺守章訳）　1977『仮面の道』叢書 創造の小径，新潮社。

レニエ，ジェラールほか監修　1995『ピカソ 愛と苦悩──「ゲルニカ」への道』東武美術館・朝日新聞社。

渡辺晋輔（編）　2008『ウルビーノのヴィーナス──古代からルネサンス，美の女神の系譜』国立西洋美術館・読売新聞社。

渡辺政治（編）　1999『四街道市出口・鐘塚遺跡』千葉県教育振興財団調査報告，第 357 集，千葉県文化財センター。

渡辺芳郎　1989「中国新石器時代タカラガイ考」『生産と流通の考古学』横山浩一先生退官記念論文集 I，487-502 頁，横山浩一先生退官記念事業会。

綿貫俊一　2008「有茎尖頭器にみる縄文草創期の世界」（小林謙一・国立歴史民俗博物館編）『縄文時代の始まり──愛媛県上黒岩遺跡の研究成果──』107-123 頁，六一書房。

綿貫俊一　2009「上黒岩遺跡出土石器」『国立歴史民俗博物館研究報告』第 154 集，428-477 頁。

綿貫俊一　2012「上黒岩岩陰遺跡の石器組成の分析」『国立歴史民俗博物館研究報告』第 172 集，117-135 頁。

綿貫俊一　2013「上黒岩遺跡の生業」『先史学・考古学研究と地域・社会・文化論』43-60 頁，高橋信武退職記念委員会。

慶南考古学研究所（編）　2006a『勒島貝塚 III』A 地区墓地，慶南考古学研究所。

慶南考古学研究所（編）　2006b『勒島貝塚 IV』A 地区貝塚編，慶南考古学研究所。

李　昌熙　2016「勒島の対外交渉」『勒島と原ノ辻を通じて見た東アジア交流の様相』国立晋州博物館。

青海省文物管理処考古隊・中国社会科学院考古研究所　1984『青海柳湾』文物出版社。

北京大学考古学系商周組・山西省考古研究所編　2000『天馬─曲村』1980-1989，第 2 冊，科学出版社。

Abramova, Z. A. 1962: *Paleoliticheskoe Iskusstova na territorii SSSR*.（Svod arkheologicheskikh istochnikov. Vyp. A4-3），Moskva-Leningrad.

Abramova, Z. A. 1967: Palaeolithic Art in the U.S.S.R. *Arctic Anthropology*, Vol.IV, No.2, pp.1-179. University of Wisconsin Press, Wisconsin.

Abramova. Z. A. 1987: Bases objectives de la chronologie de l'art mobilier paléolithique en Sibérie. In Clottes, J.（Hrsg.）*L'art des objets au Paléolithique* 1. Colloque international Foix-Le Mas-d'Azil, pp.143-154.

Abramova, Z. A. 1995: *L'art paléolithique d'Europe orientale et de Sibérie*. Jérôme Millon, Grenoble.

Absolon, K. 1949: The diluvial anthropomorphic statuettes and drawings, especially the so-called venus statuettes discovered in Moravia: A comparative study. *Artibus Asiae*, Tom. 12, No.3, pp.201–220.

Absolon, K. und Klíma, B., 1977: *Předmost: Ein, Mammutjagerplatz in Mähren*, Prague. ＊

Albrecht, G. unt Berke, H. 1980: Neue 'Venusgravierungen' auf einem Knochenfragment aus dem Magdalénien vom Peterfels. *Arc. Korrbl.* 10, pp.111–115.

Allaux, J.-F. 1972: Gravure féminine sur plaquette calcaire, du Magdalénien supérieur de la Grotte de Courbet (Commune de Penne-Tarn). *Bulletin de la Société Préhistoire. Française.* 69, pp.109–112.

Amirkhanov, H. (ed) 2009: *Palaeolithic Studies in Zaraysk 1999–2005*, Moskva (in Russian).

Amirkhanov, H. A. and Lev, S. Yu. 2007: Novye proizvedeniya paleoliticheskogo iskusstva s Zaraiskoi stoyanki. *Rossiikya Arkheologiya*, No.1, s.22–35, Moskva.

Andersson, J. G. 1934: *Children of the Yellow Earth*. Kegan Paul, London.

Anderson, A. *et al.* 2023: The Myth of Man the hunter: Women's contribution to the hunt across ethnographic contexts. *PLOS ONE*, Vol.18, No.6.

Anikovich, M. V., Sinitsyn, A. A., Hoffecker, J. F., Holliday, V. T., Popov, V. V., Lisitsyn, S. N., Forman, S. L., Levkovskaya, G. M., Pospelova, G. A., Kuz'mina, I. E., Burova, N. D., Goldberg, P., Marcphail, R. I., Giaccio, B., Praslov, N. D. 2007: Early Upper Paleolithic in Eastern Europe and Implications for the Dispersal of Modern Humans, *Science*, Vol.315, pp.223–226.

Aseev, I. B. 1998: Analogi v pervobyitnom iskusstve. Sibiri i Alyaski na primere gravirovannyikh galekh. *Gumanitarnwiye nauki v Sibiri*, No.3, s.109–114, Novosibirsk.

Aujoulat, N. et Feruglio V. 2011: L'art mobilier et pariétal de la fin du Magdalénien. *mille et une femmes de la fin des temps glaciaires.* pp.89–119, Grandpalais Musée national de Préhistoire, Paris.

Bahn, P. G. 1982: How to spot a fake azilian pebble, Nature, Vol.308, No.15, p.229.

Bahn, P. G. 1991: Pleistocene Images outside Europe. *Proceedings of the Prehistoric Society*, Vol.57, Part 1, pp.91–102, London.

Bahn, P. G. 1998: *The Cambridge Illustrated History of Prehistoric Art*. Cambridge University Press.

Barta, J. 1970: Paleolitivká plastika Venuše z Moravian nad Váhom. výtvarný život. Zeitscher. Verb. Bildender Künstler und Verb. slowakischer Architekten, Vol.15, No.9, pp.2–8.

Barta, J. 1972: *La statuette paléolithique nommée Venus de Moravany*. Bratislava.

Bar-Yosef, O. 1998: The Natufian Culture in the Levant, Threshold to the Origins of Agriculture, *Evolutionary Anthropology*, Vol.6, No.5, pp.159–177.

Beregovaya, N. A. 1960: Paleoliticheskie mestonakhozhdeniia SSSR, *MIA*, No.81, Moskva-Leningrad.

Bisson, M. S. and Bolduc P. 1994: Previously Undescribed Figurines from the Grimaldi Caves. *Current Anthropology*, Vol.35, No.4, pp.458–468.

Boriskovskii, P. I. (ed.) 1984: *Paleolit SSSR*, Arkeologiya SSSR. Nauka, Moskva. ＊

Bordes, F. *et al.* 1963: Gravure féminine du Magdalénien IV de la Gave de Couze. *L'Anthropologie*, Tom, 67.

Bosinski, G. 1982: *Die kunst der Eiszeit in Deutschland und in Schweiz*. Kataloge vor-und Fruhgeschichtlicher Altertumer, Band 20, Dr.Rudolf Habelt GMBH, Bonn.

Bosinski, G. 1986: *Die große Zeit der Eiszeitjäger, Europa zwischen 40000 und 10000 v. chr.* Fünfte Theodor Mommsen-Vorlesung, Mainz.

Bosinski, G. 1990: *Homo sapiens, L'histoire des chasseurs du Paléolithique supérieur en Europe* (40000–10000 avant J.-C.). Éditions Errance, Paris.

Bosinski, G. 1991: The Representation of Female Figures in the Rhineland Magdalenian. *Proceedings of the Prehistoric Society*. Vol.57, Part 1, pp.51-64, London.

Bosinski, G. 2008: *Urgeschichte am Rhein*, Kerns Verlag, Tübingen.

Bosinski, G. 2011: Les figurations féminines de la fin des temps glaciaires. *mille et une feminines de la fin des temps glaciaires*. pp.49-71, Grand Palais Musée national de Préhistoire, Paris.

Bosinski, G., D'errico F. und Schiller, P. 2001: *Der Gravierten Frauendarstellungen Von Gönnersdorf*, Franz Steiner Verlag GMBH, Stuttgart.

Bougard, E. 2013: Une pratique du Gravettien d'Europe Centrale: laterre cuite, Otte M. (dir.), *Les Gravettiens*, pp.301-306, Éditions Errance, Paris.

Bourdelle, Y. 1979: L'Abri Durif à Enval (Vic le Comte, Puy de Dôme). I—Étude préliminaire du Magdalénien final du fond de l'Abri. *Gallia Préhistoire*, Tom. 22, 1, pp.87-111. ∗

Bourdelle, Y., Delporte J.-L. et Virmont J. 1971: Le gisement magdalénien et la Vénus d'Enval, commune de Vic-le-Comte (Puy-de-Dôme). *L'Anthropologie*, Tom. 75, pp.119-128.

Breuil, H. 1902: Rapport sur les fouilles dans la grotte du Mas d'Azil (Ariège). *Bulletin Archéologique*. Paris.

Breuil, H. 1907: Étude sur les Oeuvres d'Art de Laugerie Basse. *L'Anthropologie*, Tom. 18, pp.10-36, Paris.

Breuil, H. 1924: Notes de Voyage Paléolithique en Europe Centrale II. *L'Anthropologie*, Tom. 34, pp.515-552, Paris.

Breuil, H. 1949: *Beyond the Bounds of History*. Gauthorn, London.

Breuil, H. 1952: *Four Hundred Centuries of Cave Art*. Sapho, Paris.

Breuil, H. et Peyrony, D. 1930: Statuette féminine aurignacienne de Sireuil (Dordogne). *Revue anthropologique*, Tom. 40, Paris.

Brun-Ricales, F. 2009: Erfindungsreich! Innovations schub im Jnugpaläolithikum. *Eiszeit-Kunst und Kultur*, pp.88-90, Thorbecke, Ostfildern.

Bullinger, J., Leesch, D., Plumettaz, N. 2006: Le site magdalénien de Monruz, 1. Premiers éléments pour l'analyse d'un habitat de plein air, *Service et musée cantonal d'archéologie de Neuchâtel*, Hauterive.

Canadian Museum of Civilization 1995: *Mothers of Time, Seven Palaeolithic Figurines from the houis Alexandre Julian Collection*. CMC, Ottawa.

Cauvin, J. 2000: *The Birth of the Gods and the Origins of Agriculture*. Cambridge University Press, Cambridge. ∗

Champion, T., Gamble, C. and Shennan, S. 1984: *Prehistoric Europe*. Academic Press, New York.

Clottes, J. et Cérou, E. 1970: La statuette féminine de Monpazier (Dordogne). *Bulletin de la Société Préhistorique Française*, Tom. 67, pp.435-444, Paris.

Cohen, C. 2003: *La femme des origins*. Belin-Herscher, Paris.

Coltorti, M., Lemorimi, C. Peresami, M., Polzinetti, S., Pieruccini, P., Silvestrini, M., Zampetti, D. 2012: La 〈Vénus effrant〉 de Frasassi (Italie centrale): un neuveau type de statuette paléolithique. *L'art pléistocène dans le monde*, Actes du Congrès IFRAO, Tarascon-sur-Ariège, septembre 2010-Symposium 〈Art mobilier pléistocène〉. CD : pp.1275-1289.

Conard N. J. 2009: A female figurine from the basal Aurignacien of Hohle Fels Cave in southwestern Germany. *Nature*, Vol.459, pp.248-252, London.

Conard N. J. 2010: *Die Venus vom Hohle Fels*. Urgeschichtliches Museum Blaubeuren, Fundstücke 1 (Museumsheft 9), Blaubeuren.

Conard, N. J. and Bolus, M. 2003: Radiocarbon dating the appearance of modern humans and timings of cultural innovations in Europe: new results and new challenges', *Journal of Human Evolution*, vol. 44, pp.331-371.

Conard, N. J. and Bolus, M. 2008: Radiocarbon dating the late Middle Paleolithic and the Aurignacian of the Swabian Jura, *Journal of Human Evolution*, 55, pp.886-897.

Cook, J. 2013: *Ice Age art the arrival of the modern mind*. British Museum Press, London.

Couraud, C. 1985: L'art azilien, Origine-Survivance, *Gallia préhistoire*, supplément 20, Centre National de la Recherche Soientifique, Paris.

Darasse, P. et Guffroy, S. 1960: Le Magdalénien supérieur de l'abri de Fontalés, près Saint-Antoin (Tarn-et-Garonne). *L'Anthropologie*, Tom. 64, pp.1-35, Paris.

Degani, M. 1940: *Una statuetta feminile preistorica e un sepolcreto neolitico scoperti a Chiozza di Scandiano*. Modène (Actes Soc. Nat. et Mat., t.71).

Delporte, H. 1959: Une nouvelle statuette paléolithique: la Venus de Tursac. *L'Anthropologie*, Tom. 63, N. 3-4, pp.233-247.

Delporte, H. 1979: *L'image de la Femme dans l'art Préhistorique*. Picard, Paris.

de Saint-Mathurin, S. et Garrod, D. 1951: *La frise sculptée de l'abri du Roc aux Sorciers à Angles-sur-l'anglin (Vienne)*. L'Anthropologie, Tom. 55.

Djindjian, F. 2013: Les structures d'habitat du Gravettien en Europe. *Les Gravettiens*, pp.163-189, Éditions Errance, Paris.

Duhard, J.-P. 1990: Nouvelle figurine magdalénienne en ronde-bosse à Gourdon (Tarn-Garonne). Bulletin de la Société Préhistoire, Arièges, 45, pp.209-212. *

Duhard, J.-P. 1993: Réalisme de L'image Féminine Paléolithique. *Cahiers du Quaternaire*, No.19, CNRS Éditions, Paris.

Duhard, J.-P. 1996: *Réalisme de L'image masculine paléolithique*, Editions Jérôme Millon, Grenoble.

Duhard, J.-P., Delluc, B. et Delluc, G. 2014: *Représentation de L'intimité Féminine dans L'art Paléolithique en France*. ERAUL 136, Université de Liège, Liège-Belgique.

Efimenko, P. P. 1958: *Kostenki I*. Izdatel'stvo Akademii Nauk SSSR, Moskva.

Egloff, M. 1990: La dame de Monruz. Analyse d'une démarche archéologique. *Rénovations archéologique* (catalogue de l'exposition), Musée Schwab, pp.49-56, Swiss.

Felgenhauer, F. 1956-1959: *Willendorf in der Wachau*. Wien (Mitteilungen der Prähistorischen Kommission, VIII und IX Band).

Feustel, R. 1970: Statuettes Féminines Paléolithiques de la République D'emocratique Allemande. *Bulletin de la Société Préhistoirique. Française*. Tom. 67, pp.12-16. *

Feustel, R. 1989a: Garsitz. In: Herrman, J. (Hrsg.), *Archäologie in der Deutschen Demokratischen Republik*, pp.386-388. Leipzig. *

Feustel, R. 1989b: Oelknitz In: Herman, J. (Hrsg.), *Archäologie in der Deutschen Demokratischen Republik*, pp.379-380. Leipzig. *

Fiedorczuk, J., Bratlund, B., Kolstrup, E. and Schild, R. 2007: Late Magdalenian feminine flint plaquettes from Poland. *Antiquity*, Vol.81, pp.97-105.

Gamble, C. 1982: Interaction and Alliance in Palaeolithic Society. *Man*, (NS), Vol.17, pp.92-107.

Gamble, C. 1986: *The Palaeolithic Settlement of Europe*. Cambridge University Press.

Gaussen, J. 1964: *La grotte Ornée de Gabillou (Dordogne)*. Bordeaux (Institut de Préhistoire, mémoire no. 3).

Gavrilov, K. N. 2012: New female figurine from the site Khotylevo 2, *L'art Pléistocène dans le monde*, Actes du Congrés de l'IFRAO, septembre 2010, Préhistoire Art & Société LXVI, pp.228-229.

Gerasimov, M. M. 1931: *Mal'ta, paleoliticheskaia stoianka*, Irkutsk.

Gimbutas, M. 1989: *The Language of The Goddess*. Harper and Row, San Francisco.

Graziosi, P. 1923: *Su di una statuetta steatopigica preistorica rinvenuta a Savignano sul Panaro in Prov. di Moderna*. Florence (Archivio per l'Antropologia e la Etnologia, Tom. 53).

Graziosi, P. 1939: Une nouvelle statuette préhistorique découverte en Italie. *Société Préhistorique Française*, Tom. 36, pp.159-162, Paris.

Graziosi, P. 1943: *La Venere di Chiozza*. Florence (Studi Etruschi, t. 17).

Graziosi, P. 1960: *Palaeolithic Art*. McGraw-Hill, New York etc.

Grekhova, L. V. 1977: L'os travaillé du site de Timonovka, *Problèmes du Paléolithique d'Europe orientale et centrale*, Léningrad, pp.83-93.

Guthrie, R. D. 2005: *The Nature of Paleolithic Art*. The University of Chicago Press, Chicago.

Gvozdover, M. D. 1956: Le travail des os et des articles d'os à la station d'Avdeevo. *Paléolithique et Néo-lithique de L'U.R.S.S.* 18, pp.168-197.

Gvozdover, M. D. 1989: The Typology of Female Figurines of the Kostenki Paleolithic Culture, *Soviet Anthropology & Archeology*, Vol.27, No.4, pp.32-94.

Gvozdover, M. D. 1995: *Art of the Mammoth Hunters: The Finds from Ardeevo*. Oxbow Monograph, 49, Oxbow Books, Oxford.

Haas, R. *et al.* 2020: Female hunters of the early Americas, *Science Advances*, Vol.6, No.45.

Hançar, F. 1939/40: Zum Problem der Venus-statuetten im eurasiatischen Jungpaläolithikum. *Prähist, Zeitschr.* 30-31, H.1-2, pp.85-156.

Hanitzsch, H. u. Toepfer, V. 1963: Ausgrabungen auf der 《Altenburg》 bei Nebra (Unstrut). *Ausgr. und Funde.* 8, pp.6-9. ✳

Henshilwood C. S. and Marean C. W. 2003: The origin of modern human behavior: critique of the models and their test implications. *Current Anthropology*, Vol.44, pp.627-651.

Höck, C. 1993: Die Frauenstatuetten des Magdalénien von Gönnersdorf und Andernach. *Jahrbuch des Römisch-Germanischen Zentralmuseums Mainz*, 40, pp.253-316, Taf.25-31, Mainz.

Iakoleva, L. 1992: Les statuettes féminines en ivoire du mézinien de Meziriche (Ukraine). *Bulletin de la Société Préhistoirique Française*, Tom. 89, pp.68-71. ✳

Iakoleva, L. 2013: L'art mobilier du Gravettien. *Les Gravettiens*. pp.237-270, Éditions Errance, Paris.

Iakoleva, L. et Pinçon G. 1997: *La Frise sculptée du Roc-aux-Sorciers*, Paris. ed. RMN et CTHS (documents préhistoriques, no. 9), 167 p.173 figs.

Jelinek, J. 1975: *The Pictorial Encyclopedia of The Evolution of Man*. Hamlyn, London.

Kajiwara, H. 2008: Microlithization in Eurasia a brief review on the microblade reduction technology and its significance as a behavioral threshold of the modern humms, 東北福祉大学研究紀要, No.32, pp.207-234, Sendai.

Killackey, K. 2017: A Day of Archaeological Illustration of Çatalhöyük. Archaeological Media, Day of Archaeology 2017, pp.1-13, Turkey.

Klein, R. G. 1973: *Ice-Age Hunters of the Ukraine*, Univ. of Chicago Press, Chicago and London.

Klima, B. 1954: Palaeolithic Huts at Dolní Věstonice, Czechoslovakia, *Antiquity*, Vol.28, No.109, pp.4-14, Cambridge Univ.

Klíma, B. 1955: Vysledki archeologického vyzkumu na táboristi lovcu mamutu v Petrkovicich okr. Ostrava v roce 1952 a 1953, *Tchasopis Silezského musea*, IV, pp.1-34.

Klíma, B. 1957: Ubersicht über die jüngsten paläolitischen Forschungen in Mahren, *Quartär*, IX, Bonn.

Kousser R. M. 2005: Creating the Past: The Venus de Milo and the Hellenistic Reception of Classical Greece. *American Journal of Archaeology*, Vol.109, No.2, pp.227-250.

Krpyanko, A. A. and Tabarev A. B. 1996: Grafika i plastika v iskusstvye kamennogo beka Dal'nego Bostok. *Gumanitarnye nauki v Sibiri*. No.3, s.68-72, Novosibirsk.

Kuzumin, Y. V. 2003: The emergence of pottery in the Russian Far East: geoarchaeological approach.『東アジアにおける新石器文化の成立と展開』國學院大學 21 世紀 COE プログラム国際シンポジウム予稿集, 75-86 頁, 東京。

Laboratoire de Préhistoire du Musée de L'Homme et Musée des Antiquités Nationales de Saint-Germain-en-Laye 1984: *Art et Civilisations des Chasseurs de la Préhistoire* 34000-8000 ans av. J.-C.

Ladier, E. 1992: La Vénus du Courbet. *L'Anthropologie*, Tom. 96, No.2-3, pp.349-356.

Lalanne, G. 1911: Découverte d'un bas-relief à représentation humaine dans les fouilles de Laussel, *L'Anthropologie*, XXII, 3.

Lalanne, G. 1912: Bas-relief à figuration humaine de l'abri sous roche de «Laussel» (Dordogne). *L'Anthropologie*, XXIII, 2.

Lalanne, G. et Bouyssonie, J. 1946: Le gisement paléolithique de Laussel. *L'Anthropologie*, Tom. 50, pp.1-163.

Lambert, G. und Welte, A.-C. 1992: L'Art mobilier de l'abri de Fontalès (T. et. G.) Nouvelles observations. *L'Anthropologie*, Tom. 96, pp.245-318.

Langard, D. 2014: Une statuette vieille de 23.000 ans découverte à Amiens. htttps://culturebox.francetvinfo.fr/patrimoine/une-statuette-vieille-de-23000-ans-decouverte-a-amiens-206542.

Leroi-Gourhan, A. 1964: *Les religions de préhistoire*, Presses Universitaires de France, Paris.

Leroi-Gourhan, A. 1968: *The Art of Prehistoric man in Western Europe*. Thames and Hudson, London.

Lorblanchet, M. u. Welte, M.-C. 1987: Les Figurations Féminines stylisées du Magdalénien supérieur du Quercy. *Bulletin de la Société Préhistoire. des Études du Lot* 3, pp.3-57. ＊

Marshack, A. 1972: *The Roots of Civilisation*, New York.

Marshack, A. 1991: The Female Image : 'Time-factored' Symbol. A Study in Style and Aspect of Image Use in the Upper Palaeolithic. *Proceedings of the Prehistoric Society*, Vol.57, Part 1, pp.51-64.

Mauser, P. F. 1970: Die jungpaläolithische Höhlenstation Petersfels im Hegau (Gemarkung Bittelbrunn, Lkr. Konstanz) mit einem Beitrag von K. Gerhardt. Bad. Fundeber. Sonderh. 13, Freiburg. ＊

Movius, Jr. H. L. et Vallois, H. V. 1959a: Crâne proto-magdalénien et Venus du Périgordien final trouvés dans l'abri Pataud, les Elyses (Dordogne). *L'Anthropologie*, Tom. 63, No.3-4.

Movius, Jr. H. L. et Vallois, H. V. 1959b: La figure féminine en bas-relief du Périgordien final, *L'Anthropologie*, Tom. 63, No.3-4, pp.228-232.

Movius, Jr. H. L. (ed.) 1977: *Excavation of the Abri Pataud, les Éyzies (Dordogne)*. American School of Prehistoric Research, Peabody Museum, Harvard University, Bulletin No.31, Cambridge Mass.

Müller-Beck, H. und Albrecht, G. (Herausgegeben) 1987: *Die Anfänge der Kunst vor 30000 Jahren*. Konrad Theiss Verlag, Stuttgart.

Müller-Karpe, H. 1966: *Handbuch der Vorgeschichte*. Band I, Altsteinzeit. C.H.Beck, München.

Murdock, G. P. 1937: Comparative Data on the Division of Labor by Sex. *Social Forces*, Vol.15, pp.551-553

（1965 *Culture and Society*, pp.308-310, University of Pittsburgh Press, Pittsburgh）.

Mussi, M. 2001: *Ealiest Italy, An Overview of the Italian Paleolithic and Mesolithic*. Kluwer Academic／Plenum Publishers, New York.

Mussi, M. 2012: Les 〈Vénus〉 du Gravettien et de l'Épigravettien italien dans un cadre européen, *L'art pléistocène dans le monde*, Actes du Congrès IFRAO, Tarascon-sur-Ariège, septembre 2010-Symposium 〈Art mobillier pléistocène〉, N° special de Préhistoire, Art et Société, *Bulletin de la Société Préhistorique Ariege-Prénées*, LXV-LXVI, CD: 499-511.

Mussi, A., Coltorti, M., D'errico, F., Mussi, M., Zampetti, D. 1997: La "Venere" di Tolentino el Pionieri Della Ricerca Archeologica, *Origini*. 10 XXI, pp.23-65.

Nishiaki, Y. and Le Miere, M. 2005: The oldest Pottery Neolithic of Upper Mesopotamia: New evidence from Tell Seker al-Aheimar, the Upper Khabur, Northeast Syria. *Paleorient*, Vol.31, No.2, pp.55-68.

Okladnikov, A. P. 1941: Statuette paléolithique de Buret' (fouilles de 1936). *Matériaux et recherches sur l'archéologie d'URSS*, Ⅱ, Moscou-Léningrad, pp.104-108.

Okladnikov, A. P. 1960: Statuettes fémines paléolithiques de Buret'. *Matériaux et recherches sur l'archélologie d'URSS*, LXXIX, Moscou-Léningrad, pp.281-288.

Osborn, H. F. 1915: *Men of the Old Stone Age*. 3 rd edition, Charles Scribner's Sons, New York.

Otte, M.（dir.）2013: *Les Gravettiens*, Éditions Errance.

Pales, L. 1972: Les ci-devant Vénus stéatopyges aurignaciennes. Santander（Simposium Internacional de Arte Rupestre, discussion des idées de Leroi-Gourhan sur le style des statuettes）.

Pales, L. et Tassin de Saint-Péreuse, M. 1976: *Les gravures de La Marche. Les humains*. Éditions Ophrys, Paris. ＊

Pales, L. et Tassin de Saint-Péreuse, M. 1979: L'Abri Durif à Enval（Vic-Le-Comte, Puy-de-Dôme）. *Gallia Préhistoire*, 22, pp.113-142.

Peters, É. 1930a: Die Kunst des Magdalénien von Peterfels. *Jahrbuch für Prähistorische & Ethnographische Kunst*. T. 6, pp.1-6, Berlin. ＊

Peters, É. 1930b: *Die altsteinzeitliche Kulturstätte Peterfels*, Benno Filser, Augsburg. ＊

Pidopličko, I. G. 1976: *Meziričskie žlišča iz kostej mamonta*, Kiev. ＊

Piette, É. 1895: La Station de Brassempouy et les Statuettes Humans de la Periode Glyptique. *L'Anthropologie*, Tom. 6, pp.129-151.

Piette, É. 1902: *Gravures su Mas d'Azil et statuettes de Menton*. Paris（*Bull. Société d'Anthropologie de Paris*, Tom. 3）.

Pitulko, V. V., Pavlova, E. Y., & Nikolskiy P. A. 2015: Mammoth ivory technologies in the Upper Palaeolithic: A case study based on the materials from Yana RHS, Northern Yana-Indighirka lowland, Arctic Siberia, *World Archaeology*, Vol.47, No.3, pp.333-389.

Polikarpovich, K. M. 1940: Ravoty po issledvaniiu peleolita i epipaleolita v BSSR i Zapadnoi oblasti v 1933-35 gg. *Sovetskaya Arkheologiya*, No.5, s.81-87, Moskva-Leningrad.

Praslov, N. D. 1993: Eine neue Frauenstatuette aus Kalkstein von Kostenki Ⅰ（Don, Russland）. *Archäologisches Korrespondenzblatt*, Jah. 23, Heft 2, pp.165-173, Mainz.

Praslov, N. D. und Rogačevr, A. N.（Hrsg.）1982: *Paleolit Kosten-Kovsko-Borščevskogo rajona na Donu, 1879-1979*, Nauka, Lenigrad. ＊

Rasmussen, S. O., Andersen, K. K., Svensson, A. M., Steffensen, J. P., Vinther, B., Clausen, H. B., Siggaard Andersen, M. L., Jhonsen, S. J., Larsen, L. B., Dahl Jensen, D. Bigler, M., Royhlisberger, R.,

Fischer, H., Goto-Azuma, K., Hansson, M. E. and Ruth, U. 2006: A new Greenland icecore chronology for the last glacial termination. *Journal of Geophysical Research*, No.111 (6), Doi: 10.1029/2005JD 006079.

Reinach, S. 1898: *Statuette de femme nue découverte dans une grotte de Menton. L'Anthropologie*, Tom. 9, Paris.

Rivière, H. 1887: *Paléonthnologie, De l'antiquité de l'homme dans les Alpes-Maritimes.*

Rousot, A. (dir.), 2001: *Discovering Perigord Prehistory*. Editions Sud Qouest.

Saint-Perier, R. 1922: Statuette de femme stéatpyge découverte a Lespugue (Haute-Garonne). *L'Anthropologie*, Tom. 32, pp.361-381, Paris.

Sato, T., Hashimoto M., Abe, Y., Ando, H. 2015: Rediscovery of the oldest dog burial remains in Japan. *Anthropological Science*, Vol.123, No.2, pp.99-105, Tokyo.

Schild, R. 2011: Wilczyce, un campement de chasseurs du Magdalénien supérieur en Pologne centrale. *Mille et une femmes de la fin des temps glaciaires*, pp.120-131, Grandpalais Musée national de Préhistoire, Paris.

Schmid, E. 1964: Eine neu erkannte paläolithische Frauenstatuette vom Petersfels bei Engen (Baden), *Studien aus Alteuropa* I, pp.45-49, Köln.

Schwab, C. 2008: *La Collection Piette*, Musée d'Archéologie nationale château de Saint-Germain-en-Laye, Paris.

Semenov, S. A. (trasl. by Thompson, M. W.) 1964: *Prehistric Technology*. Cory, Adams & Mackay, London.

Shovkopliyas, I. G. 1972: Dobranichevskaya Styanka na Kievchine. *Paleolit i Neolit SSSR*, Vol.7, *MIA*. No.185, c.177-188, Nauka, Leningrad.

Sieveking, A. 1995: L'art des plaquettes de schist de la vallee de la Loire, *L'art Préhistorique*, No.209, pp.86-91, Éditions Faton, Dijon.

Soffer, O. 1986: Radiocarbon accelerator dates palaeolithic sites in European U.S.S.R. Gowlett, J. A. u. Hedges, R.E.M. (Hrsg.), *Archeological Results for Accelerator Dating*. pp.109-115, Oxford.

Soffer, O. 1987: Upper Paleolithic Columbia, Refugia, and the Archaeological Record from Eastern Europe. *The Pleistocene Old World*, pp.333-348,

Sovkoplias, I. G. 1965: Mezinskaya Stoyanka. Kiev.

Stuiver. M., Grootes, P. M. and Braziunas, T. F. 1995: The GISP 2 delta 180 climate record of the past 16500 years and the role of the sun, ocean and volcanoes. *Quaternary Research*, Vol.44, pp.341-354.

Svoboda, J. A. 1991: Neue Erkenntnisse zur Pekarna-Höhle im Mährischen Karst. *Archäologisches Korrespondenzblatt*, 21, pp.39-45. ＊

Svoboda, J. A. (ed) 2008 : Petřkovice, On Shouldered Points and Female Figurines. *The Dolní Věstnice Studies*, Vol.15, Academy of Sciences of the Czech Republic, Institute of Archaelogy at Brno, Brno.

Svoboda, J. A. 2008: Upper Paleolithic Female Figurines of Northern Eurasia. (Svoboda ed.) Petřkovice, On Shouldered Points and Female Figurines, *DVS*, Vol.15, pp.193-223, Brno.

Svoboda, J. A., Ložek V., Svobodová H. and Skrdla, P. 1994: *Předmostí after 110 years'*, Journal of Field Archaeology, vol. 21 (4), pp.457-472.

Texier, J.-P. et Delpech, F. 2011: Les paléoenvironnements de la Grande Européenne au Tardiglaciaire, *mille et une féminines de la fin des temps glaciaires*. pp.17-29, Grand Palais Musée national de

Préhistoire, Paris.

Toepfer, V. 1965: Drei spätpaläolithische Frauenstatuetten aus dem Unstruttal bei Nerba, Fundber. *Schwaben* 17, pp.103-111. ＊

Tolksdorf, J. F., Fross, H. and Kraft, I. 2016: From France to Saxony-Painted pebbles from Le Mas d'Azil（Ariège）in the archaeological collections from Saxony, *PALEO*, 27.

Ulmer Museum, Wehrberger, K. 2013: *The return of the Lion Man, History Mith Magic*, Urmer Museum, Urm.

Valentin, B. 2011: Quand les courants magdaléniens traversaient l'Eorope, *mille et une femmes de la fin des temps glaciaires*, Grandpalais.

Valoch, K. 1978: Eine gravierte Frauendarstellung aus der Býci-skalá-Höhle in Mähren. *Anthropologie* 16, pp.31-33.

Valoch, K. and Lázničková-Galetová, M.（eds）2009: *The Oldest Art of Central Europe*, Brno, p.99.

Vandiver, P. B., Soffer, O., Klima, B. and Svoboda, J. 1989: The Origins of Ceramic Technology at Dolni Věstnice, Czechoslovakia, *Science*, Vol.246, No.4933, pp.1002-1008.

Vandiver, P. B., Soffer, O., Klima, B. and Svoboda, J. 1990: Venuses and Wolverines: The Origins of Ceramic Technology, ca.26,000 B.P, *The Changing Roles of Ceramics in Society*: 26,000 B.P. to the Oresent. pp.13-31, The American Ceramics Society Inc., Ohio.

Vasil'jev, S. A. 1985: Une Statuette D'argile Páleolithique de Siberie de Sud. *L'Anthropologie*, Tom. 89, pp.193-196, Paris.

Vasil'jev, S. A. et Ermolova, N. M. 1983: Majninskaya stoyanka-novyj pamyatnik paleolita Sibiri. *Peleolit Sibiri*, s.65-75, Novosibirsk.

Vibraye, M. 1884: *L'Ancienneté de homme*. Paris. ＊

Volkov, 1912: Nouvelles decouvertes dans la station paleolithique de Mezine（Ukraine）. *Congres international d'anthropologie et d'arehéologie*, Compte rendu de la XIV session, p.415, Geneva. ＊

Wagner, E. 1984: Eine Frauenstatuette aus Elfenbein vom Hohlenstein-Stadel im Lonetal, Gemeinde Asselfingen. *Arch. Korrbl.* 14, pp.357-360. ＊

Weber G. W., Lukeneder, A., Harzhauser, M., Mitteroecker, P., Wurm, L., Hollaus, L.-M., Kainz, S., Haack, F., Anti-Weiser, W. and Kern, A. 2022 : The microstructure and the origin of the Venus from Willendorf. *Scientific Report*, Vol.12, No.1, pp.1-10.

Zamyatnin, S. N. 1935: Raskopki u s. Gagarina. *Paleolit SSSR*, Moskva-Leningrad. ＊

Zilhão, J. 2007: The Emergence of Ornaments and Art : An archaeological Perspective on the Origins of "Behavioral Modernity". *Journal of Archaeological Research*, Vol.15, pp.1-54.

Zotz, L. 1955: *Das Paläolithikum in den Weinberghöhlen bei Mauern*. Bonn（Quartär-Bibliothek, no.2）. Gemeinde Asselfingen. *Arch. Korrbl.* 14, pp.357-360. ＊

ヨーロッパ・ロシアの文献については，目を通すことができなかったものが少なからずあったけれども，必要文献として＊を付し，掲出しておいた。

あ と が き

　私が旧石器時代の女性小像に関心をもつようになったのは，木村重信さんの『原始美術論』（1959 年）を手にした 1962 年夏，大学 1 年生の時までさかのぼる。愛媛県上黒岩岩陰の石偶すなわち女性小像の発見を新聞紙上で知ったのも，この年の秋であった。その後 1975 年春に参加した長野県野尻湖立ガ鼻遺跡の発掘で「野尻湖ヴィーナス」すなわち先端に挟りの入ったナウマンゾウの牙破片に遭遇し，人工品か「象工品」かをめぐって井尻正二さんのつよい主張もあり，長い間，悩んだ［春成 1990, 2007e］。さらに 1992 年秋にはドイツで資料調査中の小野昭さんの案内でノイヴィート市にあるゲナスドルフ遺跡を訪ね，モンレポーの氷河時代考古学博物館でゲルハルト・ボジンスキーさんから女性像を線刻したスレート板を見せてもらい，そのあまりにも繊細なタッチに感嘆したことがあった。しかし，これらのささやかな体験だけでは，手持ち資料のない私が，ユーラシアの旧石器時代「ヴィーナス」の世界に足を踏み入れることにはならなかった。上黒岩石偶を手にとって見る機会もあったけれども，「縄文時代初めの線刻礫」という用語は，私の思考を日本列島の内に閉じ込める役割を果たしていた。

　その後，2004 年にいたって，未刊であった上黒岩岩陰遺跡の発掘調査報告書をまとめる機会が突然訪れた。私は石偶の報告を担当することにしたので，同時代のヨーロッパ，ロシア平原の女性小像と正面から向き合わざるを得なくなった。上黒岩石偶とユーラシアの後期旧石器時代の女性小像との比較研究を試みた報告書は 2009 年に完成した（『国立歴史民俗博物館研究報告』第 154 集，本書第Ⅰ部第 2 章の初出）。しかし，ユーラシアのそれについての認識が浅かったので，その後も未知の資料を求めつづけた。ユーラシアの女性小像に関しては，その形態を総覧できるような集成図がなかったので作成し，編年といえるものも存在しなかったので試み，使用法などについても考察した論文を 2012 年に発表した（『国立歴史民俗博物館研究報告』第 172 集，本書第Ⅱ部第 2・3 章の初出）。それでも，まだ女性小像に対する関心を失うことはなかった。

　本書は，その後の女性象徴に関する私の研究の結果を踏まえて，既発表の論考 2 篇を大幅に補訂し，集成図に未収載の女性小像の図，女性絵画など女性象徴の図および男性象徴の図を追加して一書にまとめたものである。しかし，私が実際に観察した関係資料はごく少数の実物と複製品にすぎず，既往の研究については一部の文献を瞥見したにとどまる。また，本書に付けた図は，既発表の図を，写真を見ながら修正したものや，写真から起こしたものもある。ヨーロッパ・ロシアの諸研究者の論著に掲載されている図は，製図の原則にもとづいていないことが普通であって，正面図・側面図・背面図の相互間に矛盾が目立つ不正確な図が多い。加工の状態や線刻の表現もあいまいである。そのような図を実物を手にすることなく修正することは至難であって，私としては満足のいくものになっていない。

　女性小像は，洞窟壁画や動物小像・線刻画などと合わせ，後期更新世に登場した新人ホモ・サ

ピエンスによる象徴行動を証明する遺物の一部である。この分野の研究では，女性小像だけでなくその他の考古資料まで対象を広げて，ユーラシア諸国を訪ねて，実物を観察し正確な実測図の作成と 3D 計測をおこない，諸言語で書かれた 19 世紀以来の膨大な量の著書・論文・報告書を精読したうえで論考をまとめることが理想である。しかし，それは，女性小像の正確かつ妥当な年代の決定，3D の解析技術を駆使して形態の正確な認識と分析・比較，製作痕・使用痕の高精度の観察と分析・比較，出土状況の正確な把握と分析，材料にしている石灰岩・方解石・凍石などの産地の探索など，基礎的な調査から出発するような遠大な構想をもつプロジェクト研究として，適当な方々にこれからやっていただくほかない。

本研究にあたって資料の教示・調査等でお世話をいただいた小野昭，木村英明，工藤雄一郎，小林謙一，佐野勝宏，清水芳裕，中園聡，仲田大人，西秋良宏，平川ひろみ，松尾登史子，綿貫俊一，サイモン・ケイナー，ロラン・ネスプルスさんの皆様にお礼申し上げる。英文要旨を作成して下さった水山昭宏さんにも深謝する。また，上黒岩岩陰遺跡を世に出した竹口義照，竹口渉，森岡俊一さん，発掘調査を実施された西田栄，江坂輝弥，岡本健児，小片保さんらの研究者，報告書の作成に尽力された小林謙一，橋本真紀夫，矢作健二，綿貫俊一，中橋孝博，岡崎健治，姉崎智子，佐藤孝雄，兵頭勲，遠部慎さんらの研究者，ならびに発掘調査を支え報告書の完成を誰よりも喜んでいただいた木下久敬さんほか旧・美川村の関係者に敬意と謝意をあらわす。

本書『始原のヴィーナス 旧石器時代の女性象徴』を，少年時代以来，私の考古学研究を教導，援助していただいた先学・同学の方々，ならびに戦後の苦しい時期に私を育ててくれた亡き父母，2014 年秋に自宅を訪ねた時は元気だったのに，その後亡くなられた旧・美川村村長の木下久敬さん，そしてこの書に目を通して下さる方々に捧げる。

　　　2022 年 2 月 10 日　サラの 7 歳の誕生日に

　　　　　　　　　　　　　　　　　　　　　　　　　　　　　　春 成 秀 爾

本書の仕上げにかかっている 2022 年，2 月 24 日，プーチン大統領の主導のもとロシア軍がウクライナ共和国に一方的に侵攻し，自国の領土にしようとする戦争を今もつづけている。本書でたびたび取りあげたメジン遺跡やメジリチ遺跡は，ウクライナ共和国にある。ここまで市街地が破壊され住民の殺戮が繰り返され，大量の難民を出すと，学問研究などは存在する余地がなくなる。一刻も早くロシア軍が撤退し，ウクライナの地と人々に平和が戻り，再建の道が開かれることをコスチョンキやメジンの「ヴィーナス」に代わって祈るばかりである。

本書は，長い眠りからさめた「ヴィーナス」である。孫娘サラの 1 歳の誕生日記念に上梓したいと思って文章は書いていたのに，付図の作成が遅れに遅れて 9 歳の誕生日も過ぎてしまった。サラちゃん，遅くなってごめんね。

本書の初校に目を通し，適切な助言をいただいた小野昭，木村英明，中園聡さんの長い間の交誼に心から感謝する。

本書の刊行をもって私の佐倉・東京時代は終わる。次の仕事は再び岡山で進めたい。

　　　2024 年 7 月　東京にて

Abstract

Palaeolithic Female Images

Hideji HARUNARI

Professor Emeritus, National Museum of Japanese History

1. Outline of This Book

"Introduction: In Search of the Origin of Venus" describes the setting of this theme and the circumstances of the research.

The starting point of this study is the description and analysis of 13 female figurines in "The Female Symbol of Kamikuroiwa". The figurines are made of green schist or crystal schist with incised lines, dated to the end of the Late Pleistocene, 14,500 years ago, excavated from the Kamikuroiwa rock shelter site, Kumakogen town, Ehime Prefecture, Japan (lat. 39° 39' N, long. 132° 54' E, 400 m above sea level).

"Part 2: Palaeolithic Female Figurines" describes female figurines, pictures, and symbols of female genitalia, as well as male pictures and symbols of male genitalia from the Late Palaeolithic in Eurasia, dividing them into the first half of the Late Palaeolithic and around the end of the same period. An attempt is then made to formulate a genealogy and a typo-chronology of about 320 small female figurines which have been found so far.

The significance of female symbols in the Palaeolithic period is discussed in the last section of this book: "What were Female Symbols in the Palaeolithic?".

Finally, "Compilation of Palaeolithic Female Symbols" illustrates the Palaeolithic female and male symbols the author has learned about worldwide.

The conclusions of the above work are as follows.

2. Distribution and Datings of female symbols

In Eurasia, small Palaeolithic female figurines were roughly chipped from mammoth tusks or limestone, then scraped or carved using end-scrapers and gravers, and in many cases polished to finish. Some were formed in clay (Dolni Vestonice, and Pavlov in the Czech Republic) and fired (Maininskaya in Siberia, Kayumi-Ijiri and Aidani-Kumahara in Japan). These were developed in the first half of the Late Palaeolithic during the Last Glacial Period of the

Pleistocene (ca. 43,000–24,000 years ago), followed by the colder phase around the end of the Late Palaeolithic (ca. 20,000 – 12,000 years ago).

Female figurines from the first half of the Late Palaeolithic were found at Kostenki 14 (Markina Gora) in the Russian Plain, 43,000 years ago; at Hohle Fels, Germany, 40,000 – 36,000 years ago; at Brassempouy, France, 34,000–36,000 years ago. These belong to different lineages. The female figurines later diffused to Mal'ta in Siberia. Their distribution is limited to the cold regions between lat. 40° – 55° N and has not spread to Africa, West Asia, South Asia, or Southeast Asia.

The small female figurines reappeared around the end of the Late Palaeolithic, and their distribution spread not only to the above-mentioned regions but also to the Levant and Japan. The most notable Late Palaeolithic female figurines are the Gönnersdorf Type from Germany, the Mezin Type from Ukraine, the Maininskaya Type from Siberia, the Kamikuroiwa Type from Japan, and the El Wad Type from the Levant. Their distribution ranges from lat. 37° – 55° N, expanding slightly to the south. In the case of Kamikuroiwa, it is located at lat. 33° 39' N, which is the southern limit.

In Japan, 13 figurines made of green schist were excavated from stratum 9, Kamikuroiwa, Ehime Prefecture (ca. 14,500 years ago), 2 clay figurines from Kayumi-Ijiri, Mie Prefecture (ca. 14,000 – 13,000 years ago), and 1 clay figurine from Aidani Kumahara, Shiga Prefecture (ca. 13,000 years ago). These sites are dated to the Incipient Jomon Period because they are accompanied by potteries, but the dating is concurrent with the end of the Late Palaeolithic Period. Japan, located between lat. 33° – 35° N, is an exception in the distribution of these remains, and the suggestion that they are of Eurasian in origin is negative because there are no examples from intermediate regions. There is a strong possibility that both stone and clay products of female figurines in Japan were produced within the Japanese archipelago. In other words, stone figurines were created in the Shikoku region, where the only lithic one in Japan was excavated at the Kamikuroiwa rock Shelter, and clay ones were created in the Kinki region. The fact that both the female figurines from the first half of the Late Palaeolithic and those from the end of the Late Palaeolithic period come from different lineages, and that they continue to follow their own lineages, suggests that the female figurines were created in a pluralistic manner in different regions and at different times.

3. Uses of Female Figurines

Female figurines from the first half of the Late Palaeolithic are usually small, ranging from 5 cm to 15 cm in height. The figurines emphasize the ample breasts, swollen abdomen, and female genitalia, and can be considered to represent a pregnant woman. The breasts are low and sagging close to the abdomen and buttocks, resulting in a symmetrical spindle shape in terms of top and bottom, left and right, and front and back, which is morphologically distinctive. This shape is suitable for clasping with the palm of the hand.

On the other hand, the female figurines of the Latest Palaeolithic are smaller than those of the first half of the period, with a lower height and mostly small objects ranging from 3 cm to 10 cm in height. The main feature of the form is the emphasis on the side view shape of the female body, and the representation of breasts and genitalia is not essential in Europe. In the Russian plain, there is no representation of breasts, but only of genitalia. There are also many examples without an abdominal bulge. In terms of chronology, the image of a pregnant woman is following a process of symbolic encoding. The Kamikuroiwa example corresponds to this.

Perforated cowries were excavated from the stratum 4 of the Kamikuroiwa rock shelter (ca. 11,000 years ago). In Okinawa, Japan, it was customary for pregnant women to clasp a cowry shell during delivery until the 20th century. Cowry was symbolic of the vulva, or birth canal. In Europe, cowries have been found at the Arcy sur Cure (ca. 35,000 years ago) and in the Grotte d'Enfant in Grimaldi.

Fecundity and postnatal growth are the most important conditions for human survival in extremely cold climates. I assume that the small female statuette, with its emphasis on the breasts and vagina, was a fetich for pregnant women to hold in their hands during childbirth.

4. Crafters of Female Figurines and Drawers of Female Images

Female figurines from the first half of the Late Palaeolithic period, as is typical of Hohle Fels, Willendorf, and Lespugue, show a remarkable display of breasts and female genitalia. In other words, they have a form that emphasizes the physical characteristics and functions of the female body.

Most of the materials used for female figurines are mammoth tusks, but a few of them are precious or rare stones brought from remote areas such as calcite from Sireuil, green or yellow steatite from Grimaldi, oolite from Willendorf, and serpentine from Savignano. These stones were probably acquired during hunting or distant exchange trips and were found and brought back by men to produce female symbols, who were almost intuitively sensitive to the physical characteristics of women.

In contrast, female figurines of the end of the same period, as is typical of the Gönnersdorf type, do not have prominent representations of breasts or female genitalia, but only of the buttocks, and the abstraction of the female figure is remarkable. The Mezin type also has only representations of female genitalia and no representation of breasts. At the Zaraysk site in Russia, both female and bison statuettes weree found. The female figurine has no representation of breasts and does not emphasize femininity, while the bison statuette is extremely realistic. At the Gönnersdorf site, a number of line drawings of women and beasts incised on slate slabs were found. The representations of females are abstract and simplified, while those of animals are realistic and detailed. These facts may suggest that at the end of the Late Palaeolithic, women were involved in the production of female figurines and drawings, while men were involved in the production of animal figurines and drawings.

5. Significance of Female Figurines

Late Palaeolithic female figurines represent pregnant women. If men were responsible for the processing of mammoth tusks, limestone, flint, and green schist, for making stone and bone tools, and for hunting, men cooperated by building female figurines, maternity houses and dwellings to help women conceive, give birth, and raise children. Men's activities such as hunting and traveling long distances to obtain materials for stone tools probably played a major role in the emergence and spread of female figurines.

The formation of Palaeolithic female figurines coincides with the spread of *Homo sapiens*, modern humans who originated in Africa, to the high latitudes of northern Eurasia, and is a cultural device that *Homo sapiens* created to adapt to the cold climate. And it is a good indication that in the Palaeolithic period, childbearing was one of the collective actions of male-female cooperation.

アンリ・マティス「青の裸婦」切絵
1952 年（春成模写）

索　引

【事　項】

あ行

相谷熊原遺跡（滋賀）の土偶　185-188, 326
アイベックス（野生ヤギ）　202, 213, 252
　　──の小像　359, 361
　　──に仮装した男性　353
アヴジェーエヴォ遺跡（ロシア）
　　──の女性小像　86, 120, 132-135, 316-317
　　──の羽状文線刻牙　346
　　──のマンモス・ライオンの小像　364
　　──のマンモス指骨製小像　330
赤御堂貝塚（青森）の土偶　328
朝倉遺跡（千葉）の土偶　328
アジル期　85, 231, 245-247
足輪　228-229, 269
　　──を着けた妊婦　269, 314
アッドーラ洞窟（イタリア）の線刻画　81
穴神洞洞窟（愛媛）　272, 274
　　──のオオツノジカの化石　24
　　──のタカラガイ　53, 76, 351
アナトリア（トルコ）の土偶　329
アブリ=パトー（フランス）　→　パトー岩陰
アフロディテ　3-4
アルシィ=シュール=キュール洞窟（フランス）の
　　タカラガイ　71, 351
アルタミラ洞窟（スペイン）の女性線刻壁画
　　219-220, 333, 356
アルディ洞窟（フランス）のウマの小像　358
アングル=シュール=ラングラン　→　ロック=
　　オー=ソルシエ洞窟
アンデルナハ遺跡（ドイツ）
　　──の女性小像　56, 58, 162-164, 322-323
　　──の女性線刻石板　225, 340-341
アンファー洞窟（フランス）の男性器線刻の有孔棒
　　252, 354
威信財　75
イストゥリッツ洞窟（フランス）

　　──の垂飾り　350
　　──の男性線刻画　352
　　──のクマ・バイソン・マンモス・ライオンの小像　358, 360
　　──の妊婦の線刻骨板　228-229, 344
　　──の女性器線刻の有孔棒　349
　　──の笛　262
イヌ　24-25, 290
イノシシ　24, 28
　　──の小像　362
イリアス　5
岩陰　21, 23, 294, 299
岩戸遺跡（大分）の石偶　319
陰毛　48, 62-65, 182
陰門　104, 109, 242-243, 248, 302
陰裂　61, 63, 65, 107, 152, 155, 207, 237, 242,
　　247-248, 253, 255, 302, 304
ヴァインベルク洞窟（ドイツ）の女性小像　107,
　　109, 310
ヴァシュ洞窟（フランス）の男性象徴の線刻棒
　　368
ヴィーナスと女性小像　3-5, 8
「ヴィーナス誕生」　3-4, 285
ヴィーナス　→　女性小像
ヴィルチッツェ遺跡（ポーランド）のフリント製女
　　性小像　167-168, 324
ヴィレンドルフ遺跡（オーストリア）の女性小像
　　109-110, 311
上野原遺跡（鹿児島）の土偶　328
ウクライナの女性小像　169-180
羽状文
　　──の意味　61-65, 148, 179, 234, 244
　　上黒岩岩陰の──　46, 49, 257
　　──の線刻棒　45, 255, 257
　　プシュドモスチの──　206-207, 210
　　メジンの──　173, 175, 260
後ろ手出産　114
ウスチ=コヴァ遺跡（ロシア）のマンモスの小像
　　363
腕輪　110, 123, 129, 148, 228, 269-270, 293,

299-300

　　——を着けた妊婦　　229-230, 269

産屋　→　産所

ウマ（馬）　　155, 213, 243, 252, 267

　　——の小像　　80, 358-361, 365

ウーライト　→　魚卵状石灰岩

ウルビーノのヴィーナス　　215, 236

エジプトのフリント製ナイフ　　286

エリセーエヴィッチ遺跡（ロシア）

　　——の女性小像　　318

　　——の線刻牙　　347

　　——のマンモスの小像　　363

エル＝カスティーヨ洞窟　→　カスティーヨ洞窟

エルクニッツ遺跡（ドイツ）

　　——の女性小像　　321

　　——の女性器線刻画　　334

　　——の男性器象徴　　354

エル・ワド洞窟　→　ワド洞窟

王子山遺跡（宮崎）の土器　　30

大平山元 I 遺跡（青森）の無文土器　　19, 30, 272

屋舎図形（テクティフォルム）　→　住居の絵画

押型文土器　　22-23, 29, 32, 37-38, 189

オシュルコヴォ遺跡（シベリア）の垂飾り　　238, 350

オーストリアのヘビを線刻した垂飾り（ガラガラ楽器？）　　363

大鼻遺跡（三重）の土偶　　188, 326

オーリニャック期

　　——の年代　　85

　　——の石器　　88

オーロクス（原牛）　　200, 202, 213, 221, 252

　　——の小像　　361

温暖期　　21-23, 31, 36

か行

ガイセンクレステレ洞窟（ドイツ）

　　——の女性像　　144, 146, 310

　　——の笛　　262

　　——のクマ・マンモスの小像　　357

海戸遺跡（長野）の土偶　　328

ガガーリノ遺跡（ロシア）の女性小像　　131-133, 316

餓鬼草紙　　293-294

カスタネ洞窟（フランス）の女性器線刻画　　334

カスティーヨ洞窟（スペイン）

　　——の住居壁画　　125

　　——の女性器線刻画　　123, 334

金堀遺跡（千葉）の土偶　　327

庚塚遺跡（千葉）の土偶　　65, 191, 328

ガビユー洞窟（フランス）

　　——の出産女性線刻画　　83, 213-214, 217

　　——のバイソンに仮装した男性壁画　　353

カプアのヴィーナス　　7

カブーシュ婦人　　96-98, 146, 274

カポヴァ遺跡（ロシア）の動物小像　　363

髪　　97-99

上黒岩岩陰（愛媛）　　10-76, 182, 191, 195, 246-258, 271-272, 296, 298-299, 306

　　——の三角形垂飾り　　51-52, 54

　　——の集団　　23-24

　　——の層序と年代　　22

　　——の石器　　25-28

　　——の石偶　　39-45, 55-69, 274, 305, 326

　　——の線刻棒　　45-47, 49-50, 61, 255, 257-258, 263-264

　　——のタカラガイ（子安貝）　　51, 69, 351

　　——の無文土器　　21-25, 29-30

上黒岩式土器（隆起線文土器）　　28-29

粥見井尻遺跡（三重）の土偶　　70, 183-185, 191, 195-196, 235, 274, 326

刈谷原遺跡（長野）の土偶　　65

ガルケンベルク遺跡（オーストリア）の女性小像　　107, 109, 146, 310

ガルジッツ遺跡（ドイツ）　　87, 166, 321

ガレ＝ド＝クゼ（フランス）の女性線刻石塊　　336

完新世　　19, 24, 35-36, 151

寒冷期　　15, 21-22, 34-36, 85, 295

寒冷地適応　　30, 271, 306

キオッツァ遺跡（イタリア）の女性小像　　90, 106, 311

気候変動　　295

北野天神縁起絵巻　　293

狐森遺跡（青森）の土偶　　328

木の根遺跡（千葉）の土偶　　189-191, 327

キプリオット（キプロス）の土偶　　63

旧石器時代と縄文草創期との関係　　31-32, 35, 37

キュクラデス諸島（ギリシャ）の女性小像　248
キュサック洞窟（フランス）の女性と女性器の壁画
　　335
極東の土器出現　30-31, 271-272
居住域　121-129, 132, 171
魚卵状石灰岩（ウーライト）　110, 311
グイ洞窟（フランス）の女性器線刻画　334
クヴァード　293
クェヴァ=マラン遺跡（フランス）の男性器象徴
　　354
九合洞窟（岐阜）の女性器象徴　238, 350
頸輪　148, 230, 270
　　——を着けた妊婦　344
クマ（熊）　238
クマ（熊）の小像　123, 284-285, 357, 360, 362,
　　365, 368
クマとヒト　238, 253
グラヴェット期
　　——の年代　85
　　——の石器　89
グラヴェット文化の分布　297
クラースヌイ=ヤル遺跡（シベリア）の女性小像
　　325
グリマルディ洞窟群（イタリア）
　　——の女性小像　102-106, 310
　　——のアンファン洞窟のタカラガイ　71, 103
　　——のバルマ=グランデ洞窟の女性小像
　　102-106, 302-303, 310
　　——のプランス洞窟の女性小像　104-105, 310
グールダン洞窟（フランス）
　　——の女性小像　158, 321
　　——の男性線刻の有孔棒　352
クールベ洞窟（フランス）
　　——の女性小像　157, 321
　　——の女性線刻の石皿　342
　　——の魚と女性器を彫刻した骨　368
黒島貝塚（岡山）　37-38
黒のヴィーナス　113-114
芸術　79-80
芸術遺構　82
芸術遺物　82
ケスレルロッホ（スイス）の魚の小像　359
ゲナスドルフ遺跡（ドイツ）

　　——の女性小像　159-164, 321-322
　　——の女性器象徴　350
　　——の女性線刻石板　225, 338-339
　　——の男性線刻石板　352
原オーリニャック期の年代　85
現代人的行動　79, 306
後期旧石器時代前半
　　——の女性小像　93-150
　　——の編年　150
　　——の集成図　309-319
　　——の分布図　94, 308
後期旧石器時代前半〜中頃の女性絵画　199-212
後期旧石器時代の時期　85
後期旧石器時代末
　　——の女性小像　153-194
　　——の編年　195-196
　　——の集成図　321-329
　　——の分布図　152, 320
後期旧石器時代末の女性絵画　213-231
　　——の集成図　333-344
　　——の分布図　222
更新世／完新世の境界　19, 35-36, 39-40, 86,
　　151
更新世の動物　24, 222, 267
較正年代　19, 85-87
神並遺跡（大阪）の土偶　189, 327
腰巻　49, 64, 182
腰蓑　48-49, 64, 99, 182
コスチョンキⅠ遺跡（ロシア）
　　——の居住域　120-129, 132
　　——の女性小像　123-124, 126-127, 129, 145,
　　202, 300, 313-315
　　——の女性器象徴　350
　　——の女性器線刻の斧　347
　　——の女性線刻石　343
　　——の動物小像　123, 365
コスチョンキⅡ遺跡の女性小像　315
コスチョンキⅣ遺跡のマンモスの小像　364
コスチョンキⅧ遺跡の出産女性の小像　86, 102,
　　129, 135-137, 148, 194, 197, 315
コスチョンキⅨ遺跡の不明動物の小像　364
コスチョンキⅪ遺跡のクマ・サイ・マンモスの小像
　　366

コスチョンキXIV（マルキナ・ガラー）遺跡の女性
　　小像　　130-131, 144, 148, 267-268, 271, 281,
　　285, 315
コスチョンキ・ボルシチェーヴォ遺跡群　　121
ゴードリ遺跡（フランス）の女性器線刻の馬歯
　　350
琥珀　　177-178
コポヴァ遺跡（ロシア）のライオンの小像　　363
小間子A遺跡（千葉）の土偶　　328
コムバレル洞窟（フランス）の女性線刻画　　218,
　　240, 333
小室上台遺跡（千葉）の土偶　　70, 189, 190-191,
　　327
子安貝（タカラガイ）　　23, 51-54, 69, 71-76,
　　246-247, 351
小山遺跡（千葉）の土偶　　327
ゴルジュ=ダンファー　→　アンファー洞窟
ゴロドクII遺跡（ロシア）の線刻肩甲骨　　62

さ行

彩礫　　71, 76, 81, 83, 155-156, 169, 245-247, 302
サヴィニャーノ遺跡（イタリア）の女性小像
　　83, 102, 104, 117-118, 281, 310
ザライスク遺跡（ロシア）
　　――の女性小像　　86, 120, 131, 134, 136, 144,
　　289, 315, 355
　　　――のバイソンの小像　　355
　　　――の線刻牙　　347
三角形垂飾り　　51-52, 54
三角山I遺跡（鹿児島）の土器　　31
産所　　76, 247, 256, 274, 291, 295, 299, 302-303
サン族（ブッシュマン）の信仰　　256
サン=マルセル洞窟（フランス）
　　　――の垂飾り　　238
　　　――の笛　　262
志風頭遺跡（鹿児島）の縄文草創期土器　　31
志高遺跡（京都）の弥生土器とタカラガイ
　　74-75
実年代　　19, 22, 31, 32, 33, 86
シベリア
　　　――の女性小像　　138-142, 180, 182, 318-319,
　　325
　　　――の動物小像　　366-367

　　　――の土器出現　　30-31, 271-272
地母神　　34, 63, 81, 194, 197
下迫貝塚（広島）の土偶　　65, 98
シャテルペロン文化　→　原オーリニャック期
シャフォー洞窟（フランス）の女性器線刻の骨棒
　　349
蛇紋岩　　40, 43-44, 83, 102, 104, 109, 281,
　　310-311
住居の壁画（テクティフォルム）　　123, 125, 369
宿の台遺跡（千葉）の土偶　　328
出産をあらわす女性小像・線刻画　　101-102, 114,
　　129, 193, 205, 217, 228-230, 248, 269-270, 289,
　　291, 293-296, 298-304, 315, 317
　　　――の日本中世・近世例　　72, 273, 294-295
　　　――の民族例　　72, 263
女陰　→　女性器
ショーヴェ洞窟の女性絵画　　199-200, 331
象徴行動　　79, 81, 199, 262
鍾乳石　　106, 309
縄文草創期の年代　　19, 21-22, 24, 28, 31-32, 35
　　　――の土器　　183, 189-190, 326
　　　――土器の用途　　30-31
　　　――の土偶　　183-185, 188, 191, 326
縄文早期
　　　――の年代　　32, 35, 37
　　　――の土偶　　189, 191, 327-328
縄文中期
　　　――の出産土器　　76
　　　――の土偶　　102, 301
縄文後期の土偶　　63, 65, 98, 102, 303-305
女性絵画　　199, 213-236, 276, 300, 304, 331
女性器　　67, 72, 80, 101, 110, 235, 252-253, 256,
　　258, 263-264, 304
女性器象徴　　82, 84, 155-156, 237-238, 242-243,
　　247, 249, 254-256, 266, 350, 351
女性小像　　8-10, 81-82, 93-150, 151-197, 215,
　　236, 274, 278, 285, 304, 356
　　　――の最古例　　120, 130-131, 267-268
　　　――の起源　　144
　　　――の分布　　94, 308, 320
　　　――の変遷　　117-118, 136-137, 141-142,
　　148-150, 179-180, 191, 194-195, 270
女性象徴　　83

――の研究方法　　84-87, 90, 91

女性線刻画　　82, 90, 153, 176, 276, 206-212, 228, 278-279, 290, 332

ジョリヴェ（フランス）の女性器線刻の骨棒　　349

シルイユ洞窟（フランス）の女性小像　　95, 101-102, 117-119, 281, 309

壬遺跡の土器　　30

新人　→　ホモ・サピエンス

新石器時代　　31-37, 135, 151, 169

陣馬遺跡（群馬）の男性器象徴　　50, 64

鈴木遺跡（東京）の線刻礫　　67

スプーン形牙製品　　84, 211, 245, 348

墨新山遺跡（千葉）の土偶　　328

スンギール遺跡（ロシア）のマンモス・ライオンの小像　　364

性的三角形　　7, 48

性別分業　　287

石偶　→　女性小像

石鏃　　19, 21-22, 24-28, 31, 34, 36-38, 183, 185, 187-188

赤鉄鉱　　110, 112, 311

石灰岩　　101, 200

石器製作　　286-290

石斧　　261

瀬田裏遺跡（熊本）男性器象徴　　37

瀬戸遺跡（和歌山）のタカラガイ　　73

セリエ岩陰（テュルサック，ファクトゥール）（フランス）

　　――の女性小像　　102, 240, 309

　　――の女性器線刻画　　241, 334

浅間台遺跡（千葉）の土偶　　327

線刻棒　　39, 45-51, 61-62, 64, 255, 257-258, 299

掃除山遺跡（鹿児島）の線条礫　　182-183

早水台遺跡（大分）　　23, 37

ソー=デュ=ペロン（フランス）の女性小像　　321

ソハチーノ遺跡（シベリア）　　238

ソリ（橇）　　290

ソリュートレ期　　56, 80, 85, 94, 202, 205, 295-296

ソリュートレ期の石器　　89

ソリュートレ文化の分布圏　　291

た行

帝釈弘法滝洞窟のタカラガイ　　53

帝釈馬渡岩陰のオオツノジカの化石　　24

胎盤　　245

打楽器　　63, 107, 255, 258-261

タカラガイ　→　子安貝

タタ遺跡（ハンガリー）の楕円形牙製品　　68

駄馬崎遺跡（高知）　　28

男性絵画　　90, 353

男性器象徴　　50, 354

男性小像　　90, 97, 112, 193, 249-250, 285, 352, 362

男性象徴　　248-249, 255-256

乳房象徴品　　82-83, 114-115

乳房の機能　　302

チモノフカ遺跡（ロシア）　　170, 177, 179, 244

　　――のスプーン形牙製品　　348

チャタル=ヒュユック遺跡（トルコ）の女性小像と土偶　　194-195, 330

中石器時代　　19, 31-34, 37

泥灰岩

　　――の女性小像　　122-123, 126-129, 144, 313, 314-315, 317-318

　　石材としての――　　281, 285

　　――の女性器象徴　　237

　　――の動物小像　　364-366

テイジャ（フランス）の仮装男性線刻有孔棒　　353

テオゴニア　　3

出口鐘塚遺跡（千葉）の女性器象徴品　　238, 350

テクティフォルム　→　住居壁画

テュク=ドードゥベール洞窟（フランス）

　　――のウマの小像　　359

　　――のヒトの足跡　　303

テューフェルスブリュック遺跡（ドイツ）の男性器象徴　　354

デュリフ（フランス）の女性小像　　321

寺向遺跡（千葉）の土偶　　327

テル=セクル=アル=アヘマール遺跡（シリア）の非焼成土偶　　329

天馬 - 曲村の西周墓地　　74

洞窟　　247

洞窟壁画　　79-80, 125, 199, 213-220, 302-303,

331-334, 353, 369

峠山牧場遺跡（岩手）の女性器象徴品　238, 350

凍石　83, 102, 104, 106, 250, 281, 310

動物小像　79, 112, 123, 356-367

ドゥリフ遺跡（フランス）の女性小像　321

トゥルー＝マグリット洞窟（ベルギー）の女性小像　311

土器

　——の起源　30

　——の出現　27, 30, 34, 272

　——の用途　30-31

鴇崎貝塚（千葉）の土偶　328

土偶　183, 189, 191

　日本の——　63, 183-191, 194, 271, 301, 303, 305, 326-328

　シベリアの——　180-181

　レヴァントの——　193-194

栃原岩陰（長野）のタカラガイ　53, 71

トナカイ　82, 158, 162, 164, 213, 229-231, 242, 252, 254, 267, 290-291, 370

　——の指骨製笛　262

ドブラニチェフカ遺跡（ウクライナ）の女性小像　177-178, 325

トラシメーノ遺跡（イタリア）の女性小像　106, 310

ドルニ＝ヴェストニッツェ遺跡（チェコ）

　——の女性小像　112-115, 356, 362

　——のクマ，サイ，マンモス，ライオンの小像　362

　——のスプーン形牙製品　348

　——の線刻牙　346

　——の男性小像　312, 354

トロワ＝フレール洞窟（フランス）　81, 213, 253-254, 262

　——の女性線刻石　335

　——のトナカイに扮して笛を吹く男性の壁画　353

な行

ナヴィフォーム式石器製作　287-288

ナウマンゾウ　24, 38

中鹿の子第2遺跡（千葉）の土偶　190-191

中野A遺跡（北海道）の土偶　328

ナトゥーフ期　34, 36, 151, 191, 192, 194

西大宮バイパス4遺跡（埼玉）の土偶　328

ニーダービーバー遺跡（ドイツ）の女性線刻の矢柄研磨器　342

ニホンジカ　24, 28

日本と世界の考古学の時期区分　35

二本松遺跡（茨城）の土偶　328

妊娠　253, 256, 258, 264, 296, 298

妊婦　30, 72, 127, 137, 218, 229, 263, 269-270, 279, 294-295, 302, 313, 315

根井沼遺跡（青森）の土偶　328

ネティヴ＝ハグダッド遺跡（イスラエル）の女性小像　193, 329

ネブラ洞窟（ドイツ）の女性小像　321

ノヴゴロド＝セヴェルスキー遺跡（ウクライナ）のスプーン形牙製品　244, 348

は行

バイソン（野牛）　80, 200, 213, 222, 228, 230, 252-254, 262, 267, 289, 358, 360-361

　——の小像　131, 355

パヴロフI遺跡（チェコ）

　——の女性小像　86, 116, 312

　——のタカラガイ形装身具　351

　——の垂飾り　350-351

　——の動物小像　363

　——の変形女性線刻牙　346

パヴロフ期　55, 94, 244, 363

パヴロフ文化　61, 112, 115, 206-207, 261

パシエガ洞窟（フランス）の住居壁画　125

八ヶ崎遺跡（千葉）の土偶　327

パトー岩陰（フランス）

　——の女性絵画　300, 331

　——の女性小像　321

　——の男性器象徴　354

バドゥグール洞窟（フランス）の女性と女性器の線刻画　334

花輪台貝塚（茨城）の土偶　70, 190, 304-305, 328

浜郷遺跡（長崎）の三角形垂飾り　54, 74

腹帯　118, 149, 207, 268-269, 287, 300

　——を巻いた女性小像　268

パラビタ遺跡（イタリア）の女性小像　310

パリスの審判　　5
バリン=コシュ遺跡（ウクライナ）の女性器象徴
　　68, 178, 325, 235
バルマ=グランデ洞窟（イタリア）　→　グリマル
　　ディ洞窟群
ピアトラ=ネアムト（ルーマニア）の女性小像
　　198
東アナトリア（トルコ）の土偶　　329
東黒土田遺跡（鹿児島）の土器　　31
ピータースフェルス洞窟（ドイツ）
　　――の女性小像　　83, 87, 151-153, 165-166,
　　322
　　――の女性線刻牙　　342
ビチ=スカラ遺跡（チェコ）
　　――の女性小像　　168, 324
　　――の男性器象徴　　354
ヒンバ族（アフリカ）の腹帯　　270
ファランクール遺跡（フランス）の女性小像
　　321
笛（フルート）　　107, 253-254, 262
　　――（ホイッスル）　　262
フェラシー大岩陰（フランス）の女性器線刻画
　　240, 334
フェラシー洞窟（フランス）の女性器線刻石塊
　　62, 240-241, 247
フォーゲルヘルト洞窟（ドイツ）
　　――のウマ・バイソン・マンモス・ライオンの小
　　像　　79, 80, 144, 146, 262, 284, 356
　　――の笛　　262
フォンタレ洞窟（フランス）　　87, 152, 158, 195,
　　214, 222, 225, 276, 290, 291
　　――の女性小像　　321
　　――の女性線刻石板　　336
フォン=ド=ゴーム洞窟（フランス）　　123, 213
フォン=バルジェ洞窟（フランス）の女性器線刻画
　　218, 334
福井洞窟（長崎）　　19, 21, 30, 32, 66, 272
プシェドモスチ遺跡（チェコ）
　　――の女性線刻牙　　61, 206-212, 233-235,
　　345-346
　　――の羽状文の線刻肋骨　　345
　　――の羽状文の線刻寛骨　　62, 148
　　――のスプーン形牙器　　348

　　――のマンモス指骨製小像　　330
　　――のマンモス小像　　84, 245
不動ガ岩屋洞穴（高知）　　21, 28, 76, 272, 274
プラカール洞窟（フランス）
　　――の女性器線刻の有孔棒　　349
　　――の男性器線刻の有孔棒　　354
フラサッシ洞窟（イタリア）の女性小像　　90,
　　106-107, 118, 137, 309
ブラッサムプーイのパプ洞窟（フランス）
　　――の女性小像　　96-97, 309
　　――のウマの小像　　358
ブランシャール洞窟（フランス）
　　――の女性器線刻画　　334
　　――の男性器象徴　　354
プランス洞窟　→　グリマルディ洞窟群
ブルニケ洞窟（フランス）
　　――の女性線刻骨　　343
　　――の魚を線刻した有孔棒　　354
　　――のウマを彫刻した角器　　361
ブルノ遺跡（チェコ）
　　――の組み合わせ式の男性小像　　352
　　――の女性器象徴　　350
フルノー=デュ=ディアブル遺跡（フランス）
　　――の女性器線刻の骨棒　　349
ブレチ遺跡（シベリア）
　　――の女性小像　　140, 319
　　――のハクチョウの小像　　367
フロンサック洞窟（フランス）の女性・男根線刻画
　　333
ペカルナ洞窟（チェコ）の女性小像　　168, 324
ペシアレ洞窟（フランス）の女性小像　　101, 309
ペック=メルル洞窟（フランス）の女性と動物の壁
　　画　　335
ベディヤック（フランス）の女性小像　　321
ペトルコヴィッツェ遺跡Ⅰ（チェコ）の女性小像
　　110-112, 311
ベニ=ハサン遺跡（エジプト）の石器製作の壁画
　　286
ペリゴール期の石器　　88, 96
ベルティ（フランス）のウマの小像　　359
ペールノンペール洞窟（フランス）
　　――の女性器線刻の有孔棒　　349
　　――のタカラガイ形装身具女性線刻画　　71,

351

方解石　101-102, 106, 281, 309-310

ホーレ=フェルス洞窟（ドイツ）

　　——の女性小像　107-108, 310

　　——の動物小像　358

　　——の笛　262

　　——の男性器象徴　354

ホーレンシュタイン遺跡（ドイツ）

　　——の女性小像　321

　　——の女性線刻石板　165, 337

ホーレンシュタイン=シュターデル（ドイツ）洞窟

　　のライオンマンの小像　283-285, 356

ホトィレーヴォ I 遺跡（ロシア）の女性小像

　　135, 317

ホトィレーヴォ II 遺跡（ロシア）の女性小像

　　135, 318

ホモ・サピエンス　36, 79, 93, 120, 131, 199, 211,

　　262, 278, 295, 302, 356

　　——の移動　93, 267

　　——の象徴行動　79, 306

ポンナップ島（ミクロネシア）の出産　263

ま行

マイニンスカヤ遺跡（シベリア）の女性小像

　　325

マウエルン　→　ヴァインベルク洞窟

牧野遺跡（鹿児島）の線条礫　183

マグドゥレーヌ洞窟（フランス）

　　——の女性絵画　83, 202, 214, 216, 236, 253,

　　299

　　——の男性器象徴　354

マコーマー遺跡（イタリア）の女性線刻礫　343

升形遺跡（千葉）の男性器象徴　354

マス=ダジル洞窟（フランス）　83, 85, 155, 243,

　　245-246, 255-256, 283, 302, 356

　　——のアイベックス形骨製品　361

　　——のウマの小像　358

　　——のウマ頭骨形骨製品　351

　　——の彩礫　351

　　——の男性線刻骨板　352

　　——の女性小像　321, 354

　　——の男性器象徴　354

　　——のバイソン小像　361

　　——のライチョウを彫刻した投槍器　361

　　——の女性器線刻の骨棒　349

マッサ洞窟（フランス）のクマと男性象徴を線刻し

　　た有孔棒　57

マドレーヌ岩陰（フランス）

　　——の男性線刻骨　352

　　——の女性器線刻の有孔棒と骨棒　349

　　——の女性線刻礫　343

　　——のクマと男女の性器を彫刻した骨　368

　　——のバイソンを彫刻した投槍器　368

マドレーヌ期

　　——の年代　85

　　——の石器　89

マドレーヌ文化の分布　297

マリタ遺跡（シベリア）

　　——の女性小像　138, 318-319

　　——の魚・ハクチョウ・ヘビ・水鳥・ライオンの

　　小像　367

マルカム洞窟（フランス）の女性器線刻の有孔棒

　　349

マルキナ=ラー遺跡（ロシア）　→　コスチョンキ X

　　IV 遺跡

マルシュ洞窟（フランス）

　　——の女性線刻石板　343

　　——の女性器線刻の馬歯　350

マンモスの牙製女性小像　276, 281, 283, 285

マンモスの小像　360, 362-366

ミクロネシアの腰帯と腰蓑　64, 263, 294

水子貝塚（埼玉）の石偶　67

耳取遺跡（鹿児島）の線刻礫　67

宮脇遺跡（千葉）の土偶　188, 327

ミュラ洞窟（フランス）の女性線刻石板　336

妙音寺洞穴（埼玉）のタカラガイ　53

ミロのヴィーナス　5-8

向野遺跡（茨城）の土偶　327

武蔵関遺跡（東京）の男性器象徴　354

無線刻礫　40, 44-45, 49

ムレイベット遺跡（シリア）の石偶　329

メガルニ遺跡の女性小像　321

メジリチ遺跡（ウクライナ）

　　——の女性小像　258, 264, 325

　　——のスプーン形牙製品　348

メジン遺跡（ウクライナ）

――の女性小像　325

　　――のスプーン形牙製品　348

　　――の打楽器（彩色マンモス骨）　347

メダリオン　62, 83, 237, 242, 302

元屋敷遺跡（新潟）の女性象徴線刻礫　67

モドラニー遺跡（チェコ）の女性小像　311

モラヴァニー遺跡（スロヴァキア）の女性小像
　　86, 110, 117-118, 269

モロドヴァV遺跡（ウクライナ）

　　――の女性小像　315

　　――の女性線刻有孔棒　343

モンパジエ遺跡（フランス）の女性小像　369

モンリュー遺跡（スイス）女性小像　166-167,
　　324

や行

矢芝原遺跡（千葉）の土偶　327

ヤベオオツノジカ　24

有茎尖頭器　19, 21-25, 27-28, 31-32, 49, 69,
　　271-272

有孔棒　82, 242-243, 252, 356, 361, 368

ユーディノヴォ遺跡（ロシア）の魚？の小像
　　363

ユーラシア　36, 79, 267, 306

　　――最古の女性小像　130, 268

庸原遺跡（沖縄）のタカラガイ　73

横井竹ノ山遺跡（鹿児島）の土器　31

ヨーロッパ

　　――の女性小像　96-119, 152-169, 309-312,
　　321-324

　　――の女性絵画　199-209, 331-346

　　――最古の女性小像　356

　　――の土器出現　33

ら行

ライオンマン　57, 283, 285, 357

ラスコー洞窟（フランス）の女性器を露わにしたバ
　　イソンと男性　353

ラバスティッド洞窟（フランス）のアイベックスを
　　彫刻した投槍器　359

ラランド洞窟（フランス）

　　――の女性線刻石塊　83, 214, 220, 222, 227,
　　232-233, 247, 275, 290, 299, 336-337

――の垂飾り（ガラガラ楽器？）　350

隆起線文土器　18-19, 21-25, 28-31

両国沖III遺跡（千葉）の土偶　327

緑色片岩　13, 40-48, 61-63, 182

リンゼンベルク（ドイツ）の女性小像　311

ルー洞窟（フランス）の線刻石板　79-80

ルドーナヤ＝プリスターニ遺跡（ロシア）　68-
　　69, 235

ルナンクール遺跡（フランス）の女性小像　330

ルルド洞窟（フランス）

　　――の男性線刻石板　352

　　――のウマの小像　360

礼田崎貝塚（香川）　38

レヴァント地方　191-192

　　――の女性小像　191-195, 229, 230

レスピューグのリドー洞窟（フランス）

　　――の女性小像　92, 99-100, 112, 148, 265, 309

　　――の女性線刻骨　343

　　――のヒラメの小像　359

レモンダン洞窟（フランス）のシカと魚を線刻した
　　有孔棒　368

勒島貝塚（韓国）のタカラガイ　74

ロシア

　　――の女性小像　120-137, 275, 313-318

　　――の動物小像　363-266

　　――の女性小像の変遷　136, 148

　　――の女性絵画　343

ロージュリ＝バース岩陰（フランス）　152-154

　　――の動物小像　361

　　――の女性小像　153-154, 321

　　――の女性器象徴　350

　　――の垂飾り　350

　　――の妊婦の線刻骨板　344

　　――のトナカイを彫刻した投槍器　361

ローセル岩陰（フランス）

　　――の女性絵画　200-205, 331

　　――の女性器線刻画　334

ロック＝オー＝ソルシエ洞窟（フランス）の女性絵
　　画　83, 214-205, 215, 290, 321, 332

ロック＝ド＝マルキャン岩陰（フランス）の女性器
　　彫刻の有孔棒　349

ロッシュ＝ラランド岩陰（フランス）　→　ラランド
　　岩陰

ロルテ洞窟（フランス）のトナカイ・サケ・女性器
　　　彫刻の鹿角製品　　283, 370
ロン＝デュ＝バリィ遺跡（フランス）の女性線刻の
　　　有孔棒　　343

わ行

ワド洞窟（イスラエル）の女性小像　　329
ンコディマ（精霊）　　256

【人　名】

あ行

アニコヴィッチ，M. V.　　130
姉崎智子　　24
アブソロン，K.　　112
アブラーモヴァ，Z. A.　　i, ii, 85, 171, 233, 237
アンダーソン，J. G.　　72, 73
イェリス，O.　　86, 130
板橋春夫　　294
井上章一　　5
ヴァシーリェフ，S. A.　　180
江上波夫　　69, 267, 299
江坂輝弥　　10, 18, 55
エフィメンコ，P. P.　　69, 121, 123, 237
オズボーン，H. F.　　302
オッテ，M.　　109, 112, 115
小野　昭　　112, 202, 262

か行

ガスリー，R. D.　　33, 230, 252, 284
加藤晋平　　32
門脇誠二　　79
金関丈夫　　245, 293
ギーディオン，S.　　69-70, 92, 109, 123, 202, 205,
　　　216, 217, 253, 256
木下尚子　　73
木村重信　　4-5, 7, 63, 69
木村英明　　121, 124
ギャンブル，C.　　85, 96, 99, 101, 104, 110, 136
グヴォズドヴェル，M. D.　　ii, 133
クズミン，Y. V.　　34
クック，J.　　i, ii, 4, 208, 252

工藤雄一郎　　31, 295
國木田大　　31
クリマ，B.　　112, 115
クーロー，C.　　246
クロッテ，J.　　101
ゲバウアー，V.　　112
コウサード，R.　　8
甲元眞之　　252
コーエン，C.　　i, 85
コナード，N.　　9, 107, 262
小林謙一　　23, 28, 86
小林達雄　　30, 32
小林行雄　　278

さ行

佐藤孝雄　　24
佐野勝宏　　36
佐原　真　　25, 209
ザミャートニン，S. N.　　121, 202-204, 291
ジェリネック，J.　　ii
ジェンティレスキ，A.　　285
シャポワル，Y. A.　　175
ショフコプリャス，I. G.　　62, 177, 233
新村　拓　　295
スヴォボダ，J.　　85-86
杉原荘介　　32
鈴木道之助　　25
ストリャール，A. D.　　62
スピアート，H.　　205
スミス，E.　　72
セミョーノフ，S. A.　　282
芹沢長介　　5, 10, 19, 32, 55, 143
ソーファー，O.　　85
ソンバティ，J.　　109

た行

谷口康浩　　30, 37
チャイルド，V. G.　　33
ツォッツ，L.　　10
角田文衞　　5
ティツィアーノ・ヴェチェッリオ　　236, 285
デュアール，J. - P.　　i, ii, 90, 158, 240, 242, 256
デルポルト，H.　　i, 101, 110

トーカリョフ　69
トルクスドルフ，J. F.　246

な行

中園　聡　40, 44, 48, 182
中橋孝博　25, 296
西秋良宏　79, 193, 287

は行

橋詰　潤　272
濱田耕作　6
原田昌幸　189
バーン，P.　33
ハンチャル，F.　69
ピエット，E.　96, 104, 155, 158, 246, 370
ピカソ，P.　65, 72, 209, 264
ビビコフ，S. N.　62-63, 170, 172, 175, 234,
　　258-261, 293
プラクシテレス　285
プラスロフ，N. D.　121-123
プラン=リカレンス，L.　131
ブルイユ，H.　ii, 72, 123, 155, 204, 245, 262, 281
フルトヴェングラー，A.　7-8
フロパーチェフ，G.　129, 283
ヘシオドス　3
ヘック，C.　85, 164, 171, 177
ヘンシルウッド，C. S.　79
ボジンスキー，G.　ii, 56, 87, 120, 159, 161, 164,
　　168, 171, 221, 225, 232, 237, 255, 283, 293
ボッティチェリ，S.　3-4, 72, 278, 285
ホメロス　5
ポリカールポヴィッチ，K. M.　135

ま行

マーシャック，A.　237, 258
松尾登史子　6-8
松木武彦　278
松本直子　303
マードック，G. P.　286-289, 306
マーリンガー，J.　69
ミュラー=カルペ，H.　ii
ミュラー=ベック，H.　ii
メドヴェージェフ，V. E.　30
メンギーン，O.　69
モヴィウス，Jr., H. L.　205
モディリアニ，A.　65
モルガン，J.　33

や行

山内清男　19, 31
八幡一郎　37
吉村典子　294
吉本洋子　193, 205

ら行

ラボック，J.　33
ラランヌ，G.　200, 205
李　昌熙　74
ルロワ=グーラン，A.　ii, 5, 70, 71-72, 81, 90, 91,
　　123, 213, 237, 240, 252, 253
レヴィ=ストロース，C.　278
レニエ，G.　209

わ行

綿貫俊一　21, 25

著者略歴

春成秀爾 （はるなり・ひでじ）

1942 年 12 月　神戸（武庫郡御影町）生まれ
1966 年　岡山大学（日本史）卒。同年，九州大学大学院（考古学）中退
1966 年　岡山大学（考古学）助手
1981 年　国立歴史民俗博物館助教授
1993 年　第 6 回濱田青陵賞受賞
1990 年　国立歴史民俗博物館教授・総合研究大学院大学（日本歴史）教授
現　　在　国立歴史民俗博物館名誉教授・総合研究大学院大学名誉教授
　　　　　博士（文学・九州大学）
2022 年　瑞宝中綬章受章
〔主要編著書〕
『弥生時代の始まり』（東京大学出版会，1990 年）
『図解 日本の人類遺跡』（小野昭・小田静夫共編著，東京大学出版会，1992 年）
『明石原人とは何であったか』（NHK ブックス，1994 年）
『原始絵画』（佐原真共著，講談社，1997 年）
『古代の装い』（講談社，1997 年）
『縄文社会論究』（塙書房，2002 年）
『考古学者はどう生きたか』（学生社，2003 年）
『儀礼と習俗の考古学』（塙書房，2006 年）
『考古学はどう検証したか』（学生社，2006 年）
『祭りと呪術の考古学』（塙書房，2011 年）
『何が歴史を動かしたのか』（全 3 巻，編著，雄山閣，2023 年）

始原のヴィーナス
―― 旧石器時代の女性象徴 ――

2024 年 11 月 10 日発行

著　者　春　成　秀　爾

発行者　山　脇　由紀子

印　刷　藤　原　印　刷㈱

製　本　㈱積　信　堂

発行所　東京都千代田区平河町 1-8-2　　　（株）同成社
　　　　山京半蔵門パレス（〒 102-0093）
　　　　TEL　03-3239-1467　振替 00140-0-20618

©Harunari Hideji 2024. Printed in Japan
ISBN978-4-88621-989-3　C3020